普通高等教育"十一五"国家级规划教材

"十三五"国家重点图书出版规划项目

 "十二五"普通高等教育本科国家级规划教材

 教师教育精品教材 ┃ 特殊教育专业系列

特殊教育概论

｜第三版｜

主编／刘春玲　江琴娣　颜廷睿

SPECIAL

EDUCATION

华东师范大学出版社
·上海·

图书在版编目(CIP)数据

特殊教育概论/刘春玲,江琴娣,颜廷睿主编. 一
3 版. 一上海:华东师范大学出版社,2024
ISBN 978 - 7 - 5760 - 4993 - 0

Ⅰ.①特…　Ⅱ.①刘…②江…③颜…　Ⅲ.①特殊教
育—教材　Ⅳ.①G76

中国国家版本馆 CIP 数据核字(2024)第 096211 号

特殊教育概论(第三版)

主　　编　刘春玲　江琴娣　颜廷睿
责任编辑　范美琳
责任校对　林小慧　时东明
装帧设计　俞　越

出版发行　华东师范大学出版社
社　　址　上海市中山北路 3663 号　邮编 200062
网　　址　www.ecnupress.com.cn
电　　话　021 - 60821666　行政传真 021 - 62572105
客服电话　021 - 62865537　门市(邮购)电话 021 - 62869887
地　　址　上海市中山北路 3663 号华东师范大学校内先锋路口
网　　店　http://hdsdcbs.tmall.com

印 刷 者　常熟市文化印刷有限公司
开　　本　787 毫米×1092 毫米　1/16
印　　张　20.75
字　　数　409 千字
版　　次　2024 年 8 月第 3 版
印　　次　2025 年 7 月第 3 次
书　　号　ISBN 978 - 7 - 5760 - 4993 - 0
定　　价　54.00 元

出 版 人　王　焰

第三版序

2016 年以来，我国特殊教育发生了巨大变化。2017 年，修订后的《残疾人教育条例》正式发布，《第二期特殊教育提升计划（2017—2020 年）》《"十四五"特殊教育发展提升行动计划》《特殊教育办学质量评价指南》等一系列政策陆续出台。党的二十大报告提出强化特殊教育普惠发展，为推进特殊教育高质量发展指明了方向。由此，特殊教育进入了发展的快车道，集中体现在：一是不断完善特殊教育体系，在保障义务教育的基础上，积极推进特殊教育学段的两头拓展与延伸，学前教育、职业教育、高中教育和高等教育阶段的特殊教育得到快速发展；二是大力推进融合教育，特殊儿童教育安置优先采取普通教育方式，应融尽融，越来越多的幼儿园、普通中小学、职业学校、高等院校实施融合教育，为特殊儿童实现社会融合提供了更多更好的机会；三是拓展特殊教育对象，特殊教育不仅仅面向残疾儿童，也包括其他有特殊需求的儿童，使得更多的特殊儿童有机会享受特殊教育专业支持与服务；四是持续提升特殊教育质量，更加公平而有质量地发展以及普惠发展成为新时期特殊教育的重要目标。

《特殊教育概论》是国内首部面向普通师范生特殊教育课程的国家级规划教材。在内容体系的构建上，教材依据师范生的认知特点与学习规律，既系统呈现特殊教育学科的基本理论与基础知识，又注重突出融合教育理念以及特殊学生教育策略，同时充分考虑实施特殊学生教育时可能面临的实际问题，如学习环境、课程、教学策略及技术等，使理论与实践互为表里；同时，教材基于对大量国际国内研究文献的梳理，从多个侧面呈现了特殊教育学科的新理念、新方法及新成果；在结构安排上，教材充分体现简洁、明了的风格，并通过鲜活的案例以丰富学习者的感性经验，通过焦点讨论呈现特殊儿童教育中的热点问题，启发学习者深入思考。

《特殊教育概论（第三版）》的出版契合了国家特殊教育事业发展对师范生培养的现实需求，充分反映了国际国内特殊教育发展、研究与实践的前沿。期待新版教材能够更好地适应教学需求，为提高师范生融合教育素养作出更大的贡献。

华东师范大学终身教授　方俊明

2024 年 6 月 13 日

目　录

第一章

特殊教育概述

　　特殊教育（Special Education）是一个复杂且处于不断发展变化的领域。世界各国特殊教育的起步不同，发展进程也有所差异，但在当前阶段，普遍显示出共同的发展趋势。本章将对特殊教育的基本概念进行阐述，明确特殊教育对象的范围，简要介绍特殊教育的发展历史，以及我国特殊教育的现行管理体系，同时探讨特殊教育的发展趋势。

第一节　特殊教育的基本概念

一般而言,特殊教育的对象是特殊儿童。特殊儿童(Exceptional Child)是一个内涵丰富的术语,不同的国家和地区、不同的教育发展时期对于特殊儿童范围的理解和界定各有不同。"特殊教育"也是一个复杂的概念,涉及教育学、医学、心理学、社会学等多个学科。

一、特殊儿童

(一)定义

1. 特殊儿童

对特殊儿童的概念,有广义和狭义两种理解。[①] 广义理解上,特殊儿童是指与普通儿童在各方面有显著差异的各类儿童。这些差异可表现在智力、感官、情绪、肢体、行为或言语等方面,既包括低于正常发展的普通儿童,也包括高于正常发展的儿童以及有轻微违法犯罪行为的儿童。狭义理解上,特殊儿童专指残疾儿童。

2. 残疾儿童

参照《残疾人残疾分类和分级》对残疾人的定义,[②] 残疾儿童是指在精神、生理、人体结构上,某种组织、功能丧失或障碍,全部或部分丧失从事某种活动能力的儿童。它包括智力残疾、听力残疾、视力残疾、肢体残疾、言语残疾、精神残疾、多重残疾等类型。

3. 特殊教育需要儿童

根据《特殊教育辞典》,[③] 特殊教育需要儿童是指因个体差异而有各种不同的特殊教育要求的儿童。这些要求涉及心理发展、身体发展、学习、生活等各方面,长期或一定时间内高于或低于普通儿童的要求,不仅包括对某一发展中缺陷提出的要求,也包括对学习有影响的能力、社会因素等提出的要求。

1978 年,英国《沃诺克报告》(the Warnock Report)中首次使用"特殊教育需要儿童"(Child with Special Educational Needs,简称 SEN)这个概念。1981 年,英国的教育法废止了关于障碍儿童的 11 种分类,将有学习困难的儿童统称为"特殊教育需要儿童"。该法案认为,如果一个儿童有学习困难,需要特殊教育服务,则该儿童就是特殊教育需要儿童。

---

① 朴永馨. 特殊教育辞典[M]. 北京:华夏出版社,2006:1.
② 残疾人残疾分类和分级(中华人民共和国国家标准 2011 年第 2 号公告,GB/T 26341—2010)。
③ 朴永馨. 特殊教育辞典[M]. 北京:华夏出版社,2006:2.

> 📖 **拓展阅读**
>
> ### 有特殊教育需要的儿童或青少年
>
> 　　(1) 如果该儿童或青少年有学习困难或残疾,需要特殊教育服务,则他/她有特殊教育需要。
>
> 　　(2) 学龄儿童或青少年有学习困难或残疾,是指:①与大多数同龄人相比,其学习上的困难更明显;②因某种残疾阻止或妨碍其使用普通学校或机构中为其他同龄人提供的设施。
>
> 　　(3) 可能会在学龄期出现情况(2),抑或如果不提供特殊教育就可能如此的学龄前儿童。
>
> 　　(4) 儿童或青少年的学习困难不是仅仅因为学校的教学语言与家中使用的语言不同。
>
> 　　　　　　　　　——英国《儿童与家庭法》(Children and Families Act, 2014)

(二) 分类

关于特殊儿童的分类,由于界定的范围不同,分类也有所不同。

1. 我国的分类

我国的分类是特殊儿童包括残疾儿童和其他有特殊需要的儿童。其中,残疾儿童包括视力残疾、听力残疾、言语残疾、肢体残疾、智力残疾、精神残疾、多重残疾和其他残疾儿童;其他有特殊需要的儿童包括学习障碍、情绪与行为障碍、发育迟缓儿童等。

2. 美国的分类

根据美国《残疾人教育法修正案》(Individuals with Disabilities Education Act Amendments,简称 IDEA)的分类,[①]特殊儿童包括障碍儿童和发育迟缓儿童。其中障碍儿童包括智力障碍、听力障碍(包括聋)、言语或语言障碍、视力障碍(包括盲)、严重情绪障碍、肢体障碍、自闭症、创伤性脑损伤、其他健康障碍、学习障碍、聋盲和多重障碍儿童。发育迟缓儿童是指经过适当的工具评估诊断,在身体、认知、沟通、社会情绪或适应行为等某个或多个领域中表现出发育迟缓的 0—9 岁儿童,他们需要特殊教育及相关专业服务。

(三) 个别差异

个别差异包括个体间差异和个体内差异。

---

① U.S. Department of Education.

1. 个体间差异

个体间差异是指不同个体之间智力、能力、个性、兴趣等心理特性方面的差异。它表现在质的差异和量的差异两个方面：质的差异是指生理、心理特点的不同以及行为方式上的不同；量的差异是指发展速度的快慢和发展水平的高低。

2. 个体内差异

个体内差异是指同一个体内部内在能力发展的不平衡。

个体间差异是人的多样化，个体内差异是人的个性化。多样化和个性化对教育工作者提出了挑战。如图1-1所示的是三个儿童的发展情况。从图中可以看出三个儿童的个体间差异以及每个儿童的个体内差异。[①]

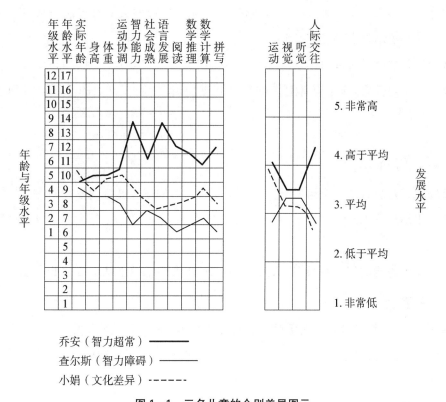

图1-1　三名儿童的个别差异图示

乔安是一名10岁的智力超常儿童，智力测验的结果显示其智力年龄是14岁，她的阅读和数学测验成绩超出1—4个年级水平，这是乔安和同学之间的个体间差异。但从图中也可以看出乔安的个体内差异。尽管她的智力年龄已达14岁，但其生理发展与同龄女孩一致，社会成熟度也仅稍高于同龄儿童。

---

① 转引自 Kirk, S. A., Gallagher, J. J., Nicholas, J. A., & Mary, R. C. Education exceptional children (10th ed.) [M]. Boston: Houghton Mifflin Company, 1986。

查尔斯是一名 10 岁的智力障碍儿童。他几乎在每个领域的发展上都滞后于同龄儿童。他的智力年龄以及学业成绩仅相当于一、二年级水平,与同班同学的个体间差异显著。同时,查尔斯也表现出明显的个体内差异,他的生理发展和实际年龄处于 9—10 岁的水平,而学业能力仅相当于 6—7 岁的水平。

乔安和查尔斯之间有很大的差异,加之他们各自的个体内差异,使得他们与同年级同学有所不同,需要特殊教育的帮助。

小娟是一名 10 岁的普通儿童。她的智力年龄略低于平均水平,动作协调和生理发展处于平均水平。小娟来自其他国家,英语是她的第二语言。小娟的语言、学业、阅读等能力与查尔斯非常接近,她的实际能力也许要高于测验的结果,因为测验可能没有考虑到她的文化背景。如果不予以细致而全面的评估,小娟这样的学生有时可能会被误诊为智力障碍学生而接受不适当的教育服务。

教育的目的就是帮助每个学生获得充分的发展。要实现这个目的,必须根据学生不同的能力和学习需要,给予有针对性的教育和支持,让他们多方面的潜能都得到适当的发展。

二、特殊教育

特殊教育是教育的一个组成部分。它是使用一般的或经过特别设计的课程、教材、教法和教学组织形式以及教学设备,对有特殊需要的儿童进行的旨在达到一般和特殊培养目标的教育。[①]

关于特殊教育的定义有很多,从内涵上分析,主要包括以下几个方面的内容。

(一) 教育对象

从理论上说,特殊教育的对象就是有特殊教育需要的人群。实践中,由于各个国家和地区的教育、经济发展水平不一致,特殊教育的起步和进程不尽相同,特殊教育对象界定的范围也有差异。

我国的特殊教育对象为视力残疾、听力残疾、言语残疾、肢体残疾、智力残疾、精神残疾、多重残疾以及其他有特殊需要的儿童。[②]

我国台湾地区规定,特殊教育对象包括身心障碍和资赋优异两类人群,其中身心障碍包括智能障碍、视觉障碍、听觉障碍、语言障碍、肢体障碍、脑性麻痹、身体病弱、情绪行为障碍、学习障碍、多重障碍、自闭症、发展迟缓以及其他障碍等十三类;资赋优异包括一般

[①] 朴永馨. 特殊教育辞典[M]. 北京:华夏出版社,2006:43.
[②] 特殊教育对象覆盖从学前教育至高等教育以及继续教育阶段的各类残疾人和有特殊教育需要的人群,为表述方便,本教材将儿童青少年统称为"儿童"。

智能资赋优异、学术性向资赋优异、艺术才能资赋优异、创造能力资赋优异、领导能力资赋优异和其他特殊才能资赋优异等六类。

（二）教育内容

特殊儿童的差异较大,其适合的教学内容也有所不同。首先,普通课程是特殊学生的优先选择,应积极创造条件,为特殊学生提供学习普通课程的机会。其次,普通课程的内容可以依学生的需求作差异化调整。常见的调整方法包括:①简化,即降低教学内容的难度或减少教学内容的数量。例如,一名在普通班级学习的智力障碍儿童,数学教师可能会采用简化的方式为其调整教学内容。②分解,即将教学内容分解细化为适合特殊学生学习的若干小的教学内容,方便学生掌握。③拓展,即将教学内容延伸拓展,满足特殊学生的需求。部分特殊儿童可能需要特殊课程,如针对视力障碍儿童的"定向行走",针对听力障碍儿童的"沟通训练"等。

（三）教育方法

教育方法的选择应以特殊儿童的个别化需求为依据,通常的做法如下。

调整教学策略:采用分层教学、个别化教学、合作教学等多样化教学策略,并辅以游戏、示范、演练等不同的活动。

提供教学支持:根据特殊学生的需要提供适当的教学材料,如大字版教材、作业本等;提供适当的辅助设备,如特殊课桌椅、专用台灯、FM调频设备等;提供适当的辅助支持,如专业辅助人员、影子教师等。

调整评价方法:根据特殊学生的需要实施评价调整,如延长测验/考试时间、单设考场、提供学生所需的专用设备、调整测验或考试方式、调整监考人员等。

（四）教育场所

不同的特殊儿童所需要的适宜教育安置环境可能有所不同。1970年,迪诺(Evelyn Deno)提出了特殊儿童的"阶梯式服务体系"(Cascade of Services),又称为"倒金字塔式特殊教育服务体系""瀑布式服务体系"或"服务连续体"(Continuum of Services),该体系所秉持的理念与1962年雷诺兹(Reynolds)提出的"特殊教育服务层级"(the Hierarchy of Special Education Programs)相类似。在该服务体系中,特殊儿童教育安置环境按照受限制程度由低到高划分为不同层级,特殊教育服务则根据其限制程度来确定,从该服务体系的顶部到底部,随着教育安置环境的限制逐渐增加,服务的专业程度和密集程度也逐渐增强,接受服务的特殊学生障碍程度逐渐增大,人数逐渐减少。只有在必要时,才会允许学生从原有安置转向下一级(更隔离的环境)安置,学生的状况一旦有所改善,应及时转向上一级(更融合的环境)安置,即尽可能帮助特殊儿童从隔离的环境向融合的主流环境中流动,以实现教育公平。如图1-2所示。

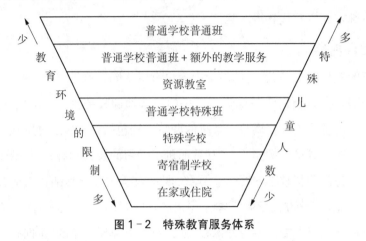

图1-2　特殊教育服务体系

　　这种阶梯式服务体系能够有效地满足各种儿童的教育需求。据美国教育部统计,截至2019年,各种安置形式下接受教育的5—21岁特殊学生的比例如下:以学生每天在校的时间为单位进行统计,64.8%的特殊学生在普通班级的时间超过80%;17.4%的特殊学生在普通班级的时间占40%—79%;12.8%的特殊儿童在普通班级的时间在40%以下;另有4.9%的特殊儿童被安置于特殊学校、寄宿机构、医院或家里等。[①]

(五) 从事特殊教育和相关服务的人员

　　为满足特殊儿童的教育与发展需求,特殊教育需要多学科人员共同参与。常见的人员有:

　　(1) 特殊教育教师。指特殊教育学校、普通中小学、幼儿园及其他机构中专门对特殊学生履行教育教学职责的专业人员。特殊教育教师工作岗位包括特殊教育学校和特教班教师、巡回指导教师、资源教师、送教上门教师等,不同岗位的特殊教育教师服务的对象有所差异。他们的主要工作包括特殊儿童评估、计划与教育教学。普通学校的特殊教育教师与普通教师合作,共同实施特殊儿童教育教学。

　　(2) 普通教师。普通教师的主要服务对象是普通班级内的各类特殊儿童。通过创设融合的班级环境、实施有针对性的教育教学,促进特殊儿童发展。

　　(3) 心理咨询师。心理咨询师的主要服务对象是情绪行为障碍儿童、认知障碍儿童。通过行为观察、访谈、心理测验等多种方式对个案实施心理评定,诊断儿童的心理问题表现状况、形成原因,提供有针对性的咨询与治疗,改善儿童的情绪行为问题及认知障碍。

---

① U. S. Department of Education, Office of Special Education and Rehabilitative Services, Office of Special Education Programs, 43rd Annual Report to Congress on the Implementation of the Individuals with Disabilities Education Act, 2021, Washington, D. C., 2022.

（4）听力师。听力师的主要服务对象是听力障碍及疑似听力障碍儿童。通过实施系统的听觉评估与诊断，听觉辅具评估与适配，听能环境评估等，为听力障碍儿童制定并实施听觉训练计划，提供听力保健与咨询，整体提升儿童的听觉能力。

（5）作业治疗师（Occupational Therapist，简称 OT），也称职业治疗师。作业治疗师的主要服务对象包括发展障碍、学习障碍、神经肌肉功能障碍等儿童。通过协助儿童适当地选择、安排与进行日常活动，改善其生理、心理与社会能力，促进儿童参与日常生活、学习、工作、娱乐活动，提升适应环境的能力，提高其生活品质。

（6）物理治疗师（Physical Therapist，简称 PT）。物理治疗师的主要服务对象是在移动、行走、身体平衡、动作控制与协调、关节活动、心肺功能等方面有障碍的儿童，通过评估儿童的身体运动功能，提供适当的指导与训练，增进其身体功能和活动能力。

（7）言语治疗师（speech therapist，简称 ST）。言语治疗师的主要服务对象是在言语理解、言语表达、语言发展等方面有障碍的儿童，也包括有吞咽障碍的儿童。通过对儿童言语语言、吞咽功能的评估与治疗，为教师、家长提供相关教育建议，促进儿童言语语言能力的发展。

（8）专科医生（Specialist）。很多专科医生也会参与相关专业服务，如儿童保健科、儿童精神科、儿童神经科等，主要服务对象包括发育迟缓儿童、情绪与行为障碍儿童和其他各类特殊儿童。通过为儿童提供相应的诊断、治疗，促进儿童健康发展。

（9）社会工作者（Social Worker），也称社工。学校社会工作者的服务对象包括学生、教师、家长、社区相关人员等。通过向受助者提供直接的咨询、支持与服务，协助儿童更好地熟悉和适应环境，协助学校了解各类儿童，向家长提供相关支持服务。

（10）其他相关人员。从事特殊教育及相关专业服务的人员还包括教师助理、保育员、影子教师等。

第二节　特殊教育的发展历程

特殊教育的产生、发展是人类社会文明进步的重要标志之一。18 世纪中后期开始，西方社会以盲校、聋校为标志的特殊教育逐步兴起。19 世纪后期，特殊教育传入中国，历经一百余年的发展历程，特殊教育取得了显著成就。

一、西方近代特殊教育的兴起

（一）听觉障碍教育

最早从事特殊教育尝试的是西班牙修道士庞塞（Pedro Ponce de León）。1555 年前后,他教会了几个聋童阅读、书写、说话,并教给他们一些学科知识。

1760 年,法国神父莱佩(Charles-Michel de I'Épée)在巴黎创办了第一所公立聋校,为世界特殊教育的发展揭开了序幕。莱佩和法国的另一位神父西卡(Roch-Ambroise Sicard)致力于发展手语教学的方法,他们主张用自然手语教育聋童。1767 年,英国的数学教师布莱德沃(Thomas Braidwood)在爱丁堡创办了英国第一所聋校。布莱德沃的聋教育方法融合了口语和手语教学的元素。

1778 年,德国教师海尼克(Samuel Heinicke)在莱比锡建立了德国第一所公立聋校。海尼克发展了纯口语教学方法。这种教学方法得到德国的另一位聋教育先驱海尔(Friedrich Moritz Hill)的进一步发展,成为全世界口语教学方法的基石。

美国的聋教育开始于加劳德特(Thomas Hopkins Gallaudet),他在法国学习了聋教育的方法。1817 年,加劳德特和聋人教师克拉克(Laurent Clerc)共同建立了美国第一所聋校(American School for the Deaf,现美国聋校),这是美国第一所特殊教育学校。

(二)视觉障碍教育

1784 年,法国慈善家霍维(Valentin Haüy)在巴黎建立了第一所盲校——国立盲童学校。该校既接收盲生也接收明眼学生,以免盲童与同伴隔绝。在随后的 15 年中,欧洲先后建立了七所相同模式的盲校。

1829 年,美国医生豪威(Samuel Gridley Howe)建立了美国第一所盲校(Perkins School for the Blind,现帕金斯盲校)。帕金斯盲校建立之初,只招收全盲学生,后来逐渐开始对有残余视力的学生开放。寄宿制盲校的模式一直延续到 20 世纪初。1913 年,波士顿开办了第一个为有残余视力的学生提供教育的特殊班。

视障教育中的一个关键问题是如何建立读、写体系。霍维创建了凸字教学的方法,即盲童通过触摸凸起的文字进行阅读。霍维采用这种凸字的方法印制了第一本盲人用书。1829 年,布莱尔(Louis Braille)创造了用凸起的点字代替字母的方法,后来发展为布莱尔盲文系统。

(三)智力障碍教育

智力障碍儿童的教育起源于 1799 年。当时,人们在法国阿维龙山区发现了一名 11 岁的野孩维克多(Victor)。法国精神病医生伊塔德(Jean Marc Gaspard Itard)采用个别化的方法对维克多进行了系统的训练。他为维克多设计了专门的训练目标:一是激发其对社会生活的兴趣;二是培养其对周围环境刺激的敏感性;三是扩大其思想范围(如教他学习游戏、文化等);四是引导其学习说话;五是教他使用符号系统进行沟通,如图片、文字等。这些训练方法为之后一个多世纪的智力障碍儿童教育奠定了基础。

伊塔德的学生塞甘(Edouard Séguin)致力于对智力障碍的病因以及教育训练方法的

研究。1837 年,他在巴黎建立了一所小规模的私立缺陷儿童学校。[①] 1846 年,塞甘出版了《智力障碍以及其他障碍儿童的精神治疗、卫生保健和教育》(*the Moral Treatment, Hygiene, and Education of Idiots and Other Backward Children*)一书。这是有关智力障碍儿童教育训练最早的论著。1849 年,塞甘移居美国,继续开展智力障碍儿童的教育训练工作。

美国的智力障碍儿童教育开始于 1839 年,当时的主要目的是为帕金斯盲校中那些伴有智力障碍的盲童进行教育训练。1848 年,韦伯(Hervey Backus Wilbur)在马萨诸塞州的巴雷开办了第一所私立寄宿制智力障碍学校。随后,美国各州陆续开办了智力障碍儿童教育训练机构。

二、中国特殊教育发展历程

(一)特殊教育的早期探索

1870 年,英国传教士威廉·穆瑞(William Hill Murray)受派遣来到中国,随后驻留北京。在工作过程中,穆瑞(也称穆威廉)接触到一些盲人,深感他们接受教育训练的不易,决定为其尽一己之力。在个别教授 2 名盲童获得初步成功以后,穆瑞认为办一所专门盲校的条件基本成熟。1874 年,穆瑞借用北京甘雨胡同的房舍,创办了"瞽叟通文馆"(现北京市盲人学校)。"瞽叟通文馆"是中国第一所特殊教育学校,为中国近现代特殊教育提供了基本范式,对学制、课程、教材等都提供了样板。"瞽叟通文馆"也是近代中国早期特殊教育的重要人才培训基地。到 1914 年,从学校毕业的盲生已超过 250 人。1920 年,学校迁往恩济庄,更名为"启明瞽目院"。穆瑞在中国最早引入了布莱尔盲文系统,并加以中文认读的改造,初创了中国历史上第一套中文盲字系统——"康熙盲字",又称"瞽目通文"(the Murray Numeral System)。

1887 年,美国传教士查尔斯·罗杰斯·米尔斯(Charles Rogers Mills)和夫人安妮塔·汤普森·米尔斯(Annette Thompson Mills)在山东登州(今山东烟台市蓬莱区)创建了中国第一所聋哑学校"登州启喑学馆"(现烟台市特殊教育学校)。1895 年,米尔斯先生去世,米尔斯夫人继承夫业。1898 年,米尔斯夫人将学馆迁至烟台,改校名为"烟台启喑学校"。1899 年,学校迁入新址;1942 年,更名为"烟台市立启喑学校"。1948 年,烟台市人民政府接管学校,更名为"烟台市聋哑小学"。[②]

中国人自办的最早的特殊教育学校是 1908 年由保定府清苑县知县黄国瑄创办的保

---

① Kraft, I. Edouard Seguin and 19th century moral treatment of idiots[J]. Bulletin of the History of Medicine, 1961, 35:393 – 418.
② 孙桂华,刘秋芳. 中国第一所聋校——烟台启喑[M]. 济南:山东电子音像出版社,2007.

定清苑盲哑学堂,1913年改称保定盲哑学校,1931年停办。该校经费主要由政府资助。中国人自办的最早的私立特殊教育学校是1914年周耀先举办的杭州哑童学校,1916年停办,1922年由俞宗周复办,改名为杭州惠爱聋哑学校,1926年迁址到上海,并入上海福哑聋校。

中国第一所公立盲聋教育机构是南京市盲哑学校(现南京市聋人学校和南京市盲人学校)。该校创办于1927年,设盲、哑两科。1937年,学校西迁至重庆。1942年,学校隶属教育部,更名为"教育部特设盲哑学校"。1946年,学校迁回南京。1947年,恢复"南京市盲哑学校"校名。

1949年之前,特殊教育作为慈善救济事业,主要依靠宗教团体、慈善机构和爱心人士的维持。残疾儿童受教育机会较少,以人权为诉求的残疾人平等权利并未引起社会和政府的重视。[1] 这也造成了当时"或病弱,或发育较迟不能就学者……准暂缓就学","如患有疯癫痫疾,或五官不具不能就学者……准免其就学"的局面。[2] 截至1949年,全国共有特殊教育学校42所,其中33所为教会或私人所办,公办学校特殊教育学校仅9所,盲聋哑学生2000余人。

(二) 特殊教育的本土化推进

新中国成立后,国家出台了接受与改造原有盲聋哑学校的政策。1951年,周恩来总理签发的《关于改革学制的决定》要求各级人民政府"应设立聋哑、盲目等特种学校,对生理上有缺陷的儿童、青年和成人,施以教育"。[3]这是1949年后中央政府第一次就特殊教育作出办学要求。1953年,教育部设立了盲聋哑教育处。1955年至1957年间,教育部先后颁发了三个盲聋哑学校教学计划。虽然当时的国民经济刚刚复苏,国家百废待兴,但特殊教育事业得到了较快的恢复和发展。

十一届三中全会之后,我国特殊教育迈入快速发展进程,主要体现在:着力推进特殊教育法规和政策体系建设、扩展特殊教育服务范围、提升残疾儿童义务教育普及水平。

特殊教育法规和政策体系不断完善。1982年,残疾人受教育问题写入了《中华人民共和国宪法》,即"国家和社会帮助安排盲、聋、哑和其他有残疾的公民的劳动、生活和教育"。此后国家陆续出台了其他一些法律法规制度,如1985年《中共中央关于教育体制改革的决定》、1986年《中华人民共和国义务教育法》、1990年《中华人民共和国残疾人保障法》、1994年《残疾人教育条例》、1995年《中华人民共和国教育法》等,2010年颁布实施的《国家中长期教育改革和发展规划纲要(2010—2020 年)》,将特殊教育专列

---

① 雷雳,王雁. 慈善还是责任:对残疾人事业本质的探讨[J]. 中国特殊教育,2015(02):10—14.
② 顾定倩,朴永馨,刘艳虹.中国特殊教育史资料选[M].北京:北京师范大学出版社,2010.
③ 顾定倩,朴永馨,刘艳虹.中国特殊教育史资料选[M].北京:北京师范大学出版社,2010.

一章,彰显了特殊教育在国家教育决策中的地位。为特殊教育事业发展提供了重要依据。

特殊教育服务范围不断扩展。十一届三中全会之前,仅有少数盲、聋儿童有机会接受特殊教育。20 世纪 50 年代末,北京、大连曾有过短期的"低能班""智力培育学校",后陆续停办。1979 年,上海市第二聋哑学校创办了智力障碍儿童特殊班(辅读班),首批招收了 24 名轻度智力障碍学生。1981 年,国内首个招收智力障碍儿童的特殊教育学校——上海市长宁区辅读学校建立。继上海之后,各地也相继创办了培智学校(班)。特殊教育服务对象扩展至三类,智力障碍儿童成为特殊教育服务对象。2009 年,国家提出"积极创造条件,以多种形式对重度肢体残疾、重度智力残疾、孤独症、脑瘫和多重残疾儿童少年等实施义务教育",[①]随着特殊教育事业的推进,其他各类残疾儿童的教育逐步纳入特殊教育服务领域。

残疾儿童义务教育普及水平稳步提升。1988 年,国家教委提出要实行"多种形式办学,有计划地在一部分普通小学附设特殊教育班或吸收能够跟班学习的残疾儿童随班就读""形成一条投资少、见效快、效益大的残疾少年儿童教育发展的路子"。[②] 1989 年,国务院办公厅转发国家教委等部门《关于发展特殊教育的若干意见》的通知,要求"把残疾少年儿童教育切实纳入普及义务教育的工作轨道"。2009 年,国务院办公厅转发的《关于进一步加快特殊教育事业发展的意见》提出"继续提高残疾儿童少年义务教育普及水平",并对不同地区三类残疾儿童义务教育入学率提出具体要求。[③] 2008 年至 2011 年,国家组织实施了新中国成立以来规模最大的特殊教育学校建设规划项目,中央和地方累计投入 54 亿元,为中西部地区新建和改扩建特殊教育学校 1182 所。基本实现了市(地)和 30 万人口以上、残疾儿童较多的县(市)都有一所特殊教育学校的目标。2012 年,残疾儿童义务教育入学率达到 71.4%。[④]

(三) 特殊教育的普惠发展

党的十八大以来,我国特殊教育事业进入全面提升的新时期。特殊教育普及水平、保障条件和教育质量得到显著提升,特殊教育事业取得重大进展。

持续完善特殊教育体系。2014 年起,国家连续组织实施三期特殊教育提升计划,持续提升残疾儿童义务教育的普及水平,提高入学率,确保适龄残疾儿童应随尽随、就近就便优先入学。2020 年,适龄残疾儿童义务教育入学率超过 95%。[⑤] 继续加强特殊教育学

① 国务院办公厅转发教育部等部门关于进一步加快特殊教育事业发展意见的通知.国办发〔2009〕41 号.
② 国家教委副主任何东昌在全国特殊教育工作会议上的讲话.1988 年 11 月.
③ 国务院办公厅转发教育部等部门关于进一步加快特殊教育事业发展意见的通知.国办发〔2009〕41 号.
④ 我国残疾人教育稳步发展　整体受教育水平仍较低—中华人民共和国教育部政府门户网站.
⑤ 从"有学上"到"上好学"——党的十八大以来义务教育改革发展成就·教育部基础教育司—中华人民共和国教育部政府门户网站.

校建设,增加有效学位供给,切实保障残疾儿童平等接受教育的权利。加快向学前和高中以上阶段两端延伸,拓展学段服务。通过积极发展学前特殊教育,着力发展以职业教育为主的高中阶段特殊教育,稳步发展高等特殊教育。2023 年,全国共有特殊教育学校 2345 所,特殊教育在校生 91.2 万人,与 2012 年相比,特殊教育学校数增加 26.6%,特殊教育在校生人数增加 140.8%。[1]

大力提升特殊教育质量。高度关注特殊教育专业标准和资源建设,2015 年,教育部发布《特殊教育教师专业标准(试行)》,明确了合格特殊教育教师的基本专业要求。2016 年,教育部发布盲、聋和培智三类特殊教育学校义务教育课程标准,这是我国第一次专门为残疾学生制定的一整套系统的学习标准;2017 年起,教育部组织编制并陆续出版与课程标准配套的各科教材,并通过全国范围的课程标准与教材培训、优质课程教学资源遴选等活动,为特殊教育课程与教学质量提供重要依托。2022 年,教育部发布《特殊教育办学质量评价指南》,加快建立以适宜融合为目标的特殊教育办学质量评价体系。为进一步推进特殊教育改革与发展,提升特殊教育质量,2014 年,教育部遴选了 37 个市(州)、县(区)为国家特殊教育改革实验区,开展送教上门、随班就读、医教结合等实验。[2] 2024 年,教育部决定在全国再设立一批特殊教育改革实验区,探索特殊教育发展的有效实践模式,推进特殊教育优质融合、普惠发展。具体实验任务包括拓展特殊教育学段服务、扩大特殊教育服务对象、强化特殊教育质量建设和加强数字教育资源建设。

强化特殊教育保障条件。改善特殊教育办学条件,支持特殊教育学校和普通学校资源教室配备仪器设备和图书,加强校园无障碍环境建设,加快建设国家、省、市、县、校五级特殊教育资源中心,逐步实现各级特殊教育资源中心全覆盖。加大财政投入力度,残疾学生生均预算内公用经费标准逐步提高,2025 年达到每生每年 7000 元以上;落实学前、高中阶段生均拨款政策,继续向特殊教育倾斜;继续对家庭经济困难的残疾学生实行高中阶段免费教育,确保家庭经济困难残疾学生优先获得资助。加强教师队伍建设,加大特殊教育专业教师配备,加强培养培训,将融合教育纳入普通学校教师继续教育必修内容,推动师范类专业开设特殊教育课程内容等,整体提高教师专业素养。2023 年,全国共有特殊教育专任教师 7.27 万人,比 2012 年增加了 76.2%。[3]

历经一百余年的历程,我国特殊教育立足中国实际,努力实现特殊儿童从"有学上"到"上好学"的跨越式发展,具有中国特色的特殊教育发展格局已基本形成。

---

[1] 特殊教育基本情况-中华人民共和国教育部政府门户网站.
[2] 教育部办公厅关于组织申报国家特殊教育改革实验区的通知.教基二厅函〔2014〕21 号.
[3] 特殊教育基本情况-中华人民共和国教育部政府门户网站.

第三节　我国特殊教育体系与发展趋势

相对于发达国家和地区,我国特殊教育的起步较晚。但经过一个多世纪的历程,我国的特殊教育事业取得了较大发展。目前,我国已经构建了包括学前教育、义务教育、职业教育、高级中等以上教育在内的完整的特殊教育体系,形成了以教育行政部门为主导,发展改革委、民政、财政、人力资源和社会保障、卫生健康、残联等多个相关部门协调运作的特殊教育管理体系。

一、特殊教育体系

(一)学前教育

近年来,国家采取多种措施积极发展学前特殊教育,提高残疾幼儿接受学前教育的比例。残疾幼儿主要通过以下途径接受教育。

(1)普通幼儿园融合教育。大多数残疾幼儿可以在普通幼儿园接受融合教育。据统计,2022年,我国大陆地区在普通幼儿园接受教育的残疾幼儿有2.86万人。[①]

(2)普通幼儿园特教班(点)。部分普通幼儿园设立了特教班(点),为残疾幼儿提供教育,并根据残疾幼儿的需求提供融合的机会。如,上海市要求各街道(镇)选择一所幼儿园建立特教班(点),截至2020年底,已有193所幼儿园建立了学前特教点。

(3)特殊教育学校附设学前教育部(班)。部分特殊教育学校开办了学前教育部(班)。如,浙江省要求特殊教育学校开办学前教育部,接收不具备接受普通教育能力的残疾幼儿。[②]

(4)特殊幼儿园,即专门举办的接收残疾幼儿的幼儿园。

(5)在儿童福利机构、残疾儿童康复机构接受学前教育。

(二)义务教育

经过多年的努力,我国大陆地区已形成以专门的特殊教育学校为骨干、以普通学校特殊教育班和残疾儿童少年随班就读为主体、以送教上门或远程教育为补充的残疾儿童少年义务教育体系。

1. 特殊教育学校

特殊教育学校是指由政府、企事业组织、社会团体、其他社会组织及公民个人依法举办的专门对残疾儿童、少年实施义务教育的机构。特殊教育学校的学制一般为九年一贯

---

① 学前教育幼儿数-中华人民共和国教育部政府门户网站.

② 浙江省教育厅、浙江省民政厅、浙江省卫生健康委员会、浙江省残疾人联合会关于加强残疾儿童学前教育的指导意见. 浙教基〔2018〕110号.

制,招收适合在校学习的义务教育阶段学龄残疾儿童、少年入学。特殊教育学校主要有四类:盲校、聋校、培智学校和综合性特殊教育学校。

2. 特殊教育班

特殊教育班也称特教班,是指在普通学校、儿童福利机构或者其他机构附设的专门对学龄残疾儿童、少年实施教育的班级。特教班设立在普通学校,可根据学生情况提供相应的融合教育机会。

3. 随班就读

随班就读是指特殊儿童在普通学校的普通班级就读。

4. 送教上门

送教上门是指为那些无法到校学习的适龄重度、多重残疾儿童和少年提供的在家教学与训练服务。

(三) 职业教育

国家高度重视残疾人职业教育,要求大力发展中等职业教育,加快发展高等职业教育,积极开展以实用技术为主的中期、短期培训,以提高就业能力为主,培养技术技能人才,并加强对残疾学生的就业指导。残疾人职业教育由普通职业教育机构和特殊职业教育机构实施,以普通职业教育机构为主。

1. 中等职业教育

国家要求每个省(区、市)集中力量至少办好一所面向全省招生的残疾人中等职业学校。[①]

让完成义务教育且有意愿的残疾人都能接受适合的中等职业教育。通过随班就读、专门编班等形式,逐步扩大招收残疾学生的规模,不得以任何理由拒绝接收符合规定录取标准的残疾学生入学。完善专业设置,探索设置面向智力残疾学生、多重残疾学生的专业或方向,扩大残疾人就读专业的选择机会。

2023 年,全国共有残疾人中等职业学校(班)225 个,在校生 24360 人,毕业生 5611 人,其中 1034 人获得职业资格证书。[②]

2. 高等职业教育

鼓励职业院校与现有独立设置的特殊教育机构合作办学,联合招生、学分互认、课程互选,共同培养残疾学生。免试录取符合条件的在职在岗优秀残疾人接受高等职业教育。

(四) 高级中等以上教育

2017 年修订后的《残疾人教育条例》规定:"普通高级中等学校、高等学校、继续教育

---

① 教育部等四部门关于加快发展残疾人职业教育的若干意见-中华人民共和国教育部政府门户网站.
② 2021 年残疾人事业发展统计公报.中国残疾人联合会 2022 年 3 月 31 日.

机构应当招收符合国家规定的录取标准的残疾考生入学,不得因其残疾而拒绝招收。"

1. 高中教育

1993 年,中国残疾人联合会与教育部分别在南京试办聋人普通高中,在青岛试办盲人普通高中,实行了普通教育与职业教育相结合的双轨制教育,效果显著。各地在此基础上,陆续兴办了聋人高中、盲人高中。截至 2023 年,全国共有特殊教育普通高中(部、班)128 个,在校生 12429 人,其中聋生 6857 人、盲生 1816 人、其他 3756 人。①

2. 高等教育

(1) 相关政策。

1985 年,教育部、国家计委、劳动人事部、民政部联合发出《关于做好高等院校招收残疾青年和毕业分配工作的通知》,要求各地教委、高招办在招生工作中,在德、智条件相同的情况下,对生活能够自理、不影响专业学习及工作能力的肢体残疾(不继续恶化)考生,给予和正常考生同等的录取资格。

2003 年 3 月,教育部、卫生部和中国残疾人联合会印发《普通高等学校招生体检工作指导意见》进一步放宽对患疾病或生理缺陷者的录取要求。对原体检标准规定患有某种疾病或生理缺陷的考生不能录取的专业进行了调整。同时规定,学校不得拒绝录取达到相关要求的考生。

2015 年 4 月,教育部与中国残疾人联合会联合印发了《残疾人参加普通高等学校招生全国统一考试管理规定(暂行)》,2017 年,发布修订后的《残疾人参加普通高等学校招生全国统一考试管理规定》,要求各级教育考试机构为残疾人参加高考提供必要支持条件和合理便利,包括:为视力残疾考生提供现行盲文试卷、大字号试卷(含大字号答题卡)或普通试卷;为听力残疾考生免除外语听力考试;允许视力残疾考生携带答题所需的盲文笔、盲文手写板、盲文作图工具、橡胶垫、无存储功能的盲文打字机、无存储功能的电子助视器、盲杖、台灯、光学放大镜等辅助器具或设备;允许听力残疾考生携带助听器、人工耳蜗等助听辅听设备;允许行动不便的残疾考生使用轮椅、助行器等,有特殊需要的残疾考生可以自带特殊桌椅参加考试;适当延长考试时间:使用盲文试卷的视力残疾考生的考试时间,在该科目规定考试总时长的基础上延长 50%;使用大字号试卷或普通试卷的视力残疾考生、因脑瘫或其他疾病引起的上肢无法正常书写或无上肢考生等书写特别困难考生的考试时间,在该科目规定考试总时长的基础上延长 30%;优先进入考点、考场;设立环境整洁安静、采光适宜、便于出入的单独标准化考场,配设单独的外语听力播放设备;考点、考场配备专门的工作人员(如引导辅助人员、手语翻译人员等)予以协助;考点、考场设置文字指示标识、交流板等;考点提供能够完成考试所需、数量充足的盲文纸和普通白纸;

---

① 2021 年残疾人事业发展统计公报. 中国残疾人联合会 2022 年 3 月 31 日.

其他必要且能够提供的合理便利。

（2）安置方式。

一是高等院校特殊教育学院(系/班)。部分普通高等院校开办了专门招收残疾人的学院、系或班,通过单招单考或普通高校招生的统一考试进行招生。如,长春大学特殊教育学院、天津理工大学聋人工学院、北京联合大学特殊教育学院、山东滨州医学院医学二系、上海应用技术大学、南京特殊教育师范学院、重庆师范大学、郑州师范学院等均面向残疾人开设了相关专业。采取单独编班或融合的方式进行培养。

2014年,北京联合大学获批国内首个专门面向视障生源的临床医学(中医)硕士专业学位授权点,并按照全国硕士研究生招生考试要求实行单考单招。2018年,长春大学获得硕士研究生单考单招资格,面向视障和听障考生开设中医学、美术、艺术设计和音乐四个专业。

二是融合教育。2003年起,上海市开始尝试在普通高等院校以融合的形式招收视障学生,华东师范大学、上海师范大学、上海中医药大学、上海第二工业大学等高校陆续接收了近百名视障学生就读。近年来,越来越多的高校,包括举办特殊教育院系(专业)的高等院校开始为残疾学生提供接受融合教育的机会。

三是其他形式的成人教育。多年来,国内积极组织残疾人参加函授、广播电视、自学考试和现代远程教育学习。各地高(中)等教育自学考试机构积极创造条件,以满足残疾考生的特殊需要。

2003年11月,经教育部批准,北京市成人高考首次面向残疾人实行单考单招政策,当年录取了63名考生,分别就读针灸推拿按摩、钢琴调律、艺术设计、计算机等专业。2011年3月,上海开放大学、上海市残疾人联合会签订协议,合作建立上海开放大学残疾人教育学院。首批招收592名学生,主要包括肢体残疾、听力残疾以及视力残疾学生。开设了社区服务与管理、文化事业管理、家政与社区服务等大专学历教育,以及社会工作者、英语中级口译、会计上岗证等非学历教育培训项目。授课方式为课堂授课与网络授课相结合、集中上课与个别辅导相结合。残疾人接受高等教育的资源和形式进一步丰富。

二、特殊教育的行政管理

（一）主管机构及行政职责

教育部主管全国的特殊教育工作,统筹规划、协调管理全国特殊教育事业;县级以上地方人民政府教育行政部门主管本行政区域内的特殊教育工作。

2012年9月,教育部成立"特殊教育办公室",其行政职责是:拟定特殊教育的宏观政策和发展规划,组织制定特殊教育的课程方案和课程标准,组织审定义务教育阶段特殊教育教材,指导特殊教育教学工作,统筹规划部内相关的特殊教育管理工作。

(二) 相关机构及行政职责

1. 发展改革部门

发展改革部门负责将特殊教育纳入经济社会发展规划,加强特殊教育学校建设。

2. 财政部门

财政部门负责制定和落实特殊教育经费投入政策,在基建投资、办学经费、学生资助等方面支持特殊教育发展。

3. 民政部门

民政部门负责残疾人的社会福利救济工作,指导残疾人的权益保障工作,拟定有关方针、政策、法规、规章并指导实施;负责福利机构孤残儿童抚育工作。

4. 人力资源社会保障部门

人力资源社会保障部门负责制定和落实工资待遇、职称评定等方面对特殊教育教师的支持政策。

5. 卫生健康部门

卫生健康部门负责对残疾儿童少年的医疗与康复服务,承担残疾儿童的早期筛查、检查诊断工作,配合学校做好残疾检查鉴定及康复医疗指导工作,同有关部门一道开展残疾预防工作。

6. 残疾人联合会

残疾人联合会协助有关部门组织制定和实施残疾人教育工作计划;促进残疾人教育,开展残疾人职业培训;负责盲文、手语的研究与推广工作。

三、特殊教育的发展趋势

(一) 全面推进融合教育

融合教育已成为普遍认同的趋势。一方面,越来越多的特殊儿童进入普通学校接受教育,普通学校承担融合教育的主体责任,通过建设无障碍环境,营造包容接纳的校园文化,调整课程教学,配备专业师资,提供多样化的支持,以满足特殊学生的个别化教育与专业服务需求,提升融合教育质量。另一方面,融合教育的范围不断扩大,从学前教育、义务教育、高中阶段教育、职业教育到高等教育,全面实施融合教育;从事融合教育的教师从随班就读教师拓展至全体教师,融合教育工作逐步渗透于普通教育之中。

特殊教育学校的教育对象主要为中度、重度及多重障碍儿童,但应努力做到在相对隔离的学校实现最大限度的融合。同时,特殊教育学校也应发挥专业优势,为区域推进融合教育提供师资与专业服务支持。

(二)重视早期干预

早期干预是指对学龄前有发展缺陷或有发展缺陷可能的儿童及其家庭提供教育、保健、医疗、营养、心理咨询、社会服务及家长育儿指导等一系列服务的措施。其目的在于增进家长照顾障碍儿童的知识和技能,增进障碍婴幼儿生理、认知、语言以及社会能力等的发展,减轻障碍程度,减少社会依赖,同时减少儿童就学后对特殊教育与相关服务的需求,降低教育成本。早期干预由专业人员以团队合作方式,按照障碍儿童的个别需求,提供有针对性的服务,以促进其发展。

早期干预的对象既包括障碍儿童,也包括有发展落后可能的儿童。其中障碍儿童是指被确诊罹患某种障碍的儿童,如智力障碍、视觉障碍、听觉障碍、多重障碍儿童等。有发展落后可能的儿童包括:①母亲孕期有高危因素的儿童。高危因素如 35 岁以上初产、妊娠高血压综合征、糖尿病、甲状腺疾病、各种急慢性感染、先兆子痫等。②高危新生儿:包括胎龄小于 37 周的早产儿,胎龄大于 42 周的过期产儿,足月小样儿,围产期有窒息出血、产伤、高胆红素血症、惊厥、重症感染、先天畸形、遗传代谢性疾病的儿童,以及家族中有严重智力障碍者的儿童。③经过发育诊断证明在大运动、精细动作、语言、适应能力、社会行为等一个或多个领域落后的儿童。

📖 **拓展阅读**

早期干预的依据

一、个体大脑发育速度

从个体的发育来看,7 岁以前是大脑发育最快的时期。研究发现,出生时新生儿脑重约 390 克,1 岁以内以每天约 1 克的速度递增,1 岁时脑重达 750 克左右,7 岁时脑重可达到 1280 克,接近成人水平。脑科学研究表明,脑功能的发展和儿童的早期经验有关,而大脑的发育决定着认知的发展。婴幼儿所处的环境越丰富,其大脑神经元之间产生的连接数量越多,学习速度越快。

二、可塑性

生物体的结构、形态还未达到成熟和稳定水平时,容易受到环境的影响而产生变异。儿童的发展也是如此,在生理、心理的发展早期,容易受环境和教育的影响。研究发现,儿童的可塑性随年龄的增长而降低。一般认为,儿童早期的可塑性最强。如果在这个时期给予适当的干预,将起到事半功倍的效果。

三、关键期理论

关键期的概念来源于生物学,它是指个体发展过程中环境影响起最大作用的时期。当个体处于关键期时,在适宜的环境影响下,其行为的习得就会特别容易,发展也非常迅速。如果在这个时期缺少适当的环境刺激,个体行为的习得就很难产生,甚至无法产生。在儿童的发展过程中,各种能力的习得存在不同的关键期。例如,语言习得的关键期一般是从出生到上学前的这段时间,其中0—3岁最为关键。在关键期内,通过接触自然的语言环境并与其互动,儿童会自然地学会语言。如果错过关键期,语言学习的效率会大大降低。

(三) 重视个别化教育与转衔服务

为更好地满足特殊儿童的个别化需求,提高教育的科学性与针对性,提升特殊教育的服务质量,个别化教育的理念越来越受关注。该理念要求在全面评估特殊儿童的基础上,量身定制个别化教育计划,包括针对早期干预阶段的个别化家庭服务计划(Individualized Family Service Plan,简称 IFSP)以及针对教育阶段的个别化教育计划(Individualized Educational Program,简称 IEP)。

特殊儿童的转衔服务也日益受到重视,转衔服务包括早期干预至学前教育、义务教育的衔接,义务教育与高中教育、职业教育的衔接,学校教育与职业训练、就业、成人与继续教育、成人服务、独立生活或社区参与的衔接等,以帮助学生顺利成功地由学生生活时期过渡到社会生活阶段。

📖 **拓展阅读**

个别化家庭服务计划

个别化家庭服务计划是针对学龄前接受早期干预服务的儿童而制定的。它主要包括以下几方面的内容:(1)当前发展水平:基于评估结果对儿童当前各方面发展状况的描述,主要包括生理发展(如视、听、健康状况等)、认知、沟通、社会情绪,以及适应行为发展等;(2)家庭资源:优势以及关注点;(3)预期目标:预期可测量的目标;(4)早期干预服务:包括服务的起始时间、持续时间、服务频率、强度、服务方式、服务地点等,同时说明干预服务是否最大限度地在自然环境中实施;(5)教育内容:对满三岁的幼儿,要说明教育内容,包括阅读、识字准备、语言以及数学技能;(6)其他服务:所需的医疗或其他服务;(7)费用承担情况;(8)转衔服务:在儿童满三岁前提早九个月制定转衔计划,说明转衔步骤及所提供的服务。

（四）关注沟通与合作

特殊教育对象的复杂性和多样性决定了教育服务的难度以及沟通与合作的必要性。跨部门、多学科人员沟通与合作已成为特殊教育服务的重要特征与发展趋势。特殊教育涉及多类人员，如特殊教育教师、普通教师、相关专业人员等，还可能包括区域特殊教育指导中心或资源中心的专业人员、学校分管领导等，通过有效的沟通与合作，对特殊儿童实施评估，制定教育计划，提供特殊教育及相关专业服务。特殊教育发展中，学校、家庭、社会的沟通与合作愈发受到重视，通过积极畅通家校沟通渠道、增进家长对子女教育的了解、加强家庭教育指导、引导家长更新教育理念、获得必要的知识与技能，推动家长积极参与子女教育，形成合力，助力学生成长。此外，教育、卫生健康、民政、残联等部门间的沟通与合作也备受关注，这是特殊教育服务运行的重要保障。

（五）提升特殊教育质量

特殊教育质量正在受到越来越多的关注。从特殊儿童的视角来看，高质量特殊教育首先是受教育机会的公平，保障特殊儿童像同龄普通儿童一样就近就便获得入学机会；其次是受教育过程的公平，学校应及早识别特殊儿童并给予及时、有针对性的教育支持，保障特殊儿童有机会充分参与课程学习与相关活动；最后是教育结果的公平，即特殊儿童应当通过教育获得适宜的发展。为实现特殊教育的高质量发展，应加强特殊教育组织管理，完善特殊教育体系，优化办学条件，提升师资水平，建立监督评价机制；同时，高度重视特殊教育课程与教学，重视将新理念、新技术、新成果应用于特殊教育实践，如循证干预、反应-干预模式(RTI)、通用学习设计、科技辅具、信息技术等，有效提升特殊教育质量。

（六）变革特殊教育理念

随着国际社会关于残疾模式的变化以及神经多样性等理念的出现，特殊教育理念也在逐渐发生变化。

其一，从医学模式到社会互动模式。医学模式认为，生物医学上的异常被视为导致残疾的主要原因或唯一原因，是个人的残疾导致了残疾人在生活、学习和工作等各个方面遭遇障碍而沦为社会中的弱者，只有个人的残疾消除了或者康复了，残疾人所面临的问题才能解决。基于医学模式的特殊教育重点关注残疾学生的康复和缺陷补偿。在社会互动模式的视角下，特殊学生的成功与失败不仅仅受到其生物学局限的影响，还受到诸多社会因素的影响，如学校的课程、教学、学生的学习活动、学校环境等。社会互动模式认为，外在环境因素对学生的发展可能起促进作用，也可能起阻碍作用，特殊教育的作用就在于通过积极的调整，创设有利于学生发展的环境，消除任何可能阻碍学生参与的障碍，因应学生的独特需求。

其二，基于神经多样性实施教育。神经多样性的倡导者认为：神经系统的差异应该像任何其他人类差异一样得到尊重。传统的特殊教育较多关注学生的残疾诊断以及找到弥补学生缺陷的方法,与此不同的是,以神经多样性为导向的特殊教育关注的是评估并发现特殊学生的优势、天赋、能力和兴趣,并充分利用学生的优势能力,构建有助于促进学生发展的积极的教育生态。神经多样性理念有助于教师、家长、相关人员、普通学生等对特殊学生建立积极的期望,也有助于特殊学生本人树立积极的信心,更好地融入学校的学习生活、健康成长。

❓ 思考题

1. 哪些儿童是特殊儿童?
2. 特殊教育与普通教育的区别与联系是什么?
3. 特殊教育的发展趋势是什么?

第二章

融合教育

特殊教育从隔离走向融合，经过了一个漫长的时期。自 1994 年西班牙萨拉曼卡会议以来，融合教育已成为特殊教育发展的前沿问题，深受大众的关注和期待。本章将对融合教育的产生历程和发展过程作一个简单的回顾，并介绍融合教育的支持形式，同时阐述我国现阶段的融合教育——随班就读模式，使学习者对我国的随班就读有一个基本的认识。

第一节 融合教育概述

融合教育是在教育民主化的潮流中逐渐涌现的,它立足于人权观,以人权的视角和方法来看待社会关系和社会条件,进而分析教育问题。融合教育的产生和发展虽然历时不长,但对 21 世纪的特殊教育有着积极的影响。

一、融合教育的含义

融合教育思想起源于美国 20 世纪 50 年代以来的民权运动,在正常化、回归主流和一体化等思想的基础上由美国学者斯坦巴克(Stainback)等正式提出,此后便成为了特殊教育领域讨论最为热烈的话题。[①] 1994 年,联合国教科文组织在西班牙萨拉曼卡召开了"世界特殊需要教育大会",并发表了《萨拉曼卡宣言——关于特殊需要教育的原则、方针和实践》(the Salamanca Statement on Principle, Policy and Practice in Special Needs Education,以下简称《萨拉曼卡宣言》),在宣言中正式提出"融合教育"(Inclusive Education)这一术语,确立了融合教育的基本理念。从此,融合教育便在世界范围内得到了大力的宣传和推广,并迅速成为特殊儿童接受教育的主要形式。

📖 拓展阅读

萨拉曼卡宣言

1994 年 6 月 7 日至 10 日,联合国教科文组织在西班牙王国萨拉曼卡市召开了"世界特殊需要教育大会",颁布了《萨拉曼卡宣言》,明确提出了"融合教育"的思想,确立了融合教育的基本理念:

(1) 每个儿童都有受教育的基本权利,必须获得可达到的并保持可接受的学习水平之机会;

(2) 每个儿童都有其独特的特性、兴趣、能力和学习需要;

(3) 教育制度的设计和教育计划的实施应该考虑到这些特性和需要的广泛差异;

(4) 有特殊教育需要的儿童必须有机会进入普通学校,而这些学校应以一种能满足其特殊需要的儿童中心教育学思想接纳他们;

---

① Stainback, W., & Stainback, S. A rationale for the merger of special and regular education [J]. Exceptional Children, 1984, 51(02):102-111.

（5）以融合为导向的普通学校是反对歧视态度,创造受人欢迎的社区,建立融合社会以及实现全民教育的最有效途径;此外,普通学校应向绝大多数儿童提供一种有效的教育,提高整个教育系统的效率并最终提高其成本效益。

尽管融合教育已经成为全球性的议题和整个世界特殊教育发展的主要导向,"融合教育"一词也被各国广泛使用。但是,对于什么是融合教育,它的内涵和外延是什么,人们并没有达成一致的意见。每个学者和实践者由于各自的背景、研究领域或学科的不同,对这一概念的看法自然也不同。国内外一些研究者根据对《萨拉曼卡宣言》的理解,结合融合教育实践,提出了各自的见解:

（1）融合教育是加强学生参与的过程,主张促进学生参与就近地区的文化、课程、社区活动,并减少学生被排斥的情况。[1]

（2）融合教育是指在普通学校适合儿童年龄特征的教育环境里教育所有的儿童。它更关心的是特殊儿童的权利而非学校校长、教师及心理学工作者的专业判断与建议。[2]

（3）融合教育是建立在这种理念或哲学基础之上的,即特殊学生应该完全融入他们的学习社区中,一般是普通教育教室;他们的教学应该是建立在他们的能力而非残疾基础之上的。融合教育有三个维度:①物理层次的融合,特殊学生与普通学生共同安置于同一教室之内;②社会层次的融合,特殊学生与普通学生以及老师之间建立良好的社会交往关系;③课程与教学的融合,大部分特殊学生都可以与普通学生一起参与普通课程的学习,并且能够在教师进行课程与教学调整时得到帮助。只有这三个层面都达到了融合,融合教育才能真正实现。[3]

（4）融合是一种价值倾向。它以所有的特殊儿童都有权与同龄儿童一起在自然的、正常的环境中生活与学习为前提。它强调给予学生平等参与所有学校活动的机会。[4]

（5）融合教育是这样一种持续的教育过程,即接纳所有学生,反对歧视和排斥,促进积极参与,注重集体合作,满足不同需求。[5]

（6）让所有儿童就读于适合其年龄层次及学习特点的普通班级或学校,并通过多方

[1] Booth, T., & Ainscow, Mel. Index for Inclusion: a guide to school development led by inclusive values (4th ed.) [M]. Cambridge: Index for Inclusion Network (IfIN), 2016.

[2] Bailey, J., & Du Plessis, D. An investigation of school principals' attitudes toward inclusion [J]. Australasian Journal of Special Education, 1998, 22(01): 12 - 29.

[3] Friend, M., & Bursuck, W. D. Including students with special needs: A practical guide for classroom teachers [M]. Boston: Pearson, 2012.

[4] Smith, T. C. Polloway, E. A. Patton, J. R., & Dowdy, C. A. Teaching students with special needs in inclusive settings (3rd ed.) [M]. Boston: Allyn and Bacon, 2001.

[5] 黄志成,等. 全纳教育——关注所有学生的学习和参与[M]. 上海:上海教育出版社,2004:37—38.

的协同合作,为他们提供高质量的、有效的教育,让所有儿童都获得充分的发展。[①]

从上面的定义可以发现,尽管不同学者对融合教育有不同的理解,但一些关于融合教育概念的核心要点是基本一致的。第一,融合教育的对象是面向所有学生,它不仅要求给身心障碍儿童提供教育,而且要求为经济、文化、社会等处境不利的儿童提供受教育的机会,要让所有儿童都能在融合学校乃至融合社会中接受教育,共同生活、多元共存。第二,融合教育的任务是让所有学生获得满足需要的教育和相关服务,融合教育并不只是给予每个儿童入学的机会,同时它还强调高质量教育。第三,融合教育的成功有赖于各方的协同努力,融合教育意味着所有人一起合作,相互帮助,它鼓励每个人作为参与的伙伴和成员,充分发挥出他们的能力。第四,融合教育的最终目的是由创建欢迎特殊人群的社区、学校入手,进而建立起融合的社会,实现社会的平等。

据此,我们认为,融合教育是指在教育的过程中,所有学生特别是特殊儿童,都能够进入到普通学校中,获得归属、接纳和社区感,并且能够取得学业、社会性发展等方面的进步;同时普通学校必须无条件接收学区内的所有儿童,并为这些儿童发展所需的教育提供必要的保障。

二、融合教育争论

尽管融合教育作为一种全新的教育思想正在指导着特殊教育的改革,并且已经掌握了特殊教育领域发展的话语权,但其无论是在理念上还是在实施方面也还都充满了争议。从20世纪90年代开始,特殊教育界围绕着融合教育如何进行展开了激烈的讨论。特殊儿童是应该以激进的方式完全融入普通教室,还是应该以渐进的方式进行有选择的融合?前者体现的是融合教育激进主义者所倡导的完全融合(Full Inclusion),后者则是融合教育的渐进主义者所主张的部分融合(Partial Inclusion)。[②] 从双方的主要观点来看,他们的争论点并不在于融合教育的基本理念和目标,而是主要围绕着这些理念和目标能否以及如何在普通教室里实现。

(一)完全融合教育派的观点

完全融合是指对特殊儿童进行全日制的普通教室安置,它是一种单一的教育安置形式。倡导完全融合的激进主义者认为,融合教育的推动和倡导是建立在社会公平、正义、个体权利、非歧视、社会机会平等观念基础之上的。他们非常重视残疾人在社会中所遭受

---

① 邓猛.融合教育理论指南[M].北京:北京大学出版社,2017:2.
② Baglieri, S., Valle, J. W., Connor, D. J., & Gallagher, D. J. Disability studies in education: The need for a plurality of perspectives on disability [J]. Remedial and Special Education, 2010,31(04):267-278.

的歧视与残疾人权利的平等,倾向于从伦理的角度而非实证研究的角度倡导融合。在他们看来,有关融合教育与隔离教育的有效性对比研究结果是无关紧要的,融合是一种权利问题而非实证问题。因此,完全融合主义者认为,不应该根据儿童的障碍程度来安排他们在普通教室学习的时间,而应该在普通教室里满足所有特殊学生的学习需要。[①] 综合起来看,完全融合教育的支持者们主要有以下观点:

(1) 将特殊儿童抽出来进行教育及对他们使用标签的做法应该被取消,因为这些做法是低效率的,而且从本质上说是不公平的。

(2) 所有儿童都有学习和成功的能力,学校应为他们的成功提供足够的条件。

(3) 所有儿童都应该在邻近学校内适合其年龄的班级里平等地接受教育。学校必须成为适应所有儿童多样学习需要的场所。

(4) 应该让特殊儿童在具有接纳、归属、社区感的氛围中接受教育。

(5) 在普通教室里,特殊儿童通过教育工作者之间的合作教学、学生之间的伙伴学习以及所提供的各种相关服务而获益。

(二)部分融合教育派的观点

部分融合教育派主张让特殊儿童部分时间在普通教室学习;它假定普通教室安置并不适合所有的特殊儿童,完全融合只是一系列特殊教育服务形式中的一种选择。因此它支持瀑布式特殊教育服务体系,尤其是资源教室的存在,根据特殊儿童的障碍程度提供从最多(隔离的学校或机构)到最少(普通教室)限制的多种教育安置选择。他们认为并不存在唯一的、最好的安置形式,只有最大限度地发挥学生能力的多种合适的安置形式;安置地点本身并不是特殊教育发展的核心,有效的教学策略和个别化的教学才是特殊教育发展的关键所在。部分融合教育的支持者们的基本观点与回归主流很相似。有的部分融合教育支持者还认为,完全融合教育支持者是在没有得到普通教育工作者的支持的情况下要求他们接受特殊儿童的。

然而,尽管完全融合与部分融合教育的支持者观点不尽相同,但他们都承认融合教育不仅仅是物理空间的融合,即特殊儿童身体上被普通教室接受,融合更意味着教育观念、社会文化的根本变化。一般而言,多数特殊教育专业人士都倾向于认为完全融合的观点过于极端、理想化,大多支持让特殊儿童在普通教室教学与服务不能满足需要时,离开普通教室一段时间接受抽出的教育与服务。更多的情况则是观念上、原则上支持完全融合教育的理想,但在实际的教学实践中却采取部分融合的做法。

---

① Tiernan, B. Inclusion versus full inclusion: Implications for progressing inclusive education [J]. European Journal of Special Needs Education, 2022,37(05):882-890.

三、融合教育的产生和发展

现代意义上的融合教育思想直接产生于 20 世纪五六十年代西方的民权运动和残疾人运动,经由回归主流运动发展而来,并于 20 世纪 90 年代正式确立。

(一) 回归主流运动

回归主流思想的根源可以追溯到北欧国家提出的正常化教育原则。早在 20 世纪 40 年代,丹麦的班克-米尔克森(N. E. Bank-Milkkelsen)就提出了"正常化"(Normalization)的概念。其基本理念是:残障人士在教育、居住、就业、社会生活、娱乐等方面都应该和正常人尽量相同;主张改革原来教养院中隔离的封闭形式,将受教养者安置到正常社会环境中学习和生活。1959 年,丹麦议会颁布了《智力落后法案》,确立了丹麦残疾人政策与行动的基本准则,这些准则包括正常化、一体化与残疾人的发展权利等,这个法案后来被称为"正常化法案"。1969 年,丹麦议会通过了关于准备"融合"的决议,要求尽量在普通学校教育体系内教育残疾儿童,并指出融合的理念是基于承认所有人都是平等的、有全面参与社会生活的权利。

正常化理念传播到美国,直接导致了美国"去机构化运动"的产生,并孕育了"最少受限制原则""回归主流""融合教育"等新的教育原则、观念与思想。与西欧的正常化运动相应,美国的民权运动直接推动了残疾人权利运动的兴起。这一运动对特殊教育的发展产生了深远的影响:既然分开就是不平等,那么为什么要将特殊儿童与正常儿童分开呢? 这些社会运动孕育了西方所谓以个人自由、社会平等为价值目标的社会文化基础,也为有特殊需要的人士平等、有尊严地参与社会生活以及新的特殊教育理念的诞生提供了动力。与此同时,法庭的一些判决对特殊教育的发展也起到了重要的影响作用,尤其是布朗案这一里程碑式的诉讼案,挑战了以种族为依据隔离学生的做法。在这一案件中,美国最高法院宣布,州政府不能因为一个人无法改变的特点,譬如种族或残疾,而要求或批准将这个人进行隔离,这种隔离是违反宪法的。在 20 世纪 60 年代和 70 年代早期,许多家长纷纷以宪法为依据,发起法律诉讼。此外,人们就特殊教育的目的、任务、实际效果展开了讨论。一些研究者比较了特殊儿童在隔离班级和正常班级中接受教育的情况,认为特殊儿童被限制在特殊班级中接受教育并不一定有效。许多儿童也没有因为经过特殊教育而回到普通教室里。人们还对隔离教育的低质量、差设备及教师缺乏训练等问题提出了批评。对这些问题的思考和对隔离教育机构的有效性研究促使人们对新的教育方法进行探索,人们开始尝试一体化教育。

布 朗 案

　　美国最高法院 1954 年审判的奥利弗·布朗诉托皮卡教育局案,简称"布朗案",是美国历史上一件非常重要、具有标志性意义的诉讼。布朗诉托皮卡教育局案宣告了在美国被实施 58 年的"隔离但平等"(Separate but Equal)法律原则的终结。该案判决种族隔离本质上就是一种不平等,因此原告与被告双方所争执的"黑人与白人学童不得进入同一所学校就读"的种族隔离法律必须排除"隔离但平等"先例的适用。对于种族隔离可能对儿童产生的影响,该案的最终判决书中写道:

　　"仅仅由于种族的不同,而将一些孩子与其他年纪和资质相仿的孩子隔开,会造成他们在那一社区地位低下的感觉,这种感觉可能会影响他们的心灵及思想,并可能永远难以释怀。"

　　"……本庭的结论是:公共教育事业绝不允许'隔离但平等'原则存在。"

　　正是在这些运动以及家长、学者的共同努力之下,1975 年,美国颁布了《所有残疾儿童教育法》(94—142 法)。该法案对融合教育影响最大的就是提出了"最少限制环境"原则,其核心就是要让特殊儿童尽可能地与普通儿童一起生活、学习,将特殊儿童接触正常儿童和主流社会的限制减少到最低程度。在这一法案的影响下,美国越来越多的特殊儿童开始进入普通学校接受教育,美国的特殊教育进入回归主流时代。同时期,英国沃诺克委员会在 1978 年发表《沃诺克报告》,提出一体化教育的三种形式:场所的一体化(将有特殊教育需要的学生安置到普通学校)、社会的一体化(有特殊需要的学生与普通学校的学生在某种程度上进行社会性的而非教育上的交往)、功能的一体化(有特殊教育需要的学生在某种程度上参与共同的学习活动)。1981 年,英国颁布新教育法,其中用"有特殊教育需要的儿童"代替原来的"特殊儿童"。

(二) 对回归主流的批判

　　回归主流要求残疾儿童尽可能地在普通教育环境中接受教育,它给特殊教育带来了结构性的改变,并使得普通学校中的资源教室成为了残疾儿童安置的主要形式。然而到了 20 世纪 80 年代,伴随着美国普通教育的改革,研究者也开始对特殊教育的效率提出了质疑;普通教育与特殊教育仍然是以一种二元平行的方式存在,应该采取什么样的教学策略才能最好地教育残疾儿童的问题仍然没有得到解决。批评者再次根据社会正义、伦理、公民个体权利等理念对回归主流思想展开批判。研究者开始重新思考残疾的意义以及特殊教育的效果与目的。很多学者也表示出了对将残疾儿童贴标签为"特殊"的担忧。将特殊班级视为是有歧视和不平等的,这种充满隔离式色彩的特殊班级并不是对于残疾儿童教育权利的满足,相反,它是通过一种排斥性的实践方式来否定残疾儿童的教育权。因此,很多学者提出,除非教育领域内出现结构性的改变,否则特殊教育在向有特殊需要的儿童提供教育的过程中将会面临着更多的问题。

(三) 融合教育的确立

1990 年,联合国教科文组织在泰国宗迪恩通过了《世界全民教育宣言》,提出了全民教育的目标,即所有儿童、青年和成人都有获得受教育机会并促进平等的权利。1993 年,联合国教科文组织在我国哈尔滨召开了"亚太地区有特殊需要的儿童、青少年教育政策、规划和组织研讨会"。会议通过了《哈尔滨宣言》,宣言指出:要达到全民教育这一主要目标,所有国家都应对满足一切儿童的基本需要予以关注。会议还指出,要通过融合学习的观念探索满足一切儿童的基本学习所需要的多种策略、试验融合性学校的成功策略与方案,以及在制定各种儿童教育方案中考虑融合性这一观念。

1994 年,联合国教科文组织在西班牙萨拉曼卡召开"世界特殊需要教育大会",大会通过了《萨拉曼卡宣言》。《萨拉曼卡宣言》首次正式提出"融合教育"的概念,并号召世界各国广泛开展融合教育,这在国际教育发展过程中具有重大意义,它拉开了融合教育的序幕。

(四) 融合教育的发展

自 1994 年在西班牙萨拉曼卡召开"世界特殊需要教育大会",至今已三十余年,融合教育的原则在大会的宣言中得以体现,它关注所有的学习者,特别关注那些传统上被排斥于教育机会之外的学习者。这一理念已逐步在世界各国得到推广,并基于此制定了相应的法律政策。《萨拉曼卡宣言》公布后,许多国家纷纷开展融合教育。英国也表现出对融合教育的极大兴趣,把融合教育看作是对一体化教育运动状况作出的一种彻底选择,并在一些地区和学校开始实施融合教育政策。随后,在英国各地,许多专业研究者开始研究和倡导融合教育:学校开设融合教育的讲座和课程;组织融合教育研讨会,开展交流和传播;建立融合教育研究机构;主办融合教育专业刊物;与地方教育当局一起,积极推动融合教育的实施;编写融合教育实施指南,参与指导融合教育的开展;参与融合教育教师的培训;开展对融合教育的深入研究。1994 年,英国教育部颁发了《特殊教育需要鉴定与评估实施章程》(SEN Code of Practice),表明了对学校和地方教育当局成功实施融合教育的期望。1995 年,英国议会通过了旨在保护残疾人免受歧视的法案——《反残疾歧视法》,第一次将特殊教育需要与法律上的机会平等联系起来。1997 年,英国教育与就业部发表了题为《所有儿童的成功:满足特殊教育需要》的绿皮书,重申政府的政策是提高所有学生的教育标准,包括有特殊教育需要的学生。随后,新工党政府颁布了《学校中的成功》的白皮书,在强调优先提高教育标准的同时,表明了对融合教育的支持,并承诺:只要学生有特殊教育需要,普通学校就有为他们提供教育所需的强大的社会和道德基础的责任。2001年,《特殊教育需要鉴定与评估实施章程》对1994年的章程进行了修订,提出享有特殊教育需要的儿童有更大权利在普通学校接受教育;地方教育局的职责是与那些有特殊教育需要儿童的父母协商,提出建议和提供信息,以及解决争议;学校和学前教育机构的职责是告诉父母他们的孩子何时能得到特殊教育服务;学校和学前教育机构的权利是为孩子进行法定评估。2004年的《特殊教育需要者教育法》确保了有特殊教育需要的学生享受相应学习的权利,帮助他们在离校时具有相应的必要技能,并帮助学生家长开展教育。

在美国,1995年珀根(Pergen)和弗格森(Ferguson)等人在总结美国第一次融合教育运动的基础上提出了对教育体系进行改革的思路,发起了第二次融合教育运动。1997年,美国最新修订的特殊教育法——《障碍者教育法案》,提出最少受限制环境原则和适当教育原则,从法律上强调了融合教育的必要性,进一步推动了第二次融合教育改革运动。第二次融合教育主要针对特殊教育过程中出现的对特殊儿童的期望值过低,过分强调符合法定要求的书面作业而忽略教学、学习以及学生的成就问题,着重提高对特殊儿童的期望值、改进他们的学业成就。学校教育价值取向的核心是通过合作教学为所有存在差异的学生提供全面的服务,包括能力缺陷学生,所有学生的利益都应得到关注和保护。2001年美国颁布的《不让一个儿童落后法案》(No Children Left Behind,简称NCLB,PL105-17)对美国新世纪教育改革与发展产生了重大影响。NCLB"要求三至八年级的所有学生都要进行阅读和数学的年度测验"。所有三至八年级残疾儿童也必须参加各州的标准化评估,依据学生的残疾情况,可以对评估进行相应的符合州规定的调整或者在个别化教育计划中制定替代性的目标和评估。每个州不仅要求将该州残疾儿童的评估成绩作为一个单独的部分报告,并且要求将残疾儿童的成绩作为总成绩的一部分进行报告。2015年12月,美国政府颁布《每个学生都成功法》,进一步强调了普通学校对特殊儿童的"零拒绝",加强各州对特殊学生教育的问责制,同时提出通过加大投资力度发展特许学校,进一步推动特殊儿童融合教育。根据美国教育部2019年的数据统计,有95%的残疾学生在普通学校中接受教育,其中64%的残疾学生在普通教室中的时间超过了一天时间的80%。在英国,根据2019年数据统计,经过融合教育的多年发展,尽管特殊教育学校中的学生数量有所增加,但特殊学校学生的比重仍然在10%以下。在意大利,有数据显示,2010—2011年间,全意大利该学年义务教育阶段(6—16岁)共有特殊学生189563人,在融合环境下就读的特殊学生有187728人,占特殊学生总数的99.03%。另外在加拿大、西班牙、南非、印度等国家,或者是出于提高教育质量的需要,或者是出于提高残疾儿童入学率的要求,融合教育成为各国提高教育系统工作效率的核心与改革方向。

第二节　随班就读概述

根据国情,我国政府制定了在普通教育机构招收特殊学生进行随班就读作为我国特殊教育的主要形式之一的发展特殊教育的政策。[1] 从 1987 年开始,我国在 15 个县、市开展了针对残障学生的随班就读的教育研究。在三十多年的实践中,我国的特殊教育工作者艰难摸索,形成初步的随班就读的管理模式,并将随着特殊教育的深入发展,不断开拓和规范随班就读的教育范式。

一、随班就读的概念

目前,在理论界,我国对融合教育基本持肯定态度。对融合教育的接受与实施,主要体现于"随班就读"的教育理论与实践。随班就读,顾名思义,是把特殊儿童安置在普通学校的普通班级里,让他们和正常儿童一起接受教育。随班就读是一种在普通教育机构中对特殊学生实施教育的形式。它不是把特殊儿童简单地放在普通班级里,而是要创造条件,为特殊儿童提供适宜的教育。

2020 年《教育部关于加强残疾儿童少年义务教育阶段随班就读工作的指导意见》中提出"坚持优先原则。县级教育行政部门要结合区域义务教育普通学校分布和残疾儿童少年随班就读需求情况,加强谋划、合理布局,统筹学校招生计划,确保随班就读学位,同等条件下在招生片区内就近就便优先安排残疾儿童少年入学"。随班就读的对象包括:视力(包括盲和低视力)、听力语言(包括聋和重听)、智力(轻度智力障碍,有条件的学校可以包括中度智力障碍)等类别的残疾儿童少年;暂不具备筛查鉴定条件的农村地区,被怀疑智力有问题的儿童少年;地方教育主管部门法定文件规定的对象。

随班就读是在西方一体化和回归主流的教育思想影响下,由我国特殊教育工作者根据我国国情探索出的对特殊学生实施特殊教育的一种形式,它使特殊儿童就近进入普通小学接受义务教育,使大量游离在学校大门之外的特殊儿童就学有门。[2] 2003 年,在《关于印发〈全国随班就读工作经验交流会议纪要〉的通知》中指出,"随班就读"是我国实施融合教育的一种形式,是"我国基础教育工作者特别是特殊教育工作者参照国际上其他国家的融合教育做法,结合我国的特殊教育实际情况所进行的一种教育创新"。

---

[1] 肖非. 中国的随班就读:历史·现状·展望[J]. 中国特殊教育,2005(03):3—7.
[2] 邓猛. 特殊教育管理者眼中的全纳教育:中国随班就读政策的执行研究[J]. 教育研究与试验,2004(04):41—47.

二、随班就读的产生与发展

(一)随班就读的产生

尽管 20 世纪 80 年代之前随班就读没有被正式提出,但残疾学生在普通学校就读的现象在中国早已存在。1948 年出版的《第二次中国教育年鉴》中就记载了盲人罗福鑫在普通大学毕业的事例。很多学校出于"教育"中的良心,不忍把残疾儿童拒之于门外,便在体制外偷偷地收容了残疾学生,这些学生被称为"编外就读生"或"地下学生"。[①] 尽管这些自发地、尝试性的实践没有得到国家的认可,也没有得到相关理论的指导,但它们却是中国随后随班就读运动的萌芽。

20 世纪 80 年代,我国盲教育社会活动家徐白仑先生率先启动了名为"金钥匙工程"的盲童教育计划:让盲童就近进入普通小学随班就读,用与普通课本同样内容的盲文课本,对这些学校现成的师资进行盲教育的最基本的培训。1987 年,"金钥匙工程"在山西开始试点。他们的主要做法包括三个部分:一是在试点地区普遍进行人道主义宣传教育,为视障儿童创造良好的入学环境和社会环境。二是由视障儿童所在班级的班主任兼任辅导教师,对其进行专业知识培训,然后由其承担视障儿童的主要教学工作。"金钥匙工程"采用就地选拔辅导教师进行培训的方法,盲童在掌握盲文后,即用同样内容的盲文课本,与健全儿童同班学习。三是建立巡回辅导制度,由巡回教师负责业务指导、行政管理、与外界协调等工作。在山西襄垣和长治等县市教育局的帮助下,"金钥匙工程"成功地帮助了 11 名失学在家的盲童进入当地的普通学校就读,体验到了随班就读的益处。

(二)随班就读的发展

1987 年,原国家教委关于印发《全日制弱智学校(班)教学计划》(征求意见稿)的通知中首次将弱智儿童在普通学校中读书称作"随班就读",并且认为这是"解决轻度弱智儿童入学问题的可行办法"。同年,"金钥匙"视障教育研究中心在华东、华北和东北的部分农村地区开展了"让视障儿童在本村就近进入小学随班就读"的教改试点工作,中国的随班就读实验已经开始在民间正式展开。

1988 年的全国特殊教育工作会议开启了特殊教育发展的新篇章,也是中国随班就读的起点。当时,全国仅有的三类特殊教育学校远远无法满足特殊儿童的教育需求,农村地区、经济落后地区的残疾儿童少年入学问题更是严峻,探索一条适合中国国情的残疾儿童少年教育安置的途径成为当务之急。《中国残疾人事业五年工作纲要(1988 年—1992年)》将"一九八八年至一九九〇年底,进入普通学校接受义务教育的残疾学生增加"作为工作目标之一。1989 年,国务院办公厅转发《关于发展特殊教育的若干意见》(以下简称

①　朴永馨.融合与随班就读[J].教育研究与实验,2004(04):37—40.

《意见》)的通知,《意见》指出,"1949 年以后,特别是近十年来,我国的特殊教育事业有了一定发展。但由于种种原因,我国特殊教育,特别是残疾少年儿童教育,已经成为普及初等教育最薄弱的环节,目前全国盲、聋学龄儿童入学率还不足 6%。这一状况引起了有关部门和社会各界的普遍关注";"发展特殊教育要贯彻普及与提高相结合,以普及为重点的原则";"多种形式办学,加快特殊教育事业的发展";"各地要充分利用现有普通小学,积极招收虽有一定残疾,但可以在普通班级学习的残疾儿童入学"。《中国残疾人事业"八五"计划纲要(1991 年—1995 年)》明确提出,"'八五'计划期间,使可以接受普通教育的残疾儿童、少年与当地其他儿童、少年的义务教育水平同步;使需要接受特殊教育的视力、听力、言语和智力残疾儿童、少年的初等义务教育入学率,在城市和发达与比较发达地区达到 60%左右,中等发展地区达到 30%左右,困难地区有较大提高",要求"各级政府和教育主管部门要切实把残疾儿童、少年特殊教育纳入义务教育轨道,统筹规划、部署、实施和检查"。

1989 年,原国家教委委托北京、河北、江苏、黑龙江、江西、山东、辽宁、浙江等省市分别进行视力残疾和智力残疾儿童少年随班就读试验;1992 年,原国家教委又委托北京、江苏、黑龙江和湖北等省市进行听力、语言残疾儿童少年随班就读试验。1994 年,原国家教委在江苏省盐城市召开了"全国残疾儿童少年随班就读工作会议",总结交流各地开展随班就读工作的经验。

1994 年 7 月,《国家教育委员会关于开展残疾儿童少年随班就读工作的试行办法》指出:"开展残疾儿童少年随班就读工作,是发展和普及我国残疾儿童少年义务教育的一个主要办学形式,是建立适合我国国情的残疾儿童少年义务教育新格局的需要。实践证明,这是对残疾儿童少年进行义务教育的行之有效的途径。""残疾儿童少年随班就读有利于残疾儿童少年就近入学,有利于提高残疾儿童少年的入学率,有利于残疾儿童与普通儿童互相理解、互相帮助,促进特殊教育和普通教育有机结合,共同提高。"同时,要求各级教育行政部门"必须高度重视和积极开展残疾儿童少年随班就读工作,并使其逐步完善"。至此,随班就读作为残疾儿童少年接受教育的重要安置形式,在中国大陆地区全面铺开。

2001 年,教育部、中国残联等九个国家部门联合发布《关于"十五"期间进一步推进特殊教育改革和发展的意见》,明确了"十五"期间的工作目标:占全国人口 35%左右的大中城市和经济发达地区,适龄视力、听力、智力残疾儿童少年(以下简称"三类残疾儿童少年")义务教育阶段入学率分别达到 95%以上,使入学率、保留率分别达到或接近当地义务教育水平;在此基础上努力发展高水平、高质量的残疾儿童少年义务教育,提高特殊教育质量。积极创造条件,努力满足其他各类残疾儿童少年接受义务教育的需求;努力建立为社区和家庭残疾儿童少年教育提供指导、咨询等服务的社会体系。占全国人口 50%左右、已实现基本普及九年义务教育和基本扫除青壮年文盲(以下简称"两基")的农村地区,

"三类残疾儿童少年"义务教育阶段入学率分别达到 85% 以上,努力使之达到或接近当地义务教育水平。占全国人口 15% 左右、未实现"两基"的贫困地区,积极推进"三类残疾儿童少年"义务教育,入学率达到 60% 以上。该文件进一步明确了"普及为重点"的目标。2002 年 12 月,教育部基础教育司和中国残疾人联合会教育就业部在北京联合召开了"全国随班就读工作经验交流会议",会议公布:我国随班就读的学生从 1993 年统计部门第一次正式统计的 6.88 万人增加到了 2001 年的 25 万人,随班就读工作取得了较好的成绩。会议指出:我国在开展残疾儿童少年随班就读工作中虽然取得了很大的成绩,同时也存在不少的问题,整体上看,我国的随班就读工作教学质量不高,随班就读工作还处于低水平、低层次的发展阶段。和国内普通教育相比,还有较大的距离;和教育发达国家的特殊教育相比,差距则更大。会议就随班就读工作的发展方向提出了明确的指示:继续将残疾儿童少年义务教育的普及作为工作重点,努力提高入学率;将随班就读工作纳入普及义务教育整体部署和规划,加强督导检查,加强随班就读工作的目标管理和过程管理;要建立和完善随班就读的支持保障体系,特别是在县(市、区)的范围内,建立起稳定的、强有力的支持保障体系。

2003 年,教育部决定在全国 100 个县(区)开展随班就读支持保障体系的试点工作,通过建立健全组织管理机构、配备专职或兼职人员、形成管理与指导网络、加强社会其他有关部门的配合与支持、加大资金投入的力度、强化随班就读教育教学工作的业务管理等措施,努力使随班就读工作走上科学化、规范化、制度化的良性发展轨道,让每一位随班就读的残疾儿童少年都能享受高质量的教育。

进入 2010 年以后,我国随班就读的重点开始从重视特殊儿童进入普通学校就读的数量转向强调特殊儿童的学习质量,随班就读开始向融合教育迈进。2014 年,国家颁布了《特殊教育提升计划(2014—2016 年)》,首次在国家政策文件里使用"融合教育"一词,明确提出发展融合教育的总目标,并对特殊教育质量的提升作出了明确的规定,为特殊教育的改革作出了划时代的决策。2017 年《第二期特殊教育提升计划(2017—2020 年)》明确提出"……全面推进融合教育。普通学校和特殊教育学校责任共担、资源共享、相互支撑"。2017 年修订的《残疾人教育条例》中指出"积极推进融合教育,根据残疾人的残疾类别和接受能力,采取普通教育方式或者特殊教育方式,优先采取普通教育方式"。2022 年1 月,国务院办公厅转发教育部等部门《"十四五"特殊教育发展提升行动计划》,提出"教育质量全面提升……融合教育全面推进,普通教育、职业教育、医疗康复、信息技术与特殊教育进一步深度融合"。[①]

我国大陆地区随班就读工作开展至今取得了较大的成就,主要表现在:提高了残疾儿童少年义务教育入学率,根据教育部统计数据,2022 年全国特殊教育在校生 91.85 万人,

---

① 国务院办公厅关于转发教育部等部门"十四五"特殊教育发展提升行动计划的通知. 国办发〔2021〕60 号.

其中义务教育阶段特殊教育在校生 89.95 万人,随班就读在校生 46.22 万人,占义务教育阶段特殊教育在校生 51.4%。"十三五"期间,盲、聋、弱智儿童少年入学率平均提高到 95%;节约了国家和各级政府的投入,采取随班就读方式,使残疾儿童就近进入普通学校就读,充分利用现有的教育资源,既节约了国家和各级政府的大量投入,同时也减轻了残疾学生家长的经济负担;促进了残疾儿童少年的身心发展与社会融合,一方面提高了残疾学生的社会适应能力,另一方面也改善了普通学生对残疾同伴的接纳态度;转变了教育管理者与普通学校的教育观念,随着随班就读工作的逐渐深入,教育管理者与普通学校对教育的功能、教育价值有了新的认识和思考,努力探索适应每个学生的发展需要以及差异水平的教育教学。

但在发展过程中以及未来也面临着各种问题,主要是:随班就读教育教学质量偏低是普遍存在的问题,已成为我国随班就读教育继续发展的瓶颈;长期以来,支持保障体系的缺乏造成了在随班就读工作管理过程中的随意性,没有形成有效的管理体制,严重制约了随班就读工作的持续发展;传统的随班就读以智力残疾、视力残疾以及听力残疾等三类残疾儿童少年为主要服务对象,但普通学校中还有一部分这样的学生,他们不属于残疾的范畴,但可能因多动、情绪行为问题、学习障碍、病弱甚或超常等而产生了特殊教育的需求,这部分学生的数量更大,能否在条件许可的情况下为这类学生提供支持服务,也是随班就读工作面临的问题。因此,要解决随班就读如何让残障儿童得到公平教育的问题,还需予以研究,加强实践。

三、随班就读学生的安置与管理

(一)随班就读学生的安置

随班就读学生安置的原则包括:第一,科学评估。随班就读对象是具有接受普通教育能力的各类适龄残疾儿童少年。教育行政部门会同残联依据有关标准对残疾儿童少年身体状况、接受教育和适应学校学习生活能力进行全面规范地评估,对是否适宜随班就读提出评估意见。第二,就近入学。特殊儿童随班就读,应当就近入学。在城市和交通便利的地区,也可以相对集中在指定学校就读。第三,区(县)教育部门负责规划。区(县)教育部门应当把特殊儿童少年随班就读纳入普及九年义务教育发展规划,并把任务落实到乡镇和学校,切实保证儿童按时入学。第四,学校接收服务区的儿童入学。普通学校应当依法接收本校服务范围内,能够在校学习的特殊儿童少年随班就读,不得拒绝。第五,改选适合的安置。随班就读、特殊教育班和特殊教育学校等是公立学校系统中特殊儿童接受义务教育的教育安置形式。一方面,应该尽可能根据特殊儿童的条件和当地可利用的教育资源,做出符合特殊儿童身心发展需要的最少限制环境原则的随班就读安置;另一方面,如果经过努力和实践证明随班就读不符合他的需要时,应该改选更适合的教育安置,如特殊教育班或特殊教育学校。

随班就读形式有多种,主要形式有以下三种:第一,完全的随班就读。其形式是特殊儿童与普通儿童在普通班级中一起学习和活动,接受义务教育,普通班级教师利用自己的专业专长,针对学生的特殊教育需要进行因材施教,提供个别辅导。普通教师可通过在职培训,或自学等形式学习特殊教育知识和技能,特殊教育教师不直接承担普通班级教师的辅导工作,但直接参与随班就读学生特殊教育需要的处理工作。第二,辅以咨询辅导服务的随班就读。其形式是特殊儿童在普通班级接受教育,普通班教师处理和满足特殊学生的特殊教育需要问题,如特殊教育教师可以定期或巡回对随班就读学生提供直接的服务。第三,配有资源教室的随班就读。其形式是随班就读学生的学习在普通班级中,除在普通班级接受教育外,还要在规定时间到资源教室接受资源教师的直接辅导和帮助。在资源教室花费的时间和学习的内容可因人而异。

(二)随班就读的管理

在教育部的领导下,由各级教育行政部门对随班就读工作进行管理。管理的层次主要体现在这三个层次中,即教育行政管理、学校管理和班级管理。

在教育行政管理方面主要有四个环节:一是市、县(区)、校三级管理网络。其中,市级教育行政部门主要负责对本市特殊教育(随班就读)工作的统筹管理、规划和指导,并依据本市的情况制定相关政策和标准;各区县教育行政部门负责本区域内的特殊教育(随班就读)的管理、指导和考核工作;普通学校则负责具体开展残疾学生的随班就读工作。二是由各区县教育行政部门牵头,组建由医学、康复、心理、特殊教育教师等不同部门的人员构成的特殊教育专业委员会,负责对本地区残疾学生的筛查、鉴定和评估工作。三是发挥省、市、县三级特殊教育资源中心的作用,加强对区域内承担随班就读工作普通学校的巡回指导、教师培训和质量评价。四是督导检查,在义务教育均衡发展督导评估认定和地方政府履行教育职责督导评价工作中,将随班就读工作作为重要内容,不断加大督导力度。

在学校管理方面主要有四个环节:一是依据有关特殊儿童入学标准的法规或文件,接纳学生入学。二是为保障特殊学生的正常发展和随班就读工作的顺利进行,在特殊学生入学之初就为其选定合适的教师和班级。三是建立专门的随班就读特殊儿童个别档案,进行个别化管理。四是制定学制,根据特殊学生的特点对修学年限进行相应的调整,并对随班就读学生毕业后的去向进行安排。

在班级管理方面主要有五个方面:一是融合教育班级的组织与文化建设,对于融合教育班级来说,班主任在班级组织建设过程中需要对班级组织的目标内容、班干部选拔条件、职责、岗位设置等方面有更多考虑,以更好地接纳和支持特殊学生,促进他们在班级中深入融合。融合教育班级文化的建设关键在于营造认同与接纳的环境、营造安全与归属的环境、营造尊重与自我实现的环境。二是班级常规管理,包括班级环境的建设与管理、学生的管理与指导、班级常规的制定与执行、学生行为的规范与管理等方面,旨在保证班级师生之间、同学之间和谐共生、融洽共处、平等互助。三是班级活动管理,在融合教育班级中,由于特殊学生身心发展的特殊性,一定程度上阻碍了他们参与班级活动。因此教师在开展融合教育班级活动时,除了要遵循班级活动的一般性组织原则,还需要了解特殊学生参加班级活动时面临的困难,为特殊学生提供相应的支持和服务,以促进他们的平等参与。班主任要遵循最大融合原则,尽可能让特殊学生与普通学生一起参与各种活动。四是人际关系管理,主要包括师生关系、教师同事关系和家校关系。平等、接纳、尊重、理解、支持、合作、安全的班级心理氛围和融洽的班级人际关系对普通学生和特殊学生的成长都有着深刻的影响。因此,班级管理过程中要通过培养融洽的人际关系,形成融合的心理氛围,为特殊学生和普通学生共同健康成长创造良好的环境。五是突发事件管理。在融合教育班级中,特殊学生会出现一系列突发事件,如课堂扰乱事件、自伤与攻击、癫痫、出走或失踪、普通家长集体投诉劝退事件等。班级突发事件的突发性和急迫性要求当事老师甚至学校必须立即作出反应,进行适当的处理和善后。

四、随班就读的作用

随班就读作为有特殊教育需要学生接受教育的一种形式,可以在各级学校施行,但对学前教育和义务教育阶段尤为重要,因为这是人生的入学准备和接受基础教育时期。随班就读的作用主要表现在以下几个方面。

(一)随班就读是投资少、见效快,有利于国家普及残障儿童义务教育的一种安置形式

随班就读依托已有的中小学的良好基础,对提高残障儿童的入学率可以发挥积极的作用。据中华人民共和国教育部统计,在义务教育阶段,2021 年我国接受随班就读的残障儿童已达 46 万人左右。如果按照传统的方式建立特殊学校招收残障儿童入学,校舍、食宿、医疗以及教师、生活管理人员的筹备非一朝一夕能够办到,也非社会、家庭能够承受。因此,随班就读采取临近普通学校就近入学的方式,使大量残障儿童踏进了校门,不仅节约了财力、物力、人力,而且大大提高了残障儿童的入学率。

(二)改变了主流社会对于残疾的态度与观念,促进了社会各界对于残障的理解与接纳

随着随班就读的大力实施,不仅越来越多的普通学校教师投入到教育残障儿童的工作中来,而且各级政府机关、社会团体与组织以及更多的家庭(包括正常儿童的家庭)也加入到特殊教育体系中来;残障者回归主流环境接受教育、回归正常社会生活环境的观念逐

渐深入人心。人们对于残障者的理解加深了,更多的人认识到残障儿童首先是儿童,与正常儿童相比,他们之间的共性远大于差异,从而改变了人们对残障者的态度。

(三)有助于残障儿童的学业发展与身心健康发展

回归普通学校的残障儿童有着更多的与正常学生交往、互动的机会,这种双向的社会交往,不仅改变了正常人关于残障的概念,更重要的是,它对残障儿童的心理与行为产生了巨大的影响。这不仅有利于残障儿童身心健康发展,有利于残障儿童尽早适应主流社会环境,也有利于社会对残障者的正确接纳与服务。

(四)促进传统学校进行变革,转变办学方式

传统的普通学校是建立在学生的共性基础上的,所关注的主要是大多数学生,而不是所有的学生,所以一般采取的是一种旨在追求效率的标准化、统一化的教学,具体表现就是:统一的国家课程标准;对学生统一的要求;按照年龄组分班;标准的测试与评估;标准的教学方法;标准的教材;大班教学;注重学习成绩;忽视能力培养;以升学、考试、择优为目的等。因此,传统的普通学校不能充分或全面地关注到儿童的个别差异,特别是没有关注到那些差别较大和特殊类型的个别差异。我国在 20 世纪 90 年代末进行的基础教育课程改革,使传统的中国教育发生了巨大变化。新课程改革的关键是对学生的认识发生了革命性的变化:所有的学生都有学习的需要,都应该接受平等的、有质量的教育;教育必须满足所有学生的需要;承认个别差异的普遍存在。这些观念与融合教育、随班就读的理念是一致的,它不仅有利于残障儿童入学读书,也对普通学校的改革起到了推动的作用。

第三节　融合教育的支持形式

在经历了多年的融合教育的实践后,人们摸索出了多种融合教育的支持形式。这里我们主要介绍巡回指导、资源中心、资源教室方案、融合教育课程设计策略、差异教学等几种支持形式。通过它们,我们可以了解融合教育的开展所需要的基础和条件。

一、巡回指导

巡回指导是指组织专家队伍,从一个学校到另一个学校开展评估、提供咨询、提供材料,甚至做一些直接教学的活动。巡回指导可以定位在不同层次之上,可以建在一个特定的行政区、社区或学区里。巡回指导服务特别适合处境不利及困难学生相对集中的地区。巡回指导服务也可以与少量的普通学校建立密切的工作关系。这样的队伍可以与大城市中弱势社区的学生以及他们的老师一起工作,也可以与普通学校中有学习困难的学生和他们的老师以小组形式一起工作。

专家团队可以选择定位于地区水平或国家水平,为大量的学校和社区提供服务。但是,专家团队特别适合于定位在可以为那些相对特殊的困难学生提供服务的水平。

巡回指导服务模式的优点是使专门化服务直接进入到每一所学校和每一个社区。然而,这种模式设计的服务不能太分散,否则对学生和学校来说几乎不具有真正的价值。

二、资源中心

一些国家选择建立资源中心作为每个行政区专家团队的基地。资源中心一般开展以下工作:行为评估、提供建议、为教师和家长提供咨询和支持、帮助教师专业发展、帮助家庭训练并增强家长对残疾的认识;提供特殊材料和设备;帮助寻找地区或国家层次的更专业的中心以及提供更大范围的服务;从事一些有限的直接教学。

巡回服务指导是把服务移出学校,而在资源中心模式里,教师、家庭和学生可以进入团队中心。建立资源中心,可以促进学校和教师加速向融合教育的方向转变。这种模式的好处是,可以提供多种资源和专家支持,使得集中的和多学科的干预成为可能。

三、资源教室方案

资源教室方案是提供一部分时间的支持性特殊教育设施,这种教育服务的提供,通常以普通教育一般的课程为基础,其服务对象为就读于普通班级,而在学业或行为上需要特殊协助的学生,其目的是为学生及教师提供教学的支援,以便这些学生能继续留在普通班级,并在学业或情意方面获得充分的发展。也就是说,资源教室方案是一种教育措施,接受辅导的特殊学生大部分时间在普通班级学习一般课程,部分时间到资源教室接受资源教师或特殊教育人员的指导。通过这种安排,特殊学生的潜能可有最大限度的发挥,缺陷得到及时补偿,同时发展了社会适应能力,使其得以在普通班级顺利就读。

资源教室方案即由资源教师利用资源教室的设备和其他资源,为学生及教师提供教学的协助,其核心的概念在于如何发挥资源的功能。首先,资源代表充分运用教学资源。教学资源是配合教学活动、增进教学效果的事物或人员。资源的功能在于协助教育人员满足学生的教育需要,以达成教育的目标,因此,可用的教学资源都应充分利用,充分发挥其支援的效果。资源教室方案的功能是多方面的,主要包括开展特殊教育咨询、测查、评估、建档等活动;进行学科知识辅导;进行生活辅导和社会适应性训练;进行基本的康复训练;提供支持性教育环境和条件;开展普通教师、学生家长和有关社区工作人员的培训。其次,资源教室是学校的教学资源中心。2016年,教育部在《普通学校特殊教育资源教室建设指南》中指出:对接收5人以上数量残疾学生随班就读的学校应当设立专门的资源教室。在融合教育过程中,资源教室将成为学校教学资源中心,对学习上及行为上有困难的学生提供支援性的协助。资源教室应购置充足的教学设备、特殊的教材教具及图书资料，以供学校师生利用。最后，资源教师是实施资源教室方案的核心人物，是学校的资源人士。资源教师必须是受过专业训练的特殊教育教师，负责资源教室的使用和管理，并为学校教师及家长提供咨询服务。

资源教室方案的特点主要表现为以下五点：一是资源教室方案是一种暂时性的支援教学。在特殊教育服务中，资源教室的安置通常是暂时性的，依据学生的个别需要及学习进步的情形进行适时的调整。二是资源教室强调个别化教学。资源教室根据特殊学生的长处和缺陷，拟定个别化教学计划，并着重个别指导或小组学习。三是资源教室具有预防功能。对于具有轻度学习障碍或行为问题的学生，在资源教室中及早地接受辅导，能预防问题向更严重的势态发展。四是资源教室具有统合功能。资源教室在为特殊学生提供服务时，是以学生的整体发展为主的，而不只考虑学生残障的补偿。同时对特殊学生提供的服务，需要资源教师与普通教师、相关专业人员、管理人员、家长共同商量决定，不能只由单方面决定。五是资源教室可以减少隔离与标记的不良影响。特殊学生在普通班级与正常学生一起上课，并接受资源教室的辅导，这打破了传统的特殊教育分类，减少了标记与隔离。

资源教室方案的功能是评估、教学、咨询与在职训练。评估和教学是面向特殊学生的，因而称为直接服务；咨询与在职训练是面向普通教师的，因而称为间接服务。

四、融合教育课程设计策略

（一）课程调整

融合教育课程调整是将普通教育和特殊教育的课程理念进行相容的过程，是一种既兼顾学生的学业发展，又兼顾其功能发展的弹性处理方式。课程调整强调根据特殊学生的能力和需要灵活增加和减少普通教育课程内容，增加范畴可如增加难度、深度、广度，减少范畴则可降低难度、简化要求、减少内容等，以此体现课程调整程度的层次性。这种层次性表现在融合教育课程调整根据学生的障碍程度和特殊需求而有所不同，障碍程度越严重或需求越特殊的学生，在课程调整类型的选择上就越偏离普通教育课程的方向，调整的程度也就越大。一般而言，课程调整主要包括四个层次：维持不变、调适、修改和替代。[①②]

（1）维持不变（No Accommodations or Modifications）。维持不变指包括特殊学生在内的所有学生学习同样的课程，不对课程作出任何的调整，教学目标和要求也相同。如果

① Barr, F., & Mavropoulou, S. Curriculum accommodations in mathematics instruction for adolescents with mild intellectual disability educated in inclusive classrooms [J]. International Journal of Disability, Development, and Education, 2021,68(02):270-286.
② 韩文娟,邓猛.融合教育课程调整的内涵及实施研究[J].残疾人研究,2019(02):70—76.

特殊学生能够适应该课程,那么普通课程就将成为该生的课程,如果不能适应,则考虑通过下面几种调整策略让学生全部或部分参与普通课程的学习。

（2）调适（Accommodations）。对于轻中度障碍的特殊学生来说,他们可以学习普通教育课程,但是由于感官或智力等方面存在的各种障碍,需要对他们的课程进行部分调整。针对他们的调整往往是课程编排顺序和教学策略方面的调整,教学内容和学业标准方面仍然可以与普通课程保持一致。

（3）修改（Modifications）。修改涉及改变全部或部分课程的内容、学生评价标准、课程编排顺序和教学设计,一般是针对中重度障碍的学生。对于这些学生而言,由于其残疾程度较重,难以接受普通教育课程,因此教师需要从课程内容、学业要求目标、课程编排等各个方面进行调整以适应学生的发展水平。常见的方式有简化教学内容、降低教学目标等。

（4）替代（Alternates）。替代性课程一般采用功能性课程的形式,从课程主题到课程目标以及内容,都与普通课程完全不同。它主要是针对重度和多重障碍的学生,旨在为他们提供更具功能性和实用性的课程,以符合其需要。从调整的程度来看,替代属于100％的调整,选择使用另一种更适合学生学习的课程主题、目标和内容,以及调整教学方式。一般而言,只有当对课程进行了各种调整后学生仍然无法适应时,才开始采用替代性课程。

（二）学习通用设计

学习通用设计（Universal Design for Learning）是一种在课程的目标、方法、材料和评估等方面进行灵活设计以满足融合班级内所有学生多样化需求的课程设计框架。[1] 它将数字技术渗透于课程的各设计要素之中,通过提供多样化的内容呈现、表达与参与方式,从教和学两个方面出发增强课程的灵活性和适应性,向学生提供适宜的符合其需要的支持,使所有学生,特别是特殊学生能够像普通学生一样获得知识、技能和学习的热情。[2] 学习通用设计根植于特殊教育的组织学模式,认为学生之所以出现学习问题是由于学习者与课程之间的互动出现了问题,而不唯独是学习者本人内在能力的问题。学习通用设计强调学生在课程学习中的中心地位,课程要根据学生需求与特点进行改变,而不是学生适应僵化的课程。与传统的融合教育实践方式相比,学习通用设计注重让课程本身更具有广泛性和灵活性,而不再鉴定和评估个体有哪些特殊教育需要。教师在进行课程设计之初就应该考虑学生在学习中可能遇到的障碍和困难,在目标、方法、材料和评估等方面提供多样性和灵活性的要求和支持,体现差异化原则。

---

① 颜廷睿,邓猛.全纳课堂中的学习通用设计及其反思[J].中国特殊教育,2014(01):17—23.
② 颜廷睿,邓猛.全纳课堂中的学习通用设计及其反思[J].中国特殊教育,2014(01):17—23.

第一,学习通用设计要求教师的教学内容呈现与学生的学习风格相结合。不同学生在感知和理解课程内容的方式上存在较大差异,如智力障碍学生偏向于生动直观的、图片的、视频的、声音的等媒体形式信息,自闭症学生具有典型的视觉加工优先,注意力缺陷与多动障碍儿童则倾向于动手操作。学生的学习风格不同,要求教师要以多样化的方式呈现课程内容,如提供视觉和听觉信息的不同选择,使所有学生都能获得学习的"内容"。《学习通用设计指南》(2.0)对融合教育课程设计的首要原则就是"提供多种感知方式",具体包括提供因人而异的信息展示方法、提供选择多样化的听觉信息、提供选择多样化的视觉信息。

第二,学习通用设计要求教师在教学过程中采用多元方式激发学生的学习动机。学生在学习动机的激发方面存在显著不同。一些学生有很高的动机,能够积极地参与到各种活动和学习中,而其他一些学生可能动机水平比较低,导致被动地参与。由于学生的个体差异,教师即使采用同一种动机激发手段往往也难以对所有学生奏效。因此,教师需要提供多样化的参与方式,以激发不同特点的学生参与课程学习。例如,学习通用设计提出教师在课程设计中要提供多种提高学生兴趣的方式,如优化个人选择与自主权。具体体现在教学过程中,学生无法自己确定教学目标,但可以选择完成目标的工具;教师可以提供多种代币奖励,由学生自己来选择;完成学习任务使用工具的颜色、大小、图标等可由学生选择。

第三,教师的教学评价与学生的多元智能与学习风格相结合。许多学生学业失败并不在于他们自身的能力高低,而在于能力的展示方式。例如,读写障碍的学生可能擅长于口头言语表达,却畏惧写作;智力障碍的学生可能更喜欢动手操作而不是做标准化测验。因此,学习通用设计鼓励教师要为学生提供多样化的行为和表达方式,允许每个学生以自己独特的智能优势和学习风格表达所学内容。例如,教师要允许学生使用多种媒介形式完成学习任务,如文字、语音、绘画、插图、设计、电影、音乐、舞蹈/运动、视觉艺术、雕塑或视频等。

五、差异教学

差异教学(Differentiated Instruction)作为融合教育的有效教学方式得到了广泛的推广与应用,差异教学的理念也已拓展到了课程设计、教材开发和教学环境设计等各个领域。差异教学是教师针对学生独特的教育需要所作出的教学反应;在差异教学中,教师根据学生的准备水平、认知能力、学习兴趣和风格主动设计和实施多种形式的教学内容、教学过程与教学成果。其核心理念是:教师要对作为个体的学生的差异作出灵活性反应,通过多渠道、多路径的课程与教学调整来为不同能力层次的残疾学生和其他有特殊需要的学生提供更高程度的课程准入与教学融合,塑造个性化的学生,最大程度地实现他们的潜力。

差异教学是建立在多元智能理论与学习风格理论基础之上的。多元智能理论和学习风格理论强调每个学生都具有自己的智力特点、学习类型和发展方向,只有教师的教学适应了学生的智力特点和学习风格,学生才会产生学习动机和学习欲望,自身才能得到发展。具体而言,融合课堂中差异教学的"差异化"主要体现在以下三个方面:

(1) 教学内容的差异化。在接受残疾学生的融合课堂中,教学内容的差异化主要是从学生的能力水平、兴趣和学习风格等方面来考虑的。在教学过程中,教师会根据残疾学生的障碍程度和其他学生的特殊需求,通过对教学内容进行调整来适应学生的能力水平、兴趣和学习风格。一般而言,教学内容的调整主要包括四个层次:维持不变、调适、修改、替代。

(2) 教学过程的差异化。教学过程的差异主要涉及课堂中教师的教学安排以及对教学策略的选择。差异教学吸取了协同教学、小组教学、个别化教学等多种教学策略的宝贵经验,围绕着最大限度满足学生学习需要的宗旨,灵活地选择和运用教学策略,以使教学达到最优化。差异教学强调教学过程中的弹性分组,充分考虑学生的不同能力、学习风格之间的匹配,给予学生自主选择分组的方式。在教学过程中内容的呈现方式上,教师借助多种媒体材料,例如 PPT、电子白板,帮助学生减少学习的障碍。同时,教师还需要根据学生的能力给予他们更多或者更少的辅助,对不同能力的学生提问不同难度层次的问题。

(3) 教学成果的差异化。对于教学成果的差异化,教师一方面向全体学生提出相同的核心知识、观点的学习目标,另一方面允许学生选择符合自己的基础、能力和兴趣的成果形式,从而使学习的共同目标和个人目标得以实现。[①]

思考题

1. 什么是融合教育？融合教育对于教育发展的意义是什么？
2. 我国为什么要开展随班就读工作？
3. 我国对随班就读的管理有哪些规定？

---

① 颜廷睿,关文军,邓猛.融合课堂中差异教学与学习通用设计的比较分析[J].中国特殊教育,2015(02):3—9.

第三章

特殊教育的法规与政策

特殊教育发展的重要标志之一,是相关法规与政策的完善。从特殊教育的发展历史来看,在特殊儿童教育从被排斥到隔离直至融合的整个过程中,法规和政策起着极其重要的作用。本章将梳理国内特殊教育的相关法规和政策,并对其中重要部分的内容进行解读;同时,对国外部分国家的特殊教育法规以及特殊教育相关国际文献进行简要的介绍。

第一节　我国特殊教育的法规与政策

自 1982 年《中华人民共和国宪法》颁发以来,陆续出台的各类教育法律、行政法规、部门规章、地方法规以及重要政策等对特殊教育的相关问题进行了规定,成为我国特殊教育发展的重要依据。

一、特殊教育的相关法规

(一)《中华人民共和国宪法》

现行的《中华人民共和国宪法》于 1982 年 12 月 4 日通过,1988 年 4 月 12 日、1993 年 3 月 29 日、1999 年 3 月 15 日、2004 年 3 月 14 日、2018 年 3 月 11 日修正。

第四十五条规定:中华人民共和国公民在年老、疾病或者丧失劳动能力的情况下,有从国家和社会获得物质帮助的权利。国家发展为公民享受这些权利所需要的社会保险、社会救济和医疗卫生事业。

国家和社会帮助安排盲、聋、哑和其他有残疾的公民的劳动、生活和教育。

第四十六条规定:中华人民共和国公民有受教育的权利和义务。

国家培养青年、少年、儿童在品德、智力、体质等方面全面发展。

(二)教育法律及相关法律

1.《中华人民共和国教育法》

《中华人民共和国教育法》于 1995 年 3 月 18 日通过,2009 年 8 月 27 日、2015 年 12 月 27 日、2021 年 4 月 29 日修正。

第十条规定:国家扶持和发展残疾人教育事业。

第三十九条规定:国家、社会、学校及其他教育机构应当根据残疾人身心特性和需要实施教育,并为其提供帮助和便利。

2.《中华人民共和国义务教育法》

《中华人民共和国义务教育法》于 1986 年 4 月 12 日通过,2006 年 6 月 29 日修订,2015 年 4 月 24 日、2018 年 12 月 29 日修正。

第六条规定:国务院和县级以上地方人民政府应当合理配置教育资源,促进义务教育均衡发展,改善薄弱学校的办学条件,并采取措施,保障农村地区、民族地区实施义务教育,保障家庭经济困难的和残疾的适龄儿童、少年接受义务教育。

第十一条规定:凡年满六周岁的儿童,其父母或者其他法定监护人应当送其入学接受并完成义务教育;条件不具备的地区的儿童,可以推迟到七周岁。

适龄儿童、少年因身体状况需要延缓入学或者休学的,其父母或者其他法定监护人应当提出申请,由当地乡镇人民政府或者县级人民政府教育行政部门批准。

第十九条规定:县级以上地方人民政府根据需要设置相应的实施特殊教育的学校(班),对视力残疾、听力语言残疾和智力残疾的适龄儿童、少年实施义务教育。特殊教育学校(班)应当具备适应残疾儿童、少年学习、康复、生活特点的场所和设施。

普通学校应当接收具有接受普通教育能力的残疾适龄儿童、少年随班就读,并为其学习、康复提供帮助。

第二十条规定:县级以上地方人民政府根据需要,为具有预防未成年人犯罪法规定的严重不良行为的适龄少年设置专门的学校实施义务教育。

第三十一条规定:特殊教育教师享有特殊岗位补助津贴。

第四十三条规定:特殊教育学校(班)学生人均公用经费标准应当高于普通学校学生人均公用经费标准。

第五十七条规定:学校有下列情形之一的,由县级人民政府教育行政部门责令限期改正;情节严重的,对直接负责的主管人员和其他直接责任人员依法给予处分:(一)拒绝接收具有接受普通教育能力的残疾适龄儿童、少年随班就读的;(二)分设重点班和非重点班的;(三)违反本法规定开除学生的;(四)选用未经审定的教科书的。

3.《中华人民共和国高等教育法》

《中华人民共和国高等教育法》于 1998 年 8 月 29 日通过,2015 年 12 月 27 日、2018 年 12 月 29 日修正。

第九条规定:公民依法享有接受高等教育的权利。

高等学校必须招收符合国家规定的录取标准的残疾学生入学,不得因其残疾而拒绝招收。

4.《中华人民共和国职业教育法》

《中华人民共和国职业教育法》于 1996 年 5 月 15 日通过,2022 年 4 月 20 日修订。

第十条规定:国家采取措施,组织各类转岗、再就业、失业人员以及特殊人群等接受各种形式的职业教育,扶持残疾人职业教育的发展。

第十八条规定:残疾人职业教育除由残疾人教育机构实施外,各级各类职业学校和职业培训机构及其他教育机构应当按照国家有关规定接纳残疾学生,并加强无障碍环境建设,为残疾学生学习、生活提供必要的帮助和便利。

国家采取措施,支持残疾人教育机构、职业学校、职业培训机构及其他教育机构开展或者联合开展残疾人职业教育。

从事残疾人职业教育的特殊教育教师按照规定享受特殊教育津贴。

5.《中华人民共和国残疾人保障法》

《中华人民共和国残疾人保障法》于1990年12月28日通过,2008年4月24日修订,2018年10月26日修正。

第三章为"教育",包括九条内容。

第二十一条规定:国家保障残疾人享有平等接受教育的权利。

各级人民政府应当将残疾人教育作为国家教育事业的组成部分,统一规划,加强领导,为残疾人接受教育创造条件。

政府、社会、学校应当采取有效措施,解决残疾儿童、少年就学存在的实际困难,帮助其完成义务教育。

各级人民政府对接受义务教育的残疾学生、贫困残疾人家庭的学生提供免费教科书,并给予寄宿生活费等费用补助;对接受义务教育以外其他教育的残疾学生、贫困残疾人家庭的学生按照国家有关规定给予资助。

第二十二条规定:残疾人教育,实行普及与提高相结合、以普及为重点的方针,保障义务教育,着重发展职业教育,积极开展学前教育,逐步发展高级中等以上教育。

第二十三条规定:残疾人教育应当根据残疾人的身心特性和需要,按照下列要求实施:

(一)在进行思想教育、文化教育的同时,加强身心补偿和职业教育;(二)依据残疾类别和接受能力,采取普通教育方式或者特殊教育方式;(三)特殊教育的课程设置、教材、教学方法、入学和在校年龄,可以有适度弹性。

第二十四条规定:县级以上人民政府应当根据残疾人的数量、分布状况和残疾类别等因素,合理设置残疾人教育机构,并鼓励社会力量办学、捐资助学。

第二十五条规定:普通教育机构对具有接受普通教育能力的残疾人实施教育,并为其学习提供便利和帮助。

普通小学、初级中等学校,必须招收能适应其学习生活的残疾儿童、少年入学;普通高级中等学校、中等职业学校和高等学校,必须招收符合国家规定的录取要求的残疾考生入学,不得因其残疾而拒绝招收;拒绝招收的,当事人或者其亲属、监护人可以要求有关部门处理,有关部门应当责令该学校招收。

普通幼儿教育机构应当接收能适应其生活的残疾幼儿。

第二十六条规定:残疾幼儿教育机构、普通幼儿教育机构附设的残疾儿童班、特殊教育机构的学前班、残疾儿童福利机构、残疾儿童家庭,对残疾儿童实施学前教育。

初级中等以下特殊教育机构和普通教育机构附设的特殊教育班,对不具有接受普通教育能力的残疾儿童、少年实施义务教育。

高级中等以上特殊教育机构、普通教育机构附设的特殊教育班和残疾人职业教育机构,对符合条件的残疾人实施高级中等以上文化教育、职业教育。

提供特殊教育的机构应当具备适合残疾人学习、康复、生活特点的场所和设施。

第二十七条规定:政府有关部门、残疾人所在单位和有关社会组织应当对残疾人开展扫除文盲、职业培训、创业培训和其他成人教育,鼓励残疾人自学成才。

第二十八条规定:国家有计划地举办各级各类特殊教育师范院校、专业,在普通师范院校附设特殊教育班,培养、培训特殊教育师资。普通师范院校开设特殊教育课程或者讲授有关内容,使普通教师掌握必要的特殊教育知识。

特殊教育教师和手语翻译,享受特殊教育津贴。

第二十九条规定:政府有关部门应当组织和扶持盲文、手语的研究和应用,特殊教育教材的编写和出版,特殊教育教学用具及其他辅助用品的研制、生产和供应。

6.《中华人民共和国未成年人保护法》

《中华人民共和国未成年人保护法》于 1991 年 9 月 4 日通过,2006 年 12 月 29 日、2012 年 10 月 26 日修正,2020 年 10 月 17 日修订。

第十条规定:共产主义青年团、妇女联合会、工会、残疾人联合会、关心下一代工作委员会、青年联合会、学生联合会、少年先锋队以及其他人民团体、有关社会组织,应当协助各级人民政府及其有关部门、人民检察院、人民法院做好未成年人保护工作,维护未成年人合法权益。

第八十三条规定:各级人民政府应当保障未成年人受教育的权利,并采取措施保障留守未成年人、困境未成年人、残疾未成年人接受义务教育。

对尚未完成义务教育的辍学未成年学生,教育行政部门应当责令父母或者其他监护人将其送入学校接受义务教育。

第八十六条规定:各级人民政府应当保障具有接受普通教育能力、能适应校园生活的残疾未成年人就近在普通学校、幼儿园接受教育;保障不具有接受普通教育能力的残疾未成年人在特殊教育学校、幼儿园接受学前教育、义务教育和职业教育。

各级人民政府应当保障特殊教育学校、幼儿园的办学、办园条件,鼓励和支持社会力量举办特殊教育学校、幼儿园。

(三) 行政法规

1.《残疾人教育条例》

《残疾人教育条例》于 1994 年 8 月 23 日发布,2011 年 1 月 8 日、2017 年 1 月 11 日修订。

2017 年修订后的《残疾人教育条例》对残疾人教育的发展目标和理念、入学安排、教学规范、教师队伍建设以及保障和支持等方面进行了修改、完善。《残疾人教育条例》共包含九章：总则、义务教育、职业教育、学前教育、普通高级中等以上教育及继续教育、教师、条件保障、法律责任和附则。

📖 **拓展阅读**

《残疾人教育条例》出台的背景①

1994 年颁布施行的《残疾人教育条例》对保障残疾人受教育的权利、发展残疾人教育事业发挥了重要作用。随着经济社会发展和教育改革的深入，教育现代化逐步推进，残疾人教育与其他教育相比还比较薄弱。主要表现在：残疾人教育理念相对滞后，需要进一步推进融合教育；特殊教育资源不足、分布不均，残疾人入学还存在一定困难；残疾人教育教学规范需要加强，教育质量有待进一步提升；残疾人教育教师的数量、质量还不能满足残疾人教育发展的需要；对残疾人教育的保障和支持需要加强。为了有效解决这些问题，有必要从残疾人教育的发展目标和理念、入学安排、教学规范、教师队伍建设以及保障和支持等方面对《条例》进行修改、完善。

2.《学校体育工作条例》

《学校体育工作条例》于 1990 年 3 月 12 日发布，2017 年 3 月 1 日修订。

第九条规定：体育课是学生毕业、升学考试科目。学生因病、残免修体育课或者免除体育课考试的，必须持医院证明，经学校体育教研室（组）审核同意，并报学校教务部门备案，记入学生健康档案。

（四）部门规章

《特殊教育学校暂行规程》于 1998 年 12 月 2 日由教育部颁发。

《特殊教育学校暂行规程》共九章，包括总则，入学及学籍管理，教育教学工作，校长、教师和其他人员，机构与日常管理，卫生保健及安全工作，校园、校舍、设备及经费，学校、社会与家庭，附则。②

（五）地方性法规、自治条例、单行条例

地方性法规由省、自治区、直辖市和较大的市的人民代表大会及其常务委员会，根据本行政区域的具体情况和实际需要，在不与宪法、法律、行政法规相抵触的前提下制定，由大会主席团或者常务委员会用公告公布施行的文件。民族自治地方的人民代表大会有权

---

① 保障残疾人受教育权利　推动残疾人教育事业发展——国务院法制办、教育部就《残疾人教育条例》修订答记者问-中华人民共和国教育部政府门户网站.

② 依据教育部关于修改和废止部分规章的决定(中华人民共和国教育部令第 30 号)，删除了第 57 条第一款，将第 11条规定的"特殊教育学校学生因病休学时提交的医疗单位证明"，改为出示县级以上医院证明。

依照当地民族的政治、经济和文化的特点,制定自治条例和单行条例。

2008年4月24日第十一届全国人民代表大会常务委员会第二次会议修订了《中华人民共和国残疾人保障法》,此后,各省市陆续制定了地方性法规,对实施办法进行了规定。如《上海市实施〈中华人民共和国残疾人保障法〉办法》《北京市实施〈中华人民共和国残疾人保障法〉办法》等。

(六)重要政策

1. 教育部关于加强残疾儿童少年义务教育阶段随班就读工作的指导意见

该文件于2020年6月由教育部颁发。文件包括七个部分:随班就读工作的总体要求、健全科学评估认定机制、健全就近就便安置制度、完善随班就读资源支持体系、落实教育教学特殊关爱、提升教师特殊教育专业能力、切实抓好组织落实。

2. 教育部关于印发《特殊教育办学质量评价指南》的通知

该文件于2022年11月由教育部颁发。评价内容主要包括政府履行职责、课程教学实施、教师队伍建设、学校组织管理、学生适宜发展等5个方面,共18项关键指标和49个考查要点。其中"政府履行职责"包括坚持正确方向、统筹规划布局、改善办学条件、强化经费保障、健全工作机制等5项关键指标;"课程教学实施"包括规范课程设置、优化教学方式、开展多元评价、康复辅助支持等4项关键指标;"教师队伍建设"包括提升师德水平、配齐师资力量、助力专业发展、提高待遇保障等4项关键指标;"学校组织管理"包括完善学校管理、创设无障碍环境等2项关键指标;"学生适宜发展"包括思想道德素质、知识技能水平、社会适应能力等3项关键指标。

二、重要法规与政策解读

(一)基本概念

《中华人民共和国残疾人保障法》

(第二条)

残疾人是指在心理、生理、人体结构上,某种组织、功能丧失或者不正常,全部或者部分丧失以正常方式从事某种活动能力的人。

残疾人包括视力残疾、听力残疾、言语残疾、肢体残疾、智力残疾、精神残疾、多重残疾和其他残疾的人。

在我国的教育体系中,残疾人教育与特殊教育并不完全等同。特殊教育对象包括各类残疾以及其他有特殊需要的人群。

（二）发展目标和理念

《残疾人教育条例》

（第三条）

发展残疾人教育事业，实行普及与提高相结合、以普及为重点的方针，保障义务教育，着重发展职业教育，积极开展学前教育，逐步发展高级中等以上教育。残疾人教育应当提高教育质量，积极推进融合教育，根据残疾人的残疾类别和接受能力，采取普通教育方式或者特殊教育方式，优先采取普通教育方式。

"普及"旨在解决残疾儿童的教育机会问题。相对于普通儿童，我国适龄残疾儿童义务教育入学率需要显著提高，非义务教育阶段残疾儿童的入学机会需要显著增加，普及基础比较薄弱。《"十四五"特殊教育发展提升行动计划》提出，到 2025 年，适龄残疾儿童义务教育入学率达到 97％，据统计，截至 2020 年，我国小学学龄儿童净入学率已达 99.96％，[①]普及残疾儿童义务教育，两头延伸，实现全覆盖、零拒绝依然是重要的发展目标。

"提高"旨在解决残疾儿童的教育质量问题。党的十九大报告庄严承诺"努力让每个孩子都能享有公平而有质量的教育"，残疾儿童不仅要有机会上学，还要能上好学，这就需要在提升质量上花力气、下功夫。

"融合教育"概念首次出现在我国法规中，体现了国家对推进融合教育的决心。"优先采取普通教育方式"意味着在考虑残疾儿童的教育安置时，以普通教育方式为优先选择，应融尽融。

（三）管理与教育职责

《残疾人教育条例》

（第二条，第四至九条）（节选）

国家保障残疾人享有平等接受教育的权利，禁止任何基于残疾的教育歧视。

县级以上人民政府应当加强对残疾人教育事业的领导，将残疾人教育纳入教育事业发展规划，统筹安排实施，合理配置资源，保障残疾人教育经费投入，改善办学条件。

国务院教育行政部门主管全国的残疾人教育工作，统筹规划、协调管理全国的残疾人教育事业；国务院其他有关部门在国务院规定的职责范围内负责有关的残疾人教育工作。县级以上地方人民政府教育行政部门主管本行政区域内的残疾人教育工作；县级以上地方人民政府其他有关部门在各自的职责范围内负责有关的残疾人教育工作。

中国残疾人联合会及其地方组织应当积极促进和开展残疾人教育工作，协助相

---

① 2020 年全国教育事业发展统计公报-中华人民共和国教育部政府门户网站.

关部门实施残疾人教育,为残疾人接受教育提供支持和帮助。

学前教育机构、各级各类学校及其他教育机构应当依照本条例以及国家有关法律、法规的规定,实施残疾人教育;对符合法律、法规规定条件的残疾人申请入学,不得拒绝招收。

残疾人家庭应当帮助残疾人接受教育。

社会各界应当关心和支持残疾人教育事业。

特殊教育的管理与教育职责涉及国家、社会等各个层面,在管理和教育过程中应承担相应的责任。具体包括:进一步强化政府发展特殊教育的责任。各地要将特殊教育纳入当地经济和社会发展整体规划,把特殊教育发展列入议事日程。各级人民政府要进一步明确和落实教育、发展改革、民政、财政、人力资源和社会保障、卫生健康、残联等部门和社会团体发展特殊教育的职能和责任,在保障残疾儿童入学、学校建设、经费投入、教师编制配备、工资待遇、校园周边环境治理、残疾人口统计等方面通力合作,各司其职,齐抓共管,加快特殊教育事业发展。[①] 各级各类教育机构依法接纳残疾儿童入学,实施教育。家庭和社会支持、帮助残疾儿童接受教育。

(四) 教育安置

残疾人教育安置方式包括普通教育方式和特殊教育方式,普通教育方式为优先安置方式。

1. 普通教育方式

《中华人民共和国残疾人保障法》

(第二十五条)(节选)

普通教育机构对具有接受普通教育能力的残疾人实施教育。

普通幼儿教育机构应当接收能适应其生活的残疾幼儿。

《残疾人教育条例》

(第十七、二十八、二十九、三十四条)(节选)

适龄残疾儿童、少年能够适应普通学校学习生活、接受普通教育的,依照《中华人民共和国义务教育法》的规定就近到普通学校入学接受义务教育。适龄残疾儿童、少年能够接受普通教育,但是学习生活需要特别支持的,根据身体状况就近到县级人民政府教育行政部门在一定区域内指定的具备相应资源、条件的普通学校入学接受义务教育。

残疾人职业教育以普通职业教育机构为主。普通职业学校不得拒绝招收符合

---

① 国务院办公厅转发教育部等部门关于进一步加快特殊教育事业发展意见的通知. 国办发〔2009〕41 号.

国家规定的录取标准的残疾人入学,普通职业培训机构应当积极招收残疾人入学。

普通高级中等学校、高等学校、继续教育机构应当招收符合国家规定的录取标准的残疾考生入学,不得因其残疾而拒绝招收。

在 2017 年《残疾人教育条例》修订之前,普通教育方式和特殊教育方式是并列关系。尽管法律要求普通学校必须招收具有接受普通教育能力的残疾儿童,但在教育实践中,普通教育和特殊教育双轨的理念长期影响着融合教育的推进。"优先采取普通教育方式"意味着在教育安置的选择中,以普通教育为第一优先。

2. 特殊教育方式

《残疾人教育条例》

(第十七、二十八、三十一、三十五条)(节选)

适龄残疾儿童、少年不能接受普通教育的,由县级人民政府教育行政部门统筹安排进入特殊教育学校接受义务教育。适龄残疾儿童、少年需要专人护理,不能到学校就读的,由县级人民政府教育行政部门统筹安排,通过提供送教上门或者远程教育等方式实施义务教育,并纳入学籍管理。

合理设置特殊职业教育机构。

支持特殊教育学校和具备办学条件的残疾儿童福利机构、残疾儿童康复机构等实施学前教育。

设区的市级以上地方人民政府可以根据实际情况举办实施高级中等以上教育的特殊教育学校,支持高等学校设置特殊教育学院或者相关专业,提高残疾人的受教育水平。

特殊教育方式是传统的残疾儿童教育方式,主要包括特殊教育学校、送教上门或远程教育等方式。随着融合教育的不断推进,越来越多的残疾儿童进入普通学校,特殊教育方式主要面向障碍程度较重、不适合在普通学校学习的儿童。

对具体的残疾儿童而言,教育安置是弹性、动态的过程,应基于对儿童的发展情况的综合评估、结合教师、相关专业人员、家长的意见,选择最佳教育安置方式,必要时可重新评估、调整安置方式。同时,普通学校应积极创设条件,适应更多残疾儿童接受融合教育的需求。

(五) 课程与教学

《残疾人教育条例》

(第三十二条,第二十三至二十五条)

残疾幼儿的教育应当与保育、康复结合实施。

在普通学校随班就读残疾学生的义务教育,可以适用普通义务教育的课程设置方案、课程标准和教材,但是对其学习要求可以有适度弹性。

特殊教育学校(班)应当坚持思想教育、文化教育、劳动技能教育与身心补偿相结合,并根据学生残疾状况和补偿程度,实施分类教学;必要时,应当听取残疾学生父母或者其他监护人的意见,制定符合残疾学生身心特性和需要的个别化教育计划,实施个别教学。特殊教育学校(班)的课程设置方案、课程标准和教材,应当适合残疾儿童、少年的身心特性和需要。特殊教育学校(班)的课程设置方案、课程标准由国务院教育行政部门制订;教材由省级以上人民政府教育行政部门按照国家有关规定审定。

特殊教育课程与教学应以适应特殊学生身心特性和需要为出发点,兼顾学生德智体美劳发展的需求和身心补偿需求,促进学生获得未来发展所必需的基础知识与基本技能。

特殊学生学习的课程包括普通课程和特殊课程,普通课程以国家普通学校课程方案、课程标准和教材为主要依据,特殊课程则以国家三类特殊教育学校课程设置方案、课程标准和教材为主要依据。课程安排要充分考虑特殊学生的多元需求,既要重视学生的基础文化知识和基本技能的学习,又要关注其潜能发展与康复补偿的需要,应遵循残疾学生的身心特点和学习规律,合理调整课程教学内容,科学转化教学方式,提高教育教学的适宜性和有效性。在教学方法的选择上,强调适用性和针对性。

(六) 师资

师资培养与培训
《残疾人教育条例》
(第四十四、四十五条)

国务院教育行政部门和省、自治区、直辖市人民政府应当根据残疾人教育发展的需要有计划地举办特殊教育师范院校,支持普通师范院校和综合性院校设置相关院系或者专业,培养特殊教育教师。普通师范院校和综合性院校的师范专业应当设置特殊教育课程,使学生掌握必要的特殊教育的基本知识和技能,以适应对随班就读的残疾学生的教育教学需要。

县级以上地方人民政府教育行政部门应当将特殊教育教师的培训纳入教师培训计划,以多种形式组织在职特殊教育教师进修提高专业水平;在普通教师培训中增加一定比例的特殊教育内容和相关知识,提高普通教师的特殊教育能力。

师资待遇

《残疾人教育条例》

（第四十六条）

特殊教育教师和其他从事特殊教育的相关专业人员根据国家有关规定享受特殊岗位补助津贴及其他待遇；普通学校的教师承担残疾学生随班就读教学、管理工作的，应当将其承担的残疾学生教学、管理工作纳入其绩效考核内容，并作为核定工资待遇和职务评聘的重要依据。

县级以上人民政府教育行政部门、人力资源社会保障部门在职务评聘、培训进修、表彰奖励等方面，应当为特殊教育教师制定优惠政策、提供专门机会。

1. 师资培养问题

特殊教育师资培养主要包括两类对象，专门的特殊教育教师和普通学校从事融合教育的教师。特殊教育教师的培养主要通过师范院校或其他高校的特殊教育专业来实施，国家要求教育行政部门和地方政府承担相关责任，加大特殊教育教师培养力度；随着融合教育的全面推进，要求普通学校教师需要具备必要的融合教育素养，包括融合教育理念、知识和技能，以适应融合教育需求。国家要求高校师范专业开设特殊教育课程，培养师范生的融合教育素养，使其具备实施融合教育教学的能力。我国特殊教育师资培养体系已经基本完备，包括专科、本科、硕士和博士等各个层次。教育部于 2019 年和 2021 年先后颁发了《特殊教育专业认证标准》和《特殊教育专业师范生教师职业能力标准（试行）》，进一步规范特殊教育师范生教育教学能力考核制度、提升特殊教育人才培养质量。

2. 师资培训问题

国家历来重视特殊教育师资培训，总体方针是"面向全员，突出骨干"，持续加大特殊教育教师培训的力度。面向各级各类特殊教育教师，通过国家级培训、地方培训、校本培训等多个层级实施分类培训。积极推进普通学校教师融合教育知识技能的培训。

3. 特殊教育教师专业标准与专业证书

2015 年，教育部发布了《特殊教育教师专业标准（试行）》，[1]明确规定"特殊教育教师是指在特殊教育学校、普通中小学幼儿园及其他机构中专门对残疾学生履行教育教学职责的专业人员，要经过严格的培养与培训，具有良好的职业道德，掌握系统的专业知识和专业技能"。该标准是国家对合格特殊教育教师的基本专业要求，是特殊教育教师实施教育教学行为的基本规范，是引领特殊教育教师专业发展的基本准则，是特殊教育教师培

---

[1] 教育部关于印发《特殊教育教师专业标准（试行）》的通知. 教师〔2015〕7 号.

养、准入、培训、考核等工作的重要依据。要求各级教育行政部门要将《特殊教育教师专业标准(试行)》作为特殊教育教师队伍建设的基本依据。制定特殊教育教师专业证书制度和准入标准,制定特殊教育教师聘任(聘用)、考核、退出等管理制度,形成科学有效的特殊教育教师队伍管理和督导机制。

4. 师资待遇

特殊教育教师和相关专业人员享受特殊教育岗位津贴,要全面落实国家规定的特殊教育津贴等特殊教育教师工资待遇倾斜政策。对在普通学校承担残疾学生随班就读教学和管理工作的教师,在绩效考核中给予倾斜。

第二节　特殊教育相关国际文献与重要法规

特殊教育相关国际文献对世界特殊教育发展起到了重要的影响作用。部分国家的特殊教育重要法规所折射出的特殊教育理念及做法可为我国特殊教育工作提供借鉴。

一、特殊教育相关国际文献

(一)《萨拉曼卡宣言——关于特殊需要教育的原则、方针和实践》

联合国教科文组织于 1994 年 6 月 10 日通过该宣言。

宣言明确了受教育权是每个儿童的基本权利,应该获得适当的学习机会,有机会进入普通学校接受教育;要求重点关注儿童的差异与个别化需求,教育的实施则应以儿童为中心、顺应差异;要求普通学校接纳所有的儿童,包括有特殊教育需要的儿童,并提供有质量的教育。

(二)《特殊需要教育行动纲领》

《特殊需要教育行动纲领》(以下简称《行动纲领》)于 1994 年 6 月 10 日通过。其目的是提供实施《萨拉曼卡宣言——关于特殊需要教育的原则、方针和实践》的政策和行动指南。其基本原则是:学校应该接纳所有的儿童,而不考虑其身体的、智力的、社会的、情感的、语言的差异或其他任何条件。

《行动纲领》由三个部分组成。第一部分为"特殊需要教育的新思考",该部分阐述了融合教育产生的背景、融合学校的基本原则、融合性教育的实施以及在不同基础上如何实现融合教育等问题;第二部分为"国家一级行动的指导方针",包括政策和组织、学校因素(课程的灵活性、学校管理、信息和研究)、教育人员的招聘和培训、外界的支持性活动、优先领域(幼儿教育、女童教育、成人生活的准备、成人和继续教育)、社区方面(家长的合作、社区的参与、志愿者组织的作用、公众意识)、资源要求等七个方面的内容;第三部分为"区域和国际两级行动的指导方针"。

《行动纲领》中的"特殊教育需要"是指"其需要来自残疾或学习困难的所有儿童和青年"。呼吁融合性学校要发展出能成功地教育包括处境非常不利儿童和严重残疾儿童在内所有儿童的方法。

（三）《残疾人权利公约》(Convention of the Rights of Persons with Disabilities)

2006 年 12 月 13 日，第 61 届联合国大会通过了《残疾人权利公约》。这是国际社会在21 世纪通过的第一个人权公约。它体现了国际社会尊重和保护残疾人权益，建设更加友爱、文明与和谐的社会的精神。2007 年 3 月 30 日，中国常驻联合国代表在公约上签字，中国成为《残疾人权利公约》的缔约国之一。

《残疾人权利公约》旨在促进、保护和确保所有残疾人充分和平等地享有一切人权和基本自由，并促进对残疾人固有尊严的尊重。其核心内容是确保残疾人享有与健全人相同的权利，并能以正式公民的身份生活，从而能在获得同等机会的情况下，为社会作出贡献。公约涵盖了残疾人应享有的各项权利，诸如享有平等、不受歧视和在法律面前获得平等的权利；享有健康、就业、受教育和无障碍环境的权利；享有参与政治和文化生活的权利等。此外，公约还就残疾人事业的国际合作提出了相应的措施。《残疾人权利公约》一出台就得到了国际社会的赞赏和积极反响，时任联合国秘书长安南称其为"全世界六亿五千万残疾人的历史性成就，标志着残疾人与其他人享有同等权利和机会的新时代的到来"。

《残疾人权利公约》由序言和包括宗旨、定义、一般原则等在内的 50 项条款组成，其中第 24 条为"教育"，内容如下：

一、缔约国确认残疾人享有受教育的权利。为了在不受歧视和机会均等的情况下实现这一权利，缔约国应当确保在各级教育实行融合教育制度和终生学习，以便：（一）充分开发人的潜力，培养自尊自重精神，加强对人权、基本自由和人的多样性的尊重；（二）最充分地发展残疾人的个性、才华和创造力以及智能和体能；（三）使所有残疾人能切实参与一个自由的社会。

二、为了实现这一权利，缔约国应当确保：（一）残疾人不因残疾而被排拒于普通教育系统之外，残疾儿童不因残疾而被排拒于免费和义务初等教育或中等教育之外；（二）残疾人可以在自己生活的社区内，在与其他人平等的基础上，获得融合的优质免费初等教育和中等教育；（三）提供合理便利以满足个人的需要；（四）残疾人在普通教育系统中获得必要的支助，便于他们切实获得教育；（五）按照有教无类的融合性目标，在最有利于发展学习和社交能力的环境中，提供适合个人情况的有效支助措施。

三、缔约国应当使残疾人能够获得生活和社交技能，使他们能充分和平等地参与教育、融入社区。为此目的,缔约国应当采取适当措施,包括:(一)为学习盲文,替代文字,辅助和替代性交流方式、手段和模式,定向和行走技能提供便利,并为残疾人之间的相互支持和指导提供便利;(二)为学习手语和宣传聋人的语言特性提供便利;(三)确保以最适合个人情况的语文及交流方式和手段,在最有利于发展学习和社交能力的环境中,向盲、聋或聋盲人,特别是盲、聋或聋盲儿童提供教育。

四、为了帮助确保实现这项权利,缔约国应当采取适当措施,聘用有资格以手语和(或)盲文教学的教师,包括残疾教师,并对各级教育机构的专业人员和工作人员进行培训。这种培训应当包括对残疾的了解,以及学习使用适当的辅助和替代性交流方式、手段和模式、教育技巧和材料,以协助残疾人接受教育。

五、缔约国应当确保残疾人能够在不受歧视和与其他人平等的基础上,获得普通高等教育、职业培训、成人教育和终身学习。为此目的,缔约国应当确保向残疾人提供合理便利。

二、国外重要法规与政策介绍

(一)美国

1.《全体残疾儿童教育法》(Education for All Handicapped Children Act,简称 EAHCA,PL94‑142,1975)

该法案是美国关于残疾儿童教育最完整、最重要的立法。它是美国保障身心障碍儿童能接受免费而适当的公立教育起步的标志,也是特殊儿童教育的重大改革。法案确定的服务对象为3—21岁的残疾儿童和青少年,类别涉及智力障碍、重听、全聋、言语或语言障碍、视觉障碍、全盲、盲-聋、多重障碍、严重情绪困扰、肢体障碍、身体病弱以及学习障碍儿童。该法案的主要内容包括以下六个方面:

(1)免费、适当的公立教育。

① 免费:只要符合资格的特殊儿童,即可享有免费的特殊教育及相关服务。

② 适当:没有固定的标准,完全看教育实施能否满足学生的需求;个别化教育计划是特殊儿童接受适当教育的重要保障。

③ 公立教育:保障每个特殊儿童有权与其他儿童一样进入公立学校学习。

(2)适当的评估。

保障儿童可以接受公平的评估,不会因其语言、种族而对评估结果有不良影响,进而造成错误的鉴定、分类以及接受不适当的教育。适当评估的原则是:

① 在接受特殊教育安置前应对儿童的需求进行全面的、个别化的评估;

② 测验必须以儿童的母语或儿童的沟通模式来施测;

③ 测验必须对特定的目的有效；

④ 测验必须由受过训练的人员遵循一定的程序来施测；

⑤ 测验或其他评估材料必须与特定的教育需求有关，而非只是为得到一个智商（Intelligence Quotient，简称 IQ）分数而已；

⑥ 对感官或表达能力有障碍的儿童，测验的结果必须能反映其成就而非其缺陷；

⑦ 特殊教育的安置不能由单一的程序决定，需要使用两种以上的测验；

⑧ 安置的评估必须由小组（团队）来实施，小组中至少有一名教师或其他相关障碍领域的专家；

⑨ 评估必须涵盖所有相关的领域，包括健康、视觉、听觉、行为、智力、行动能力、学业表现及语言。

（3）最少限制环境。

应确保特殊儿童尽可能与普通儿童一起接受教育，特殊儿童以就读普通班级为原则，唯有当儿童的障碍程度严重到即便使用辅助器材与服务也无法适应普通班级的学习时，才能将其安置于普通班级以外的场所来接受教育。

（4）个别化教育计划。

应为每一个特殊儿童制定个别化教育计划（IEP），其内容包括：学业能力（或发展技能）；目前的健康状况和障碍程度；当前适应行为；当前基本的职业技能；年度教学目标和短期教学目标；可提供的特殊教育及相关服务；所需要的时间，包括预计在每处特教场所接受教育所需的时间以及教育或服务的起止时间；短期目标的评价日期和评价标准；IEP委员会及其成员同意的签名。

（5）家长参与。

该法案中有关家长的权利包括：家长有权参与 IEP 的制定、认可及评定；所有给家长的通知都要以其使用的语言为主；家长可参与子女的进步评估、安置决定、方案的评定；家长有权查阅子女的记录；家长可以用“法律保障程序”解决与学校不一致的意见；相关服务项目包括家长所应获得的咨询与训练。

（6）法律保障程序。

这是指家长享有被告知的权利、同意权、要求独立的教育评估权、参与个别化教育计划及同意权、查阅子女资料权、申诉权，以保障儿童教育决定的公平性。

2.《1986 年残疾人教育法修正案》（The Education of the Handicapped Act Amendments of 1986，PL99－457，1986）

该法案的主要内容是：（1）将服务对象向下延伸至 0 岁；（2）提供经费鼓励各州对 0—3 岁幼儿实施早期干预；（3）在 0—3 岁儿童早期干预计划中，要为障碍幼儿家庭拟订个别化家庭服务计划(IFSP)。

3.《残疾人教育法修正案》(Individuals with Disabilities Education Act Amendments, 简称 IDEA, PL101 - 476, 1990)

这是《全体残疾儿童教育法》的修正案,简称 IDEA。其主要变化有:(1)改变了服务对象的称谓,将法定的特殊教育对象称为"Children with Disabilities"。(2)除了已有的类别以外,增加了自闭症和外伤性脑损伤(Traumatic Brain Injury),同时也承诺为注意力障碍(Attention Deficit Disorder)学生提供服务。(3)增加转衔服务:IDEA 特别强调要为所有 16 岁的学生提供转衔服务。规定学校最晚要在学生 16 岁以前为其拟订个别化转衔计划(Individualized Transition Plan,简称 ITP);同时,要为所有的学龄前儿童提供适当的方案。(4)增加相关服务项目:IDEA 将相关服务延展至社会工作服务和康复咨询服务。(5)服务范围拓展到所有教学安排:不仅包括特殊教育班,还包括工作场所和训练中心。提供障碍学生辅助科技设备与相关专业训练服务。

4.《1997 年残疾人教育法》(Individuals with Disabilities Education Act of 1997, 简称 IDEA97, PL105 - 17, 1997)

该法案以提升特殊儿童的学习成就为重点。其主要变化有:(1)将发育迟缓儿童年龄范围限定为 3—9 岁;(2)注重发展性与功能性评估,重视儿童如何参与普通课程;(3)定期重新评估,至少每三年一次,评估时以已有资料为主,减少不必要的评估;(4)强调以学生学习需求为主的最少限制环境安置原则;(5)在个别化教育计划中强调与普通教育的结合,包括:普通教育教师的参与、特殊学生参与普通教育的途径、重视学生的优势能力、语言及沟通的需求、和普通教育一样定期向家长报告学生的学习表现;(6)转衔服务的年龄由 16 岁降至 14 岁,重视婴幼儿与学前的转衔;(7)重视学生参与全州与学区的成就评估,并提供特殊评估;(8)重视学校安全维护,对非因障碍因素而产生的公共危险行为,可在 IEP 小组决定下按一般学生的处理原则进行处理;(9)建立学生成就目标与指标;(10)强调以学校为本的改革,通过全体人员参与计划、执行与评鉴,确保特殊儿童特殊教育与相关服务的落实,并使一般学生获益;(11)强调落实惠及普通学生的相关服务。将定向与行走服务纳入相关服务项目;(12)在法律保障程序中,特别重视调解程序的建立;(13)加强跨部门合作,发挥资源整合的功能;(14)建立家长资源中心;(15)加强专业人员的培训与进修,重视研究发展;(16)重视民间参与,成立公管民营的特许学校;(17)重视各方面信息的收集,将人口数、学生的表现、辍学率、师资需求作为决策的参考。

5.《不让一个儿童落后法案》(No Child Left Behind, 简称 NCLB)

该法案于 2002 年 1 月 8 日发布。其核心内容主要包括以下几个方面:

(1) 州政府承担绩效责任。法案要求州政府在全州范围实施涉及所有公立学校和学生的绩效责任制度。要求各州制定并实施州级阅读和数学标准,所有三至八年级学生必须参加阅读和数学的年度考试。

（2）给家长和学生更多的选择。对就读于需要整改和重组学校的学生,地方教育当局应允许家长将子女转到更好的公立学校,包括公立特许学校就读。对就读于连续三年未达州级标准学校的学生,地方教育当局应允许低收入家庭运用资助经费,从公立或私立的机构获得补充的教育服务,包括辅导、课外服务和暑期学校等。

（3）州、学区和学校拥有更多的灵活性。州和学区在运用联邦教育经费上,可获得前所未有的灵活性,以换取对学生学业结果更强的绩效责任。

6.《2004年残疾人教育促进法》(Individuals with Disabilities Education Improvement Act of 2004，简称 IDEA 2004，PL108－446）

《2004年残疾人教育促进法》保留了《残疾人教育法修正案》的主要原则和组成部分,同时作了相应的变动,其目的是通过家长参与、提高绩效责任、减少文本工作等促进特殊儿童教育。

（1）关于IEP。绝大多数特殊儿童的IEP中不再需要短期目标。只有参加替代性评估的特殊儿童仍然需要短期目标。批准15个州针对不需要基准线以及短期目标的特殊儿童试行多年有效的IEP,其有效期可以达3年。(2)缩减文本工作和用于非教学活动的时间。(3)高素质的师资队伍。(4)对学习障碍儿童鉴定提出新要求。

（二）英国

1.《沃诺克报告》

这是英国第一次全面地讨论特殊教育的相关议题。报告的主要观点与建议包括:

（1）约有20%的学龄儿童有特殊教育需求。建议将特殊教育需要学生数基准设定为学生总人数的六分之一。

（2）以"特殊教育需要儿童"取代"障碍儿童"(Handicapped Children)。

（3）改变传统固定的教育安置方式,特殊儿童可以在某些特定时间内接受所需的特殊教育。

（4）主张融合的教育安置,也可设立特殊教育学校,以满足某些学生的需要;普通学校应设立资源中心。

（5）特殊教育向学前教育和高等教育延伸。

（6）由受过专业训练的人员实施特殊儿童评估,以确保特殊儿童能够获得充分且适当的服务。

（7）为实施融合教育,师范教育中应设特殊教育课程,端正师范生对特殊儿童的态度。

2.《1981 年教育法》(Education Act 1981)

《1981 年教育法》的重要内容有:(1)采纳《沃诺克报告》的提议,以"特殊教育需要儿童"取代"障碍儿童"。(2)要求提供细致严谨的评估以明确儿童的需求,并向程度较重的学生提供一份确认书。确认书被视为学生接受特殊教育服务的资格保证。确认书的主要内容包括:学生的特殊教育需求;满足学生需求的特殊教育服务;学生适合就读的学校;如果在学校以外的地方接受教育,其所需要的特别服务;其他相关服务;教育官员的签名。(3)强调家长参与,规定家长可以参与的事项有:评估、决定学生应接受的服务项目和安置措施、获得学生的相关信息。(4)地方教育当局要确保特殊儿童尽可能在普通学校就读。唯有以下三种情形,才考虑隔离的安置:一是只有在特殊教育学校才能满足其教育需求;二是其他同学因此无法获得有效的教育;三是资源无法有效运用。

3.《1988 年教育改革法案》(Education Reform Act 1988)

该法案的主要内容有:实施全国性课程,保留 20%—30%的部分由学校自由调配。原则上所有 5—16 岁的学生都要接受国家课程。

针对特殊教育对象,法案专门作了规定,提出满足以下情况之一的可作为特例:为某些特定个案或情境所做的调整,如让肢体障碍学生从事比较安全的活动;为了实施确认书上的特殊教育服务,而国家课程又不合适时,可以不使用国家课程或对国家课程加以调整;对于没有确认书的有特殊教育需要的学生,也可在校长的决定下调整或暂时不用国家课程,第一次以 6 个月为限。

4.《1993 年教育法》(Education Act 1993)

该法在《1981 年教育法》的基础上增加了几方面内容:(1)设置特殊教育需要法庭,允许不满确认书内容的家长提出申诉。(2)增加家长选择学校的权利。(3)向地方教育当局和学校提供实施原则(SEN Code of Practice),对学生的鉴定、评估作了详细的说明。(4)限制完成评估和确认书的时间。为了让障碍学生可以得到及时的特殊教育和相关服务,各地方教育当局要在一定时间内完成评估和确认书。

5.《特殊教育需要和残疾人法》(Special Educational Needs and Disability Act, 2001)

该法案指出:残疾儿童应受到与普通儿童同样的关爱,否则将被视为违法行为。

法案规定:(1)学校不能将大量的资金花费在设施的改建上,而应当制定长远计划以改进残疾儿童的在校状况。(2)学校应调整已有的政策以符合该法案的要求。在聘用人员和为公众提供非教育性服务时,学校应达到严格的要求,并对普通儿童和残疾儿童一视同仁。(3)学校应公布安置残疾儿童的信息。(4)学校应调整长期以来的政策和做法,重新考虑授课方式,并以其他方式提供课堂学习材料。

6.《2004年特殊教育需要者教育法》(Education for Persons with Special Education Needs Act 2004)

该法案强调有特殊教育需要者享有与其他人相同的教育权。法案要求成立国家特殊教育委员会(National Council for Special Education)，并规定了该委员会的功能。该法案对融合教育、学校、校长以及其他相关人员的职责进行了规定，并对特殊教育需要儿童的评估及教育计划作出了详尽的规定。

法案规定特殊教育需要儿童的评估应当由具备资质的人员实施，包括心理学家、医学工作者、儿童所在学校的校长或校长指派的教师、社会工作者、治疗师。法案要求特殊教育需要儿童的教育计划应由团队来完成，团队成员必须包括：家长、校长或由校长提名的教师，还可以包括：儿童本人(如果需要的话)、心理学专家、家长或组织者提名的其他人员。教育计划的内容包括：(1)儿童能力的特征和程度；(2)儿童特殊教育需要的特征和程度，以及这些需要对儿童发展的影响；(3)儿童目前的学业水平；(4)儿童的特殊教育需要；(5)向儿童提供的特殊教育和相关支持服务，使儿童能够从教育中受益并参与到学校生活中；(6)如果需要，向儿童提供从学前向小学的转衔和相关支持服务；(7)如果需要，向儿童提供从小学向中学的转衔和相关支持服务；(8)儿童在一个阶段(不超过12个月)所要达到的目标。

7.《儿童与家庭法》(Children and Families Act 2014)

该法案的第三部分："特殊教育需要或残疾儿童与青年"(Children and Young People in England with Special Education Needs or Disabilities)明确了地方政府的功能，即充分考虑儿童及家长的需求，为他们提供支持，并提供充分参与的机会；对"特殊教育需要"的人群进行界定，排除因语言使用不当所导致的学习困难；对教育、保健以及照料的性质进行了界定。明确了特殊教育需要及残疾儿童与青年的鉴别职责；明确地方政府对特殊教育需要儿童的职责；提出向儿童提供整合式的教育、保健及照料服务；监控教育与照料的服务状况；加强政府与相关部门、学校之间的合作；提供相关信息与咨询服务，并对不同教育环境中的各类学生服务进行了规定。

❓ 思考题

1. 如何理解《残疾人教育条例》提出的"优先采取普通教育方式"？

2. 我国现行法规政策对特殊教育课程与教学有哪些规定？

3. 我国法律是如何规定各级各类学校对残疾学生的教育责任的？

第四章
个别化教育计划

　　个别化教育计划，是指一份由学校与家长共同制定的针对学生个别需要的书面教育协定，它记载学生的评定结果，该年度需提供的教育安置、相关服务及教学目标等。特殊教育对象因其个别差异大，需要更有针对性的、个别化的教育。个别化教育计划被视为落实个别化教育、提升特殊教育质量的重要保障。本章将对个别化教育计划的起源、意义、内容要求以及个别化教育计划的制定与实施进行介绍。

第一节　个别化教育计划概述

个别化教育计划是针对特殊儿童特点与教育需求而制定的文件,旨在保障每个特殊儿童能获得个别化的特殊教育及相关专业服务。个别化教育计划的理念契合了特殊儿童优质公平教育的需求,为面向每个儿童实施更为科学、有针对性的教育提供了重要的依据。

一、个别化教育计划的由来

(一) 个别化教育计划的起源

1975 年,美国颁发的《全体残疾儿童教育法》规定:必须为所有 3—21 岁的特殊儿童制定适合其需要的个别化教育计划(IEP),且须定期评估与修正。该法案全面规定了 IEP 的内容、小组成员、制定流程与实施要求。在其后的发展中,IEP 的内容不断拓展、完善,个别化教育计划在世界各国的特殊教育中得到广泛应用,对特殊教育观念及做法产生了重要的影响。

(二) 个别化教育计划的意义

1. 教育公平

教育权是一种基本的人权。1948 年联合国大会颁布的《世界人权宣言》第二十六条提出:"人人都有受教育的权利。"所有儿童,不论其是否有障碍、障碍的程度如何,都有享受公平受教育的权利。为特殊儿童制定个别化教育计划,其目的便是保障特殊儿童受教育的权利,以实现教育公平。

教育公平并非仅指入学机会的公平,更意味着教育过程的公平。个别化教育计划通过在课程、教材、教法、评价方式以及相关专业服务等各个方面的权衡,努力使特殊儿童接受最适合其发展的教育,以实现真正意义上的教育公平。

2. 因材施教

"因材施教"是一种处理教学中个别差异情况的教学原则和教学策略。早在 2000 多年前,我国著名思想家、教育家孔子就积极倡导在教育、教学中因人而异地选择教学内容和教学方法,由此开创了我国古代教育、教学的优良传统。因材施教的本质在于:教师在教学过程中,要了解每个学生的个性、需要、优势、弱势和已有的知识基础等,从学生的实际出发,采取不同的措施,有的放矢地进行教育。特殊教育对象由于障碍类别、障碍程度、成长过程以及所处环境等诸多因素的不同,其身心发展水平表现出较大的特殊性和差异性。因此,在教育、教学中要照顾学生的个别差异,针对不同学生的不同特点,采取特殊措施,以适应每个学生的需要。

个别化教育计划根据特殊儿童的不同需要设计不同的教育方案,根据儿童内在的能力设计最适当的教学计划,以保证其得到最适当的发展。与此同时,个别化教育计划以具体的教学方案,针对儿童的个别需要,实施个别化教学,体现了因材施教的理念。

3. 教育绩效责任

教育绩效责任是提升教育效能和实现教育目标的重要的手段之一。学校应对家长和社会大众担负起教育绩效责任。教育管理者、投资人及家长都希望在教育经费投入之后能够看到相应的教育成效,希望通过对教育方案的评定来评价并提升教育绩效。面对差异巨大的特殊教育对象,如何评价特殊教育绩效,向来是备受争议的问题。个别化教育计划能够为教师和学校的工作成效提供评估的依据。个别化教育计划中的长期目标和短期目标是学生在一个阶段的发展目标,也可视为教师教育教学活动的目标,能够促进有效率、有组织的教学,使教学活动不致散漫无章,从而为教育绩效的评估提供便利。

4. 家长参与

为使特殊儿童获得适当的教育,家长的参与极为重要。一方面,家长可以提供关于儿童发展的重要的信息,表达自己的意愿;另一方面,家长可以在参与的过程中更多地了解特殊儿童的能力与需求。家长可以直接或间接地介入特殊儿童的教育过程,与学校教育相辅相成,提升教育的效果。个别化教育计划非常重视家长的参与,包括儿童的评估、教学目标的制定、实施与评价等。通过个别化教育计划,家长、教师及其他为学生提供服务的人员得以共同参与计划的制定与执行,彼此有了更多的沟通。

5. 融合教育

特殊儿童应尽可能与普通同伴一起学习,在最小受限制的环境下接受适当的教育。在个别化教育计划的制定与实施中,高度关注特殊儿童融合教育的机会,在教育安置、课程决策、教学设计与实施、学生评价等重要环节积极创设条件,促进特殊儿童应融尽融。

6. 多学科参与

为特殊儿童提供适当的教育,需要多学科人员的通力合作,主要包括教育、医学、心理、社会等各领域人员。这种多学科合作的理念,充分体现在个别化教育计划之中。多学科人员共同参与特殊儿童评估、计划与实施过程,提供高质量的特殊教育与相关专业服务。

二、个别化教育计划的主要内容

我国《残疾人教育条例》要求"必要时,应当听取残疾学生父母或者其他监护人的意见,制定符合残疾学生身心特性和需要的个别化教育计划,实施个别教学"。通常情况下,

IEP 包括以下几方面内容。

（一）基本资料

基本资料通常包括儿童基本信息、家庭基本信息、儿童成长史等内容。

（1）儿童基本信息，如姓名、性别、出生日期、家庭住址、联系电话等。

（2）家庭基本信息，如父母或监护人的联系信息、同住家庭成员信息、家长支持及家庭需求等。

（3）儿童成长史：简述儿童自出生起的成长过程，包括健康状况、重要的疾病与治疗史、教育与康复训练经历等。

（二）儿童现况

儿童现况通常包括基于评估结果的儿童各方面表现。

（1）儿童诊断结果：包括障碍类型、障碍程度、是否为多重障碍等。

（2）儿童发展与教育评估结果：包括感知能力、运动能力、认知能力、语言与沟通能力、社会适应能力、健康状况、生活自理能力、各学科的学业表现等。

（3）儿童障碍状况对其学习及生活的影响：例如哪些课程或教学活动（环节）需要调整，以及适合该儿童的评估方式。

（三）教育与相关服务

教育与相关服务需求通常包括儿童所需特殊教育、相关专业服务及支持策略。主要包括：

（1）教育安置方式：说明儿童的教育安置场所，如普通班级、特殊教育班、特殊教育学校或送教上门。

（2）课程与教学安排：说明儿童的课程与教学安排，如，哪些课程参与普通班级学习，哪些课程为特殊安排的课程。

（3）相关服务：说明为该儿童提供哪些相关服务，如交通、医疗服务、言语训练、心理辅导、行为训练、物理治疗、作业治疗、社工服务、家长咨询等。

（4）转衔服务：如果该儿童处于转衔阶段，如小升初、中学毕业等，则说明转衔服务的内容。

（四）长期目标

长期目标通常为年度或学期目标，说明本年度或学期的学习与发展重点，可以分学科或发展领域呈现。

（五）短期目标

短期目标是长期目标的阶段性分解目标，如单元教学目标。

(六) 计划达成情况的评价方式、标准及日期

该部分重点说明如何评价预设目标达成的情况,如何评价、评价标准以及评价时间。

📖 **拓展阅读**

IDEA 关于 IEP 的内容要求

根据 IDEA 的规定,IEP 主要由以下几个部分组成:

1. 当前水平

IEP 应说明儿童目前的学业成绩和表现情况,说明儿童的障碍对其参与普通课程学习及进步的影响。这一信息通常来自评估结果(如测验、作业),以及家长、教师、相关服务提供者和学校其他人员的观察。

2. 年度目标

年度目标是预期儿童可在一年内完成的目标,即描述儿童在未来 12 个月中应该做什么或学什么。目标必须是可测量的。

3. 短期目标

仅适用于使用替代成就标准进行评估的特殊儿童。

4. 特殊教育和相关服务

IEP 应列出可提供的有益于儿童的特殊教育和相关服务,包括儿童需要的辅助支持和服务,还包括有利于儿童的方案调整(变更)或支持学校工作人员的计划,如培训或专业发展。

5. 普通教育的参与情况

如果特殊儿童不能和普通儿童一起参与全部的课程或活动,需要说明具体情况。

6. 参与州和地区性的考试的情况

大多数州和地区都会对特定年级的学生实施学业考试。IEP 应说明特殊儿童参与考试所需要的调整,如果障碍儿童不适合参与某项考试,IEP 应说明为什么该考试是不适合的,以及儿童将如何参与怎样的替代性评估。

7. 服务时间和地点

IEP 应说明服务开始的时间、服务的频率、服务的地点以及服务持续的时间。

8. 转衔服务

最迟在儿童 16 岁开始,IEP 必须包括可测量的中学后教育目标以及为达成目标所需要的转衔服务,包括训练、教育、就业,以及独立生活技能等。

9. 成年

在儿童达到法定成年年龄前至少一年,IEP 必须包含一份声明,告知儿童成年后应当享有的权利。

10. 评价进步

IEP 必须说明如何测量儿童的进步以及如何向家长报告儿童的进步情况。

第二节　个别化教育计划的制定与实施

如何制定一份适当的个别化教育计划以及如何施行计划,直接关系到个别化教育计划的成效。个别化教育计划的制定主要分为两个阶段:评估阶段与计划阶段。图 4-1 为计划制定的流程图。

一、评估

评估是指运用观察、测验、资料分析等手段了解个体身心特征,探讨个体在学习情境中既有的成就和可能的发展。

（一）制定评估计划

制定评估计划包括以下内容:

(1) 评估目的:确定本次评估要解决哪些问题,如教育安置、转衔、课程与教学等。

(2) 评估内容:确定哪些领域需要评估,哪些材料需要进一步收集。

(3) 评估方式:确定适用的评估方法,如访谈、观察、测验、医学检查等。

(4) 评估工具:确定使用哪些工具完成评估,如已有或自编的评估量表、访谈提纲、观察记录工具等。

(5) 评估人员:确定由谁来实施评估,一般而言,应建立一个评估小组。合格的评估人员应以其专业训练和资格证书为准。

(6) 评估的时间与地点:确定什么时候评以及在哪里评,保证评估在规定日期内完成。

（二）实施评估

根据评估计划,由相关人员实施评估。

1. 健康评估

(1) 评估内容。

特殊儿童健康评估的内容通常包括:感觉器官与功能、运动功能、新陈代谢功能、神经

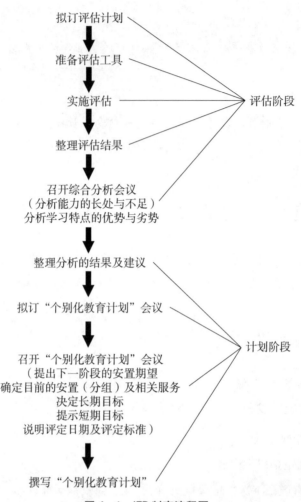

拟订评估计划

准备评估工具

实施评估

整理评估结果

召开综合分析会议
（分析能力的长处与不足）
分析学习特点的优势与劣势

整理分析的结果及建议

拟订"个别化教育计划"会议

召开"个别化教育计划"会议
（提出下一阶段的安置期望
确定目前的安置（分组）及相关服务
决定长期目标
提示短期目标
说明评定日期及评定标准）

撰写"个别化教育计划"

评估阶段

计划阶段

图 4-1 IEP 制定流程图

系统功能；其他相关疾病与损伤。

（2）评估人员。

健康评估由专业医生实施。

（3）特殊教育与相关服务建议。

① 儿童的医疗与康复服务需求，说明进一步的医学检查和治疗的需求、康复训练的需求等。

② 儿童的健康状况对学习与生活环境的特殊需求，例如无障碍环境、教室的位置、座位安排、课桌椅的特别设计、辅助器具的需求等。

③ 课程与教学调整的需求，例如体育课的适应性调整、作业和考试合理便利需求等。

④ 其他相关需求，如日常保健、营养、运动、特殊饮食安排等。

2. 视觉检查

（1）一般评估项目。

一般评估项目有：视力（包括视敏度、视野、色盲等）；定向与行走能力；视知觉（如深度知觉、距离知觉等）。

（2）评估人员。

评估人员主要包括：眼科医生；定向与行走专家；心理学专业人员。

（3）特殊教育与相关服务建议。

① 视觉器官的治疗和矫正建议，例如是否需要手术或药物，怎样的光学矫正是适当的。

② 针对个体的视觉障碍，教育教学环境的调整建议，例如教室的光源、座位安排等。

③ 必要的教育训练，例如，是否需要定向与行走技能的训练。

④ 教育辅助设施以及资源的提供，例如盲文、读屏软件、大字体课本、视觉放大设备等。

3. 听觉检查

（1）一般评估项目。

一般评估项目有：听力损失程度；听力损失类型；语音听力；听知觉（如对声源、高低、音色等的知觉）。

（2）评估人员。

评估人员主要包括：听力学家；耳科医生；心理学家；特殊教育教师。

（3）特殊教育与相关服务建议。

① 听觉器官的治疗和矫正建议，例如是否需要治疗、怎样的听觉矫正是适当的。

② 听觉功能损失的诊断及助听器材的配备。

③ 听觉损伤在学习上可能的限制及应有的教育调整措施，例如座位安排、手语翻译等。

④ 必要的教育训练，例如是否需要听觉与言语的训练，是否需要学习手语。

⑤ 教育辅助设施以及资源的提供，例如助听设备、FM 系统等。

4. 认知能力的评估

（1）一般评估项目。

一般评估项目有：智力水平；基础认知能力（注意力、记忆力、思维能力等）。

（2）评估人员。

评估人员主要包括：心理学专业人员；教师；家长。

（3）特殊教育与相关服务建议。

① 智力发展的特征及各项智力因素的优势与不足。

② 说明涉及学习的各项认知功能的长处与不足，并提供教育上的调整措施。

5. 学业水平的评估

（1）一般评估项目。

一般评估项目有：语文学科学业水平（听、说、读、写，识字、阅读、写作等）；数学学科学业水平（数概念、计算能力、应用问题解题能力等）；其他学科学业水平；与学业水平相关的各方面表现（例如学习习惯、学习模式、自我监控与调整等）。

（2）评估人员。

评估人员主要为教师及相关人员。

（3）特殊教育与相关服务建议。

① 通过主要学科学业水平反映出儿童学科学习上的优势和不足，建议 IEP 学业辅导的重点。

② 教育辅导的建议，例如帮助其养成良好的学习习惯，提高自我监控与自我管理的能力等。

6. 情绪与行为

（1）一般评估项目。

评估儿童在各种环境中的行为和内在的情绪状态，主要有：①学校环境：包括师生之间的互动、教室常规、课堂内外的行为表现等；②家庭环境：包括与家人之间的互动、家庭教养环境等；③同伴交往：与同学、伙伴之间的交往情况。

（2）评估人员。

评估人员主要包括：心理学专业人员；教师；社会工作者；家长。

（3）特殊教育与相关服务建议。

① 情绪困扰和行为表现的特点以及可能的原因分析。

② 医疗、心理辅导以及其他相关服务的建议。

③ 教育上的调整，例如安置上的考虑等。

二、计划的制定

（一）拟定 IEP 草案

通常情况下，由学校指定人员负责拟订 IEP 草案。负责起草的人员根据评估阶段收集到的各方面资料，提出基本构想，包括领域的优先顺序，决定哪些领域需要特别加强，暂列出"个别化教育计划"的内容。

（二）召开 IEP 会议

1. IEP 小组

IEP 小组应当包括以下成员：

（1）特殊儿童家长。

（2）普通班级教师（如果该儿童在普通学校接受教育）。

（3）特殊教育教师，或为儿童提供特殊教育服务的人员。

（4）学校行政人员。

（5）其他相关人员。

（6）只要合适，也可以包括特殊儿童本人。

IEP 小组成员各自的职责如表 4-1 所示。

表 4-1　IEP 小组成员职责

身份	职责
主席	● 协调 IEP 小组的活动 ● 汇总评估资料 ● 与小组成员沟通 ● 在计划和决策过程中提供支持服务 ● 主持 IEP 会议
普通班级教师	● 提供儿童在普通班级表现的资料 ● 提供课程设计的资料 ● 草拟和制定学科的年度目标和教学目标 ● 指出儿童接受普通教育的能力和限制
特殊教育教师	● 提供有关儿童障碍情况的资料 ● 指出儿童接受特殊教育的能力和限制 ● 指出儿童的特殊需求 ● 协助解释相关评估资料 ● 协助制定长期目标和短期目标
机构代表 （学校行政人员）	● 代表学校解释相关制度 ● 安排提供相关服务
家长	● 提供有关家长参与儿童教育与服务的能力和限制的资料 ● 参与制定 IEP 的目标 ● 提供相关资料，例如儿童的发展、环境、接受其他服务的情况等
特殊儿童	● 提供在课程或教室中已被证明有效的资料 ● 提供有关职业兴趣或职业目标的资料 ● 协助评估先前 IEP 中的目标 ● 协助确定 IEP 的目标
其他相关人员	● 解释评估结果 ● 提供教育及相关服务的建议

2. IEP 会议的准备

一般来说,IEP 会议由学校组织。会议组织者在会议召开之前需要完成几个方面的工作:(1)联系会议参与者,包括家长。(2)及早通知家长,保证他们能安排时间来参加会议。(3)确定开会的时间和地点。由于每个特殊儿童的 IEP 会议是独立的,因此应当在时间安排上考虑充分,为每个会议预留好时间。(4)告知家长会议的时间、地点以及会议的目的。(5)告知家长出席会议的人员。(6)告知家长可以自己邀请熟知儿童情况的人员或专家参会。(7)如果家长因故不能参会,可采用替代的方式来保证家长的参与,如视频会议、电话会议等。(8)准备相关资料。

3. IEP 会议的举行

通过 IEP 会议,初步确定以下内容:

(1) 下一阶段的教育安置。

根据儿童评估结果以及各方面的信息,讨论并确定下一阶段的教育安置。

(2) 相关服务需求。

儿童需要哪些相关服务? 如何提供? 例如,是否需要物理治疗、运动康复、言语语言训练等。

(3) 确定长期目标(年度目标或学期目标)。

根据草拟的 IEP,讨论确定长期目标。在该过程中,重点关注以下因素:

① 儿童能力发展的范围:参照评估结果、儿童既往的发展速度及该学年教学时间,初步估量儿童在未来年度各方面能力所能发展的范围。

② 适应环境所需的能力:根据儿童所处的环境以及家长和儿童本人的需求,预估儿童未来适应环境所需要的能力。

③ 其他因素:参照儿童的年龄阶段以及当前的发展特征,同时关注需要长期培养的重要能力。

(4) 提示短期目标。

对短期目标作原则性的讨论:要符合长期目标的需要,同时体现出教学的层次。

(5) 确定评估的标准及时间。

(三) 目标的确定与撰写

IEP 中的目标包括长期目标和短期目标。

1. 长期目标

长期目标是指期待儿童在较长一段时间内(一学期、一学年或更长时间)达成的目标。长期目标依每个个体具体情况而有所不同。一般而言,要参照课程、教学时数、儿童的学习能力、行为起点、诊断评估等相关资料综合分析之后进行设定。

拟定长期目标要注意以下几点：(1)可测量。即可依据目标描述测量儿童的目标达成情况；(2)可实现。即目标的难度适当，预期儿童经过教育训练后可以在目标期限内达成；(3)可分解。即能够通过阶段性目标或短期目标来达成；(4)儿童中心。即有助于儿童在普通课程学习中取得进步，有助于满足其因障碍所致的特殊教育需求，符合其年龄特点。

2. 短期目标

短期目标通常是指期待儿童在某一确定的较短期限内所达成的目标。它是长期目标的细化和具体表现。

短期目标的拟定，主要根据儿童现有的表现水准与长期目标之间的能力差距，短期目标通常是顺序性的，针对某一单元的目标。一般而言，课程纲要所列出的行为目标或学习目标可作为拟定短期目标的参考。

撰写短期目标主要包括以下几个部分：

(1) 对象：是指目标的完成者，如为同一儿童的短期目标，可省略不写。

(2) 行为与结果：即目标行为，是指期望或要求儿童达成怎样的行为。具体可分为"动作"（做）及"结果"（什么）两部分：动作是指具体的、可观察的外部动作，因此要使用具体的、可观察的动词，如写出、指出、画出、分类、回答、说明等；结果是指动作所指向的对象，如所做的材料、内容、时间、距离、数量等，如写出自己的名字、说"早上好"。

(3) 通过标准：以次数比率或时间百分比等描述。它表示行为正确的比例、持续的时间，或在刺激出现至行为产生的时间间隔等。大多数目标通过标准是相同的，可以省略。

拟定短期目标时要注意几点：①根据长期目标的范围，选择课程基准线以上的教学目标。②充分考虑目标的功能性，尤其对障碍程度较重的儿童。③每个领域短期目标的数量，应按达到长期目标的需要以及儿童的能力水平而定。④以儿童为中心。⑤目标描述的是学习结果，而非学习过程。⑥目标表述清晰，可观测，可评估。⑦每项目标对应一个学习结果。

表 4-2　长期目标和短期目标举例

学科（领域）	长期目标	短期目标
语文	会抄写汉字	● 会正确握笔 ● 会仿写笔画"、" ● 会仿写笔画"一" ● 会仿写笔画"丨" …… ● 会抄写汉字

续　表

学科(领域)	长期目标	短期目标
数学	会计算 5 以内任意两个数的加法	● 知道数字 1 的含义 ● 知道数字 2 的含义 ● 知道数字 3 的含义 ● 知道数字 4 的含义 ● 知道数字 5 的含义 ● 会计算得数是 2 的加法 …… ● 会计算得数是 10 的加法

三、IEP 的实施

(一)实施场所与实施人员

1. 实施场所

(1)学校:学校是实施 IEP 的"主战场"。教学目标主要是通过教学活动实现的。教学活动可以在课堂教学中进行,也可以在课堂以外进行,如资源教室、个别化辅导等。

(2)家庭和其他场所:少数特殊儿童由于种种原因无法正常到学校就学,可以通过送教上门的形式在家学习,或者在医院学习。在这种情况下,家庭和医院就成为实施 IEP 的主要场所。此外,对于在学校就读的特殊儿童而言,部分目标仍可能需要在家中完成。

2. 实施人员

(1)教师:教师是实施 IEP 最重要的人员。对于在普通学校随班就读的特殊儿童而言,普通班级教师和特殊教育教师是保证计划实现的关键人物;对于在特殊教育学校就读的特殊儿童而言,特殊教育教师起着主导作用。

(2)家长:家长的适当介入,对于 IEP 的实施有直接的推动作用。家长对 IEP 的目标有清楚的了解,并在教师及其他专业人员的指导下掌握一定的教育训练方法,家校合作共同努力,有助于 IEP 目标的实现。

(3)其他人员:IEP 中涉及的不仅仅是教育,还有针对儿童需要的相关服务。这些目标的实现,需要各方面人员的共同参与,例如运动康复、言语矫治、咨询服务等。

(二)实施策略

IEP 的目标是个人的,而课程可能是全班的、小组的。如何将不同儿童的目标有机融入到课程教学中,是一件非常重要的事情。

1. 目标的汇集

将同一班级儿童的 IEP 排列出来,将其目标按领域汇集与整理,分析目标间的异同。

找出每个领域包含哪些目标,其中哪些属于同一层次,哪些不同,将共性的目标融入班级或小组教学中。

2. 目标的分析

对 IEP 目标进行以下几个方面的分析:

(1) 时间的分析:分析 IEP 的目标,明确实施的时间顺序。通过合理安排,将目标以有计划、系统的整合方式呈现。例如对于一名孤独症儿童,为促进其实现主动交往能力的目标,在时间安排上将涉及许多日常生活和教学的环节,课堂教学的时间可以利用,非课堂教学的时间也应充分利用。

(2) 空间的分析:明确目标实施的场所。就一个具体目标而言,需明确哪个场所或哪几个场所有助于其实现,怎样的安排是最经济、最有效的。例如,要实施某重度智障儿童的教育目标——"会穿鞋",其最佳场所也许不是课堂,而是家庭或宿舍。

(3) 人力资源的分析:某一具体目标由谁来负责实施,也是需要分析的。合理的人力资源分配能够有效地促进教学效果。例如,学科学习的目标主要由教师来实现,行为目标则可能需要教师、家长的共同努力。

(三) 目标超前或滞后的处理

1. 超前或滞后的原因

在 IEP 实施过程中,教师有时会发现:预定的教学目标出现了超前或滞后的现象。产生这种现象的原因主要有:

(1) 时间:有的目标设定的时间过长或过短。例如原定在 2 周内让学生掌握 1—5 的数字概念,这对部分儿童而言是适当的,但有的儿童可能需要更长的时间来达成。

(2) 教学方法:对不同的特殊儿童而言,其所适应的教学方法可能有很大的差异。教学方法适当,则教学进展顺利,目标就容易实现。反之,则可能会减缓目标实现的进程。

(3) 人员配合:有的教学目标需要多方人员的配合。例如,对于语言发展迟缓的儿童来说,其教育目标的实现,可能需要言语治疗师、普通班级教师、家长等各方的通力合作。

(4) 教学起点:合适的教学起点应当以儿童当前的学习基线为依据。高于该基线水平的起点要求,可能会导致目标的超前;而低于基线水平的起点要求,则可能会带来目标的滞后。

应当说,引起教学目标超前或滞后的原因非常复杂。除上述因素之外,教学内容的难易、学生自身的条件等均可能成为影响因素。在更多的情况下,其产生的原因不是单一的,而是多种因素混合的结果。

2. 处理方法

针对可能的原因,通常采用以下几种方法进行调整:一是重新测定教学起点;二是将难易控制在适中的水平;三是改变教学方式和教学方法;四是各方密切配合。

四、IEP 的评估与修订

IEP 制定与执行的情况如何,直接关系到 IEP 目标的实现。

(一) IEP 的评估

学校应当定期评估 IEP,以考察儿童的长期目标是否达成。评估可以采用自评与他评相结合的方式进行。评估主要涉及以下几个方面:

1. 对 IEP 内容的评估

(1) 内容的完整性。

IEP 内容是否符合规定,如儿童的基本资料和能力水平、教育措施和相关服务、长期目标、短期目标、评定标准与评定日期等。

(2) 内容的适当性。

① 计划设定的期限是否符合儿童的年龄特点、能力水平以及儿童所处的环境?

② 教育安置是否符合儿童家庭的期望? 是否保障了儿童的权益? 是否有利于资源的合理运用?

③ 长期目标的设定是否适应儿童能力的优势与不足? 是否符合家长与儿童的需求? 是否有利于儿童的发展?

④ 短期目标的设定是否与长期目标一致? 是否考虑了功能性?

2. 对 IEP 实施情况的评估

- 长期目标是否能在规定的期限内完成?
- 短期目标是否能在规定的期限内完成?
- 所选用的教学策略是否符合儿童的认知特点和发展需求?
- 各种特殊情况。

(二) IEP 的修订

IEP 在必要的时候需要加以修订。一般而言,修订主要应参照以下几个方面的内容:(1)计划的执行情况;(2)对儿童再次评估的结果;(3)家长反映的有关该儿童的重要信息;(4)其他相关人员反映的重要信息。

五、IEP 表格举例

自 IEP 诞生以来,众多的管理者、教育者设计了各种各样的表格,以求 IEP 制作的规范化。现有的 IEP 表格繁简不一,从表格的形式到内容的表述均有较大的差异。事实上,选用哪种表格甚至是否使用表格只是表面的、形式的问题,其核心问题是如何理解 IEP 的内涵,

理解个别差异。只有深刻理解了上述问题,才能真正实现个别化教育的目的。以下为一份
IEP 样表。

表 4 - 3　个别化教育计划(样表)

一、基本信息

学生姓名:　　　　性别:　　　　出生日期:　　　年　　　月　　　日

身份证号:　　　　　　　家庭住址:　　　　　　家庭电话:

家长或监护人 1:　　　　　称谓:　　　　　　手机:

家长或监护人 1:　　　　　称谓:　　　　　　手机:

二、家庭状况

说明儿童在家状况,如排行,同住人基本情况,家庭经济、住房状况,家庭支持及需求等。

三、障碍及健康状况

说明儿童障碍诊断情况,包括障碍类型、障碍程度、诊断时间及诊断结果摘要。

说明儿童的成长过程,重要的疾病与治疗史,当前的健康状况,如视力、听力、伴随疾病、用药情况、过敏情况以及医嘱等。

四、现况描述

学业能力	儿童各主要学科(如语文、数学、英语等)的学习情况与成绩表现
沟通能力	儿童的沟通情况(如沟通方式及沟通能力表现)及其对学习的影响
行动能力	儿童行动能力与表现(大动作与精细动作)、辅助器具使用情况,行动能力对生活与学习的影响
情绪/人际关系	儿童的情绪/人际关系及其对日常生活与学习的影响
感知能力	儿童的感知能力及对生活与学习的影响
自理能力	儿童的自理能力及对生活与学习的影响
其他	影响儿童生活与学习的其他问题

五、教育安置

起讫时间	科目	教学方式(上课时间、地点、内容调整情况)

续表

六、教育目标(说明:该部分内容可分学科/领域单列)

科目		教师	
学年(学期)目标		起讫时间	

单元教学目标	评估方式	评估时间	评估结果
评估调整情况			

七、相关专业服务

服务	频率	地点	起始时间	持续时间	负责机构/人员

八、特殊行为问题

说明特殊行为表现、指向、发生的频率、程度、场所;行为功能分析;支持策略。

九、转衔服务

预计转衔去向:

项目	服务内容	起讫日期	负责人

十、签章

学校行政人员		普通班级教师	
特殊教育教师		家长/监护人	
学生		其他人员	

制定日期:

？ 思考题

1. 一份完整的 IEP 主要包括哪些内容？

2. 确定儿童的长期目标主要应考虑哪些因素？

3. 如果你是一位普通班级的教师，在教学中应怎样实施 IEP？

4. 尝试为一名特殊儿童制定一份 IEP。

第五章

智力障碍儿童

智力障碍(Intellectual Disability)是一种残疾。智力障碍儿童由于智力功能和社会适应行为的障碍,在学业能力、认知能力、社会适应等各方面明显落后于同龄儿童。智力障碍儿童是传统的特殊教育对象之一。由于障碍程度不同,智力障碍群体内部差异很大,教育需求也各有不同。

第一节　智力障碍概述

智力障碍,也称智力残疾、智力落后、精神发育迟滞、智力和发展障碍等。一直以来,关于智力障碍有许多纷争,具体包括:什么是智力障碍,怎样对智力障碍进行鉴定和分类,智力障碍的成因,智力障碍儿童的表现特征等。本节将对这些问题进行介绍。

一、智力障碍的概念

(一)我国的定义

根据《残疾人残疾分类和分级》标准,[①]智力障碍的定义如下:

智力残疾是指智力显著低于一般人水平,并伴有适应行为的障碍。此类残疾是由于神经系统结构、功能障碍,使个体活动和参与受到限制,需要环境提供全面、广泛、有限和间歇的支持。

智力残疾包括在智力发育期间(18 岁之前),由于各种有害因素导致的精神发育不全或智力迟滞;或者智力发育成熟以后,由于各种有害因素导致的智力损害或智力明显衰退。

(二)美国的定义

美国智力与发展障碍学会(the American Association on Intellectual and Development Disabilities,简称 AAIDD)的前身是美国智力障碍学会(American Association on Mental Retardation,简称 AAMR),该学会成立于 1876 年,并于 1910 年首次发布智力障碍定义和分类手册,提出了关于智力障碍的国际术语和分类系统,此后大约每十年左右修订一次。2021 年,AAIDD 出版了第 12 版的《智力障碍:定义、分类和支持系统》(*Intellectual Disadility: Definition, Classification, and Systems of Supports*)。

在 1959 年之前,AAIDD 以智商分数为标准,即 IQ 低于 70 为智力障碍,1959 年的第 5 版手册提出了智力障碍的双重诊断标准,即必须同时具备智力功能及"成熟、学习与社会适应障碍"方可诊断为智力障碍。自此,对智力障碍的判断均以智力发展的明显落后以及社会适应行为障碍作为两个重要的标准。

AAIDD 对智力障碍的定义为:智力障碍是一种障碍,其特征是在智力功能和适应性行为方面有显著限制,表现在概念、社交和实用技能方面的落后。障碍起源于发育期,在操作上定义为 22 岁之前。

---

① 残疾人残疾分类和分级(中华人民共和国国家标准 2011 年第 2 号公告,GB/T 26341-2010)。

📖 **拓展阅读**

为什么发育期的界定从"18岁之前"变成了"22岁之前"？

智力障碍起源于发育期，但对于发育期结束的年龄，各种观点(例如，病因、功能、文化、管理)之间存在一些差异。当前研究表明，人类大脑很多关键区域在成年早期继续生长和发育，大脑发育可持续至20多岁，故将发育期的结束时间界定为22岁。

（三）智力障碍定义使用的前提

使用智力障碍定义需要具备以下的前提：第一，当前功能的限制必须在一定的社会环境和文化中考察，而不是脱离其所处的环境和文化，应以个体同龄伙伴作为参照对象。第二，评估应考虑文化和语言的多元性以及在沟通、感知、运动和行为方面的个别差异，兼顾个体的多样性及其独特反应。第三，同一个体内部，局限往往与优势并存。第四，对个体的不足进行描述的主要目的是构建个体所需的支持方案。第五，通过一个阶段适当的、有针对性的支持，智力障碍者的生活功能通常会有所改进。

二、智力障碍的鉴定与分类

（一）智力障碍的鉴定

智力障碍的主要特征是智能低下，发展滞后，心理年龄低于生理年龄。进行科学的测量，是鉴别智力障碍的重要依据。智力障碍的鉴定主要包括智力功能的评估和适应行为评定。

1. 智力功能的评估

（1）智力。

智力又称智能，通俗的说法就是人的聪明程度。目前，心理学界对什么是智力尚无统一的定义。有人认为，智力是指抽象思维的能力；有人认为，智力就是学习能力；也有人认为，智力是对环境的适应能力；更多的心理学家认为，智力是各种基本能力的综合，即观察力、记忆力、想象能力和思维能力的综合，其核心成分是抽象思维能力。

（2）智力测验。

智力测验，是通过测验的方式来衡量个体智力水平高低的一种科学方法。常用的智力测验工具有以下几种：

- 斯坦福-比奈智力量表(Stanford-Binet Intelligence Scale，简称 SB)。

- 韦克斯勒儿童智力量表(Wechsler Intelligence Scale for Children-Revised，简称

WISC‑R）。

● 韦克斯勒学前儿童智力量表（Wechsler Preschool and Primary Scale of Intelligence，简称 WPPSI）。

● 考夫曼儿童智力量表（Kaufman Assessment Battery for Children，简称 K‑ABC）。

● 联合型瑞文测验（Combined Raven's Test，简称 CRT）。

当前，我国用于 6—16 岁儿童智力障碍诊断的工具是韦克斯勒儿童智力量表第四版中文版，该智力测验工具由张厚粲教授主持修订。

（3）智力商数。

智力商数简称智商（IQ），是个体接受智力测验所得到的标准分数。它是测量智力发展水平的一种指标。智商的概念最早由德国心理学家施太伦（L. W. Stern）提出，是指智力年龄除以实际年龄所得到的商数，称为智力商数或比率智商。后经美国心理学家推孟（Lewis M. Terman）改进，其计算公式为：

$$IQ = \frac{MA}{CA} \times 100$$

其中 MA 为智力年龄（简称智龄），CA 为实际年龄（简称实龄）。

智商可以用于比较个体的智力水平。

以韦克斯勒智力量表为例，智商的数值的含义是：智商 100 代表来自正常样本的平均值或中间值，如图 5‑1 所示。某人智商分数为 100，表示他（她）在同龄群体中处于平均（中间）水平。韦克斯勒智力量表的标准差为 15，大约有三分之二的人智商分数处于平均值上下 1 个标准差之间（85—115），大约有 2.3％的人智商在 70 以下或 130 以上。一般认为，智商有相对的稳定性，但在良好的环境、教育和主观努力下，可有一定程度的变化。尽管对智商分数的依赖引起了一些担忧，但迄今为止，它仍是标准化智力评定的唯一方式。

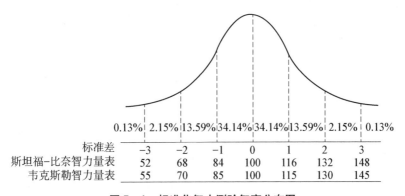

图 5‑1　标准化智力测验智商分布图

根据智力障碍的定义,智力障碍者的智力功能有"显著的局限"。这就表明,其通过测验得到的智商(IQ)分数应当低于均数(M)的两个标准差(SD)以上。

(4) 智力评定的注意事项。

智力评定要注意三点:第一,任何智力测验工具都有测验的标准误(Standard Error of Measurement,简称 SEM),因此,应将测验中得到的 IQ 分数视为一个范围,例如韦克斯勒儿童智力量表(第 3 版)全量表 IQ 的 SEM 为 3.2,这就意味着如果一个儿童通过该量表测得 IQ 为 70,那么其实际 IQ 应当为 67—73(1 个 SEM 范围,66%的可能),或者为 64—76(2 个 SEM 范围,95%的可能)。因此,对于测验分数处在边缘水平的对象,应综合多方面情况,谨慎作出诊断结论。第二,现有的智力测验工具对于智商处于 2—3 个标准差以内的人群评定的准确性较高,对智商处在两个极端(过高或过低)的人群不够敏锐,出现误差的可能性较大。第三,不同的智力测验工具对同一个体的诊断结果可能有差异。

2. 适应行为评定

(1) 适应行为。

适应行为是一系列人们在日常生活中习得并展现的能力,主要包括概念技能、社交技能和实用技能。其中概念技能包括自主性,读写能力,数字、钱币与时间概念等技能;社交技能包括人际交往能力、社会责任、自尊、轻信、警醒度、解决社交问题、遵守法律与规则以避免受害等技能;实用技能包括日常生活活动、职业技能、保健、旅行/交通、日程安排/日常事务、安全、金钱使用管理、电话及网络应用等技能。

为适应环境的需求,每个人都必须学习一套适应技能。并随着环境的变化,不断更新技能,这样才能持续满足环境需求。

(2) 适应行为评定量表。

早在 1953 年,美国心理学家道尔(Edgar Doll)就编制了文兰社会成熟量表(Vineland Social Maturity Scale,简称 VSMS),用以考察儿童的适应行为发展水平。全量表共有 117 个测试项目,涉及一般自理能力、饮食、衣着、运动、休闲、沟通、自我定向和社会化等 8 个方面的内容,总计各项得分除以实际年龄所得的分数称社会商数(SQ),也称文兰社会商数(Vineland SQ's),社会商数的大小可用于判断社会适应能力的高低。1962 年,美国特殊教育专家沃尔芬伯格(Wolf Wolfensberger)仿照智商(IQ)的分等法,将适应能力按 SQ's 分成与 IQ 相应的 4 个等级(轻度、中度、重度与极重度)。

目前我国常用的评定儿童适应行为的量表有《婴儿——初中学生社会生活能力量表》(Normal Development of Social Skills from Infant to Junior High School Children,简称 S-M 量表)、《ABAS-II中文版》儿童量表、《儿童适应行为评定量表》《儿童适应行为量表》等。

适应行为的"显著限制"是指在标准化的适应行为量表的评定中,在总分或三项技能(概念、社交及实用技能)之一的得分上低于平均分2个标准差以上。

适应行为评定量表也有其标准误。如果儿童在适应行为评定中的得分低于平均分1个标准差,则有必要补充使用另一套测验,以帮助判断。

(二) 智力障碍的分类

对智力障碍的分类有多种不同的方法,目前较为常见的有以下几种。

1. 按障碍程度分类

智力障碍最常见的分类是按障碍程度分类。《残疾人残疾分类和分级》标准规定,智力障碍按0—6岁和7岁及以上两个年龄段的发育商、智商和适应行为分级。0—6岁儿童发育商小于72的直接按发育商分级,发育商在72—75之间的按适应行为分级。7岁及以上按智商、适应行为分级;当两者的分值不在同一级时,按适应行为分级。[①] 具体如表5-1所示。

表5-1　智力障碍的分级标准

级别	分级标准			
	发育商(DQ)0—6岁	智商(IQ)7岁以上	适应行为(AB)	WHO-DAS分值
一级	≤25	<20	极重度	≥116分
二级	26—39	20—34	重度	106—115分
三级	40—54	35—49	中度	96—105分
四级	55—75	50—69	轻度	52—95分

适应行为表现:
极重度——不能与人交流、不能自理、不能参与任何活动、身体移动能力很差;需要环境提供全面的支持,全部生活由他人照料。
重度——与人交往能力差、生活方面很难达到自理、运动能力发展较差;需要环境提供广泛的支持,大部分生活由他人照料。
中度——能以简单的方式与人交流、生活能部分自理、能做简单的家务劳动、能参与一些简单的社会活动;需要环境提供有限的支持,部分生活由他人照料。
轻度——能生活自理、能承担一般的家务劳动或工作、对周围环境有较好的辨别能力、能与人交流和交往、能比较正常地参与社会活动;需要环境提供间歇的支持,一般情况下生活不需要由他人照料。

注:表中WHO-DAS只用于活动与参与评定,不作为智力残疾分级的依据。

2. 按支持程度的分类

1992年,AAIDD在第9版《智力障碍:定义、分类和支持系统》中,提出了按个体所需

---

① 残疾人残疾分类和分级(中华人民共和国国家标准2011年第2号公告,GBT 26341—2010)。

支持程度分类的方法,如表 5-2 所示。

表 5-2　智力障碍按支持程度的分类

类别	支 持 程 度
间歇的	所需要的支持服务是零星的、视需要而定的(如失业或生病时)
有限的	所需要的支持服务是经常性的、短时间的(如短期的就业训练或从学校到就业的衔接支持)
广泛的	至少在某种环境中有持续性的、经常性的需要,并且没有时间上的限制(如需要在工作中或居家生活中得到长期的支持服务)
全面的	所需要的支持服务是持久的且需求度高,在各种环境中都需要提供,并且可能为终身需要

三、智力障碍的出现率

由于智力障碍概念、诊断方法难以统一,各国对智力障碍儿童出现率的报道不太一致。世界卫生组织估计,智力障碍的出现率为 1%—3%,全世界大约有 1.93 亿智力障碍人士。根据第七次全国人口普查我国总人口数,及第二次全国残疾人抽样调查我国残疾人占全国总人口的比例和各类残疾人占残疾人总人数的比例,推算 2020 年末我国残疾人总人数 8944 万人,其中智力障碍 597 万人,智力障碍占残疾人的比例为 6.68%,占总人口的比例为 0.42%。据美国教育部统计,[①]2019 年,6—21 岁年龄段智力障碍儿童的出现率为 0.6%。

四、智力障碍产生的原因

形成智力障碍的原因十分复杂,涉及范围也很广泛。脑损伤、感染性中毒、代谢或营养障碍、孕期感染、染色体改变、精神病等都可能导致智力障碍。对其原因的分析,可以从遗传因素、物理—环境因素、社会—心理因素这三个方面来梳理,也可以从障碍出现的时间顺序上来呈现。

(一)出生前的致病因素

在所有导致智力障碍的因素中,出生前的因素占有很大的比例,大致上可以归纳为遗传和先天获得性异常两大类。

1. 遗传

遗传是形成智力障碍的重要因素,主要包括染色体异常和先天性代谢异常。

---

① U.S. Department of Education, Office of Special Education and Rehabilitative Services, Office of Special Education Programs, 43rd Annual Report to Congress on the Implementation of the Individuals with Disabilities Education Act, 2021, Washington, D.C., 2022.

（1）染色体异常。

染色体异常可分为染色体数目异常和染色体结构异常两大类。染色体数目异常大多为非整倍体，染色体结构异常包括染色体断片的易位、缺失、重复、倒位、环行染色体等。目前，已发现 60 余种染色体畸变的病种，包括常染色体和性染色体的数目改变与结构异常。

唐氏综合征（Down's Syndrome）是一种常见的由染色体异常导致的智力障碍，又名先天愚型、21－三体综合征。患者第 21 对染色体上有三条染色体。唐氏综合征患者的共同特点是智力障碍，大多数患者的 IQ 在 30—55 之间，智商低于 30 的也不少见。此类患者有比较典型的外部体征：短头畸形，颅缝和囟门闭合晚；眼裂小，眼距宽，睫毛短而稀少；患白内障、斜视、眼震、圆锥形角膜；耳小，杯状耳，对耳轮突出，外耳道狭窄；鼻梁低平，口小，伸舌，舌表面有裂纹，出牙晚，牙发育不良；身材短小，指短，小指内弯，脚呈船形，足大趾与其余四趾分离较远；关节活动度大，皮肤松弛，动作笨拙，步态不稳等。唐氏综合征可能与病毒感染、母亲接触放射线、孕前或妊娠时服用某些药物、化学毒物以及孕妇高龄等因素有关。由于 35 岁以上的妇女所排卵子容易发生染色体不分离而造成三体，所以高龄孕妇所生子女患唐氏综合征的风险很大，30 岁为 1/895，35 岁为 1/365，40 岁为 1/110，45 岁则高达 1/32。研究发现，大约 20% 左右的唐氏综合征是源于母亲的高龄。

脆性 X 综合征（Fragile-X）也是因染色体异常导致的智力障碍。患者的 X 染色体末端有一脆性位点，脆性 X 综合征基本上按连锁遗传的方式遗传。男性患者 80% 左右为中度至重度智力障碍，少部分为轻度，同时伴有巨睾症、特殊面容、语言行为障碍等特征。女性携带者可伴有轻度智力障碍，个别为中度至重度。

因染色体异常而引起智力障碍的还有先天性卵巢发育不全综合征（Turner's Syndrome），为女性缺少一条染色体所致；先天性睾丸发育不全综合征（Klinefelter's Syndrome），为男性 X 染色体异常增多所致。此外，18－三体综合征（18-trisomysyndrome）、13－三体综合征（Patau's Syndrome）、5 号染色体短臂缺失综合征（猫叫综合征）和 4 号染色体短臂缺失综合征（Wolf's Syndrome）等染色体异常疾病，虽然发病率很低，但都会导致智力障碍。

近年来发现，一些细微染色体异常也可引起智力障碍，从而使染色体异常在智力障碍致病因素中的地位更加引人注目。

（2）先天性代谢异常。

人体各种正常的物质代谢过程是分阶段进行的，每一阶段都由特定的酶催化、受酶的功能控制。如果参与代谢任意阶段的酶活性有缺陷，代谢就会受阻，这将对全身多种器官和系统产生有害的影响，特别是对神经系统的影响比较严重时，脑的发育和其生理功能将受到直接的毒害。

在重度智力障碍患者中,氨基酸代谢异常者占 10% 左右。苯丙酮尿症(Phenylketonuria,简称 PKU)便是一种遗传性代谢异常疾病。患者由于体内缺乏苯丙氨酸羟化酶,使得苯丙氨酸羟化过程受阻,苯丙氨酸和它的代谢产物在血液中积聚,损伤神经系统,形成智力障碍。患有该病的孩子在出生时往往没有特殊的表现,或仅表现为出现皮肤湿疹、易呕吐、睡眠不好、容易哭闹等,以后头发逐渐由黑色变为黄色或棕色,皮肤白嫩,黑眼球颜色变浅,尿液和汗液有一种特殊的"鼠尿"臭味。患儿发育迟缓,表情呆滞,对外界缺乏反应。患儿的智力明显低下,IQ 通常在 50 以下。

苯丙酮尿症为常染色体隐性遗传,是少数可以治疗的遗传代谢性疾病。目前,可以通过新生儿筛查,及早发现患儿。如果在儿童发育早期通过干预,限制含苯丙氨酸食物的摄入,患儿可能得到正常的智力发展。

其他类先天性代谢障碍还有碳水化合物代谢障碍(如半乳糖血症、果糖血症等)、脂肪代谢障碍(如黑蒙性痴呆症)、粘多糖代谢障碍(如亨特尔代谢综合征),以及嘌呤代谢障碍[如雷-纳(二氏)综合征]等。这些代谢障碍几乎都伴有轻重不等的智力障碍。

(3) 其他遗传因素。

多基因遗传引起的先天性颅脑畸形也会导致智力障碍,如先天性脑积水和小头畸形。先天性脑积水是由于脑脊髓液分泌异常,无法被吸收或顺畅流通,以至过多的积液压制脑部影响发育,而形成前额突出、两眼明显分开的病态外貌特征。脑积水患者脑组织受损程度,由脑组织受到压制的程度而定。小头畸形多数由脑部组织发育不全所致,一般而言,头越小,受损程度越重。此外,常染色体伴显性遗传如萎缩性肌强直、结节性硬化等,也可能造成不同程度的智力障碍。

2. 先天获得性异常

先天获得性异常是指胎儿由于非遗传性因素而导致的异常,如胎儿期感染、胎儿接触放射线造成损伤等。

(1) 胎儿期感染。

当孕妇受到环境中病原微生物侵袭而患感染性疾病时,影响严重的可导致胎儿的智力障碍。一般而言,病毒侵害导致智力障碍的敏感期与胎龄大小有关,有随胎龄增大而逐渐递减的趋势。目前已经确定的可能导致智力障碍的病原体主要有风疹病毒、巨细胞病毒、单纯疱疹病毒(二型)、弓形虫及梅毒螺旋体等。

风疹是一种通过空气、飞沫传播的呼吸道病毒性传染病。风疹病毒可以通过胎盘使胎儿感染而发生先天性风疹综合征。孕妇在妊娠期尤其是头三个月患风疹对胎儿的损害最为严重,可能引起胎儿智力障碍,此外还可能会导致胎儿视、听、心血管等方面受损。目前最好的预防办法是接种风疹疫苗,以避免风疹给胎儿带来损害。

巨细胞病毒可穿过胎盘而感染胎儿。部分婴儿在出生后数周内死亡,幸存者常出现永久性的智力障碍。同时,还可能伴有小头畸形、癫痫、痉挛性截瘫以及失明等其他问题。单纯性疱疹病毒(二型)以及弓形虫病毒也会引起胎儿多种脑部疾病,进而导致智力障碍。梅毒螺旋体可通过胎盘使胎儿染上先天性梅毒,导致胎儿智力障碍、脑积水、半身不遂等。

(2)药物毒性损伤。

有些孕妇患了流感、高血压等,就会大量服用四环素、降压灵等药物。这些药物会透过胎盘影响胎儿。此外,孕妇若服用一些激素类药物(如肾上腺皮质激素)、安眠类药物(如利服宁、安定)、抗癌药以及农药等,也可能会影响胎儿智力的正常发育。

(3)放射线和化学毒物的损害。

放射线包括 X 线,α、β、γ 射线以及电子、中子等粒子的放射线。无论是 X 线还是其他放射线,均可能使胚胎发育停止继而发生畸形。如果在胎儿期接受了放射线,会使胎儿生长发育迟缓、智力低下。胚胎或胎儿受放射线影响的程度取决于三个因素:放射线种类和剂量,受照射时的发育阶段,以及胚胎对放射线的敏感性。在胎儿发育的敏感期,孕妇若接触大剂量的 X 线,可能有引起小头畸形、脊柱裂和唐氏综合征的危险。

孕妇如果接触了某些放射性物质和有毒的化学物质,如苯、甲醇等,也可能会损害胎儿的发育。根据日本广岛原子弹爆炸后 20 年的跟踪观察,核辐射的远期影响有智力发育迟滞、身材矮小、小头畸形和白血病等。胎儿受辐射影响的程度与辐射剂量及妊娠时间有关,辐射剂量越大,智力障碍的发生率越高。

(4)吸烟与嗜酒。

孕妇吸烟对胎儿生长有很大的危害。烟草中含有 12000 多种有害物质,如尼古丁、氨、一氧化碳、焦油等。研究表明,孕妇在吸烟过程中,能把烟草产生的一氧化碳吸收到血液里,使胎儿血液里的一氧化碳增多,血氧含量减少,从而损害胎儿的智力发育。有研究发现,母亲孕期吸烟的儿童身材矮小,阅读能力差;婴儿出生时死亡率较正常人高 28%,体重较正常儿童轻 170 克。至于母亲饮酒,目前已成为发达国家中导致智力障碍儿童出现的最常见的因素之一。研究发现,任何微量的酒精都可以毫无阻挡地通过胎盘进入胎儿体内,对胎儿造成直接损害。同时,酒精还会影响胎盘和子宫的血流量,抑制胎儿中枢神经系统的活动,造成智力障碍。有研究发现,孕期大量饮酒,将导致围产期婴儿死亡率增加 1—10 倍,低体重儿、早产和足月小样儿分别增加 8.3 至 12 倍。这些孩子出生后,有 58%智商低于 85,有 19%智商低于 70。

除此之外,孕妇内分泌失调、妊娠剧吐、营养不良以及长期情绪不佳、先兆流产等,都可能会给胎儿带来伤害。还有研究认为,父母高龄(男 55 岁以上,女 40 岁以上)也可能导致胎儿发育不良和智力障碍。由此可见,出生前可能导致智力障碍的原因是十分复杂和多方面的。

(二)出生时的致病因素

1. 早产和低体重

胎龄不足 37 周的新生儿被称为早产儿。出生时体重不足 2500 克的新生儿为低体重儿。早产儿和低体重儿由于在子宫内发育不良,出生后在呼吸、进食以及维持生命的其他机能上都有一定的障碍,患病的可能性大。根据相关追踪调查的研究,早产程度与损害程度之间存在着值得注意的线性相关。

2. 新生儿窒息

新生儿窒息是指胎儿娩出后仅有心跳而无呼吸,并出现一系列呼吸衰竭的症状。多数新生儿发生窒息是胎儿缺氧的继续,也有少数是由于产程过长,胎头过度受压,使脑部缺氧所致。胎儿和新生儿的中枢神经系统对缺氧特别敏感,如缺氧时间过长(重度窒息),会直接危及生命或因大脑皮质细胞受损而导致智力障碍。

3. 产伤

由于分娩时胎位异常,胎儿过大,母亲骨盆小或产程过长,胎儿头部长时期受压,或使用产钳助娩、负压吸引等,对新生儿头颅造成机械压迫,容易使新生儿脑部直接受到损伤,影响脑的发育,造成智力障碍。

(三)出生后的致病因素

婴儿出生后,如高烧、抽搐、患脑炎等神经系统疾病,全身麻醉与脑外伤,中毒,严重营养不良等,以及受社会心理因素等影响都可能导致智力障碍。

1. 高烧、抽搐

在出生后的致病因素中,高烧和抽搐的占比较高。由于婴幼儿早期大脑发育未成熟,十分脆弱,高烧和抽搐容易导致脑细胞功能紊乱,产生脑电节律紊乱。反复、长时间的高烧、抽搐,可引起脑损伤而导致智力障碍。

2. 神经系统疾病

患脑炎、脑膜炎后的儿童,有大约一半在短期就显示出神经系统的后遗症,较常见的后遗症包括智力和运动方面的障碍,如惊厥性疾病、耳聋和视力障碍等。受到损伤的年龄愈早,其影响愈大,损害程度愈严重。

3. 全身麻醉与脑外伤

因手术需要的全身麻醉,有时会导致婴幼儿残疾。此外,脑外伤、脑震荡也可能会引起智力障碍。

4. 中毒

铅及其他毒物中毒,可能造成智力障碍。许多研究得出了同样的结论:血铅水平与IQ之间存在着负相关,高铅儿童的IQ低于低铅儿童,血铅浓度在$100\mu g/L$左右时即会对发育产生危害。儿童主要通过接触玩具上的含铅油漆或颜料,吸入含铅量高的灰尘、废气,以及食用含铅量高的食品而摄入铅。据波士顿儿童医院生理学家和流行病学家贝尔林格(Bellinger)的估计,血铅每升高$100\mu g/L$,儿童的智商就会降低约1—3。

5. 严重营养不良

在生长发育期出现较长期的营养不良,也会影响儿童的脑发育,产生智力障碍。这种情况往往在贫困地区比较常见。食物供应不足,特别是蛋白质与维生素不足,会导致营养不良。另外,代谢性疾病、消耗性疾病、进食障碍等也容易引起营养缺乏。单纯由营养不良而导致的智力障碍程度较轻。

6. 社会心理因素

现已发现,在智力障碍群体中,绝大多数尤其是轻度智力障碍的病因与社会心理因素有着不同程度的关联。据估计,全世界2/3以上的轻度智力障碍者是由不良的社会心理因素所致。社会心理因素所涉及的面非常广,且难以进行定量。现有研究的主要观点包括:(1)家庭的社会状况,如父母的职业、受教育程度、经济收入、婚姻状况等对个体的智力发育有着不同程度的影响;(2)母亲孕期心理状况,如是否遭到意外的精神打击、对分娩的焦虑程度、怀孕时的情绪等都会影响儿童的精神发育;(3)家庭环境,如母婴感情交流、居住条件、父母对婴儿发育的消极期望、家庭大小、双亲的精神健康状况、喂养方式及教育方法等,也会影响儿童的精神发育;(4)社会心理因素所致的智力障碍有如下流行病学特征:社会文化条件越低的人群患病率越高;学龄期患病率开始增高,青春期达到高峰;有家族倾向,特别易于集中在母亲有智力障碍的家庭内。

国内外的许多调查发现,大量的轻度智力障碍儿童来自社会经济地位不高、文化教育贫乏的家庭。与低收入相联系的一系列社会、经济、文化因素和智力障碍有着密切的联系。这些因素主要包括不良的教育环境、疾病、不良的医疗服务和语言模式、较低的成就需要等。同时,应当看到,许多因素是交织在一起的,例如,贫困地区儿童的父母可能没有受过教育,没有职业,收入有限。他们可能缺乏卫生、营养、优生、育儿等方面的知识,由此产生药物使用不当、营养不良等现象;他们的家庭计划不当,容易早婚,生育间隔短,生育数量超过其经济能力所能负担的极限;他们没有时间和精力为孩子提供良好的生长环境等。这种种不良因素,很可能使儿童最终表现出轻度智障。曾有研究者对某山区智障的社会文化成因进行研究,结果发现:文化条件落后、家庭早期养育方式存在缺陷、父母文化程度较低、环境封闭等因素是构成该地区儿童智力障碍的主要成因。

(四) 智力障碍的预防

智力障碍的病因是多元的,出现的时间也不同。对此,美国学者洛维兹(Louis Rowitz)提出了三级预防模式。[①]

1. 第一级预防

第一级预防是在疾病或问题发生前采取措施,以防止其产生或改变其走向。从智力障碍的致病因素上可以看出,部分因素可以通过积极的措施防止或减少其发生概率。例如:普及婚前检查,提倡优生优育,防止近亲结婚,缺碘地区的重点人群及时补碘,科学接生等,都可以有效地预防智力障碍的发生。产前筛查也是一种非常重要的手段。产前筛查的时间通常为15—20孕周,在此期间对孕期妇女进行产前筛查可检出80%的唐氏综合征患儿,同时可发现18-三体综合征和13-三体综合征等能够导致智力障碍的染色体异常。第一级预防的服务重点对象为高风险人群。

2. 第二级预防

第二级预防是指通过早期及时的治疗和干预缩短现存问题的持续时间,并防止次级问题的出现。首先要进行新生儿筛查,做到早期发现、早期诊断和早期干预。例如,对于苯丙酮尿症患儿,一旦确诊后要及早治疗,严格按照特殊食谱进行喂养,限制苯丙氨酸的摄入量。我国苯丙酮尿症的发病率是1∶11144,[②]每年出生的新生儿约1062万,[③]按此发病率计算,每年新增约950名苯丙酮尿症患儿。如果这些患儿都能得到及时的诊断与干预,就可以有效地预防智障儿童的产生。其次,对医学上的"高危儿童"提供医学、教育和社会等全面帮助,也可以有效地减少高危儿童出现智力障碍的情况。

3. 第三级预防

第三级预防是指使问题的不利后果受限,并改善个体功能程度的措施。事实上,我们不可能通过第一、二级预防阻断所有的病因,采取第三级预防旨在减轻智力障碍产生的消极后果。例如,可以对智力障碍儿童和高危儿童进行早期康复训练,从而有效地限制障碍带来的功能缺失。

五、智力障碍儿童的特征

(一) 认知特征

1. 感知

(1) 感觉特征。

智力障碍儿童的绝对感受性较低。同一强度的刺激可能引起正常儿童的感觉,却不

[①] Rowitz, L. Multiprofessional perspectives on prevention [J]. Mental Retardation, 1986, 24(01):1-3.

[②] 顾学范,王治国.中国580万新生儿苯丙酮尿症和先天性甲状腺功能减低症的筛查[J].中华预防医学杂志,2004(02):27—30.

[③] 中华人民共和国2021年国民经济和社会发展统计公报.国家统计局2022年2月28日.

一定能引起智力障碍儿童的感觉。研究表明,智力障碍儿童视觉敏锐性偏低,对物体形状、大小与颜色的精细辨认能力偏低;中度及重度智力障碍儿童的视觉分辨能力更有明显的不足,智力障碍儿童普遍表现为听觉反应迟缓,听觉分辨不及普通儿童灵敏;智力障碍儿童的触觉反应也比较迟缓;轻度智力障碍儿童的嗅觉和味觉基本正常,中度智力障碍儿童往往表现出一定的差异,部分重度和极重度智力障碍儿童甚至可能缺失嗅觉和味觉;智力障碍儿童的本体感觉和内脏感觉也可能有一定的障碍,例如对饥、渴、冷热、疼痛等感觉迟钝,躯体不适时难以主诉。

（2）知觉特征。

智力障碍儿童的知觉速度缓慢。从接受刺激开始,到将信息传入大脑皮质相应的部位,以及对输入的感觉信息的加工,最后将知觉特征综合为一个整体的过程中的每一个环节,智力障碍儿童都需要更多的时间。知觉速度缓慢,知觉的理解不全面、不深刻,不善于把握事物之间的关系,导致智力障碍儿童的知觉范围狭窄,知觉信息的容量小。智力障碍儿童的知觉分化功能显著偏低,在建立知觉联系上有一定的困难。此外,智力障碍儿童的知觉恒常性也不及普通儿童。

2. 注意

注意是心理活动对一定对象的指向和集中。它包括在关注相关信息的同时忽略无关信息、搜寻新信息、灵活改变认知策略以适应新的任务需要等一系列过程。注意是儿童有效学习的关键能力之一。一般而言,注意品质随儿童年龄增长而发展,表现为注意的集中性和稳定性不断发展,注意的范围不断扩大,注意的分配和转移能力不断提高。智力障碍儿童注意的发展水平普遍较低,难以完成从无意注意向有意注意的转变。因此,在学习过程中,他们往往难以区别相关刺激与无关刺激,难以将注意力集中在特定的学习任务上,从而影响有效学习的效果。通常情况下,儿童智力障碍程度愈严重,这种情况就愈突出。

在教育与训练的过程中,需要帮助智力障碍儿童学会迅速、有效地将注意力集中在重要线索上。例如,教师可以采用简明、直接的提示,如"准备好""停""看"和"听"来保持儿童的注意。

3. 记忆

记忆是人脑对有关信息进行编码、贮存和提取的认知加工过程。智力障碍儿童普遍存在记忆问题。他们的记忆缺乏目的性,难以根据需要选择有意义的、重要的信息进行记忆。他们所记住的常常是印象鲜明、对比强烈的事物。智力障碍儿童的识记速度缓慢,同样的内容,他们需要的识记时间更长。同时,他们对信息的保持效果差,容易遗忘,再现和再认困难。此外,智力障碍儿童的短时记忆能力较差。研究发现,个体的智力受损程度越高,其记忆的缺陷也就越严重。研究者对智力障碍儿童的记忆策略进行相关训练,结果发现:通过有效的训练,智力障碍儿童的记忆能力得到了一定的改善。

4. 思维

思维是人脑对客观事物的本质属性和内部规律性的间接和概括的反映。智力障碍儿童的思维直观具体,分析、综合、抽象与概括能力不足。他们的思维大多停留在具体的形象思维阶段,受事物的具体形象或表象所支配,从直接的生活经验中寻找事物的共同点,而难以透过现象来寻找事物之间本质的内在联系。在生活和学习中,他们表现为难以将学校学会的技能加以概括和迁移。当环境有所变化时,他们也难以将学到的技能加以应用。因此,对于程度严重的智力障碍儿童,教学应尽可能在自然的情境中进行,以使他们获得更真实的生活经验。

智力障碍儿童思维刻板,缺乏目的性和灵活性。他们在思考和解决问题时,倾向于固守特定的情境联系,很难做到根据条件的变化来调整自己的思维定向和思维方式。此外,智力障碍儿童的思维缺乏独立性和批判性。他们对自己和他人的行为缺乏评价能力,容易随大流,随声附和,难以提出与众不同的见解。

5. 学习

智力障碍儿童普遍存在学习动机不足的问题,学习积极性较低,尤其是对那些感到比较困难的课程。他们上课时往往不能专注于课堂学习内容,不能主动参与到学习任务中,可能会做一些与课堂学习无关的事。他们的课堂参与意愿不高,参与度较低。

学前阶段,轻度智力障碍儿童与普通儿童学习上的差异可能还不太明显。进入小学后,轻度智力障儿童学习上的困难会逐渐显露,学习语文、数学、外语等各主要学科都会出现不同程度的困难,且随着年级的增高,与同龄普通儿童在学业上的差距越来越大,需要教师和家长的大量支持;中度智力障碍儿童在学前阶段已表现出学习上的显著困难,明显落后于同龄普通儿童;重度智力障碍儿童几乎不理解书面语言或数字、数量、时间及金钱概念,需要照顾者提供大量支持以解决各种问题;极重度智力障碍儿童仅可能通过实物表达简单的意图。

(二) 社会适应特征

1. 日常生活自理

日常生活自理涉及进食、个人卫生、如厕、穿脱衣物等基本能力。轻度智力障碍儿童的日常生活自理能力与同龄儿童相近,但在处理复杂的日常生活任务时仍需他人帮助;中度智力障碍儿童经长期教育及提醒,能学会吃饭、穿衣、如厕和整理个人卫生;重度智力障碍儿童的日常生活中的各种活动均需帮助,任何时候都需监管;极重度智力障碍儿童日常身体护理、健康、安全等所有方面完全依赖于他人,需要高强度的持续支持。

2. 社会交往

社会交往是人所特有的需要,是在个体发展过程中逐渐形成和发展起来的。通常情况下,社会交往是建立在交往需要上的,即一个人愿意与他人接近、合作并发展友谊的需要。智力障碍儿童普遍表现出社会交往能力较差。他们受认知能力、语言能力等限制,对正常交往手段的掌握不足。例如,不会交朋友,不知道如何开始与他人互动;不能恰当使用社交语言,不善于处理社交及人际关系,情绪表达直接,服从规则、规范的能力较弱,缺乏社会常识等。美国《精神障碍诊断与统计手册(第五版)》就不同程度智力障碍儿童社会交往特征进行了归纳:轻度智力障碍儿童与正常发育的同龄人相比,在社会互动中显得不够成熟,他们难以准确感知同伴社交线索。其沟通、对话和语言较实际年龄显得更生硬或幼稚,也难以用与年龄相符的方式调节情绪和行为,在社交场合中能被同龄人识别。他们对社交场合的风险理解受限,社交判断能力较低,存在被他人操纵的风险(易受骗)。中度智力障碍儿童的社会交往能力与同龄人存在明显差异。他们的语言复杂性远不及同龄人,与同龄人的友谊通常受其交流、社会性限制影响。他们的社会判断和决策能力受限,需要照顾者协助其作出生活决策。重度智力障碍儿童的口语词汇和语法非常有限,主要为单字或短语。语言和交流往往仅限于当下发生的事情。个体可理解简单口语和肢体语言。极重度智力障碍儿童大多仅能理解一些简单的指令或手势。大部分则通过非言语的方式表达需求和情绪。重度或极重度智力障碍儿童往往伴有感知觉或肢体障碍,其社会交往面临很大的限制。[1]

智力障碍儿童是一个差异极大的群体,并非所有的儿童都具有同样的特征。他们个体间的特征表现得很不相同。

第二节　智力障碍儿童的教育

针对不同程度智力障碍儿童特殊教育需求的巨大差异,智力障碍儿童的教育安置方式应是弹性的、多元的,教育课程与教学策略也有多元化的选择。智力障碍儿童的学习并非普通儿童学习的"慢镜头",在教学内容、教学方式上均应有所考虑。

一、学习环境

随着融合教育的推进,轻度智力障碍儿童和部分中度智力障碍儿童进入普通学校学习,教育安置的方式呈现多元化的特点。

(一) 普通班级

智力障碍学生最常见的教育安置方式是普通学校的普通班级。根据学生的学习能力

---

[1] American Psychiatric Association. Diagnostic and statistical manual of mental disorder (DSM－5)(5th ed.) [M]. Washington, D.C. : American Psychiatric Publishing, 2013:34－36.

不同，普通班级安置可细分为三种情况：一是全部时间普通班级。采用这种安置方式的智力障碍儿童在普通班级参与全部课程与活动，教师只需要根据其需求，对课程或活动进行适当调整即可。二是全部时间普通班级＋额外支持。智力障碍儿童全部时间参与普通班级的学习、活动，但需要提供额外支持，如助教/影子教师/其他人员提供辅助。三是部分时间普通班级＋部分时间抽离。智力障碍儿童部分时间在普通班级学习，另有部分时间在普通班级以外的其他场所，如资源教室，以小组或个别的方式学习特殊课程或接受强化指导和服务。比如一名小学四年级的随班就读智力障碍学生，只掌握了十以内的加法，完全跟不上原四年级的数学教学进度，经个别化教育计划小组商定，本学年内，该生的数学课采用抽离的方式，在资源教室接受个别教学。

（二）特教班

对特殊教育需求服务程度较高的智力障碍儿童可选择普通学校特殊教育班（简称特教班）。采用这种形式安置的儿童通常大部分时间在特教班学习，少部分时间参与普通班级的课程与活动。儿童的障碍程度越严重，越有可能需要提供特别的学习环境。特教班的班级规模相对较小（通常为 8—15 人），配备专职特殊教育教师和相关专业人员。

（三）特殊教育学校

特殊教育学校主要为中度、重度以及伴有其他障碍（如孤独症、脑瘫等）的智力障碍儿童提供教育服务。特殊教育学校拥有无障碍环境、配置各类专用教室及专业设备，配备特殊教育教师及相关专业人员，设置专门的课程，有条件为障碍程度重、需求高的智力障碍儿童提供更为专业的教育教学和相关专业服务。接收智力障碍儿童的特殊教育学校主要为培智学校和综合型特殊教育学校。

我国培智学校的培养目标是："全面贯彻党的教育方针，体现社会文明进步要求，使智力残疾学生具有初步的爱国主义、集体主义精神；具有初步的社会公德意识和法制观念；具有乐观向上的生活态度；具有基本的文化科学知识和适应生活、社会，以及自我服务的技能；养成健康的行为习惯和生活方式，成为适应社会发展的公民"。[①]

（四）送教上门和远程教育

对于个别障碍程度非常严重，并伴有其他障碍的多重障碍学生，如确实无法到校上学，则由指定教育机构采用送教上门或远程教育的方式，为居家或在相关医疗/康复机构中的智力障碍学生提供教育及相关专业服务。接受送教上门或远程教育的学生，其学籍

---

① 教育部关于印发《盲校义务教育课程设置实验方案》《聋校义务教育课程设置实验方案》和《培智学校义务教育课程设置实验方案》的通知. 教基〔2007〕1 号。

在特殊教育学校或普通学校。

二、课程

智力障碍儿童学习的课程可分为两大类:普通课程与特殊课程。在普通班级随班就读的智力障碍儿童以普通课程为主,可根据需要适当补充特殊课程;在普通学校特教班、特殊教育学校以及接受送教上门或远程教育的智力障碍儿童以特殊课程为主,可根据需要适当补充普通课程。对具体的某个儿童而言,应由个别化教育计划团队依据学生评估的结果进行课程设计和决策。

(一)普通课程

普通课程是指国家规定的普通学校开设的课程。普通学校要根据国家普通学校课程方案、课程标准和统一教材要求,充分尊重和遵循智力障碍学生的身心特点和学习规律,结合每位学生的实际情况,合理调整课程教学内容,提高对随班就读智力障碍学生教育的适宜性和有效性。

(二)特殊课程

特殊课程是指为适应特殊学生需求而专门设置的课程。依照教育部《培智学校义务教育课程设置实验方案》,培智学校义务教育课程包括一般性课程和选择性课程。表5-3和表5-4是《培智学校义务教育课程设置实验方案》中的课程设置规定。

表5-3 培智学校课程计划表(节)

课程 年级	一般性课程							选择性课程				
	生活语文	生活数学	生活适应	劳动技能	唱游与律动	绘画与手工	运动与保健	信息技术	康复训练	第二语言	艺术休闲	校本课程
低年级	3—4	2	3—4	1	3—4	3—4	3—4	6—9				
中年级	3—4	2—3	2—3	2	3—4	3—4	3—4	6—9				
高年级	4—5	4—5	1	3—4	2	2	2—3	6—10				

表5-4 培智学校课程设置及比例表(%)

课程 年级	一般性课程							选择性课程				
	生活语文	生活数学	生活适应	劳动技能	唱游与律动	绘画与手工	运动与保健	信息技术	康复训练	第二语言	艺术休闲	校本课程
低年级	10—12	6—7	11—13	3—4	10—12	10—12	10—12	20—30				
中年级	10—12	8—9	7—8	5—6	10—12	10—12	10—12	20—30				
高年级	13—15	13—15	3—4	8—9	6—7	6—7	11—13	20—30				

1. 一般性课程

一般性课程为必修课,体现对学生素质最基本的要求,着眼于学生适应生活、适应社会的基本需求,约占课程比例的70%—80%。一般性课程包括七类科目:生活语文、生活数学、生活适应、劳动技能、唱游与律动、绘画与手工、运动与保健。

生活语文课程旨在提高学生适应生活的语文素养,培育其热爱祖国语言文字的情感,在语文学习过程中培养学生热爱祖国、热爱人民、热爱中国共产党,促进其形成健康的审美情趣、积极的生活态度和正确的价值观;掌握与其生活紧密相关的语文基础知识和技能,具有初步的听、说、读、写能力和社会交往能力;养成良好的学习习惯,能在生活实践中学习和运用语文知识和技能,为其适应生活和适应社会打下基础。

生活数学课程旨在培养学生掌握适应社会生活和进一步发展所必需的数学的基础知识、基本技能、基本思想和基本活动经验;体会数学知识之间、数学与其他学科之间和数学与生活之间的联系,运用数学的思维方式进行思考,增强解决日常生活中简单数学问题的能力;了解数学的价值,培养学习数学的兴趣,增强在生活中运用数学的信心,养成良好的学习习惯,具有一定的科学意识。

生活适应课程旨在培养学生了解基本的生活常识,掌握必备的适应性技能,养成良好的行为习惯,形成基本的生活适应能力及良好的品德,成为适应社会生活的公民。

劳动技能课程旨在培养学生通过自我服务劳动、家务劳动、公益劳动和简单生产劳动技能的学习,形成独立或半独立的生活能力,为平等参与社会生活和就业打下基础。

唱游与律动课程旨在通过音乐实践活动,帮助学生感受、发现、领略音乐艺术的魅力,学习基本音乐知识,获得基础音乐能力,提高学生听觉、认知、语言、动作、沟通交往的能力,促进学生了解音乐与生活的密切关系,培养对音乐的兴趣和对生活的热爱,实现唱游与律动课程在育人过程中的教育和康复功能,达到愉悦身心、发展智能、陶冶情操、健全人格的目的。

绘画与手工课程旨在培养学生视觉、观察、绘画、手工制作能力,使其初步学会发现美、感受美和表现美,发展审美情趣,提高审美能力,学会调整情绪和行为,促进社会适应能力的提升。

运动与保健课程旨在培养学生掌握运动与保健的基础知识、基本技能和方法,发展体能,开发潜能,促进功能康复和补偿;培养参与运动的兴趣和爱好,体验运动的乐趣与成功,逐步养成体育锻炼的好习惯,形成良好的心理品质、合作与交往能力,基本形成健康的生活方式和积极进取、乐观开朗的人生态度,为融入社会打下基础。

2. 选择性课程

选择性课程是学校根据当地的区域环境、学校特点、学生的潜能开发需要而设计的可供学生选择的课程。这类课程着眼于学生个别化发展的需要,注重学生的潜能开发、缺陷补偿(身心康复),强调给学生提供高质量的相关服务,体现学生发展差异的弹性要求,约占课程比例的 20%—30%。选择性课程主要包括四类科目:信息技术、康复训练、第二语言和艺术休闲。

信息技术课程旨在培养学生了解信息技术基础知识,初步掌握信息技术基本技能,初步具备运用信息技术解决日常生活中实际问题的意识和能力,能够按照法律、文化和道德规范的要求使用信息技术。

康复训练课程旨在通过康复训练,改善学生在动作、感知觉、沟通与交往、情绪与行为等方面的功能障碍,提升其注意、记忆、言语、思维、情绪等发展水平,促进其潜能开发,为学生适应日常生活与学习活动,以及终身发展奠定基础。

第二语言课程是在学生已有语言的基础上,根据当地的特点和学生的具体情况可选择学习第二语言,如地方语言、民族语言、普通话以及简单的外语等。对不能使用语言的学生也可以采用其他非语言的沟通方式或沟通辅具。

艺术休闲课程旨在通过文艺、体育、游戏、旅游等多种休闲方式,使学生掌握基本的休闲知识和技能,学会选择合适的休闲方式,体验休闲的乐趣,遵守休闲的伦理规范,养成良好的休闲习惯,丰富、愉悦精神生活,陶冶生活情趣,提高生活质量。

此外,学校可根据需要增设校本课程,以更好地满足学生的个别化需求。

三、教学策略

(一)促进智障学生的学习参与

教师应想方设法将智障学生的注意力吸引到课堂学习上。注意是学习的先决条件,任何一个信息只有被学生注意到,才有可能被加工、被学习。一是要减少环境中的干扰因素,比如教室的布置应尽量简洁。将学生安排在靠近讲台的位置,方便教师了解其学习过程和课堂表现,及时提供支持,同时,对学生本人也能起到一定的约束作用。二是要努力激发智障学生的学习动机,培养其学习兴趣。很多智障学生因为在学习上屡屡受挫,对学习逐渐失去兴趣,教师应找到他们感兴趣的切入点。三是要提供适当的机会,并关注学生的表现,及时肯定他们的进步,让他们能够有机会体验到成功的喜悦,进而让他们对学习产生美好的期待,点燃他们进一步学习的愿望。

(二)提高智障学生的学习成效

教师可搭建脚手架,提供适当支持,帮助学生将新的学习内容与之前的知识联系起来,组织记忆材料,通过示范、演示解决问题的方法,通过实际事例,帮助学生理解较复杂的概念,解决复杂问题。

（1）小步子呈现新的学习材料。兼顾学生的记忆特点，一旦记忆超负荷，学生就会减缓甚至停止学习过程。教师要引导学生将注意力集中在需要掌握的核心内容上。

（2）提供充足的练习机会。学习过程不是一次就能完成的，要通过反复练习来巩固和应用知识，智障学生由于记忆力不足，需要教师提供充分的练习机会，通过大量练习，帮助学生巩固、熟练掌握知识技能，甚至达到自动化水平，这有助于提高智障学生的学习成绩，也有助于学生增强学习信心，保持积极的状态。

（3）监控学习进步情况。及时发现并解决学生可能存在的问题，比如，通过提问、课堂作业评估学生是否理解学习材料，如果有问题，应及时补救。这样可以确保学生有一个清晰的学习基础，并为学习下一个内容做好准备。

（4）重视预习和复习。预习是重要的学习环节，能为学生有效参与课堂学习提供铺垫。对智障学生的预习要结合学习目标来实施，预习任务要具体、明确，例如，针对语文课的学习，教师可以为学生设计预习单，让学生提前预习生字词，阅读课文，初步了解课文内容，进而减轻课堂学习压力，提高学习效率。教师还应重视经常性的复习，例如每周、每月或每个单元的复习，有助于帮助学生在新旧知识间建立联系，加深对知识的理解，提高掌握水平。

（5）提供必要的课堂支持。除了任课教师本人外，还可以根据情况安排助学伙伴提供支持，比如安排乐于助人、有耐心的同学作为智障学生的同桌，担任其助学伙伴，适时提醒智障学生集中注意力、遵守课堂秩序、参与小组活动等。对支持需求高的学生还可以采用资源教师或其他辅助人员进班支持，例如，采用主-辅教师的方法。

📖 **拓展阅读**

指导儿童解决问题的策略

伍德和米德尔顿研究了 12 名母亲指导 3—4 岁儿童解决问题的策略。[①] 任务是用 21 块积木搭建一个六层的金字塔，这项任务孩子们无法独立完成，需要母亲的指导。研究发现，共有五种不同水平的指导策略：

◇ 一般鼓励：一般的口头指导或鼓励，如，"很好，再试试看""要不要再搭一个"。

◇ 具体指示：帮助儿童明确目标要素，如，"找个大一点的(积木)""找个有洞的"。

◇ 直接告知：母亲直接干预搭建过程，告知儿童要使用哪个材料，如，"用那边的那块"。

◇ 直接提供：母亲将材料准备好，儿童直接搭建即可。

---

① Wood, D., & Middleton, D. A study of assisted problem-solving [J]. British Journal of Psychology, 1975, 66 (02):181.

◇ 直接演示：母亲挑选材料，并进行搭建，孩子观看，如，向孩子展示将一块积木放在另一块积木的上方。

研究显示，没有哪个单一的策略足以帮助每个孩子取得进步，理想的做法是根据孩子的表现适时调整策略：当孩子表现良好时，适当减少支持；当孩子面临困难时，提供更具体的指导，直到孩子再次表现出进步。

（三）培养适应行为

适应行为障碍是智障学生的核心障碍之一。适应行为的培养应贯穿于智障学生教育的始终。

1. 塑造良好行为

通过直接教导、示范等，帮助智障学生学习适当的社会技能。如学会轮流、分享、合作，能遵守规则，不计较得失，保持仪容整洁、姿势良好，培养诚实守信、明辨是非的能力，负责任的精神等。智力障碍儿童往往需要外部强化物来增加适当的行为。外部强化物有不同类型，可以是实物强化，也可以是代币、社会性强化或活动强化。外部强化物因人而异，使用前需要了解儿童对各种强化物的喜爱程度，选择合适的强化物。同时，提供练习机会，明确良好行为的应用范围。

2. 减少不适当行为

采取适当的干预策略，减少不适当行为：通过惩罚、消退、隔离、厌恶等方法减少智障儿童的不适当行为，如说脏话、抢夺物品、攻击他人、不遵守规则等。当出现问题行为时，让其承担自己行为相应的后果，例如，尽可能不去注意或不满足其要求、减少游戏时间、暂时隔离等。同时，通过建立规范、示范、练习、监控等策略，预防问题行为的发生。

📖 **拓展阅读**

任务分析法

任务分析法（Task Analysis）是将需要学习的任务分析成一系列可以用清晰的行为来表达的学习元素和步骤，以更有效地协助儿童学习。任务分析法的主要步骤有：

（1）确定学习目标。如"掌握10以内的加法"。

（2）细分学习目标。将学习目标按序细分为多个分目标，细分程度依据学生掌握目标的难度和复杂性而定，所需的学习步骤愈多。如"掌握10以内的加法"可细分为：①掌握3以内的加法；②掌握5以内的加法；③掌握10以内的加法。技能目标也可采用任务分析的方法,将技能学习"总目标"分解为符合儿童能力起点的多个"分目标"。针对儿童不同的能力起点,同一任务可作不同繁简程度的分析。如果儿童的起点能力较强,可将"分目标"进行合并与简化;如果儿童的起点能力较弱,也可对"分目标"作进一步的分解,直至适合儿童的学习能力为止。图5-2是"刷牙"的学习目标分解示例。

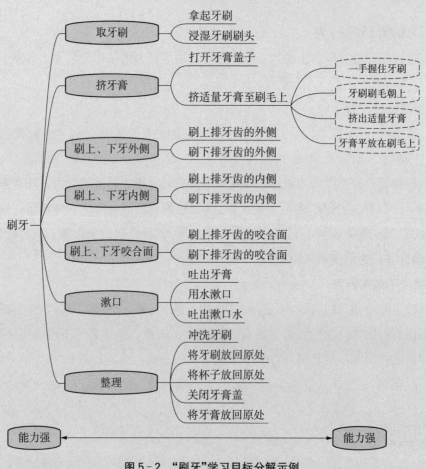

图5-2　"刷牙"学习目标分解示例

(3) 依序实施教学。正常情况下,教师可以按目标顺序从前至后教学。技能学习中,也可逆序教学,教师可帮助儿童完成前面的步骤,将最后的步骤留作学习目标,待该目标完成后,再向上回溯,进行倒数第二个分目标的教学,以此类推。这样做的好处是儿童容易体会到成功。

四、技术

近年来,计算机、平板电脑、智能手机、虚拟现实等各种现代技术被用于智力障碍儿童的教育训练中,计算机可以用于完成教学任务、提供辅助训练、娱乐、交流及对教学环境的控制,也可以提高智力障碍儿童学习的兴趣。实践表明,现代信息技术手段对智力障碍儿童的教育有积极的促进作用。例如,教育者尝试将电子游戏整合到传统的教学设计中,形成新的教学模式——基于游戏的学习。一项以智力障碍学生为对象的研究显示,学生们在五周内每天玩20分钟的"奶酪工厂"游戏,结果显示,实验组学生对分数的理解水平显著提高。[1] 也有研究显示,虚拟现实和基于计算机游戏的认知疗法对智力障碍儿童视觉运动整合发展有积极的影响。[2] 对于重度智力障碍和有高度支持需要的人而言,科技进步将极大提升他们的移动和交流能力,使其在学校和社区中心的交流互动更便利,并促使他们成功融入普通课堂。[3]

特殊教育个案

智力障碍儿童个案

小旭现在的情况是他的父母不曾预料到的。小旭的母亲产前身体状况一切正常,没有服药记录,足月,顺产。母乳喂养,也未发现任何异常。

小旭4岁进入幼儿园,7岁进入普通小学就读。随着小旭渐渐长大,父母发现,小旭学什么都比同龄孩子慢。上了小学后,这种差距更加明显,并很快出现了不及格科目。当时,父母和老师都很着急,希望通过补习让小旭把成绩赶上来,但效果并不理想。在学校老师的建议下,父母在小旭三年级时带他到精神卫生中心进行了智力测验,小旭的智商评定结果为54,同时伴有适应行为障碍,被确诊为轻度智力障碍。后经家长申请,区特教指导中心复核,小旭成为一名在普通学校随班就读的学生。

在小旭的父母看来,"随班就读""智力障碍"都是让他们难以接受的字眼。面对小旭学业上的问题,父母的态度存在一定分歧。小旭的父亲采取放任的态度,对小旭的学习没有任何要求,在生活上对小旭百依百顺;母亲对小旭的要求稍微严格一点,

[1] Stancin, K., Hoic-Božic, N., & Skocic-Mihic, S. Using digital game-based learning for students with intellectual disabilities — A systematic literature review[J]. Informatics in Education, 2020,19(02):323-341.
[2] Ahn, S. Combined effects of virtual reality and computer game-based cognitive therapy on the development of visual-motor integration in children with intellectual disabilities: A pilot study [J]. Occupational Therapy International, 2021:1-8.
[3] 特雷弗·帕门特,李敬. 智力与发展性障碍领域的研究进展概述[J]. 残疾人研究,2017(02):3—6.

但由于工作比较忙,只能在空余的时候给予小旭必要的辅导。

小学阶段,小旭由于学业成绩差、注意力不集中等问题,经常受到老师的批评。为了不影响其他同学的学习,老师一度让他独自坐在教室内远离同学的一个角落里。这样,小旭的自尊心和自信心受到了极大的伤害。同班同学视其为异类,经常嘲弄他,他也因此经常与同学发生摩擦。小学期间,小旭未能和同学建立起良好的伙伴关系,没有真正意义上的朋友。

小学毕业后,小旭升入一所普通中学继续随班就读。这所中学建有资源教室,并配备了专职资源教师。区特教指导中心也派出了巡回指导教师,向随班就读学生提供必要的辅导与支持。

巡回指导教师初步了解了小旭的情况后,邀请小旭的父母参加随班就读学生家长工作坊活动,但他们从不出席。一次偶然的机会,巡回指导教师在学校遇见来接小旭回家的爸爸,小旭爸爸说的第一句话就是:我们家小旭不是"戆大"!"我们家里的经济条件还是可以的,我的工资不低,够养活他了。我对他没有什么要求,我只是希望他以后踏上社会不要受欺负就可以了。"小旭的班主任说:"小旭的父母直到现在还是不愿意正视自己的孩子是随班就读学生这个现实。"

在语文学习上,小旭的拼读能力较弱,词语积累缺乏,记忆精确度不高,容易出现同音混淆的情况;语言内在逻辑能力较为混乱,不能根据上下文进行判断和排序;阅读理解能力比较弱,无法理解题意并根据上下文寻找相应答案;作文思路混乱,字迹零乱,理解力与想象力都比较差。

在数学学习上,小旭有一定的数学计算能力,能基本理解时间、长度和重量单位的意义。但是,理解数学应用题比较困难。

小旭在沟通方面存在较大的问题,难以正确理解别人的话语并准确表达自己的想法,经常会与老师、同学发生不必要的冲突,班级人际关系较为紧张。班主任反映说,小旭经不起碰,只要有违他心意的事,如同学制止他上课时吃东西、说悄悄话,或者同学催他交作业,他就认为老师、同学欺负他。上语文课集体默写的时候,老师发现小旭默不出来,就让他翻开书本抄写上去,小旭马上就不高兴了,说:"我恨××老师!"

小旭平时喜欢看电视、玩游戏。对这些活动,他的注意力非常集中。小旭还喜欢表演,他会模仿在电视剧中看到的一些好玩的动作,惟妙惟肖地表演给大家看。

按照学校为小旭制定的个别化教育计划,小旭目前大部分时间在普通班级就读,部分时间在资源教室接受辅导。小旭的任课教师反映,小旭在主要学科(语文、数学、英语等)的学习上很难融入普通课堂,不能集中注意力听讲;有效学习时间非常有限,经常将手放在抽屉里,玩弄自己的文具或漫画书。相对来说,在资源教室接受辅导时,资源教师为小旭设定的是以他的能力起点为基础的目标,小旭注意力的投入明显改善。因此,学校考虑增加小旭在资源教室接受辅导的时间,进行个别化的辅导。

在与小旭的交谈中,巡回指导教师发现,小旭总是不愿意多谈自己。但从他少量的表达中,还是可以看出,小旭对老师、同学的成见很大。他总认为别人看不起自己,对自己怀有敌意。他对语文老师特殊对待自己的做法非常不满意,他想要和其他同学一样。

巡回指导教师决定帮助小旭重树自信心。具体的做法是:建议班主任让小旭当礼仪示范员,帮助小旭获得成功的体验,找回自信。同时,充分利用校内外各种活动,协调小旭和班级同学之间的关系,使同学喜欢他,也使他喜欢上自己的同学,并愿意为班级荣誉而努力。

一段时间之后,小旭变得积极了。这种变化让老师们感到非常欣慰。但是,突然有一天,小旭的情绪再度降至“冰点”。原来,班级里一部分调皮的男生合伙捉弄小旭,假装和他玩游戏,但在游戏中,同伴们欺骗他,事前说好大家一起数“一二三”,看谁衣服撩得最快,但是,当数到“三”的时候,只有小旭一个人撩起了衣服,其余同学都笑成一团。开始,小旭很认真地继续这个游戏,多次以后,他忽然明白自己是被戏弄了。从小旭的言谈中,老师还是能够感受到他渴望与同学交往、渴望有朋友的心情。

关于学科学习,巡回指导教师和小旭进行了深入的交谈。对于老师布置的学业任务,小旭表示有些能完成,有些不能完成。的确,由于智力障碍,加之小学阶段的放任,初中阶段的学习内容对他来说实在是太难了。普通班级中老师布置的作业,他根本无法独立完成。每天放学后,妈妈陪他一起做作业,甚至是帮他做。碍于面子,小旭不愿意承认这个事实,他特别不希望在课堂上受到老师的“特殊对待”。巡回指导教师正努力让他学会适应,在充分认识自己与别人存在差距的基础上,学会接受现实,接受自己,也接受别人。

现在,大家认识到:要真正改变小旭的状况,帮助他更好地融入集体,需要更多人的努力,创造一个适合小旭发展的生态环境。

焦点问题讨论

随班就读对智力障碍儿童是一种合适的安置方式吗？

开始于20世纪80年代末期的残疾儿童随班就读工作已经走过了30多个年头。在随班就读的学生中,智力障碍儿童所占的比例最大。大量的研究和实践聚焦着智力障碍儿童的随班就读问题。研究者发现,在随班就读的智力障碍儿童中,一部分儿童获得了成功,他们和同龄的普通儿童融洽相处,社会适应能力有所提高,学业技能也有了相应的发展。但是,部分随班就读的智力障碍儿童没有足够的能力跟上普通学校所设置的教学目标。随着年级的提高,他们在学习上面临诸多挑战。他们可能经历着隐形的隔离——身处普通课堂,但并未参与学习,身处普通群体,但并未融入其中。由此,有人提出,随班就读对智力障碍儿童是一种合适的安置方式吗？

要回答这个问题,需要考虑几个方面的因素。首先,智力障碍儿童为什么要随班就读？就国内的现状而言,智力障碍儿童随班就读基于多方面的考虑:其一是有利于就近就便解决智力障碍儿童的就学问题,提高残疾儿童少年的入学率;其二是促进智力障碍儿童与普通儿童的相互融合,共同提高。应当说,提高入学率的目标简单而直接,也是容易评估的,但后一个目标的实现面临着非常大的挑战。

其次,所有的智力障碍儿童都能够随班就读吗？轻度智力障碍儿童的智力水平、社会适应水平接近普通儿童,采用适当的教育与支持,这个群体的儿童随班就读容易取得成功,尤其是在小学阶段。中度及重度智力障碍儿童的学习能力与普通儿童悬殊较大,尤其是在学习对认知要求较高的学科时,如语文、数学等,需要更多的支持。

最后,哪些因素决定了智力障碍儿童随班就读的成效？智力障碍儿童在普通学校普通班学习,其教育教学效果取决于多方面的因素,包括普通教师、学生以及家长的接纳态度;智力障碍儿童的学习基础;教师依据学生能力起点对课程及教学的调整与变通能力等。

依据随班就读的要求,学校应当通过各种适当的措施,使随班就读学生得到适宜发展。所谓适当的措施,包括:全面评估学生的发展起点与需求,制定个别化教育计划,积极创设包容接纳的学校氛围和班级环境,努力促进智力障碍学生的融合;根据智力障碍学生的各科学习情况,对教学内容、教学计划、教学策略作适当的调整;通过个别辅导等方式加强智力障碍学生的个别化教育与训练;对智力障碍学生进行适应性评价调整等。

为了适应特殊的教学需求,应对普通教师进行必要的知识技能的培训,并通过设立资源教室或学习支持中心、配备资源教师,帮助智力障碍儿童补习学科知识,进行必要的康复训练,培养其社会适应能力等。同时,应协助普通教师监控智力障碍学生的进步情况,为他们提供专业支持。

基于适当的支持与服务,普通学校承担起智力障碍学生随班就读的责任,普通教师有能力为智力障碍学生提供有质量的教学,随班就读就能够成为智力障碍儿童接受优质公平教育的重要途径。

? 思考题

1. 智力障碍儿童的主要特点是什么?

2. 按支持程度的分类对教育有怎样的启示?

3. 哪些教学策略有助于支持智力障碍儿童的课堂学习?

第六章

听觉障碍儿童

听觉是人们接收信息的重要渠道之一。听觉障碍(Hearing Impairment)儿童由于听力损失,在认知、语言和情绪行为等方面都会碰到困难。在听觉障碍儿童的教育方面,要根据听觉障碍的程度和儿童本身的能力进行恰当的教育安置,给予必要的教学策略及辅助设备,帮助听觉障碍儿童融入教育过程,获得相应的知识和技能。

第一节　听觉障碍概述

什么是听觉障碍？如何鉴定与评估听觉障碍？听觉障碍的出现率怎么样？听觉障碍的成因是什么？听觉障碍对儿童发展有哪些影响？本节将围绕这些问题展开。

一、听觉障碍的概念

听觉障碍，又称聋、听力残疾等。2006 年《第二次全国残疾人抽样调查残疾标准》中规定：听力残疾（Hearing Disability）是指人由于各种原因导致双耳不同程度的永久性听觉障碍，听不到或听不清周围环境声及言语声，以致影响日常生活和社会参与。一般来说，我们可以通过两个方面来定义听觉障碍：

（1）听力损失必须达到显著的程度。通常听力损失须在 40 分贝以上。

（2）听力损失必须对个人的听觉、语言、交往、生活造成不利的影响，否则不然。[①]

过去，聋儿常被称为聋哑儿童，事实上，聋未必哑。很多全聋的儿童因为丧失听力，失去了学习语言的机会，造成口头语言丧失的哑。其实，这些儿童的言语器官本身是没有疾病的。因此，聋是因，即第一缺陷；哑是果，即第二缺陷。其实，有残余听力的孩子如果经过听力测试评估，佩戴合适的助听器，及时进行早期干预（语言训练），是完全有可能学会说话的。因为他们的发音器官没有损伤。严格地讲，使用"听力残疾"或"听觉障碍"的称谓比"聋人"的称谓要更准确，因为"听觉障碍"包含"聋"和"重听"两种情况。

听力的灵敏度一般用频率和强度来表示。频率是指声波每秒振动的次数（或周期），它的单位是赫兹（Hz）。声音的物理强度决定着声音的响亮度，强度由声波产生的压力大小（声压）来决定，单位是分贝（dB）。听力损失程度一般都是以 500、1000、2000 赫兹三个频率纯音的平均听力损失来衡量的，因为它们是言语频率比较集中的区域。

二、听觉障碍的鉴定与分类

（一）听觉障碍的鉴定

听觉障碍的鉴定一般分为听力筛选和听力诊断两个阶段。

1. 听力筛选

听力筛选是用快速而简捷的方法从某个特定的群体（通常指 0—6 岁的新生儿及婴幼儿）中鉴别出可能存在听觉障碍个体的过程。[②] 听力筛查的目的是实现先天性听力损伤

---

① 邓猛，颜廷睿. 特殊教育原理［M］. 北京：高等教育出版社，2022：142.
② 汤盛钦，曾凡林，刘春玲. 教育听力学［M］. 上海：华东师范大学出版社，2000：51.

的早发现、早诊断、早干预。针对儿童的不同年龄,听力筛选的方法有所不同。针对新生儿的听力筛查是在新生儿出生后自然睡眠或安静状态下,通过耳声发射、自动听觉脑干反应和声阻抗等电生理测试进行的客观、快速和无创性检查;[①]对婴幼儿的听力筛选,可以采用高危登记和唤醒测验;对年龄稍大一些的 4—5 岁儿童,可以采取行为测听等方法。在教育情境中,教师可以根据儿童的身体状况和行为表现,及时发现儿童的听力问题,推荐儿童做听力诊断。

2. 听力诊断

按照《新生儿听力筛查技术规范》(原卫生部 2010 年版)要求,筛查未通过的新生儿应在出生 3 月内转诊到听力障碍诊治机构进行听力诊断。[②] 在听力诊断阶段,听力学专业人员对筛选出的可疑听觉障碍儿童作全面而深入的诊断性听力评估。婴幼儿及儿童全面的听力诊断评估应包括以下主客观听力学检查:

(1) 声导抗检查,包括鼓室图和声反射阈测试,主要用于评估中耳功能。

(2) 耳声发射,主要用于评估耳蜗外毛细胞的功能,可以辅助鉴别蜗性和蜗后病变。目前用于临床听力诊断的耳声发射主要包括瞬态诱发性耳声发射和畸变产物耳声发射。

(3) 电生理学检查,这是对婴幼儿及部分行为能力较差儿童进行精准听力评估的关键检查。目前应用较多的是听性脑干反应(Auditory Brainstem Response,简称 ABR)和听觉稳态诱发电位(Multiple Auditory-Steady State Responses,简称 ASSR)。

(4) 行为测听,可作为临床观察指标,交叉验证电生理学检测的结果,尤其是对于蜗后听神经病变。由于婴幼儿行为能力有限,测试的阈值往往与客观电生理学检测结果存在较大的偏差。行为测听的准确性与婴幼儿的年龄有较大相关性:对于 1 岁以内的婴幼儿,行为测听结果只能作为参考;对于 1—3 岁的婴幼儿,可以作为较好的补充;对于 3 岁以上的婴幼儿,行为测听应成为评估各频率听阈精准的检测方法,可结合客观测试进行交叉验证。[③]

(二) 听觉障碍的分类

听觉障碍的分类主要是从听觉障碍的程度、发生的部位和发生的年龄三个方面进行的。

1. 听觉障碍的程度

在 2006 年《第二次全国残疾人抽样调查残疾标准》中,对听觉障碍作了如下规定:

---

① 庄扬萍.不同筛查技术对新生儿听力筛查效果的影响[J].中国医药指南,2023,21(11):45—48.
② 曲春燕,宋戎,阮自琦,等.口服水合氯醛在 2—10 月婴儿听力诊断中的镇静效果和不良反应[J].中国听力语言康复科学杂志,2023,21(03):249—251+256.
③ 杨军,陈建勇.听障婴幼儿全面听力学诊断评估[J].中国听力语言康复科学杂志,2021,19(05):321—326.

表 6-1 听觉障碍的分类

分级	听力损失程度 （较好耳的平 均听力损失）	特 点
一级 （极重度）	≥91 dB	听觉系统的结构和功能方面极重度损伤,在无助听设备的帮助下,不能依靠听觉进行言语交流,在理解和交流等活动上极度受限,在参与社会生活方面存在极严重障碍。
二级 （重度）	81—90 dB	听觉系统的结构和功能重度损伤,在无助听设备的帮助下,在理解和交流等活动上重度受限,在参与社会生活方面存在严重障碍。
三级 （中度）	61—80 dB	听觉系统的机构和功能中重度受损,在无助听设备的帮助下,在理解和交流等活动上中度受限,在参与社会生活方面存在中度障碍。
四级 （轻度）	41—60 dB	听觉系统的结构和功能中度损伤,在无助听设备的帮助下,在理解和交流等活动上轻度受限,在参与社会生活方面存在轻度障碍。

2. 听觉障碍发生的部位

听觉系统如图 6-1 所示。根据听力损伤部位,可以将听觉障碍分为以下三大类:

第一类是传音性听觉障碍,也称传导性听觉障碍,听力损失主要发生在外耳和中耳部分。

第二类是感音性听觉障碍,也称感觉神经性听觉障碍,是由于耳蜗内及耳蜗后听神经通路病变导致的听力损失。

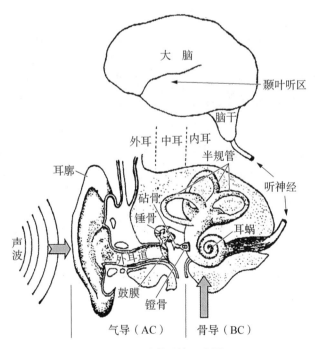

图 6-1 听觉系统示意图

第三类是混合性听觉障碍,既发生在外耳,也发生在中耳或内耳;既有传音性听觉障碍,又有感音性听觉障碍。

3. 听觉障碍发生的年龄

按照听觉障碍发生的年龄有两种划分方式。一是分为先天性听觉障碍和后天性听觉障碍两类。母亲怀孕至分娩时由各种因素导致的胎儿听觉障碍是先天性的,胎儿出生后发生的听觉障碍是后天性的。另外一种方式是,如果儿童在学会说话前丧失听力,称作学语前听觉障碍。如果儿童在学会说话后丧失听力,则称作学语后听觉障碍。

三、听觉障碍的出现率

各个国家的专业工作者对听觉障碍出现情况的调查都很关注。美国教育部 2021 年统计数据显示,2019 年,6—21 岁年龄段听觉障碍的出现率为 0.1%,听觉障碍儿童的数量为 75000 人左右。

根据 2006 年第二次全国残疾人抽样调查的资料推算,我国 8296 万残疾人中,听力残疾人为 2004 万人,占残疾人总数的 24.16%。近几年的数据统计,听力残疾的人数达到 2783 万,占到全部残疾人口的 30% 以上。此外,在我国数量庞大的儿童人口中,每年新诊断出的听力语言障碍儿童有 2—4 万人。我国教育部 2022 年的统计数据显示,全国听觉障碍学生(6—18 岁)在校人数为 88871 人。

📖 **拓展阅读**

全国爱耳日

中国听力语言残疾人数量居残疾人总数的首位。为了降低耳聋发生率,控制新生聋儿数量的增长,预防工作尤为重要。1998 年 3 月,在政协第九届全国委员会第一次会议上,社会福利组 15 名委员针对我国耳聋发病率高、数量多、危害大,预防薄弱这一现实,提出了《关于建议确立爱耳日宣传活动》的第 2330 号提案。这一提案引起了有关部门的高度重视,经中国残疾人联合会、卫生部等 10 个部门共同商定,确定每年 3 月 3 日为全国爱耳日,并于 2000 年 3 月开展第一次"爱耳日"宣传教育活动。曾有专家论证,如果"爱耳日"活动能够实施,每年仅 7 岁以下儿童药物中毒性耳聋至少可以减少 1—2 万名。因此广泛宣传"爱耳日"活动,对减少耳聋发生,提高人口素质具有重大意义。

四、听觉障碍产生的原因

关于听觉障碍产生的原因,学术界有各种不同的说法。有的学者认为,半数以上的听觉障碍在出生前就已形成。有的学者认为,听觉障碍三分之一是由遗传引起的,三分之一是由环境或后天因素所导致的,还有三分之一是找不到原因的。还有的学者认为,遗传因素和环境因素致聋各占50%,其中遗传性耳聋包括综合征性耳聋和非综合征性耳聋,环境因素包括细菌感染、病毒感染、耳毒感染以及声损伤。[①]

我国2006年第二次全国残疾人抽样调查结果显示(如表6-2所示):0—17岁年龄段中,导致听力残疾的原因除原因不明外,占第一位的是遗传,中耳炎占第二位,新生儿窒息、早产和低体重分别占第九和第十位。在各年龄段中,0—6岁组听力残疾的主要原因构成为原因不明、遗传、母孕期病毒感染等。7—12岁组听力残疾的主要病因构成为原因不明、遗传、中耳炎等。13—17岁组听力残疾的主要原因构成为原因不明、中耳炎、药物中毒等。不同年龄段病因构成不完全相同。

表6-2　听觉障碍分年龄致残主要原因[②]

病因	0—6岁		7—12岁		13—17岁		合计	
	人数	构成%	人数	构成%	人数	构成%	人数	构成%
原因不明	93	34.70	129	30.42	116	25.38	338	29.42
遗传	52	19.40	78	18.40	69	15.10	199	17.32
中耳炎	12	4.48	62	14.62	89	19.47	163	14.19
药物中毒	17	6.34	56	13.21	79	17.29	152	13.23
母孕期病毒感染	18	6.72	24	5.66	25	5.47	67	5.83
其他	21	7.84	14	3.30	18	3.94	53	4.61
传染性疾病	8	2.99	21	4.95	18	3.94	47	4.09
创伤或意外性伤害	7	2.61	15	3.54	18	3.94	40	3.48
新生儿窒息	17	6.34	7	1.65	3	0.66	27	2.35
早产和低体重	10	3.73	5	1.18	7	1.53	22	1.91
全身性疾病	8	2.99	6	1.42	8	1.75	22	1.91
高胆红素血症	2	0.75	2	0.47	3	0.66	7	0.61
自身免疫缺陷性疾病	2	0.75	2	0.47	1	0.22	5	0.44

[①] 高嘉敏,何平,陈靖,等.中国伤害致听力残疾的现患率及影响因素[J].郑州大学学报(医学版),2017,52(04):487—491.
[②] 贺荟中.听觉障碍儿童的发展与教育[M].北京:北京大学出版社,2011:13.

病因	0—6 岁		7—12 岁		13—17 岁		合计	
	人数	构成%	人数	构成%	人数	构成%	人数	构成%
噪声和暴震	0	0	2	0.47	2	0.44	4	0.35
老年性耳聋	1	0.37	1	0.24	1	0.22	3	0.26
合计	268	100	424	100	457	100	1149	100

听觉障碍可以发生在出生前或出生后。医学上把听力损伤发生在出生时或出生前的,称作先天性听觉障碍;听力损伤发生在后来生活中的,称作后天性听力损伤。教育上认为,听觉障碍是先天性的或后天性的都不太重要,重要的是听觉障碍是发生在学语期之前还是之后。

(一)学语前听觉障碍的成因

教育者通常认为,如果听觉障碍发生在 2 岁以前,称为学语前听觉障碍。尽管如今已找到几百种导致听力损伤的原因,但最为常见的原因还是早产或难产、遗传、麻疹及先天性细胞巨化病毒,其他原因包括怀孕时的并发症和 Rh 因子。大约有 30% 的学语前听觉障碍儿童的致残原因不明。

1. 早产或难产

一些出生体重很轻的早产儿会出现听觉障碍,还有一些有脑出血经历或出生时耳内缺氧的婴儿也会发生学语前听觉障碍。孕妇妊娠毒血症,分娩时难产、早产、创伤、缺氧等,都会影响婴儿的神经及内耳导致听觉障碍。另外,新生儿黄疸及母婴 Rh 因子不合也会导致听觉障碍。

2. 遗传

遗传性耳聋是指基因和染色体异常所致的耳聋,是先天性耳聋的一个重要因素。[①] 大约有一半以上的传导性听觉障碍是由基因异常导致的。10% 左右的耳聋儿童有一个聋或重听的父或母,30% 的聋儿有一个聋或重听的亲戚。绝大多数遗传性耳聋来自隐性基因而非显性基因。在这种情况下,儿童有 25% 的可能性致聋。

3. 麻疹

胎儿极易受到某些病毒的侵袭。尽管麻疹(又称德国麻疹)对儿童和成年人不会有重大影响,但是对孕妇来说就非常危险,特别是在怀孕的最初三个月,因为这种病毒会侵袭正在发育的胎儿,常导致听觉障碍、视觉障碍、心脏疾病和其他严重障碍。1964 年到 1965

---

① 曹婧媛,袁阳,程静,等. 一个常染色体显性遗传性聋家系致病基因鉴定[J]. 听力学及言语疾病杂志,2021,29(01): 19—24.

年麻疹流行时期,美国和加拿大听觉障碍儿童的出现率急剧增高,并导致在20世纪70年代和80年代接受特殊教育服务的学生中有50％以上为听觉障碍。自从1969年研制出麻疹疫苗后,尽管麻疹仍是导致听力损伤的原因之一,但由麻疹造成的听觉障碍的出现率已有所下降。

4. 先天性细胞巨化病毒

细胞巨化病毒是一种常见病毒,在人体内一般处于非激活状态。该病毒不仅可以传染给子宫内的胎儿,还可通过产道或母乳传染。如果胎儿出生之前就染上细胞巨化病毒,或者母亲在怀孕期前三个月被传染,对胎儿的影响最为严重;但当母亲已有抗体时,对胎儿的影响就相对较小。目前,通过羊水穿刺技术可以检查出细胞巨化病毒,但还没有预防和治疗该病毒的手段。

（二）学语后听觉障碍的成因

在听觉障碍儿童中,只有5％的儿童是学语后的听觉障碍。学语前听觉障碍与学语后听觉障碍的区别在教育上是非常重要的,因为学语后听觉障碍儿童有学习语言和使用语言交流的基础。

通常引起学语后听觉障碍的主要原因是脑膜炎和中耳炎。其他原因还有药物、高烧、耳下腺炎、麻疹、传染病和出生之后的外伤。美国人口研究与评估研究中心1998年的报告中指出,大约有60％学语后听觉障碍儿童的致残原因不明。

1. 脑膜炎

脑膜炎是细菌或病毒对中枢神经系统的感染,这种感染也可以扩展到其他器官,包括脑和耳。脑膜炎引起的听觉障碍往往是全聋,并使患者在维持身体平衡方面表现出困难,还可能出现其他障碍。

2. 中耳炎

中耳炎是6岁以下儿童常见的耳病。由于中耳发炎有积液,医疗上常采取抗生素的药物治疗和在耳内放置管道的手术治疗两种方式。如果不予治疗,中耳炎将引起脓水沉渍、鼓膜穿孔和其他耳病,这些耳病可能导致永久的传导性听觉障碍。最近有研究表明,中耳炎也可能引起感觉神经性听觉障碍。

3. 美尼尔氏病

美尼尔氏病是一种相对少见的耳内疾病,它的主要特征包括突发性眩晕(头昏眼花)、听力波动、耳鸣(没有外在刺激下耳内出现鸣响)。美尼尔氏病最严重的症状是听力损失。现在还少有开展针对这种病的潜在原因的研究,而且也没有有效的治疗方法。

4. 其他因素

有毒化学物质和某些药物能引起感觉神经性听觉障碍。常见的耳毒性化学物质如煤气,可使耳蜗出血、听神经变性,从而引起耳聋。长期与铅、磷、汞等化学物质接触,可导致慢性中毒,引起神经炎,从而产生耳聋。引起耳中毒导致听觉障碍的耳毒性药物包括抗生素类的庆大霉素、卡那霉素、链霉素等。此外,强噪声以及长期暴露于噪声刺激也会引起耳聋。如由于职业噪声长期刺激引起的噪声性聋,由于突发的强噪声,如爆炸引起的爆震性聋等。

此外,最近几年来还有研究发现,我国听力残疾的致残原因呈现城乡、区域、省际分布差异,农村地区遗传性原因、传染性疾病、非传染性疾病、原因不明与其他致听力残疾现患率高于城镇地区。先天性原因致听力残疾比例较高的为东北地区和西南地区,东部沿海地区和南部沿海地区非传染性疾病导致听力残疾的比例最高。①

五、听觉障碍儿童的特征

(一)认知特点

由于听觉障碍,听觉障碍儿童在感知觉、注意、记忆、思维等方面都表现出不同于健听儿童的特点。

1. 感知觉特点

感知觉是人最基本的心理活动。其中,听觉是获取信息最重要的途径之一。听觉障碍儿童由于听不到或听不清周围世界的声音,他们对外界事物的感知和认识受到一定程度的影响。听觉障碍儿童在感知事物时的特点主要表现在以下三个方面:

(1)知觉信息加工不完整。

感觉是知觉的基础,知觉的完整性取决于感觉材料的丰富性。由于听觉刺激的缺损,听觉障碍儿童对复杂的事物和环境感知不完整,缺乏听觉信息加工过程。听觉障碍儿童的知觉信息更多地依赖视觉、触觉和动觉获得,不易形成视听结合的综合信息。这样,听觉障碍儿童知觉信息加工的整体性和理解性就受到制约。

(2)视觉的优势地位。

在一定条件下,各种感觉器官的机能状态都有可能发生相互影响、相互作用。当听觉丧失后,视觉在一定程度上处于感知活动中的优势地位。听觉障碍儿童进入学校后,一方面由于长期对视觉的依赖和使用,视知觉经验丰富;另一方面通过专门的训练,他们的视觉补偿能力有了较大的发展。国内的一些研究表明,听觉障碍儿童的视知觉速度提高比较快,在凭借视觉参与的感知活动中,他们的视知觉能力与正常儿童没有显著差异。例如,与正常儿童和成人相比,听觉障碍儿童的视、触知觉能力没有降低。

---

① 高嘉敏,何平,郑晓瑛.中国听力残疾致残原因的区域分布[J].地域研究与开发,2017,36(04):153—157.

（3）缺陷补偿。

听觉障碍儿童的视觉、触觉和动觉与正常儿童并无两样。由于听觉的丧失，听觉障碍儿童更多地借助视觉、触觉和动觉等感官来认识世界，并进行语言理解和语言交流。这些感官在听觉障碍儿童的生活中具有重要的作用，特别是视觉，很多人用"以目代耳"来强调视觉的缺陷补偿作用。但值得注意的是，视觉及其他感觉通道对听觉缺陷的补偿作用是有限的，不能完全取代听觉。听觉障碍儿童由于听力受损，他们不仅要借助视觉、触觉、运动觉等感官及各种感官的协调活动来认识世界，而且还要借助视觉、触觉和运动觉等进行语言理解和语言交流，实现感觉代偿的功能。①

2. 注意特点

和正常儿童一样，听觉障碍儿童的注意是由无意注意逐步发展到有意注意的。由于听觉障碍和语言发展迟缓，与正常儿童相比，听觉障碍儿童的无意注意和有意注意的形成和发展都比较缓慢。听觉障碍儿童有意注意的稳定性较差，需要活动来支持和吸引，从而使他们处于积极的活动状态。另外，听觉障碍儿童存在注意的分配困难等问题。普通儿童可以眼、耳、手、脑并用，同时产生视觉、听觉和思维的集中，而听觉障碍儿童不能同时看和听，视觉兴奋和听觉兴奋不能一起产生，无法实现注意的恰当分配。他们在听力缺失后，视觉功能也会发生改变，将更多的视觉注意资源分配给了副中央凹和边缘视野。研究发现，在低水平的视觉任务中，视觉障碍儿童表现出了副中央凹和边缘视野的选择性注意增强。②

3. 记忆特点

对于听觉障碍儿童来说，由于其听力受到不同程度的损伤，无法正常接收和表达声音信息和言语信息，因此其言语工作记忆也受到了损伤。皮索尼（Pisoni）和克利里（Cleary）通过实验对比了听觉障碍儿童和听力正常儿童在韦氏儿童智力量表中的数字广度任务成绩。③ 结果发现，无论在正序记忆还是倒序记忆方面，听力正常儿童组的得分均显著高于听觉障碍儿童组。也就是说，与正常儿童相比，听觉障碍儿童的言语工作记忆表现出一定程度的缺损。然而虽然他们在言语工作记忆上存在较大程度的损伤，但是他们发展出了非常特殊的视觉空间"语音回路"来弥补言语工作记忆的不足。直观形象的东西，他们记得快，保持得好，也容易回忆出来。整体来看，听觉障碍儿童的形象记忆优于语词记忆。另外，听觉障碍儿童的无意记忆占优势，有意记忆的发展依赖于对记忆任务的意识、记忆的动机与情绪以及多种感官的参与。

---

① 王翠艳，杨广学. 听障者与健听者视觉能力的比较研究述评[J]. 中国特殊教育，2016(06)：26—31.
② 陶佳雨. 聋人大学生视觉注意再分配对阅读影响的眼动研究[D]. 天津：天津师范大学，2020.
③ Pisoni, D. B., ＆ Cleary, M. Measures of working memory span and verbal rehearsal speed in deaf children after cochlear implantation [J]. Ear and Hearing, 2003, 24(1 Suppl)：106S-120S.

4. 思维特点

正常儿童的思维发展经历了三种水平或三个阶段,即动作思维、形象思维和抽象思维。听觉障碍儿童的思维发展与正常儿童有相同的趋势,但听觉障碍儿童由于语言发展迟缓,其思维的发展停留在第二阶段的时间较长,即表现出更多的具体形象性。他们主要是依据头脑中的表象或表象的联想来思考的。他们能够掌握具体事物的概念,却不易掌握抽象的概念。比如,知道萝卜、白菜、芹菜、菠菜,但是对"蔬菜"就不太容易理解了。再者,听觉障碍儿童在掌握概念方面的一个显著特点是概念的扩大与缩小。例如,反映商品交换关系的概念"买",其含义是"拿钱换取东西",只有货币与物的交换才能称为"买"。而听觉障碍儿童可能会把它扩大到"所有用货币交换的场合",这是概念的扩大。而有的听觉障碍儿童认为"粮食"就是"大米",这是概念的缩小。此外,听觉障碍儿童在分类事物时不是按照事物的本质,而是依据感知的特点、生活的情境或物体的功用。

(二) 语言发展特点

语言是人类思维和交际的工具。由于听力损失,听觉障碍儿童语言的形成和发展的滞后是显而易见的,甚至出现"十聋九哑"的情况。他们在社会沟通与交流中显现出如下的语言特点:

1. 发音不清

这是听觉障碍儿童语音发展中最普遍的现象,有的儿童不分声母上的送气音和不送气音,有的儿童对韵母发音困难。如"an"和"en"不分,声调相混。导致听觉障碍儿童发音不清的主要原因有:接收到的信号含糊,不能准确地模仿发音;发音需要口耳协调,由于听力损失协调不当;语训开始晚,发音器官不能运用自如。

2. 发音不好

听觉障碍儿童中最常见的是语调不准和尖声尖气的"假嗓音"。语调不准主要是听觉障碍儿童不能控制声带的松紧造成的。假嗓音,也称假声现象,主要是声带不闭合,假声带发声,产生强直尖细的声音,无韵律感,说话怪声怪调。

3. 音节受限制

一般说来,正常儿童2—3岁时就能说出包含十多个音节的句子,而听觉障碍儿童由于送气不自如、发音不灵活,不能连续发出多个音节,语言缺乏流畅性。

4. 语言发展落后

一般儿童从1岁左右开始学说话,到上学的时候口语已初步形成。而大多数听觉障碍儿童口语形成晚,上学时还未完全形成,影响了他们书面语的学习。同时,由于听觉障碍,他们不能分辨同音异义词,对语音的理解能力发展不充分,语法较差,常常出现措辞不当、字序颠倒、漏字及替代等错误。

5. 智力发展与语言发展不同步

听觉障碍儿童的语言发展缓慢,而智力发展却与正常儿童不相上下,甚至超过了语言的发展速度。他们在生活中见得多,但表达得却很少,直观刺激物的第一信号与表达直观刺激物的第二信号之间存在严重的脱节现象。在交流中需要智力和语言,听觉障碍儿童的智力发展不断增长,但语言发展却无法跟上,满足不了交际的需要。

(三) 情绪与个性发展特点

1. 情绪特点

听觉障碍不一定会导致社会和人格方面的困难,但它能造成一种容易产生这类困难的环境。[①] 例如,在运动场上轮到一个听觉障碍儿童游泳、溜冰或使用其他设备时,由于不会说"轮到我了"或者"现在该我了",他可能会简单地把另一个同学推到一边,结果被人误会为"爱打人",使他在人际关系方面产生一些困难。因此,情绪在听觉障碍儿童早期发展中起着重要的作用。听觉障碍儿童因听觉损失、语言发展迟缓,常以情绪的外部表现作为交际工具,而他人对听觉障碍儿童的理解也依靠其表情动作。随着年龄的增长以及听觉和语言的康复,特别是在学校或其他机构的教育活动中,听觉障碍儿童的情绪稳定性将逐渐提高。同时,随着年龄的增长,他们的高级情感开始发展,将会建立起一定的社会责任感,培养起积极向上的情绪。

2. 个性特点

听觉障碍儿童的个性特点主要表现为脾气倔强、好冲动、好动、好奇。听觉障碍儿童大脑的成熟程度不足,兴奋过程的活动胜于抑制过程的活动,不能长时间使某些部分神经细胞处于抑制状态。事实上,正常儿童也会因为年龄关系表现出一定程度的好动,但听觉障碍儿童的好奇心更强,喜欢看、摸、动,探索行为比较外露。

另外,听力损失严重及全聋的儿童常常感到孤独,没有朋友,在学校不快乐。他们时常感受到沮丧、退缩和孤立的情绪。

第二节　听觉障碍儿童的教育

听觉障碍儿童的教育安置形式是多样的,安置原则主要遵循听觉障碍的程度和儿童本身的能力。安置的形式不同,所在学校的学习课程内容和要求也会有所不同。在听觉障碍儿童的教育中,教师要提供相应的教学策略和辅助设备,帮助听觉障碍儿童顺利地参加课堂学习。

---

① Meadow-Orlans, K.P. Deafness and child development [M]. Berkeley: University of California Press, 1980:125.

一、学习环境

(一)教育安置

目前我国听觉障碍学生教育安置有普通学校随班就读和聋校就学等形式。根据教育部 2022 年的统计数据,我国聋校中听觉障碍学生为 64325 人,占比为 46.4%;普通学校听觉障碍学生为 47251 人,占比为 53.5%,特教班听觉障碍学生较少,占比不到 1%。

对于就读普通学校的听觉障碍学生,2020 年《教育部关于加强残疾儿童少年义务教育阶段随班就读工作的指导意见》中提出就近就便安置原则,同等条件下在招生片区内就近就便优先安排残疾儿童少年入学。为更好地保障随班就读质量,可以选择同一学区内较优质、条件更加完善的普通学校作为定点学校,相对集中接收残疾儿童少年入学。

聋校学制为九年一贯制。入学年龄一般与当地普通小学相同,在特殊情况下可适当放宽。

(二)早期教育中家长的参与

在听觉障碍儿童的教育中,家长参与和早期干预是十分重要的。任教于聋校的教师都比较肯定早期干预的重要性。婴幼儿可以通过周围人的面部表情、嘴唇、头部活动、手势、触感和声震动来进行学习交流,因此,听觉障碍儿童的父母尽早建立一个有效的交流环境是尤其重要的。

在幼年和童年早期,先天的语言机制驱使儿童开始学习一种语言。听力正常的孩子学习的是家庭的语言。而那些父母是聋人的听觉障碍儿童,学习的是一种手势、手语和视觉融于一体的语言形态。当先天的语法获得机制开始起作用的时候,儿童在 18 个月或两岁之前就能获得至少 50 个单词(言语或手势)。

很显然,听觉障碍儿童在接受语言学习的关键期内必须接受早期干预。如果儿童尚有残余听力,那么就有必要通过助听器或其他技术设备使其能够听到家庭中的语言,并且能够掌握这种语言。有些专家提倡,早期干预应尽可能使用辅助手段,比如助听器和手语。尽管如此,口语的提倡者并不鼓励那些有残余听力的儿童使用手语,虽然大部分的听觉障碍儿童都在使用手语。[1]

二、课程

(一)聋校课程

听觉障碍儿童的教育属于基础教育,是普及九年义务教育的组成部分。听觉障碍儿

---

[1] Green, R. Audiological identification and assessment. In J. Stokes (ED.). Hearing Impaired Infants [M]. Baltimore: Paul H. Brookes, 1999:1-38.

童身心发展的基本规律与正常儿童一致，但由于听觉方面的缺陷，还是具有其特殊性的。因此，教育部于 2007 年 2 月颁布了《聋校义务教育课程设置实验方案》，规定了聋校的培养目标、课程设置原则、课程设置，并作了相应说明。2016 年，教育部颁布了《聋校义务教育课程标准(2016 年版)》，规定了聋校义务教育课程的性质、目标和主要内容，明确了不同阶段聋生在知识与技能、过程与方法、情感态度与价值观等方面的基本要求，并对聋校提出了教学、评价和实施建议。

1. 听觉障碍学生的培养目标

听觉障碍学生的培养目标是：全面贯彻党的教育方针，体现时代要求，使聋生热爱祖国，热爱人民，热爱中国共产党；具有社会主义民主法治意识，遵守国家法律和社会公德；具有社会责任感，逐步形成正确的世界观、人生观、价值观，努力为人民服务；具有创新精神、实践能力、科学和人文素养以及环境意识；具有适应终身学习的基础知识、基本技能和方法；具有生活自理能力、社会适应能力和就业能力；具有健壮的体魄、良好的心理素质，养成健康的审美情趣和生活方式，培养自尊、自信、自强、自立的精神，成为有理想、有道德、有文化、有纪律的一代新人。

2. 聋校课程设置原则

为实现听觉障碍学生的培养目标，听觉障碍儿童义务教育课程除应遵循普通义务教育课程设置的原则外，还应遵循以下原则：

(1) 均衡性与特殊性相结合的原则。

均衡性原则是指根据促进聋生全面发展的要求，均衡设置九年一贯的课程，各门课程比例适当，以保证聋生的和谐、全面发展。课程设置要注重培养聋生积极主动的学习态度，使聋生在学习过程中，既获得基础知识和基本技能，同时又学会学习、学会生活、学会合作、学会生存，和形成正确价值观。

特殊性原则是指课程设置要按照聋生身心发展规律，积极开发潜能，补偿缺陷，增设具有聋教育特点的课程，注重发展聋生的语言和交往能力。

(2) 综合课程与分科课程相结合的原则。

课程设置要坚持综合课程和分科课程相结合，各门课程都应重视学科知识、社会生活和聋生自身经验的整合，加强学科渗透。小学阶段(一至六年级)以综合课程为主，初中阶段(七至九年级)设置分科与综合相结合的课程。

设置综合课程，一至二年级设品德与生活课程，三至六年级设品德与社会课程，旨在适应聋生生活范围逐步扩大、经验不断丰富、社会融合能力逐步发展的需要；四至九年级设科学课，旨在使聋生从生活经验出发，体验探究过程，学习科学方法，形成科学精神；一至三年级设生活指导课程，四至六年级设劳动技术课程，七至九年级设职业技术课程，旨在通过生活实践、劳动实践和职业技术训练,帮助聋生逐步形成生活自理能力、劳动能力和就业能力。

增设沟通与交往课程和综合实践活动课程。沟通与交往课程的内容主要包括:感觉训练、口语训练、手语训练、书面语训练及其他沟通方式和沟通技巧的学习与训练,旨在帮助聋生掌握多元的沟通交往技能与方式,促进聋生语言和交往能力的发展。综合实践活动课程的内容主要包括:信息技术教育、研究性学习、社区服务与社会实践等,使聋生通过亲身实践,提高收集与处理信息的能力、综合运用知识解决问题的能力,以及交流与合作的能力,增强社会责任感,并逐步形成创新精神与实践能力。

(3)统一性与选择性相结合的原则。

课程设置既要坚持面向全体学生,提出统一的发展要求,又要根据各地区、各聋校的实际需要和聋生的个体差异,提供选择的空间。学校应创造条件,积极开设选修课程,开发校本课程,以适应社会和学生发展的需要。

3. 聋校课程标准的特点

聋校课程标准依据《聋校义务教育课程设置实验方案》的总体规定,主要覆盖语文、数学、思想品德、沟通与交往、律动等十五门学科。课程标准从全面提高聋生的综合素质、提升他们生存和发展能力的高度着眼,在课程研制中,注意将义务教育阶段素质教育的共性要求与遵循聋生身心发展的特点及发展规律结合起来,注意将发挥学生学习主动性、自觉性与尊重学生个体差异、因材施教结合起来,整体建构与现代社会发展和聋生发展需要相适应的聋校课程。[1]

(1)强调德育为先。

各科课程标准都充分贯彻立德树人的任务要求,明确将贯彻落实社会主义核心价值观、坚持中国特色社会主义和党的领导、加强优秀中华传统文化教育和民主法制教育等要求写入各科课标,强调各科教学要有机渗透思想品德教育,加强对聋生社会责任感、爱国主义情操和人生观、价值观的教育,激励每一个聋生正确认识自己,自强,自立,活出生命的精彩。

(2)强调课程要适合聋生的身心特点及发展规律,突出能力的培养。

以聋生发展为本,这是指导聋校各科课标研制的核心理念和最高宗旨。这就要求聋校课程标准要注重根据聋生身心特点及发展规律适当调整课程的目标要求与内容难易程度,突出能力的培养。首先是各科课程要注重潜能开发和缺陷补偿。过去的聋校课程更多地只是看到聋生的缺陷,过分强调缺陷补偿。而新的课程标准突出了潜能开发,强调扬长避短,改善功能。其次是注重聋生沟通能力、语言与思维能力的培养。除了单独开设

---

① 程益基. 聋校义务教育课程标准的特点与实施[J]. 现代特殊教育,2017(01):6—7.

"沟通与交往"课程之外,聋校课标强调各科教学都要突出语言与思维能力的培养,加强沟通训练,比如"语文"在课程的目标任务中明确规定教学要能调动聋生的潜能,在提高语言能力的同时,发展他们的思维能力。再次是强调各科课程与社会生活的联系,注重通过课程中更多的生活化内容和综合实践训练,培养聋生的社会适应、生活能力和职业能力,以帮助他们学会生活、适应社会和融入社会。

（3）强调教学沟通方式的多元化。

聋校教学最大的问题是师生的沟通存在着很大的障碍。在过去的一百多年里,聋教育是使用手语还是口语进行教学,一直存在着争论。此次课程标准强调并倡导教学沟通方式的多元化。在聋校教学沟通方式的选择上,主张根据聋生的不同特殊需要,采用多元化的教学沟通方式,比如在"沟通与交往"这门课程中就提出了多种沟通方式,要求教师根据学生的不同情况、不同需要选择适合他的方法,要加强培训口语、手语和书面语之间的转换能力,提高书面语的理解和表达水平。

（二）听觉障碍儿童随班就读课程

随班就读听觉障碍儿童的课程与普通教育的课程一致,从小学到高中,都应按照国家和地区规定的相应课程进行教授。如果随班就读学生有特别需要,可以提供特别帮助。

三、教学策略

（一）交流技能

对听觉障碍儿童语言教授方法的争论,最早开始于欧洲。德国学者海尼克（Samuel Heinicke）主张侧重口头表达（说话）,而法国聋教育专家莱佩则强调肢体语言（手势语）。在1880年米兰举行的会议上,人们更推崇口头表达的教学,并且指出手势语会阻碍语言的发展。[①]

在美国,手势语的最初提倡者是加劳德特。他于1817年在康涅狄格州的首府哈特福特为听觉障碍人群创建了第一所学校,这所学校在1884年迁到了首府华盛顿。而电话和自动播音记录装置的发明者贝尔（Alexander Graham Bell）则提倡口语教学。有趣的是,这两个人的母亲都患有严重的听觉障碍,并且他们二人都坚定地相信自己的观点是正确的。

在20世纪70年代,患有严重听觉障碍的大学毕业生鲍勃·霍尔库姆（Bob Holcomb）提倡同时使用口语和手势语两个语言系统,并且为这种双重方法创造了一个新

---

① Paul, P. V., & Quigley, S. P. Education and deafness [M]. New York: Longman, 1994:113.

术语——"全面交流方法"。在全面交流方法中,手语系统与口语被同时使用。但是,根据美国的戈德堡(Goldberg)和斯顿(Stone)的说法,很多听觉障碍教育者并不将手语系统作为一个教育手段来使用,因为我们的文化要求人们倾向于学习说话,这种说话需要有正确的发音、正确的词序和符合说话语境的可辨明的语义。因此,听觉障碍学生的教育者大多重视口头语言,很多学生也取得了很好的成绩。许多教育听觉障碍人群的专家认为,重要的是利用儿童可以掌握的交流系统去教育儿童,而不应过多地考虑这个系统是手语的还是口头的。在全面交流方法中,手语系统和口语系统被很好地结合起来,所以它现在已经成为一种被中度和重度听觉障碍人群推崇的交流方法。

📖 **拓展阅读**

聋人教育中的"手口之争"

整个聋教育史一直在手语教学与口语教学的矛盾与调和中发展着。17世纪,英国的约翰·瓦利斯、威廉姆·霍尔德争辩究竟该采用口语还是手语来教导聋人。瓦利斯主张口语教学,而霍尔德提倡手语。18世纪,法国的莱佩与德国的海尼克的争论,则将这一矛盾更直接和清晰地展示出来。莱佩主张手语教学,海尼克则提倡口语教学。在18世纪的聋人教育实践中,这两种方法都有其使用者。

米兰会议之后,从1880年到20世纪60年代,美国和大部分欧洲地区的失聪青年大多只接受口语教育,手语在课堂上被严格禁止,在宿舍、餐厅和娱乐区内,手语不被鼓励,且被视为一种禁忌,家长被告知打手语对孩子不好,手语称不上是语言,并且只是一堆丑陋又粗糙的手势。口语教学在相当长时间内一直是听觉障碍教学方法的主流,但因为长达两百年的口语教学方法实践的结果不尽如人意,到20世纪60年代,开始提倡将听觉、手语、口语结合起来运用的综合性教学方法。

(二) 交流途径

不论听力和语言能力如何,听觉障碍人群都利用口语和手语的方法进行交流。口语方法包括听觉-口头方法和听觉-言辞方法。手语方法包括手势语和手指语。这些方法是否有效,主要取决于听力损失的程度和早期干预的程度。

1. 听觉-口头方法

听觉-口头方法通过扩大声音、口头阅读和说话来利用残余听力,从而发展交流的技能。听觉-口头方法并不使用也不提倡使用手势语或手指语，因为手语交流阻碍了儿童对有声世界的适应。

在听觉-口头方法中，一个重要的技能就是唇读。这是严重听觉障碍人群与正常听力人群进行交流的一种手段。听力正常的人群很少费力地去学习繁杂的手语交流系统，所以患有严重听觉障碍的人群若想与有声世界保持有意义的接触，就必须学习唇读。英语中很多发音都伴随着说话者特定的面部表情，所以唇读是有可能的。例如，"n"和"k"发音时的面部表情明显不同。但是，有些词的发音方式相似，说话者的唇部活动和面部表情看起来也相同（比如，Cite，Hight，Night）。这种情况在中文学习中也存在。这就是唇读困难的原因之一。

2. 听觉-言辞方法

听觉-言辞方法（或听觉方法）主要利用声音的扩大来发展听说技能。它包括听觉训练，其训练内容主要是教儿童聆听声音并且区分出不同。这种方法被广泛应用于患有轻度或中度听觉障碍的学龄人群，对于学前儿童，尤其是对患有严重听觉障碍的儿童更为有效。在早期训练过程中，训练者应把训练对象的父母纳入到训练中来，并加以指导。[①] 听觉-言辞方法也被称为声学方法，这种方法最大限度地利用了听障人群的残余听力，并且尽可能早地使用了声音扩大技术。

3. 手语系统

手语，也称手势语。过去由于地域差异，我国聋人群体在手语使用上存在很大的差异。为了形成具有规范性、引导性的全国通用手语，为聋人平等参与社会生活创造无障碍的沟通条件，2018年5月，国家颁布了《国家通用手语常用词表》。《国家通用手语常用词表》收录了广大聋人现实生活中广泛使用的手语，替换了过去许多和汉字一一对应的手语，大量减少了手指字母的使用，注意描述手语表达时体态动作和面部表情的变化，重在体现手语表形表意的语言特点。

手势语是聋人利用手的动作和面部表情进行交往的一种表达系统，亦称手势表情语。手势语是聋人集合为群体后，为满足交往需要而逐步发展起来的。手势语是对物体外部特征的形象模拟。手势的表达方式多种多样。最简单的方法是指点，讲到什么就指什么。最常用的方法是比画。比，是对物体动作的模拟；画，是对物体形象的描绘。在多数情况下，手势仅反映物体的局部特点。

手势语完全不受汉语的约束，可以自由自在地进行表达。但是，手势符号简单、具体、形象，概括水平低。许多表示时间、空间、事物间和人际间关系的信息，以及许多较为抽象

---

① Goldberg, D. Education children who are deaf or hard of hearing: Auditory-verbal. ERIC Digest ［M］. Washington, D C: National Center for ESL Literacy Education, 1997:552.

	爱 　　左手伸拇指；右手轻轻抚摸左手拇指背，面露怜爱的表情。
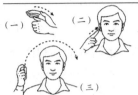	**爱耳日** 　　（一）左手伸拇指；右手轻轻抚摸左手拇指背，面露怜爱的表情。 　　（二）一手伸食指，指一下耳朵。 　　（三）右手拇、食指捏成圆形，从右向左做弧形移动，越过头顶。
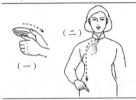	**爱国①** 　　（一）左手伸拇指；右手轻轻抚摸左手拇指背，面带笑容。 　　（二）一手伸食指，自咽喉部顺肩胸部划至右腰部，以民族服装旗袍的前襟线表示中国。专用于表示爱中国的意思。
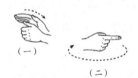	**爱国②** 　　（一）左手伸拇指；右手轻轻抚摸左手拇指背，面带笑容。 　　（二）一手打手指字母"G"的指式，顺时针平行转动一圈。用于表示泛指的爱国意思。
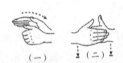	**爱护** 　　（一）左手伸拇指；右手轻轻抚摸左手拇指背，面露怜爱的表情。 　　（二）左手伸拇指；右手横立，五指微曲，置于左手前，然后双手同时向下一顿。
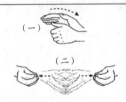	**爱情** 　　（一）左手伸拇指；右手轻轻抚摸左手拇指背，面露怜爱的表情。 　　（二）双手五指张开，指尖相对，虎口朝上，边从中间向两侧拉开边撮合。

图6-2　《国家通用手语常用词表》示例

的概念都难以表达。手势语对于满足聋人的生活需要起着重要的作用，但对发展其抽象思维则显得不够。

4. 手指语

　　手指语又称指语，是用指式（手指的格式变化）来代表拼音字母，连接若干个指式，可以拼成任何的语言词句。手指语是语言的特殊形式，专为聋人设计。我国通用的《汉语手指字母方案》制定于1959年，由当时的内务部、教育部和文字改革委员会于1963年正式公布试行。2019年，《汉语手指字母方案》经过重新修订，作为国家语委语言文字规范实施。它以汉语拼音字母为基础，共有 32 个指式符号，如图 6-3 所示。

 Aa		右手伸拇指，指尖朝上，食指、中指、无名指、小指弯曲，指尖抵于掌心，手背向右。
 Bb		右手拇指向掌心弯曲，食指、中指、无名指、小指并拢直立，掌心向前偏左。
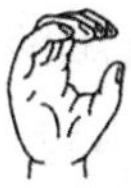 Cc		右手拇指向上弯曲，食指、中指、无名指、小指并拢向下弯曲，指尖相对成 C 形，虎口朝内。
 Dd		右手握拳，拇指搭在中指中节指上，虎口朝后上方。
 Ee		右手拇指、食指搭成圆形，中指、无名指、小指横伸，稍分开，指尖朝左，手背向外。
 Ff		右手食指、中指横伸，稍分开，指尖朝左，拇指、无名指、小指弯曲，拇指搭在无名指远节指上，手背向外。
 Gg		右手食指横伸，指尖朝左，中指、无名指、小指弯曲，指尖抵于掌心，拇指搭在中指中节指上，手背向外。
 Hh		右手食指、中指并拢直立，拇指、无名指、小指弯曲，拇指搭在无名指远节指上，掌心向前偏左。

图 6-3　汉语手指字母表（节选）

手势语和手指语的区别很大。手势语是独立于语言之外的一种表达体系。手指语是派生于语言，在构成要素上反映着书面语，在功能上与口语相同，能为聋人之间和聋人与会打手指语的耳聪人之间的交流服务。

（三）教学策略

教学指导性策略能强化教学过程。第一，教师应该提供适当的强化和积极的反馈；第二，在传统教育中加入教授和反馈程序能强化学习；第三，分级作业，合理分配与分级并且符合学生意愿的有意义作业能促进学习;第四,安排合理的时间,学生在某一学科上花费的学习时间和获得的学业成就是成正相关的,但是很多教师在作业上花费的时间极少;第五,树立班风,教师应该努力营造出一个有凝聚力、有满足感、有目标的班集体;第六,提供支持,班级中需要有一个能用手语交流的人(老师或翻译员)。

除了这些通用性的聋教育原则之外,还有一些针对聋生教学的具体教学策略,如个别化教学、差异教学、结构教学等。这些教学方法在其他章节中已有详细描述。

四、技术

辅助技术就是对听觉障碍儿童有帮助的所有装备和用具,包括助听器、人工耳蜗植入、辅助性听力设备、信号设备、互联网、教育技术等。近几十年来的科技进步和发展为听障人士的生活与学习提供了一定的便利。

(一)助听器

20世纪听障事业最重要的进展之一,就是电子助听器的出现。助听器是一种能使声音增大的放大装置。早期的助听器无区分地放大所有的声音。因此,对于大多数感音性听觉障碍儿童而言,早期助听器的使用效果并不佳。而现代助听器能区别地放大选择的频率,它可以为各种听觉障碍类型的儿童量身定做。

所有的扩音系统都包括三个单元——麦克风、放大器和接收器。麦克风将声波转化为一种微弱但类似于电流的能量。动力供给装置(通常是电池)给扩大器以动力,从而扩大电信号。这样,耳中的接收器就获得了一个能转化为语言的电信号。这就是助听器的工作原理。

目前,助听器可以分为两大类:一类是供集体教学使用的大型助听器;另一类是供个人使用的小型个体助听器。大型助听器有线式、无线感应圈式和无线调频式;小型个体助听器有盒式、耳背式、眼镜式、耳内式、耳道式等不同的类型。

虽然助听器增加了儿童对声音的知觉程度,但应该认识到的是,助听器可以将声音放大,却不能将声音放大得很清晰。因此,听障儿童即使佩戴助听器却仍然体验着扭曲的声音。即使是最有效的助听器,也不能使重度或极重度听力损失儿童听见几步外的言语声。在没有特殊教育服务或支持的情况下,单独一个助听器是不能矫正听力损失的。在所有的情况下,都是佩戴者本身而不是助听器去完成理解谈话的任务。

(二)人工耳蜗植入

人工耳蜗植入是一种对毛细胞损伤或缺乏从而无法产生音感的情况进行补偿的电子装置。人工耳蜗不像助听器那样将声音放大后传导入耳,它绕过损伤的毛细胞直接刺激听觉神经。人工耳蜗植入分内、外两个部分。内部分是通过手术将电极插入耳蜗中。外部分像助听器那样戴在耳朵上,由传声器、言语处理器和传送线圈组成。人工耳蜗植入跳过耳朵受损的部分而刺激听觉神经,它不能储存听觉,没有把声音放大,而只是提供声音信息。因此,只有长时间坚持使用人工耳蜗,才可能有效。最近的研究表明,接受人工耳蜗植入的儿童,尤其是学前儿童,他们的语言能力在以一种近乎正常的速率发展,并且能够达到和那些听力正常的孩子相近的水平。[①]

人工耳蜗植入是一项新技术,但并非适合所有的人群。就儿童而言,主要适用对象为:儿童双耳重度或极重度感音性听觉障碍,纯音听力测验的平均听觉障碍大于 80dB(即 PTS3Fs≥80dB);年龄在 18 个月(美国 FDA 通过)—9 岁;佩戴 3—6 个月合适的助听器并进行听力康复训练后,听力改善基本无效或微效;无手术禁忌证,如急慢性中耳炎发作期和其他不适合手术的全身器官疾病;家人对其听力改善有强烈的愿望;良好的家庭支持和家庭聆听环境;对人工耳蜗有正确的认识和适当的期望值;有一套针对儿童患者完整的听力语言康复教育计划等。

人工耳蜗植入是一项精细的内耳手术,有一定的风险性,因此是否让儿童接受人工耳蜗植入争议颇大。人工耳蜗植入带来的效益也伴随着高昂的成本,选择时需要慎重。

(三)辅助性听力设备

团体辅助性听力设备能够解决由教室中的距离、噪声或回声带来的问题。多数系统都在教师和听力损失儿童间建立无线电通信联系。教师戴一个小型麦克风,每个儿童都戴有一个能将声音放大两倍的接收器作为助听器。通常使用调频频率,由于不需要电线,所以,教师和学生可以在教室中自由活动。调频接收器创造了一个良好的听力环境,它相当于教师总是在离学生耳朵 15 厘米远的地方与他们交流。

(四)信号设备

一些聋人和重听者会在一定环境中使用特殊设备来改变他们接收声音或事件的方式。例如,敲门的信号、火警、闹钟或声音震动的开关等,都可以与闪烁的灯或振动器相连。在一定情景中,经过专门训练的狗能对重要的声音作出反应以提示聋人。

(五)互联网

信息高速公路为聋人提供了一系列沟通的可能性。例如,电子邮件使得聋人能够像健听人一样与其他人进行沟通。聋人还可以订阅电子邮件列表、链接到新闻组或网络留言板,或者参与专门为聋人开设的聊天室等。不断扩张的互联网使得聋人能接触到大量的信息源。

---

① Serry, T. A., & Blaney, P. J. A four-year investigation into phonetic inventory development in young cochlear implant users [J]. Journal of Speech, Language ang Hearing Research, 1999(01):887 - 899.

除了能够为聋人提供获取信息的途径,教育工作者还能够利用互联网来帮助聋生练习阅读和写作技能。例如,教师可以创设新闻组、邮件列表、网络留言板或网络日志,通过上述内容,学生可以与班级中、学校中甚至是世界各地的人进行交流。

(六) 教育技术

辅助教育的软件项目正在快速地发展。高速处理的计算机能将影像、声音和信息结合起来,帮助听觉障碍儿童理解指示。多媒体技术包含了手语系统的影像库。当使用者碰上了一个不熟悉的单词,可以移动鼠标,点击合适的键,那么由人来做手语表达这个词的影像就会出现。

计算机对于听觉障碍儿童很有帮助。应用计算机技术已经得到了很大的发展,比如专门的单词处理系统能够被用来将书面语翻译在电脑屏幕上,显示出生动的手指拼写语。计算机使患有严重听觉障碍的学生的手语和书面语都能得到练习。

 **特殊教育个案**

听觉障碍儿童个案

小诚已经过了十岁的生日,现在是四年级的学生了。与同龄的男孩子相比,小诚的身高有明显的优势,加上成绩在班上数一数二,他可以算得上是班级里的一位"重要人物"。每次下课,总会有几个同学围着他和他玩,他们偶尔也会在教室里调皮捣蛋,欺负女同学。

小诚和班级里的其他同学一样健康快乐,让人不得不忽略了他耳朵的异常和不太清晰的表达。小诚的外耳道堵塞,没有耳廓,中耳存在器质性问题,导致他存在中重度听觉障碍。小诚的妈妈是中学语文教师,很重视对小诚的教育,在小诚很小的时候就给他佩戴了骨导助听器,从那以后,小诚就可以听到90%以上的声音了,从而促进了他语言的正常发展。四岁时,小诚开始接受社区康复,主要是针对他的语言理解能力和言语表达清晰度进行训练。康复训练坚持了两年,当小诚升入小学时,已经具备了一年级学习的水平。

全新的环境,面临新的挑战,小诚怎样才能在班级教学中更好地学习呢? 同学们怎样才会接纳他,和他做好朋友呢? 这些担忧不仅存在于小诚家人的心中,也困扰着即将教小诚的老师。开学之初,班主任老师与小诚妈妈进行了多次的交流沟通,对小诚的情况越了解,对于能够教好这个孩子的信心就越足。开学了,班主任老师将小诚的座位安排在离讲台较近的第二排,与其他任课教师商议讲课时尽量离小诚近一些,更多地面对着他讲课,让他可以看到老师的口型和表情,同时老师也可以从小诚的表情判断他是否听清楚了。教学上这些小的调整取得了很好的效果,小诚各科的成绩都很优秀,学习的积极性非常高,人也变得更自信了,慢慢地愿意和同学们一起玩了。对于小诚的特殊情况,老师从没有向同学们强调过,以很自然的态度对待他,对小诚的要求和对全班同学的要求一样。同学们很快地接纳了小诚,他们只是觉得这个小朋友说话有点不清晰,有时会听不明白他说的话,但也有其他小朋友这样,这没有什么。可这点还是引起了老师的重视,老师与小诚妈妈进行了诚恳的交流,从学校和家庭双方面进行引导,教小诚与别人讲话时,语速要慢一些,一字一句表达清楚自己想说的。

小诚一年一年长大,又有了很多新老师,也换了班主任,他们都带领着小诚一步一步向前进。有时候困难还是会跳出来,这学期新换的语文老师是一位年龄较大的老教师,说话声音有些小,小诚上课时总是听不清,他不敢直接告诉老师,但回家后还是告诉了妈妈,妈妈很快与老师进行了沟通,商量了解决的方法,现在小诚又可以安心地听老师讲课了。

在普通班级中,小诚之所以能有较好的表现,有很多的原因,其中有几点起到了关键性的作用:(1)家庭对教育的重视,早期干预打下良好的基础;(2)家庭与教师的沟通合作,相互支持;(3)教师真诚的接纳,创设了融洽的班级氛围。

💬 **焦点问题讨论**

植入人工耳蜗的方法可行么

对聋儿实行植入人工耳蜗手术,通过技术手段让其感知声音,对于耳聪的聋儿父母来说是福音。这可以让他们的孩子更好地感知周围的环境,发展语言技能,以便融入主流社会中去。[1] 然而,有一些聋人是反对植入人工耳蜗的。他们认为,手术本身就是一件非常残酷的事情:给小孩子做开颅手术,让缠绕的电线通过内耳,并强迫孩子在一知半解的情况下长年累月地接受言语治疗,而且最终是否一定能获得语言发展也很难说。这样一来,等于剥夺了孩子成为聋人群体中一分子的机会,而这个群体恰恰有着丰富的语言交流环境和自己特有的文化。他们还指出:对于那些天生有听觉障碍的孩子而言,这种手术的结果往往是消极的,因为大多数聋儿还是无法获得良好的听力来发展语言能力。

一些学者认为,某些较为典型的聋儿是无法通过医学上的修复手段来掌握口语技能

---

① Venable, D. The gift of a cochlear implant [J]. Volta Voices, 1999(06):30-31.

的。也许他们会通晓一些词汇,但无法获得全面的语言发展。其他人甚至一些聋人自己也开始陷入了矛盾之中:他们深知口语对于聋儿的重要性,无论是日常交际还是将来的就业,口语都是使他们能尽快被主流社会所接受的"通行证"。尽管现有的研究无法强有力地证明,大多数患有先天听觉障碍的儿童会从手术中获益,然而植入人工耳蜗确实可以帮助一部分个体增强听力,如一些后天致聋的人。有意思的是,即便是接受了人工耳蜗植入手术,大多数的孩子仍会选择"手口并用"的形式来进行日常交流。

多数聋人认为他们并不存在缺陷或障碍,因此不必接受怜悯和治疗。相反,他们觉得那些正常人才是需要被同情和治疗的。而许多耳聪的人认为,聋人之所以会如此排斥修复手术,是因为他们害怕一旦听觉障碍得以治疗,他们就会失去整个聋人群体,还会面对来自正常人的压力。

这样的争论与选择治疗方法是否息息相关?在实验研究的结果没有更好地被理解之前,为聋儿进行的人工耳蜗植入手术是否应该被制止?有关听力修复问题的争论是否真的是一次对聋人社会群体的挑战?口语究竟有多重要?它是否应该成为每个聋儿的学习目标?在这些问题没能得到合理的解释之前,关于人工耳蜗的争议还会一直持续下去。

❓ 思考题

1. 什么样的儿童才是听觉障碍儿童?
2. 听觉障碍的成因有哪些?
3. 简述听觉障碍儿童的特点。
4. 聋校国家课程设立的原则是什么?
5. 听觉障碍儿童的教学策略有哪些?

第七章

视觉障碍儿童

视觉是人们接受外界刺激的又一重要渠道。视觉障碍（Visual Impairment）儿童，尤其是后天失明的儿童，由于视力损失，在语言发展、认知发展、社会交往等方面都会遇到一系列的困难。在视觉障碍儿童的教育中，我们要利用现代化的科学技术，帮助他们康复或弥补已有的缺陷，使他们在语言、认知和社会性等方面都有较好的发展，最终能融入社会。

第一节 视觉障碍概述

眼睛是人类主要的感觉器官。人类接收到的大量的信息都源于视觉。我国在2006年进行了全国残疾人抽样调查,对视觉障碍进行了定义,并规定了视觉障碍的分类。了解视觉障碍的出现率、成因及特点,有助于开展视觉障碍教育。

一、视觉障碍的概念

视觉障碍又称视觉缺陷、视力残疾。我国2006年《第二次全国残疾人抽样调查残疾标准》中规定:视力残疾是指由于各种原因导致双眼视力低下并且不能矫正或视野缩小,以致影响其日常生活和社会参与。视力残疾包括盲及低视力。此定义中要注意以下两点:

(1)由于各种原因导致双眼视力障碍或视野缩小。视力是指眼睛识别物体形状的能力;视野是指眼球固定注视一点时所能看见的空间范围。视觉障碍是由于内部或外部的原因使两眼出现看不清、看不见或视野缩小的状况。比如有人由于先天或后天的原因,辨别事物形状的能力下降,甚至全部损失,属于视力损失。有的人视力正常,能看清东西,但看到的范围太狭窄,如同眼睛通过一根又细又长的管子看东西,一次只能看到很小的局部。这样的人,连眼皮底下的障碍都不能立即看到,可以说是寸步难行,因此视野小到一定程度也属于视觉障碍的范围。[①] 此外还必须强调的是视觉障碍是针对双眼视力的,即一眼视力较好,而另一眼较差的话,应以好眼为准。

(2)由于上述的原因,视觉障碍个体很难从事一般人所能从事的工作、学习或其他活动。应该注意的是个体很难从事,而不是不能从事。如果对视觉障碍人士提供一定的辅助设备或帮助,他们大多也能像正常人一样从事一定的工作、学习或其他活动。因此,和以往不同的是,需要强调"难以用平常方式从事普通人所能从事的学习、工作或其他活动"。[②]

二、视觉障碍的鉴定与分类

(一)视觉障碍的鉴定

儿童视力是否正常,需经过中心视力和视野的检查。中心视力的检查分为近视力检查和远视力检查。

---

① Gargiulo, R. M., & Bouck, E. C. Special education in contemporary society (7th ed.) [M]. London: SAGE Publications, Inc, 2021:472.
② 钟经华. 视力残疾儿童的心理与教育[M]. 天津:天津教育出版社,2007:1.

　　近视力检查也称调节机能或阅读视力的检查,主要是检查两眼受调节作用下的视力敏度。一般使用国际标准近视力表或标准对数近视力表。近视力检查是评价一个儿童能否阅读的重要依据。

　　远视力检查是指中央凹处视力机能的检查,这种检查又分为视力表检查及实物检查两种。视力表检查基本是用标准对数远视力表测试视力。

　　以上是儿童视觉方面常规的检查与鉴定。对于一个有视觉障碍的儿童,确定其能否阅读使用印刷体文字,还要注意其实际的用眼能力,即开展功能性视觉评估。对视觉障碍儿童进行功能性视觉评估,可以理解其在日常生活情境中使用残余视力的情况,以帮助视觉障碍儿童选择适宜的学习媒介,拟定最适宜的个别化教育计划,设计适宜的教学活动等。[①]

(二)视觉障碍的分类

　　2006年《第二次全国残疾人抽样调查残疾标准》把视觉障碍分为盲和低视力两类(如表7-1所示)。同时又把盲和低视力再各划分为两级,这样方便辨别一个人视觉障碍的严重程度。盲的分级为:一级盲,优眼的最佳矫正视力低于0.02;或视野半径小于5度。二级盲,优眼的最佳矫正视力等于或优于0.02,而低于0.05;或视野半径小于10度。低视力也分两级:一级低视力,优眼的最佳矫正视力等于或优于0.05,而低于0.1。二级低视力,优眼的最佳矫正视力等于或优于0.1,而低于0.3。

表7-1　我国视觉障碍分类表

类别	级别	最佳矫正视力
盲	一级	无光感—<0.02;或视野半径<5度
	二级	≥0.02—<0.05;或视野半径<10度
低视力	一级	≥0.05—<0.1
	二级	≥0.1—<0.3

注:① 盲或低视力均指双眼而言,若双眼视力不同,则以视力较好的一眼为准。如仅有单眼为盲或低视力,而另一眼的视力达到或优于0.3,则不属于视力残疾范畴。

　　② 最佳矫正视力是指以适当镜片矫正所能达到的最好视力,或以针孔镜所测得的视力。

　　③ 视野半径<10度者,不论其视力如何均属于盲。

三、视觉障碍的出现率

　　2019年世界卫生组织发布的《世界视力报告》显示,全球有超22亿人视力受损或失明。由于各国、各地区的卫生条件、医疗设施等不同,视觉障碍的流行情况也不一样。2017年美国的统计数据显示,美国有708万人存在视觉障碍,其中108万人为盲。美国

① 邓猛.视觉障碍儿童的发展与教育[M].北京:北京大学出版社,2011:96.

教育部 2021 年统计数据显示,2019 年,6—21 岁年龄段视觉障碍学生占所有残疾学生的比例为 0.4% 左右。

根据 2006 年第二次全国残疾人抽样调查的资料推算,我国 8296 万残疾人中,视觉残疾人为 1233 万人,占残疾人总数的 14.86%。我国教育部统计资料显示,2022 年,我国在校接受教育的视觉障碍儿童、青少年(6—18 岁)有 38585 人。

四、视觉障碍产生的原因

造成视觉障碍的原因是多方面的。视觉生理结构和功能的障碍,可以发生在胚胎发育时、出生后的很短时间内或在儿童成长的任何时期。视觉障碍的成因大致可以归纳为两大类,即先天性的及后天致病和外伤造成的。就视觉障碍的主要成因来说,不同历史发展阶段也不尽相同,经历了从"后天—先天—后天"的阶段性变化。在 1949 年之前及 1949 年初期,以沙眼、感染及营养不良性眼病等后天因素为致盲主要原因。而 1949 年以后,特别是 80 年代以后,随着我国医疗卫生条件和人民生活水平的改善,先天性因素占致盲原因的绝大比例,而后天致盲的比例在不断减少。但近些年来,随着手机和其他各种电子产品的使用,后天性视觉障碍重新开始增加。

(一)先天原因

在我国,先天性因素已成为青少年致盲或低视力的主要原因。先天性因素是指儿童出生时就出现的因素。先天致盲原因主要包括家族遗传、近亲婚配、孕期原因以及其他不明原因。

家族遗传是指父系或母系中有一方或双方存在显性或隐性的致盲因素,遗传给后代。如父母一方或双方患有先天性青光眼、白内障、白化病、虹膜缺损等眼病,就可能遗传给子女。

近亲结婚是指直系血亲和三代以内的旁系血亲的结婚。从遗传学角度讲,近亲结婚容易造成隐性遗传的发生,近亲结婚所生子女的视觉障碍比率常常是非近亲结婚的几倍。

孕期原因是指母亲在妊娠期药物中毒、外伤、营养不良或患有其他疾病及临产时难产而使胎儿缺氧等各种因素,致使胎儿先天发育不良,形成视神经中枢或眼球发育不良,或眼结构缺损。例如,母亲甲状腺机能低可导致胎儿小眼球,眼球震颤等眼疾;母亲怀孕早期受风疹感染,可使胎儿患先天白内障、小眼球等。

除了以上原因外,还有许多先天视觉障碍是某些疾病造成的,但究竟是何种病因却又无法确定。这种情况在先天因素中占有很大比例。

(二)后天因素

后天因素包括各种出生后发生的眼疾,如眼球萎缩、角膜病、视神经萎缩等,还包括心因性疾病、眼外伤、全身性疾病和环境因素等。

1. 眼疾

视觉障碍多是由视觉器官本身的器质性病变造成的。视觉器官包括眼球、视神经传导系统和眼附属器三个部分,这三个部分的哪个部位发生病变,都会导致视觉缺陷。从2006年全国残疾人抽样调查结果看,造成我国视觉障碍的各种眼疾中,白内障、视网膜色素膜病、角膜病、屈光不正和青光眼等为我国目前主要的致盲眼疾。

2. 心因性疾病

随着科学技术的迅猛发展及心理学、医学的日益发达,人们越来越清楚地认识到,造成视觉障碍的原因,除了身体各个部位上的疾病外,人们的情绪及心理问题也是导致视觉功能异常的重要因素。短期的情绪困扰往往会立刻在视觉功能上显示出异常症状,长期的情绪压力对于视觉功能则会显示出更长远的影响。病态的情绪反应甚至会造成完全失明。

3. 眼外伤

由于眼球是直接暴露在体表的器官,故易受外伤的侵袭。眼球结构精密而又脆弱,生理功能复杂,即使是轻微的眼外伤,也可能造成严重的视力减退,尤其是穿孔性眼外伤,不仅受伤会导致眼遭到严重破坏,而且可以通过交感性眼炎的发生导致双眼失明。因此,眼外伤是致盲的重要原因之一。眼外伤包括机械性外伤(如角结膜异物、钝挫伤、爆炸伤、穿孔伤、眼内异物)和非机械性外伤(如化学伤、灼热伤、辐射伤)。

4. 全身性疾病

眼是人体的感觉器官之一。从解剖位置上看,眼与耳鼻、口腔颌和脑有着密切的关系。因此,很多全身性疾病都可能在眼部表现出来或多或少的症状。这些全身性疾病主要包括某些传染性疾病和一般性疾病两类。传染性疾病包括麻疹、风疹、脑炎、伤寒、结核病、白喉和猩红热等。一般性疾病包括糖尿病、高血压、肾炎、贫血及维生素缺乏等。以上这些疾病均有可能造成不同程度的视力损伤。除此之外,颅脑外伤、震荡造成的器质性病变、脑肿瘤等也可导致视力问题。

5. 环境因素

环境因素主要包括电子产品、工作任务、工作环境三个方面的内容。首先,当前人们的学习、工作、生活、娱乐等,几乎都离不开电子产品。作为近距离用眼最频繁的工具,电子产品是给眼睛带来最大疲劳的根源。[①] 有调查表明,有82.4%的电脑用户患有电脑视觉综合征,表现为眼睛干涩胀痛、视力下降、附带头晕脖酸等。其次,学生看书阅读、从事文印工作等都需要近距离的精细视觉完成,由此带来整个视觉系统的疲劳,眼肌、眼球等都会发生相应的病理性生理变化。最后,很多无法改变的工作环境在不知不觉中伤害了

---

① 赵国良. 智能化设备对儿童青少年视力健康的危害[J]. 中国眼镜科技杂志,2021(07):117—119.

我们的眼睛,例如教室黑板反射不均匀、墙壁太亮、照明太亮或太暗、桌椅不合适等。

五、视觉障碍儿童的特征

(一)感知觉特点

视觉在人的感知活动中起着主导作用。通过视觉,人们可以感知物体的形状、大小、色彩、明暗、动态变化、方向以及物体之间的关系和联系,并对物体产生三维空间的认识。视障儿童的视觉感知渠道完全堵塞或者严重受阻,无法对事物的色彩、形状、大小及三维空间等形成明确的概念。但在现实生活中,全盲没有任何光感的儿童并不多见,多数视觉障碍儿童都有残余视力。正是依靠残余视力,视觉障碍儿童可以借助助视器,结合听觉、触觉、嗅觉、动觉所提供的信息,较快地形成对事物的完整认识,有助于他们的形象思维发展以及语言发展。

由于视觉的限制,视觉障碍儿童的感知活动主要依靠听觉、触觉、味觉、嗅觉等感觉功能。特别是听觉,这是视觉障碍儿童获得信息的主要渠道。通过听觉,视觉障碍儿童可以获取知识、辨认他人以及进行空间定向等。例如,可以通过听广播、录音和阅读有声读物以及使用读屏软件等获取所需信息,增长知识;通过听觉来认识周围的人,分辨老师和同学以及熟人和陌生人等,进行良好的人际互动;可以依靠听觉来判断自己所处的环境及自己所处的位置。[①] 尽管如此,过度依赖听觉所获得的信息是不完整的,它并不能完全取代视觉。如听觉对声音感受所产生的空间知觉不如视觉感受到的准确,特别是对方位和距离的辨别;通过听觉无法了解事物的形状、大小、颜色及动态形象,如闪电、云涌等,这些对视觉障碍儿童概念的形成都会产生很大的阻碍。

触摸觉也是视觉障碍儿童认识外界事物、获得外界信息的重要渠道之一。通过触摸物体,视觉障碍儿童能够了解事物的形状、大小、轻重、温度、软硬、粗细等特征。视觉障碍儿童由于长期的触摸锻炼,形成了非常灵敏的触摸触觉。正常人指尖的感觉阈限值为2.2—3.0 mm,而经过长期摸读盲文训练的盲童却能达到 1.5 mm,个别竟能达到 1 mm。

(二)语言和思维特点

正常儿童是通过听、阅读、看动作和面部表情获取语言的。他们最初的语言表达是咿呀声,然后是模仿父母与周围其他人的语言表达自己。视障儿童获取语言的方法和正常儿童基本相同,但他们的语言概念不是通过阅读和视觉输入获得的。因此,视障儿童使用的词汇缺乏感性的基础,缺少视觉形象,常出现词与视觉形象相互脱节的现象,不能准确地把握一些视觉性词汇的内涵。他们较难理解诸如交通工具的词汇、象征词汇等。同时,视障

---

① 邓猛. 视觉障碍儿童的发展与教育[M]. 北京:北京大学出版社,2011:101.

儿童在概念形成方面往往存在较大的困难。因为他们没有具体事物的视觉经验，也就很难建立视觉表象，更不能像正常儿童那样借助事物的表象进行比较，达到对事物本质属性的认识。

（三）个性特点

并不是所有的视觉障碍儿童都有个性和社会问题，但是由于视觉障碍，他们的活动受到限制，得到的经验非常有限，一些视觉障碍儿童甚至表现出被动和依赖的状态。有关研究表明，视觉障碍儿童对失明能作出良好的心理调整，能正确对待自己的局限性，表现出积极向上的精神。他们的情绪、情感的深刻性较好，通过教育能形成较好的理智感，即从深刻的认识活动中培养起一种比较稳定的、深刻的情绪体验。但是，视觉障碍学生的情绪倾向于消极。视觉障碍儿童的独立意向较差，自制力较好。在与人交往方面，他们一般不主动和别人交往，显得比较孤独。

第二节　视觉障碍儿童的教育

视觉障碍儿童的教育是根据儿童视觉障碍的程度及其已具备的能力进行安置的。2016年中华人民共和国教育部发布了最新的盲校课程标准。本节将介绍这方面的内容，同时介绍视觉障碍儿童的教学策略及其所必需的辅助技术。

一、学习环境

（一）教育安置

1994年7月颁布的《国家教育委员会关于开展残疾儿童少年随班就读工作的试行办法》中规定，盲和低视力的残疾儿童少年是随班就读的对象之一。因此，我国现行的视觉障碍学生教育安置有随班就读、特教班（特殊教育班级，简称"特教班"）和盲校或低视力学校等形式。近些年来，随着融合教育的发展，我国在相关政策文件中将随班就读作为视觉障碍学生的优先安置方式。2017年《残疾人教育条例》中规定"残疾人教育应当提高教育质量，积极推进融合教育，根据残疾人的残疾类别和接受能力，采取普通教育方式或者特殊教育方式，优先采取普通教育方式"。对于适龄视觉障碍儿童、少年不能接受普通教育的，则需要根据当地政府的安排进入盲校接受义务教育。教育部规定：盲校学制为九年一贯制。入学年龄一般与当地普通小学相同，在特殊情况下可适当放宽。盲校每班班额以8—12人为宜，如有视力残疾兼多重残疾学生，班级人数可适当降低。盲校对盲生和低视力学生应当实行分类教学。为低视力学生举办低视力班，对于人数不足以编班的低视力学生，可以和盲生混合编班，但应积极创造条件同班分类教学。

在随班就读安置中,巡回指导教师扮演着重要的角色。这些教师从一个学校到另一个学校,为学校人员提供特殊的资料、咨询及个别化的教学。成功的融合教育有许多必备因素,特别是学校因素,包括:普通班级教师;同伴认可和互动;可利用的支持人员;充足的供应物及设备。视觉障碍儿童成功的融合教育不会偶然发生,它需要深思熟虑的计划和有能力的人在执行任务中处处为视觉障碍儿童考虑,否则,儿童被社会孤立的可能性很大。

对普通班级教师来说,巡回指导教师是非常重要的。因为普通班级教师在满足视觉障碍儿童的特殊需要方面经验不足,而巡回指导教师或资源教师能帮助他(她)们了解这些儿童面临的问题。

(二)视觉障碍儿童教学的通用原则

在学习过程中,教师要充分利用视觉障碍儿童的听觉、触觉、嗅觉、想象力、味觉,因此,在材料和设备方面需要做一些变化。[①]

1. 具体的体验

有严重视觉障碍的儿童,学习主要依靠听觉和触觉。为了理解周围的世界,这些儿童必须通过听觉和触觉去作用于他们能感觉和操作的物体。通过触摸自然情境(或是危险物体的模型)中真实的物体,视觉障碍儿童能逐渐理解形状、大小、体重、硬度、质地、柔韧度以及温度的含义。

2. 结合经验

视觉经验往往要结合知识。例如,一个进入食品杂货店的小孩看见的不仅仅是架子和物体,还有架子和物体的空间关系。而视觉障碍儿童不能理解这些关系,除非教师允许他们到杂货店去体验。

有严重的视觉障碍的儿童,往往会生活在相对受限制的环境中。为了扩大他们的视野,拓展他们的想象力,应该尽可能带他们到各种环境中去,有计划、有步骤地激励他们体验各种事物。

3. 做中学

为了让视觉障碍儿童从环境中学习,必须鼓励他们探索环境。通过玩具和游戏激发视觉障碍儿童的学习动机,并促进儿童与物体建立联系。

视觉障碍儿童有倾听、讲述和记忆的能力,这些技能必须得到充分的发展。他们必须学会有效地利用时间,因为获取信息或者执行任务的过程对他们来说将繁琐而漫长。对于教师来说,要在组织材料方面给予儿童具体的指导,提供第一手的实践经验。

为了设计教学计划,教师必须收集相关信息,包括学生当前达到的水平、他的潜力、学

习风格以及针对各种不同的教学形式作出反应的信息。一个全面的评估需包括相关儿童技能的信息:观念发展和学业技能;沟通技能;社交和情感技能;运动感官技能;日常生活技能;定向行走技能;职业技能。然后,教师结合家长提供的信息,决定学生方案的基本目标。当然,学生是否会用一种良好的方式朝着目标迈进是一个问题。如果一个学生没有得到令人满意的进步,则需要重新调整个别化教育计划和教学计划。

二、课程

(一)盲校课程

盲校的教育属于基础教育,是普及九年义务教育的组成部分。视觉障碍儿童身心发展的基本规律与正常儿童一致,但由于视觉方面的缺陷而具有特殊性。因此,教育部2007年2月颁布了《盲校义务教育课程设置实验方案》,规定了培养目标、课程设置原则、课程设置,并作了相关说明。2016年,教育部颁布了《盲校义务教育课程标准(2016年版)》,对盲校课程的具体内容、实施形式、课程评价以及教材等方面作了详细的规定。

1. 视觉障碍学生的培养目标

视觉障碍学生的培养目标是:全面贯彻党的教育方针,促进视力残疾学生全面发展,尊重个性发展,开发各种潜能,补偿视觉缺陷,克服残疾带来的种种困难,适应现代生活需要。使学生具有爱国主义、集体主义精神和民族精神,热爱社会主义,继承和发扬中华民族的优秀传统和革命传统;具有社会主义民主法治意识,遵守国家法律和社会公德,依法维权;逐步形成正确的世界观、人生观、价值观;正确地认识和对待残疾,具有乐观进取、自尊、自信、自强、自立、立志成才的精神、顽强的意志以及平等参与的公民意识;具有社会责任感,努力为人民服务;具有初步的创新精神、实践能力、科学和人文素养以及环境意识;具有适应终身学习的基础知识、基本技能和方法;身体健康、具有良好的心理素质,养成健康的审美情趣和生活方式,学会交流与合作,初步具有独立生活能力、社会适应能力和人生规划意识,成为有理想、有道德、有文化、有纪律的一代新人。

2. 盲校课程设置的原则

为实现上述目标,视觉障碍儿童义务教育课程除应遵循普通义务教育课程设置的原则外,还应遵循以下一些原则:

(1)普遍性与特殊性相结合的原则。

贯彻国家基础教育课程改革精神,坚持视力残疾儿童教育与普通儿童教育共性的同时,从视力残疾儿童身心发展的特点出发,注重学生的潜能开发和缺陷补偿,调整教育内容、课时数,以达到与普通学校相应的目标,促进视力残疾儿童全面发展。

(2)继承、借鉴与发展相结合的原则。

结合国情、总结并继承我国各地视力残疾儿童教育的成功经验,立足全面发展、注重潜能开发和补偿缺陷、加强劳动教育、强调适应社会;借鉴与吸收国外视力残疾儿童教育的有益经验,力求教育与医疗、教育与康复、教育与训练、教育与心理辅导等相结合,让学生学会学习、学会做事、学会共处、学会做人。

（3）面向全体与照顾差异相结合的原则。

从多数视力残疾儿童的教育需要出发,合理均衡地设置课程。同时针对视力残疾儿童个体间差异,根据地方和学校的实际以及学生的特殊需要,进行适度调整,力求面向全体、因材施教。

（4）综合课程与分科课程相结合的原则。

依据视力残疾学生身心发展的特点和学科知识的内在逻辑,整体设置义务教育阶段课程;重视学科知识、社会生活和学生经验的整合;课程门类由低年级到高年级逐渐增加,低年级以综合课程为主,高年级以分科课程为主,同时做好各年级课程之间的衔接与过渡。

3. 盲校课程设置

整体设置九年一贯的视力残疾儿童义务教育课程,包括国家安排课程和地方与学校安排课程两部分,以国家安排课程为主,地方、学校安排课程为辅;既开设普通学校的一般性课程,也设置必要的特殊性课程。课程内容涉及:人文与社会、语言与文学、体育与健康、数学、科学、艺术、技术、康复、综合实践活动等九个学习领域。

低、中年级阶段以综合课程为主,高年级阶段设置分科与综合相结合的课程,开设思想品德(低年级开设品德与生活,中年级开设品德与社会,高年级开设思想品德)、语文、数学、外语(三年级开始)、体育与健康、艺术(或分科选择音乐、美工)、科学(高年级或分科选择生物、物理、化学)、历史与社会(或分科选择历史、地理)、康复(低年级开设综合康复,低、中年级开设定向行走,中、高年级开设社会适应)、信息技术应用、综合实践活动等课程。高年级阶段可继续进行定向行走训练。定向行走课程教学应结合盲校寄宿制的特点,安排在学校集体教学之余进行,并注意课上与课外相结合、集中指导与个别矫正相结合。

4. 盲校课程标准

《盲校义务教育课程标准(2016年版)》将盲校课程标准分为以下几类:

（1）思想与品德类:品德与生活、品德与社会、思想品德;

（2）文科类:历史、地理、语文、英语;

（3）理科类:数学、科学、生物学、物理、化学;

（4）音体美类:音乐、体育与健康、美工;

（5）特殊课程类:综合康复、定向行走、社会适应、信息技术、综合实践活动。

其中科学课程因普校标准未定,暂缓;"综合实践活动"不以课程标准形式出现,而是研制课程指南。

盲校课标紧扣课程方案提出的培养目标,汲取当代"以人为本、以学生为本"的现代世界教育先进思想,坚持以视力残疾学生发展为本,立足促进全面发展;立足残疾学生"能做什么",开发各种潜能;强调康复代偿、补偿视觉缺陷;从心理康复和"四自"精神培养的角度努力实现"克服残疾带来的种种困难",以促进视觉障碍儿童适应现代生活需要。

总的来说,盲校课程标准有以下几个方面的特点:

(1)落实"全面发展"方针,研制了普通学校所有学科的相应盲校标准。

贯彻落实促进学生全面发展的教育方针,从保障视觉障碍学生受教育权的高度,盲校课程方案开齐了普通学校的所有课程,普通学校开设的学科有课程标准的,也研制了相应的所有盲校课程标准。

(2)强调可持续发展,课程标准的学科难度与普校一致。

考虑到不少地方盲校学生参加当地初中毕业统一考试、多数视觉障碍学生初中毕业后要继续升学读高中、盲校高中教育日益普及、视力残疾高等教育机会越来越多等因素,除个别学科的个别知识点外,盲校课程标准的学科难度与普通学校完全一致。

(3)体现特殊性,开设了补偿缺陷和开发潜能的特殊课程。

盲校课标多出四门特殊课程的标准,旨在通过这些课程补偿视力残疾学生的缺陷,开发视觉障碍学生的潜能,促进其更好更快地学习普通课程,适应社会生活。

(4)尊重视觉障碍学生的两重性,每门普通课程都渗透特殊任务。

由于视觉障碍学生既具有与普通学生身心发展的共性,也具有视觉障碍的特殊性,在盲校与普通学校一致的各科课程标准中,每科的课程标准都渗透了正确看待残疾、客观了解自己、补偿缺陷、开发潜能、培养自尊自信自强自立精神等特殊内容。

(5)关注差异,分类指导、分层要求,面向所有视觉障碍学生。

由于盲校学生有的是低视力,用汉字学习;有的是全盲,用盲文学习;有的有视觉经验,有的先天失明;有的伴有多重残疾,有的天赋优秀;有的初中毕业后可能直接就业,有的要读高中甚至大学。这些差异在盲校课标的评价中都被要求分类指导、分层要求,力求使得每个视觉障碍学生的潜能都能够得到最充分的发展。[①]

5. 盲校课程评价

盲校课程的评价实行学生学业成绩与成长记录相结合的综合评价方式。学校应根据目标多元、方式多样、注重过程的评价原则,综合运用观察、交流、测验、实际操作、作品展示、自评与互评等多种方式,为学生建立综合、动态的成长记录手册,全面反映学生的成长历程。学期、学年和毕业的终结性考查、考试是对学生合格水平的考核。要在教育教学的

---

① 钱志亮.盲校义务教育课程标准的特点[J].现代特殊教育,2017(01):10—11.

全过程中采用多样的、开放式的评价方法(如行为观察、情境测验、学生成长记录等),了解每个学生的优点、潜能、不足以及发展的需要。在普通学校随班就读的视觉障碍儿童要参与普通教育的课程及评价。

(二)随班就读课程

随班就读视觉障碍儿童的课程与普通教育的课程一致,从小学到高中都应当按照国家和地区规定的相应课程进行教授。如果随班就读学生有特别的需要,学校可以提供特别帮助。

三、教学策略

(一)用印刷体和盲文交流

有些视觉障碍学生可以同时学习印刷体和盲文。他们在这两种学习形态中学习阅读技能和词的辨认策略。用印刷体还是盲文,需要教师和学校了解该学生的学习形态之后再决定。

在语言经验上,阅读有很多好处。它利用学生的实际体验作为阅读教学的基础,并且高度激励学生。但是,教师必须为视觉障碍儿童做一些改动。例如,班级要访问当地的消防站,让视觉障碍儿童口述他体验到的情节。教师可以使用盲文正确地记录下学生所说的话,然后让学生和教师一起读这篇短文。他们可以继续讨论和详尽阐述该短文。教师还要以短文为基础开展阅读策略课,如考虑消防人员在消防站和救火时的各种各样的活动。

盲文是在儿童学习盲文阅读时教授的。人们可以利用各种各样的设备书写盲文。其中最为简单快捷的是盲文打字机和盲文点字法。

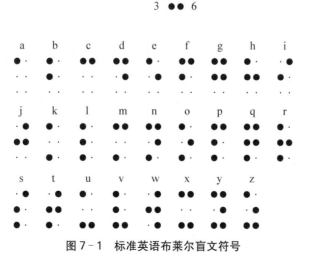

图7-1　标准英语布莱尔盲文符号

布莱尔盲文是由法国盲人路易斯·布莱尔于 1829 年所发明的触摸阅读系统。这一系统所使用的符号是由六个点在一个宽为两个点、高为三个点的单元格中,通过不同的结合方式而组成的凸起的字体。这些符号被从左到右凸印在硬纸上,使用者通常用双手来阅读,一只手在前,另一只手跟随其后。一些熟练的使用者在阅读时可以用跟随在后的那只手来触摸定位下一行文字,甚至可以用它读到下面第三行。标准英语布莱尔盲文从 1932 年起成为盲人普遍使用的文字交流系统。

我国的盲文是 1952 年由盲人黄乃在六点制盲符的基础上设计的,这是以北京语音为拼音标准,以普通话为基础的采取分词写法的新盲字。新盲字共有 52 个包括声母和韵母符号在内的字母符号和 4 个声调符号。新盲字采取了词本位而不是字本位的分词写法,能从写法上反映出词汇和语法特征,成为摆脱汉字束缚的独立拼音文字。2018 年,国家发布《国家通用盲文方案》,规定了盲文书写国家通用语言的规则。但此方案仍然沿用了现行盲文的声母、韵母、声调和标点符号,没有改变、删减或增加任何一个符号,只是完善了现行盲文标调规则,规范了声调符号的用法,是对现行盲文的继承和发展。

(二) 听读法

听读法利用盒式录音带或 CD 将各类教材及业余读物制成有声教材,以代替电子书籍和大字课本。它既适合低视力儿童,也适用于盲童,有效地克服了盲文书籍和大字体书籍缺乏的困难。

(三) 多重感官法

多重感官法又称感官并用法,是盲校普遍采用的教学策略。任何事物都有多重属性,从不同方面反映着事物的本质和内涵。人的不同感觉器官也各有独特的功能,使人能从不同方面感受这些属性而达到认识的目的。视觉障碍儿童可以充分发展听、触、嗅、味等感官的功能,达到感知目的。

(四) 类比推理法

类比推理法是运用视觉障碍儿童已熟悉的或用其他感官能够感受到的类似事物,进行比较推理,使其认识事物的方法。如蚊子的形状无法用手指感知,但教师可指导视觉障碍儿童先触摸与蚊子类似的蜻蜓,对两者的大小、形状、结构、颜色等方面的异同进行比较,使其得到较为具体、形象的感受。

(五) 凸线图示法

凸线图示法是一种变视觉感受途径为触觉感受途径的教学策略。它将视觉障碍儿童无法感知的平面图形、图表、图案,经过特殊的加工处理,变为视觉障碍儿童可以利用触觉感知的凸起图面,便于视觉障碍儿童摸认与理解。

一、字母

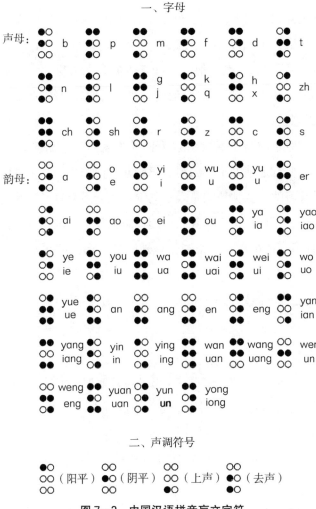

二、声调符号

●○ ○○（阳平） ○○ ●○（阴平） ○○ ○○（上声） ○○ ●○（去声）
○○ ○○ ○○ ○○ ○○ ●○ ○○ ●○

图 7-2 中国汉语拼音盲文字符

四、技术

（一）定向行走

视觉障碍儿童面临的一个巨大的限制，就是如何在环境中确定方位与行走。对于视觉障碍儿童本人来说，迫使他们产生依赖感并引起人格和社会问题的，往往包含行走的困难。为了提高行走技能，成年人用盲杖、导盲犬及明眼人的指导等作为辅助工具。但是，儿童必须学会独立并安全地在环境中行动，所以定向与行走必须成为视觉障碍儿童课程计划的一部分。

定向行走，简单地说，包括理解所在环境的方位并在环境中安全而独立地移动身体的能力。定向是指视障者知道自己的位置、自己的去向，通过与环境的信息交换，达到自己的目的地。行走则是安全、有效地从一个地点到另一个地点的移动。

当视觉障碍儿童进入他们需要的环境中行动时,他们会变得独立。这些技能对强调独立的核心课程来说是很重要的。对于视觉障碍儿童来说,特殊教育内容之一就是定向行走。对于其中大多数学生来说,花在定向训练上的时间和精力比学习特殊行走技能要多。对于幼小的视觉障碍儿童,教给他们一些基本概念尤为重要。这些概念可以让他们熟悉自己的身体和周围环境。例如,教给他们腿弯曲的地方叫作"膝盖",房间有墙、门、窗户、拐角以及天花板等。

辅助视觉障碍儿童定向行走通常有以下四种方式:盲杖、触觉地图、人导和导盲犬。专业人员大多建议需要行走辅助工具的视觉障碍儿童使用盲杖。视觉障碍儿童要正确使用盲杖是需要大量练习的。触觉地图是表示周围环境的凸起符号。视觉障碍儿童可以通过触摸这些代表街道、人行道、建筑物等的凸起标志在环境中确定方位。可以在公共场所呈现这些地图,或者用一种特殊的纸张制作该地图的便携式的版本。人导能够让视觉障碍儿童最自由地安全行走。但是,很多定向行走专家并不提倡把人导作为主要的导行方式,因为这种方法会让视觉障碍儿童过于依赖他人。另外,导盲犬通常也并非大多数视觉障碍儿童的首选。

(二) 辅助技术

科技使印刷体语言转变成口语和盲文,它很容易地把交流的一种方式换成另一种方式,例如盲文可以转换成印刷体,印刷体也可以变成盲文。很明显,科技为视觉障碍儿童和他们的教师提供了巨大的帮助。具体地说,有以下几种:

(1)视觉文字阅读器。这种仪器与扫描设备一样,可以将印刷材料扫描到电脑中并产生相应的文本文档。

(2)读屏软件。可以放大屏幕上的信息,或者使用合成的发声器,当使用者移动光标或从键盘上输入时,银幕阅读器能读出在计算机终端上显示的文章。

(3)布莱尔盲文凸字印刷机。这种印刷机与电脑相连,并使用布莱尔盲文翻译软件,在布莱尔盲文凸字印刷机上"印刷"出布莱尔盲文版本。

(4)屏幕放大和导航系统。屏幕放大系统可以为低视力学生放大屏幕上的文字、光标、菜单和对话框。当字母被放得很大时,很容易造成屏幕上文档阅读的困难,所以许多屏幕放大程序也提供导航系统,以帮助使用者定位自己的阅读位置。

(5)闭路电视。为低视力人士服务的闭路电视,能将任何放在显示器上的物体放大并显示到终端机上。

(6)电子记事本。如今,已有几种便携式的电子记事本问世。学生在课堂或图书馆时,可以用它快速安静并有效地记笔记;然后下载到电脑中进行学习,或稍后再打印成盲文。这些记事本大部分有音频输出,有些还能在电子显示器上显示盲文。

（7）点字触摸显示器。该显示器不仅具有与盲文打字机或盲笔、写字板同样的功能，还具有言语合成和单词处理的功能。使用者可以通过盲文键盘输入信息并且可以将信息转入一台更大的电脑，然后使用言语合成器或盲文显示器检查所输入的信息，或者将之打印成盲文或文字。

（三）计算机的应用

辅助技术使视觉障碍学生使用个人计算机成为可能，也为视觉障碍个体的教育、工作、交流及个体娱乐提供了大量的机会。这些技术包括：放大屏幕形象的软硬件设备；能够识别并执行使用者声音命令的语言辨别软件；可以把文本文件转化为人工合成语言的软件。

键盘操作是视觉障碍学生之间、视觉障碍学生与正常同学和教师之间交流的一条重要的途径，也是进行更高阶段教育和工作的一个有用的技能。

 **特殊教育个案**

视觉障碍儿童个案

小旭，男，11岁，天生患有白化病，屈光不正，最佳矫正视力右眼0.1—1，左眼0.1（低视力），怕光，同时伴随皮肤、眉毛、头发以及皮毛呈黄白色等症状。该生体质虚弱，经常生病，基本上每年都会患一次肺炎，自理能力较差，但是聪明伶俐、学习能力较强。正是因为他自理能力较差，不适合在盲校生活，又加上他学习能力还可以，另外经过评估后发现他适合随班就读，所以从一年级开始，小旭就随班就读于某小学，现在已经四年级了。

小旭是家里的独生子，家庭经济状况处于中等水平，由于其有眼病，父母亲特别宠爱他，对他的学习成绩也没有太高的要求，期望值较低。

在随班就读的过程中，小旭得到了班主任、巡回指导教师以及资源教师各方面的帮助和支持。

首先，班主任以及各科老师在教学和生活两个方面对他进行了支持。在教学上，为了照顾到其低视力，把他安排在了第一排靠近讲台并且背光的位置，并专门为他准备了大字课本、放大镜以及助视器等辅助设施，重要板书会故意放大或让小旭到黑板前观看，并为他准备放大了字体的考卷。另外，为了集中小旭的注意力，老师和同学们约定好每次提问2人后都会轮到他，借此提高他的学习效率。又考虑到小旭的学习进度较慢，班主任常常利用午休和课外时间对他进行个别辅导，督促其按时完成作业,补差补缺。在生活上,为了防止其他同学嘲笑小旭,班主任对同学们进行了专门的思想道德教育,同学们对小旭都非常地关心,常常帮助小旭盛汤、清理座位旁边的垃圾等,这给予了小旭集体的温暖和爱的关怀。

其次,有特殊教育知识背景的专业巡回教师与眼科医生以及相关人员合作对小旭进行了专业的医学和教育评估,还针对小旭的个人情况制定了专门的个别化教育计划。巡回教师每个学期都会到学校对小旭进行1—2次的巡回访问,根据小旭的学习具体情况随时调整个别化教育计划,并对各科教师尤其是班主任进行特殊教育专业知识的传播,为他们解答一些专业性的问题并提供指导性的意见。

最后,小旭就读的这所学校有专门的资源教室供随班就读的特殊教育需要的儿童利用,资源教室配有专门的资源教师对孩子进行干预。针对小旭低视力的特点,资源教师主要利用搭积木、扔飞镖等游戏对他进行视力训练,并通过走平衡木对他进行平衡能力的训练。

经过四年随班就读的学习,小旭在生活、学习以及心理健康等方面都取得了一定的进步。在生活上,小旭已经完全能够自理,比如能够独立安全地在校园里行走(刚入学时走路横冲直撞,根本拉不住)、独自上下楼梯、自己吃饭、自己上厕所等;在学习上,小旭已经能够独立地完成老师布置的抄写作业,对于一些难度稍大的任务,在老师的督促下也能顺利完成,但是要达到正常学生的水平仍然很困难;在心理健康方面,小旭有着正常孩子一样的天真和稚气,没有任何自卑的倾向,他很乐意参与到同学们进行的活动中去,而且常常与小伙伴们打成一片,社会交往能力很好,这是他更好地融入社会的一个非常有力的因素。

当然,在随班就读过程还存在一些问题:

第一,小旭本身的学习态度不够端正。由于家庭中父母以及任课教师对他特别照顾,期望值比较低,使他产生一种"特权意识",他认为"我是特殊的,我没有能力去做有难度的事情",这就导致了他学习动机较低,经常不按时完成作业,即使考试分数较低也不太在乎。

第二,父母的配合不够。一方面,由于小旭是独生子,父母对他极其疼爱,生怕他受委屈,因而事事都帮着他干,孩子养成依赖的性格;另一方面,由于小旭写作业特别慢而且自主性较差,因此,他的学习需要有人时时刻刻督促,这需要父母与学校共同努力才能有效地开展教学,而父母由于工作比较忙,常常忽视对小旭的课外教育,渐渐地小旭就养成了不做作业的坏习惯。

第三,个别化教育计划未能有效地实施。巡回教师专门为小旭制定的个别化教育计划,需要多方长期地合作来实施,家长、老师以及巡回教师需要花费大量的时间和精力等,由于时间跨度较长,老师以及家长很难长期地坚持下来,这就影响了计划的有效性。

第四,学习难度的加大。随着年级的升高,学习的知识难度也逐渐加深,老师面对的是全班孩子的进度,因此,在课堂上讲授的内容的难度无疑也增加了,而这对学习水平较低的小旭来说无疑是雪上加霜。

第五,资源教师与普通班级教师沟通较少。资源教师理应负责对特殊儿童进行个别辅导与补救教学,是特殊教育与普通教育沟通的桥梁。但是小旭的资源教师只负责对小旭进行感统训练,很少与小旭的班主任进行沟通与交流,因此,资源教师所发挥的作用是极其有限的。

总的来说,在随班就读的过程中,小旭的进步是毋庸置疑的,他的这种社会化水平的提高是特殊学校所不能取代的。但是,如果小旭要取得更多的进步,则需要多方合作,尽力协调解决上述问题,使他得到更好的发展。

🗨 焦点问题讨论

读写能力在 21 世纪是否必需

据美国盲人出版社的资料(1992)显示,在盲人中,27％的人借助视觉阅读,10％的人使用布莱尔盲文阅读,还有大约 10％的人借助听觉阅读(主要利用私人阅读者或录音材料),而其余人是不能读写的。有人估计,在过去 40 年中,能够阅读和书写布莱尔盲文的人群比例已经从 50％下降到了 9％。[①]

导致使用布莱尔盲文的盲人或低视力人群人数减少的原因有很多。其一,虽然有些人能够熟练地使用布莱尔盲文阅读技能,但视觉障碍学生的老师中不到半数的人认为他们有能力胜任布莱尔盲文的教学。其二,从印刷材料中获取信息的听觉译本,看起来越来越受依赖(如语音书本、转换语音技术)。其三,教育哲学认为,视觉障碍学生应该尽可能地利用其残余视力,包括阅读印刷品。其四,患有多重障碍的盲生数量正在增加,他们很难掌握布莱尔盲文的阅读技能。

审视一下技术和社会的变化,现今利用印刷品来阅读和书写是否还有必要? 大多数人不再写信而是互通电话。将印刷品和声音进行相互转换的技术设备现今已经存在,而

---

① Schoellkopf, A. Declining Braille skills alarm advocates [J]. Albuquerque Journal (Metropolitan), 1995(03):81.

且不久将价格降低、便于携带,并趋于普通。所有的人都将快速地精通这种技术。因此,印刷品将来会不会过时? 阅读会不会像教希腊语和拉丁语一样陈旧? 如果你只是考虑了视觉障碍人群的阅读能力,那么放宽你的思路去想想整个人类。

为什么这个关于读写能力和盲人使用布莱尔盲文的争论会如此情绪化? 一个原因就是对视觉障碍人群中具有读写能力者的比率下降的关注。这个群体在阅读印刷品方面的失能会不会给他们带来更多的差异和偏见? 布莱尔盲文读写能力的拥护者大多是盲人,他们认为盲文是联合盲人的象征,是联合盲人社团的标志性语言。这能不能成为支持盲文读写能力运动的有力论据呢?

? 思考题

1. 如何理解视觉障碍儿童的定义?
2. 针对视觉障碍儿童的教学策略有哪些?
3. 视觉障碍儿童进行随班就读安置需要哪些辅助内容?

第八章

自闭症儿童

　　20世纪40年代,美国医生坎那(Kanner)首次报道了11例自闭症患者,并命名为"早期婴儿自闭症"。不到百年的时间,自闭症已经成为特殊教育对象中增长速度最快的一类障碍。本章主要对自闭症的概念、诊断标准、特征以及自闭症儿童的教育等方面进行介绍。

第一节　自闭症概述

自闭症是自闭症谱系障碍（Autism Spectrum Disorder，简称 ASD）的简称，也称孤独症。许多学者对此类儿童进行了多方面的研究，不断扩展人们对自闭症的认识。本章将就自闭症的概念、分类、成因、特点及教育等方面内容进行介绍，其中有的内容至今都没有定论。研究者们还在不断深入了解这类儿童，寻找治疗和教育方法。

一、自闭症的概念

（一）自闭症的定义

1943 年，美国巴尔迪摩约翰霍布金斯医院的精神病医生坎那第一次对自闭症下了定义。他归纳了 11 例具有极其相似背景和行为模式儿童的几项共同特征：很难与他人发展人际关系；言语获得迟缓或丧失曾发展良好的语言能力；有重复和刻板行为；缺乏想象；擅长于机械记忆；强迫性地坚持某些惯例或常规；有正常的生理外表。坎那把这种新的疾病称为早期婴幼儿自闭症。在坎那之前，自闭症被贴上了很多标签，包括儿童精神分裂症、弱智、白痴、低能。Autism 一词源于希腊文 autos，意指自我。坎那将此种障碍解释为"儿童无法将自己与他人联系起来，并且极度孤独"。[①]

美国 IDEA 2004 中对自闭症的定义为：自闭症是一种显著影响言语性和非言语性交流以及社会互动的发展性障碍，儿童通常在 3 岁之前就会出现明显的症状，这将对孩子的教育产生不利影响。与自闭症相关的其他特征还包括：进行重复性活动和刻板动作，抵抗环境变化或日常生活规律的变化，以及对感知觉经验作出异常反应。美国心理学会将自闭症描述为在多种情境下的社会交流和社会互动方面的持续缺陷，包括社会互惠、用于社会互动的非语言交际行为以及发展、维持和理解关系的技能方面的缺陷。除了社交障碍之外，自闭症的诊断还需要存在限制性的、重复性的行为、兴趣或活动模式。

我国《中国精神障碍分类与诊断标准（第三版）》（Chinese Classification and Diagnostic Criteria of Mental Disorders-3，简称 CCMD-3）中对自闭症的定义是：儿童孤独症（自闭症）是一种广泛性发育障碍的亚型，以男孩多见，起病于婴幼儿期，主要为不同程度的人际交往障碍、兴趣狭窄和行为方式刻板。约有四分之三的患儿伴有明显的精神发育迟滞，部分患儿在一般性智力落后的背景下具有某方面较好的能力。

---

① Kanner, L. Autistic disturbances of affective contact. ［J］. Nervous Child, 1943,2(03),217-250.

世界自闭症日

2007年12月联合国大会通过决议,从2008年起,将每年的4月2日定为"世界自闭症关注日",以提高人们对自闭症和相关研究与诊断以及自闭症群体的关注。"世界自闭症关注日"提醒人类社会:应该实现自闭症群体与普通人的相互尊重、相互理解与相互关心。作为普通人,不应把自闭症群体看作怜悯的对象,而应把4月2日这一天作为审视和增强自身道德观念、社会责任的契机。作为自闭症群体及其直接相关的人员,如自闭症人群家属、学者专家、医生护士等,也应把4月2日作为继续齐心协力战胜疾病的"加油站"。人们应努力让4月2日成为自闭症群体自信与愉快生活的节日。2022年4月2日是第十五届世界自闭症日,主题是聚焦自闭症服务,构建社会保障机制,促进服务机构高质量发展,以提高人们对自闭症群体的关注。

(二) 自闭症的诊断与分类

1977年美国《精神障碍诊断与统计手册(第三版)》(the Diagnostic and Statistical Manual of Mental Disorders-Ⅲ,简称 DSM-Ⅲ)首次将自闭症纳入其中。在美国《精神障碍诊断与统计手册(第四版)》(the Diagnostic and Statistical Manual of Mental Disorders-Ⅳ,简称 DSM-Ⅳ)中,自闭症被定义为一种广泛性发展障碍,强调自闭症是儿童的发展性障碍,而不是像精神分裂症那样的精神病。在 DSM-Ⅳ中,自闭症的主要类型有:婴幼儿自闭症、瑞特综合征、儿童瓦解性精神障碍、阿斯伯格综合征、不确定的广泛性发展障碍。

婴幼儿自闭症主要的三个特征在3岁以前就出现:社会交往的质的损伤;狭窄的、重复的、刻板的行为模式、兴趣与活动;语言交流的质的损伤。行为缺失和行为过度使他们成为"典型自闭症"儿童。

瑞特综合征是一种特殊的神经疾患。这种儿童在婴儿早期发育很正常,但在5—30个月时,此种疾患开始出现。婴儿头部发育开始减慢,刻板的手部运动代替了有目的的手部动作,步伐的蹒跚和笨拙渐渐显现,在语言和认知能力方面的障碍逐渐形成。瑞特综合征主要出现在女孩中,虽然它属于自闭症候群,但瑞特综合征被看作是一种独特的神经疾患。

儿童瓦解性精神障碍与自闭症有着相同的行为特征,但这种疾患2岁以后才会发生,有时甚至到10岁才发生。干预后不太可能产生显著的发展。

阿斯伯格综合征是自闭症候群中较轻的一种。患者突出的特征是在所有社会性领域存在障碍,尤其不能理解怎样进行社会性互动。阿斯伯格综合征儿童一般没有明显的言语延迟,而且绝大多数儿童的智力处于或高于平均水平。高功能自闭症儿童和阿斯伯格综合征儿童是不同的,因为自闭症儿童在早期就会出现言语迟缓的现象。

儿童只要满足自闭症的部分诊断标准而不是全部,就可以被诊断为不确定的弥散性发展障碍。这类障碍儿童在沟通或兴趣方面存在严重障碍。不确定的广泛性发展障碍(Pervasive Developmental Disorder Not Otherwise Specified,简称 PDD - NOS),又称作非典型自闭症,泛指一般有自闭症倾向,但不能通过其特征而归类为更具体的分类,是自闭症谱系障碍的成员之一、广泛性发展障碍的一种。PDD - NOS 的症状与自闭症相似,但一般的症状都比较轻微,而且并非所有必要的特征都存在。PDD - NOS 与其他非自闭症的分界线到现在其实都还是很模糊的。

2013 年,美国出版了《精神障碍诊断与统计手册(第五版)》(DSM - Ⅴ)(如表 8 - 1 所示)。在 DSM - Ⅴ中,从分类上,自闭症不再隶属于广泛性发展障碍,而是隶属于神经发育障碍。相比于第四版来说,DSM - Ⅴ有几个方面的变化。第一,在分类上,将自闭症、阿斯伯格综合征、广泛性发展障碍等统一归类为"自闭症谱系障碍"。这种变化背后的原因在于"这些障碍代表了社会交往和限制性/重复性兴趣这两个领域从轻度到重度变化的单一连续体,而不是独特的障碍类型"。[①] 第二,在诊断标准方面,相对于 DSM - Ⅳ的三大领域 12 项标准,DSM - Ⅴ缩减为两大领域 7 项标准,将长期以来的自闭症三大核心障碍中的社会互动和语言沟通合并成为"社会交往",与原"行为和兴趣异常"一起构成了 DSM - Ⅴ的两大诊断领域。同时,DSM - Ⅴ要求诊断需具体列明有否伴智能残疾、语言损害,或有否与医学或遗传性疾病相关联。

表 8 - 1　DSM - Ⅴ自闭症谱系障碍诊断标准[②]

自闭症谱系障碍	299.00(F84.0)
A. 现在或过去在多种情景内的社会沟通和社会互动方面表现出质的损伤: 　1. 缺乏社交或情绪互动; 　2. 非口语沟通行为的应用有显著损伤; 　3. 无法发展、维持并理解符合其发展水平的社会关系; B. 行为、兴趣或活动的模式相当局限,重复刻板,表现为下列各项中的至少两项: 　1. 表现出刻板重复的动作行为、沉迷于某一物体或重复性言语; 　2. 表现出对惯例的同一性坚持,固执于一些仪式性的言语或非言语动作; 　3. 表现出对少数兴趣异乎寻常的高度集中; 　4. 表现出对环境中的感觉刺激反应过度/反应不足或是对某种感觉刺激表现出异常的兴趣; C. 以上症状一定是在发育早期就表现出来的; D. 以上症状的出现严重影响了社交、工作或是其他重要领域的正常功能; E. 此障碍无法以智力障碍或整体发展迟缓作更佳解释。由于智力障碍常常作为自闭症谱系障碍并发症,因此在做自闭症谱系障碍同智力障碍的共病诊断时,患者的社会沟通能力应低于正常发展水平。	

① Kaba, D., & Soykan Aysev, A. Evaluation of autism spectrum disorder in early childhood according to the DSM - 5 diagnostic criteria [J]. Türk Psikiyatri Dergisi, 2020,31(02):106 - 112.

② 卜凡帅,徐胜.自闭症谱系障碍诊断标准:演变、影响与展望[J].中国特殊教育,2015(02):40—45.

在我国,自闭症诊断的主要依据是参考 DSM - Ⅳ 制定的《中国精神障碍分类与诊断标准(第三版)》(CCMD - 3)。我国 CCMD - 3 对自闭症诊断标准是:

第一,症状标准:在下列 1、2、3 项中,至少有 7 条,且 1 项中至少有 2 条,2、3 项中至少各有 1 条:

(1) 人际交往存在质的损害,至少 2 条:

① 对集体游戏缺乏兴趣,孤独,不能对集体的欢乐产生共鸣。

② 缺乏与他人进行交往的技巧,不能以适合其智龄的方式与同龄人建立伙伴关系,如仅以拉人、推人、搂抱作为与同伴的交往方式。

③ 自娱自乐,与周围环境缺少交往,缺乏相应的观察和应有的情感反应(包括对父母的存在与否亦无相应反应)。

④ 不会恰当地运用眼对眼的注视,以及用面部表情、手势、姿势与他人交流。

⑤ 不会做扮演性游戏和模仿社会的游戏(如不会玩过家家等)。

⑥ 当身体不适或不愉快时,不会寻求同情和安慰;对别人的身体不适或不愉快也不会表示关心和安慰。

(2) 言语交流存在质的损害,主要为语言运用功能的损害,表现为至少 1 条:

① 口语发育延迟或不会使用语言表达,也不会用手势、模仿等与他人沟通;

② 语言理解能力明显受损,常听不懂指令,不会表达自己的需要和痛苦,很少提问,对别人的话也缺少反应;

③ 学习语言有困难,但常有无意义的模仿言语或反响式言语,应用代词混乱;

④ 经常重复使用或使用与环境无关的言词,或不时发出怪声;

⑤ 有言语能力的儿童,不能主动与人交谈、维持交谈及简单的应对;

⑥ 言语的声调、重音、速度、节奏等方面异常,如说话缺乏抑扬顿挫,言语刻板。

(3) 兴趣狭窄,活动刻板,坚持环境和生活方式不变,至少具有下列中的 1 条:

① 兴趣局限,常专注于某种或多种模式,如旋转的电扇、固定的乐曲、广告词、天气预报等;

② 活动过度,来回踱步、奔跑、转圈等;

③ 拒绝改变刻板重复的动作或姿势,否则会出现明显的烦躁和不安;

④ 过分依恋某些气味、物品或玩具的一部分,如特殊气味、一张纸片、光滑的衣料、汽车玩具轮子等,并从中得到满足;

⑤ 强迫性地固执于执行特殊而无用的常规性或仪式性动作或活动。

第二,严重标准:社会交往功能受损。

第三,病程标准:通常起病于 3 岁以内。

第四,排除标准:排除阿斯伯格综合征、儿童瓦解性精神障碍、瑞特综合征、特定感受性语言障碍、儿童精神分裂症。

二、自闭症的出现率

2020 年,美国疾病控制中心自闭症和发育障碍监测网络估计,大约每 44 名儿童中就有 1 人被确定患有自闭症(ASD)(2.3%)。美国教育部 2021 年统计数据显示,2019 年底,6—21 岁年龄段自闭症学生有 71.2 万人,占所有残疾学生的比例为 11% 左右。[①] 研究表明,在自闭症儿童中,男孩多于女孩,男孩患有自闭症概率比女孩高出 4 到 5 倍(4.3∶1)。[②] 截至 2017 年,在发达国家约有 1.5% 的儿童诊断出患有自闭症。亚洲、欧洲和北美的研究已经发现自闭症个体平均发现率约为 1%,韩国的一项研究报告出现率为 2.6%。相关数据显示,目前我国自闭症儿童已超 1400 万人,其中 12 岁以下的儿童就占有 250 万之多,并且这一数据还呈现出递增趋势。但对于自闭症的出现率,我国还没有进行过详细的统计。

自闭症儿童是特殊教育中各类残疾儿童数量增长最快的一类,对此,主要有以下原因:

首先,临床医生能够对个体进行更准确的评估和诊断,包括以前没有被诊断出的轻度残疾个体。其次,特殊教育立法规定了早期干预和特殊教育服务,使更多的自闭症儿童引起了学校的关注。再次,由于大众媒体的关注增加,公众对自闭症的认识不断提高。父母们正变得积极主动,一旦注意到孩子发展迟缓或与其他孩子存在明显的发展差异,就会及时请专业人士对孩子进行评估诊断。最后,用于判定自闭症诊断标准的改变也可以解释日益增长的出现率数据。[③]

三、自闭症的成因

对于自闭症的成因有很多种说法。很长时间以来,人们认为是父母对儿童情感需要的冷漠造成了自闭症。这是源于坎那对自闭症儿童家长的观察。他认为,那些自闭症儿童的家长"往往极为专注于科学、文学或艺术,他们缺乏对人的真正兴趣"。在那时候,自闭症儿童的母亲被称作"冰箱母亲"。

① The U.S. Department of Education. 43rd Annual report to congress on the implementation of the individuals with disabilities education act [M]. 2021:42.
② Posserud, M., Skretting Solberg, B., Engeland, A., Haavik, J., & Klungsøyr, K. Male to female ratios in autism spectrum disorders by age, intellectual disability and attention-deficit/hyperactivity disorder [J]. Acta Psychiatrica Scandinavica, 2021,144(06):635 – 646.
③ Gargiulo, R.M. Special education in contemporary society(7th ed.) [M]. Lodon: SAGE Publications, Inc.,2021.

📖 **拓展阅读**

冰 箱 母 亲

早在 1970 年之前,布鲁诺·贝特海姆提出的"冰箱母亲"理论一直备受推崇,当时的医学界和心理学界普遍认为:"自闭症是由于家长尤其是母亲的冷漠、养育方式刻板造成的,是一种心理疾病。他们还将自闭症患儿的父母亲描述成一群高学历的、事业心很强但又冷漠无情的人。"这些言论导致这个时候的家长一方面背负着沉重的道德耻辱标签,一方面还要忍受着心爱的孩子被强行从自己的身边带走的痛苦。"冰箱母亲"理论一提出,就有很多的家长并不认可。实验心理学博士伯纳德·姆兰德(Bernard Rimland)利用各种机会,收集自闭症儿童的生物学证据。他一方面帮助自己的孩子康复,一方面证明自己的太太不是一个冷漠无情的"冰箱母亲"。他于 1964 年发表了由坎那教授作序的书《婴儿自闭症:其症状和对行为神经理论的影响》。书中大胆地颠覆了当时流行的理论,为改变公众对自闭症的看法铺平了道路。而后以鲁斯·沙利文(Ruth C. Sullivan)为代表的一群新泽西的家长进一步对"冰箱母亲"理论提出质疑:如果自己是冰箱,为什么单单"冻住"了其中的一个孩子,其他的孩子却没有患上自闭症? 很多人参观布鲁诺·贝特海姆的培训学校,发现自闭症儿童不但没有进步,反倒发展出许多的退缩行为,所谓 43% 的康复率也是空谈。作家和编辑理查德·波拉克(Richard Pollak)也采取了行动,揭开了布鲁诺·贝特海姆的"骗局"。直到 1980 年,医学界才认定自闭症属于一种发展性障碍,被称为"广泛性发展障碍",是一种生理性疾病并非心理疾病。至此,"冰箱母亲"理论被科学研究彻底否定。

到 20 世纪 70—80 年代,研究表明,自闭症是由于脑的机能或生物化学机能在儿童出生前、出生时或出生后受到伤害所致,因此对自闭症儿童家长的指责是不当的。一些重要的研究表明,自闭症是由于脑的发展、神经化学和遗传等因素的异常所引起的。[1][2] 遗传和自闭症之间有着多种联系,但人们仍无法完全理解它们之间的因果关系。应当把自闭症看成是由多种生物原因引起的综合征。

(一) 遗传因素

家族成员的高遗传性和复发率以及同卵双生子的高一致性意味着自闭症具有遗传特

---

[1] Autism Society of America.

[2] National Institute of Mental Health.

性。研究表明,自闭症具有明显的家族遗传性。研究者对自闭症个体的家族进行调查,发现其直系亲属表现出社交缺陷、语言障碍和亲密关系缺失等类自闭症状;进一步对社交缺陷和语言障碍进行定量分析发现,约20%—25%的兄弟姐妹存在语言缺陷。在同一个家族中,自闭症的发病率为10%—35%,已育有自闭症个体的父母再育时,其孩子患自闭症的概率要高出发病基准率20—50倍。通过比较同卵双生子和异卵双生子的相关指标,能够很好地反映遗传和环境对个体成长发育的影响。有研究者报告自闭症同卵双生子的共患率远高于异卵双生子。早期对异卵双生子的研究发现他们的一致性为10%—15%,随后更大样本的双生子研究发现异卵双生子的一致性为21%—36%。而整合3个主要双生子研究,同卵双生子的一致性高达60%。

自闭症儿童存在遗传基因的异常。近10年来的研究在基因方面有了重要的发现,在大约15%的自闭症人士的身体细胞里找到了基因异常,这些均表明遗传因素(染色体遗传、基因突变)在自闭症病因学方面有重要地位。通过基因的比较分析,显示自闭症的形成和遗传有密切的关系,钠离子的通道和染色体上的基因排列的失序可能导致自闭症的产生,引发自闭症的基因正在不断被得到确认。[①]

过去自闭症的基因研究模型是常见变异(Disorder-Common)模型,该模型认为自闭症受某一确定的、能够在多数个体身上发现的基因变异的影响。但近年来该模型开始受到质疑,自闭症可能并不存在特定的致病基因。研究者们通过全组基因测序、基因组从头测序等方法对可能与自闭症有关的基因进行了探索,提出了自闭症受多组基因变异影响的微广模型(该模型认为自闭症受微弱的、广域基因变异的影响),并发现一部分可能参与自闭症遗传的候补基因。[②] 全基因组关联研究通过大样本的基因组测序来探索某一基因突变和自闭症是否具有关联,从而确定自闭症的致病基因。自闭症基因组计划发现大约100个变异基因和40个基因组可能与自闭症有关,但单个基因对自闭症的贡献并不明显,没有某个确定的单核苷酸多态性(SNP)位点是自闭症发病的高危因素。由单一基因诱发自闭症的情况仅占1%。自闭症的发病更多源于数种常见变异的共同表达,从而表现出社交受损、刻板行为、智力障碍等症状。当前已经发现的能够导致自闭症的基因主要有常染色体(15号染色体)、性染色体、SLC25A12基因等。[③]

① Bai, D., Yip, B. H. K., Windham, G. C., Sourander, A., et al. Association of genetic and environmental factors with autism in a 5-country cohort [J]. JAMA Psychiatry (Chicago, Ill.), 2019,76(10):1035 - 1043.

② Costilla, R., Kemper, K. E., Byrne, E. M., Porto-Neto, L. R., Carvalheiro, R., Purfield, D. C., Doyle, J. L., Berry, D. P., Moore, S. S., Wray, N. R., & Hayes, B. J. Genetic control of temperament traits across species: Association of autism spectrum disorder risk genes with cattle temperament [J]. Genetics Selection Evolution (Paris), 2020,52:1 - 14.

③ Viamontes, C. G., Najjar, F., & Cook, E. H. 1.6 maternal 15q11 - q13 duplication syndrome with ASD: Mood stabilization by carbamazepine [J]. Journal of the American Academy of Child and Adolescent Psychiatry, 2019,58 (10):S148 - S148.

(二)大脑结构与功能异常

近20年来,脑成像技术和认知神经科学的发展大大促进了人类对社会脑的探究,提供大脑结构成像及功能成像的结果,并准确地对与任务性质有关的脑区进行定位,有助于我们理解与社会认知加工过程相关的大脑神经活动。

自闭症个体的大脑存在功能异常,涉及大脑杏仁核、梭状回、颞上回及眶额叶皮层等多个脑区。众多功能性磁共振成像研究表明,自闭症儿童的杏仁核和梭状回在多项社会信息加工和社会认知任务中表现出异常激活,二者功能紊乱是造成自闭症儿童社交功能损伤的重要原因。[1] 研究者进行了诸多实验探究自闭症个体颞上沟的状况,在目光注视、身体动作线索的理解等方面均发现自闭症个体的颞上沟存在功能障碍。[2] 除了单一的脑区外,与正常人相比,自闭症儿童在多个脑区间的功能连接强度显著降低,包括腹内侧前额叶皮层、左侧杏仁核、左侧海马、左侧腹内侧前颞叶等,且腹内侧前额叶、左侧杏仁核和左侧腹侧前颞叶皮层间的功能连接强度值与社交反应量表的总分成负相关,即这些脑区间的功能连接越低,自闭症儿童的社交障碍越严重。[3]

(三)环境因素

近年来环境因素对自闭症的影响也开始得到更多研究的证实。环境因素并不一定会直接导致自闭症,但可通过影响大脑发育的不同阶段,包括神经管的形成和关闭、细胞分化和迁移以及诸如皮质小体、突触和髓鞘等结构的形成等,影响个体正常的语言和认知发育,引发自闭症。下述环境因素会显著增加自闭症的风险:产妇年龄超过40岁、父亲年龄大于50岁、妊娠期糖尿病、怀孕前后3个月未补充叶酸、孕期使用丙戊酸盐来治疗癫痫或双相情感障碍、32孕周前早产、不足一年的怀孕间隔等。[4][5]

四、自闭症儿童的特征

自闭症儿童的特征主要表现在两大方面:社会交往障碍、兴趣和行为异常。此外,在注意力发展、感觉发展和记忆发展方面,自闭症儿童也往往有别于正常儿童。

① Herrero, M. J., Velmeshev, D., Hernandez-Pineda, D., Sethi, S., Sorrells, S., Banerjee, P., Sullivan, C., Gupta, A. R., Kriegstein, A. R., & Corbin, J. G. Identification of amygdala-expressed genes associated with autism spectrum disorder [J]. Molecular Autism, 2020, 11(01):39 – 39.

② Mash, E., & Wolfe, D. Abnormal child psychology (7th ed.) [M]. Boston, MA: Cengage Learning, 2018.

③ Delbruck, E., Yang, M., Yassine, A., & Grossman, E. D. Functional connectivity in ASD: Atypical pathways in brain networks supporting action observation and joint attention [J]. Brain Research, 2019, 1706:157 – 165.

④ Xie, F., Peltier, M., & Getahun, D. Is the risk of autism in younger siblings of affected children moderated by sex, race/ethnicity, or gestational age? [J]. Journal of Developmental and Behavioral Pediatrics, 2016, 37(08): 603 – 609.

⑤ Strøm, M., Granström, C., Lyall, K., Ascherio, A., & Olsen, S. F. Research letter: Folic acid supplementation and intake of folate in pregnancy in relation to offspring risk of autism spectrum disorder [J]. Psychological Medicine, 2017, 48(06):1048 – 1054.

（一）社会交往障碍

自闭症儿童社会交往障碍的主要表现是：在各种情景下持续存在的社会交流和社会交往缺陷，不能用一般的发育迟缓来解释。社会情感互动缺陷，轻者表现为异常的社交接触和不能进行来回对话；中度表现为缺乏分享性兴趣、情绪和情感，社交应答减少；重者完全不能发起社会交往：不能进行社会交往、不能建立伙伴关系，依恋关系缺乏，在感情和社会互动方面存在困难。自闭症儿童因其缺乏社会兴趣，对熟悉或不熟悉的人往往不加区别地表现出冷漠。没有眼神接触是自闭症儿童的一大特征。同时，自闭症儿童对别人的声音也不感兴趣。当他们与别人同处一室时，可以很长时间对周围所发生的一切毫不在意，只停留在自己的天地里。

正常的儿童到了六个月以后会逐渐发展起对父母或其他亲人的依恋感。尽管在不同的儿童那里，这种依恋关系的表现及其出现的时间略有不同，但一般趋势是儿童与父母特别是妈妈更亲近。在自闭症儿童那里，这种依恋关系很晚才会出现，有时甚至没有。

自闭症儿童在感情和社会互动方面往往表现出极大的困难。他们很不容易去理解他人的面部表情，不会察言观色，因此他们也不能恰当地表达自己的感情，在社会上或公众场合往往困难重重。即使是高功能自闭症儿童，在与他人交往方面也会出现严重困难。同样，自闭症儿童在社会交换方面也存在一些问题。在处理问题时，他们可能无法遵守社会规则、考虑他人感受，而是仅仅依靠他们有限的交流策略和固化的表情作出反应。典型的沟通障碍包括接受语言和表达语言的延迟、代词的使用不当、会话能力的明显障碍、语言的刻板和重复使用，以及"模仿"他人的语言。

用于社会交往的非言语交流行为缺陷，轻者表现为言语和非言语交流整合困难；中度表现为目光接触和肢体语言异常，或在理解和使用非言语交流方面存在缺陷；重者完全缺乏面部表情或手势。有的自闭症儿童虽然已具有一定的语言能力，但他们使用语言进行交往的能力却有相当大的缺陷。许多文献记载，在自由活动环境中，自闭症儿童说话的频率与种类比正常发展的儿童要低得多。他们似乎不知道怎样去开始和持续话题。有些自闭症儿童说话的频率并不低，但经过仔细观察可以发现，在他们的话语中发问多而回答少。他们提问题往往不是为了得到答案或信息，而是引起别人的注意。

建立或维持与其发育水平相符的人际关系缺陷（与抚养者关系除外），轻者表现为难以调整自身行为以适应不同社交场景，中度表现为在玩想象性游戏和结交朋友上存在困难，重者明显对他人没有兴趣。自闭症儿童常有的一个缺陷是他们不能像正常发展的儿童那样去玩。他们往往不理解玩具的功能，而只感兴趣于玩具的某一特性如声音和气味。由于不会玩，自闭症儿童很少有自己的朋友，他们只会把常常陪着他们的人作为朋友。

(二) 兴趣和行为异常

兴趣和行为异常包括行为方式、兴趣或活动内容狭隘、重复,语言、动作或物体运用刻板或重复(如简单刻板动作、回声语言、反复使用物体、怪异语句)。语言重复是自闭症儿童的一个最大特点。语言重复,又称回声式语言,可分为即时语言重复和延迟语言重复两种情况。即时语言重复是自闭症儿童在他人说话以后立即重复那人所说过的话。如妈妈问孩子:"明明你累吗?"孩子马上说:"明明你累吗?"延迟语言重复是指自闭症儿童在别人说话后过一段时间再重复这些话语。如母亲早上对孩子说的话,到了晚上孩子重复说出来。出现语言重复是由于自闭症儿童缺乏共同注意能力。自闭症儿童的语言重复现象具有普遍性和持久性,需要经过特定的治疗才会慢慢减少。

据估计,超过一半的自闭症障碍儿童在功能性语言方面的发展存在障碍,自闭症儿童的语言节奏存在明显异常,他们可能有一个奇怪的语调或不合适的音高,而且听起来可能是没有音调或是机械的。他们在语言的使用方面也存在缺陷。大约有25%—30%的自闭症儿童开始说话后,在之后某阶段突然停止说话,这种语言衰退现象通常发生在儿童15—36个月之间。而这一现象也仅仅出现在自闭症儿童身上。

> **📖 拓展阅读**
>
> #### 一些早期言语缺陷的情况
>
> 缺乏对母亲(或其他持续照料者)声音的识别认知;
>
> 无视发声(例如,缺乏回应),但对环境声音有敏锐意识;
>
> 9个月后咿呀声仍未出现;
>
> 较少或没有使用语前手势(挥手,指向,显示);
>
> 缺乏"哦,哦"或"嗯"等表达;
>
> 对中性言语缺乏兴趣或没有任何形式的反应(例如,"哦,不,又要下雨了!")。

自闭症儿童说话的语调、速度等也与众不同。最为常见的现象是他们在说话时表现出语调的平板单一,就像他们在情感上的机械刻板一样:有的自闭症儿童常常用高尖的声音说话,有的说话时句子与句子之间没有间隙而显得很快,有的说话时似乎不能控制音量。

自闭症儿童中普遍存在着重复性肢体动作。有些儿童会不停地翻动手掌或摇晃整个身体,有些儿童会摆动脑袋和脖子,有些自闭症儿童会有自伤性(如撞头、打脸)行为。

自闭症儿童往往会过分坚持某些常规及言语或非言语的仪式行为,或对改变过分抵抗(如运动性仪式行为,坚持同样的路线或食物,重复提问,或对细微变化感到极度痛苦)。

在正常儿童的发展中,许多幼儿会对环境的改变感到害怕并反应强烈,但随着年龄的增长,这种现象会逐渐消失。自闭症儿童的状况却与此相反。年龄大的自闭症儿童对生活中同一性的执着不仅不会消失,反而会更加强烈,对生活中外界变化的反应也越来越强烈。这种对生活常事的同一性与重复性的坚持,以及对多样性与变化性的拒斥和缺乏,在自闭症儿童中是极为普遍的。

高度狭隘、固定的兴趣,造成自闭症儿童在强度和关注度上是异常的(如对不寻常的物品强烈依恋或沉迷,过度局限或持续的兴趣);兴趣的异常狭窄、对生活中同一性的执着、重复性肢体动作、异常的感觉以及相连的行为特点。自闭症儿童往往不愿与其他孩子玩。他们对玩具也不像其他孩子那样表现出强烈的兴趣。一些基于临床观察的研究表明,大约有75％的自闭症儿童会表现出这种相对于正常儿童而言的狭窄的兴趣与行为。自闭症儿童有他们的兴趣和所爱做的事情,只是他们的兴趣和爱好不仅狭窄,而且异常。他们中有许多人对与数字有关的东西特别感兴趣,有些儿童甚至能背出许多电话号码,或根据某个生日推算出那天为星期几。自闭症儿童往往不能自然地介入想象性的或模仿性的游戏中。他们很少模仿别人的动作,同时,很少具有想象力,不会进行想象性的游戏。

自闭症儿童对感觉刺激反应过度或反应低下,对环境中的感觉刺激表现出异常兴趣(如对疼痛、热、冷感觉麻木,对某些特定声音或物料表现出负面反应,过多地嗅或触摸某些物体,沉迷于光线或旋转物体)。自闭症儿童在听觉与视觉方面都有与众不同之处。他们对听觉似乎有相当大的选择性。他们对于别人的呼叫声可以充耳不闻,但对一般人不会注意的背景性声音会表现出明显的注意与强烈的反应。在视觉方面,自闭症儿童对一些特定的物体表现出高度的敏感性。自闭症儿童在触觉、味觉与嗅觉方面也与众不同。他们喜欢特别柔软光滑的物体。有些自闭症儿童喜欢不停地在嘴里含着一些小物体,如树叶等。有些自闭症儿童习惯于把不熟悉的物体放到嘴边舔舔,还有些自闭症儿童会嗅闻他们所不熟悉的物体,有些自闭症儿童倾向于从特定的身体移动中得到某种感官性的满足。

(三) 注意力发展

尽管自闭症儿童基本上都有正常的视觉空间能力,但在临床观察上,他们大都不能够维持较长的注意力。注意力不能集中并不是自闭症儿童不愿意集中而是由于功能性缺失,他们有自己都难以理解的困难。其实自闭症儿童也能和正常儿童一样维持注意力,只是他们由于感官知觉问题,经常会表现出只有当自己对事物或事件感兴趣时,这种注意力才能得到维持。他们对自己痴迷的行为有着超常的专注,却不能对其他的事给予应有的集中注意。[①]

自闭症儿童对物的注意时长明显长于对人的注意,相对于正常儿童,自闭症儿童对物

---

① 周晓雯.近十年国外自闭症谱系障碍共同注意力研究的热点与趋势——基于 WOS 数据库的 CiteSpace 分析[J].海南师范大学学报(社会科学版),2020,33(01):104—109.

的注意有自己的独特之处。①

(1) 运用他感。当自闭症儿童注意到有自己感兴趣的物品时,往往会采取"吸"或者用力抚摸等特殊方式,这一点虽然在一般年幼的儿童身上也能见到,但是自闭症儿童的这种特点会一直延续到成年以后。

(2) 注意细节。自闭症儿童对物品的注意呈现出的特点是往往只聚焦于物体的一个点而不是一个面,关注的是局部而非整体。比如虽然有一部玩具小汽车放在面前,但他们只看着轮子,而对其他部位视而不见;一部电话放在那儿,他们只盯着某一个按键,完全无视整个电话。

(3) 偏好熟悉。自闭症儿童常会过分专注以前就熟悉的令他愉悦的刺激,忽视或回避陌生的感官体验。比如让其看一幅他从来没有看过的画,他会不自觉地先在画中寻找熟悉的东西;当他进入餐馆,他会刻意找寻他以前见过的装饰墙纸;让他看一本新书,他会先在新书中寻找他曾经看过的插图。因此,那些以反复出现的形式所编撰的系列故事绘本或丛书等比较适合训练他们注意力的维持。

(四) 感觉发展

在视觉发展方面,自闭症儿童大都有正常甚至出类拔萃的视觉空间能力,有的还有超凡的精细视觉加工能力。对于正常人来说是一个极为隐蔽的难以觉察的某些物体或特征元素,但不少自闭症儿童却能洞察入微、一目了然。② 自闭症儿童的视觉运用方式也比较特殊。许多自闭症儿童使用的是边缘知觉,而不是直接知觉。在听觉方面,自闭症儿童没有听力障碍,与此相反的是对于环境中的一些声音会极为敏感,他们能听到普通人几乎无法听到的声音,或者某些特定的声音会造成他们的痛苦。在嗅、味觉发展方面,自闭症儿童的嗅觉和味觉发展正常,但是有些自闭症儿童对特定的气味和食物的反应极为独特和固着。

(五) 记忆发展

自闭症儿童通常以整体搬移的形式收集信息素材,而不善重组和灵活整合信息进行存储和记忆,因此他们的机械记忆和视觉记忆都具有很强的优势,因为机械记忆不需要对信息进行灵活整合。③ 自闭症儿童的视觉记忆要优于听觉记忆;相比文字,自闭症儿童对图片更有兴趣,图片干预比文字干预的效果好。

---

① Cañigueral, R., Palmer, J., Ashwood, K. L., Azadi, B., Asherson, P., Bolton, P. F., McLoughlin, G., & Tye, C. Alpha oscillatory activity during attentional control in children with autism spectrum disorder (ASD), attention-deficit/hyperactivity disorder (ADHD), and ASD + ADHD [J]. Journal of Child Psychology and Psychiatry, 2022, 63(07): 745 – 761.

② Nejati, V., Moradkhani, L., Suggate, S., & Jansen, P. The impact of visual-spatial abilities on theory of mind in children and adolescents with autism spectrum disorder [J]. Research in Developmental Disabilities, 2021, 114, 103960 – 103960.

③ McDonnell, C. G., Speidel, R., Lawson, M., & Valentino, K. Reminiscing and autobiographical memory in ASD: Mother-child conversations about emotional events and how preschool-aged children recall the past [J]. Journal of Autism and Developmental Disorders, 2021, 51(09), 3085 – 3097.

第二节　自闭症儿童的教育

一、学习环境

我国自闭症儿童在学龄前的教育安置形式主要是康复机构、普通幼儿园中的普通班级和特教班、特殊学校中的学前班和在家教育。进入学龄阶段的自闭症儿童主要在特殊学校和普通学校就学。自闭症儿童的就学一般需要父母、家人或学习支持者陪同学习,帮助他们听清指令,强化学习内容。

近年来专门的自闭症特殊学校开始出现。2022年《"十四五"特殊教育发展提升行动计划》提出:"针对孤独症儿童教育基础相对薄弱的实际,要合理布局孤独症儿童特殊教育学校,鼓励省会城市、计划单列市及较大城市建设孤独症儿童特殊教育学校。"但同时也要看到,专门的自闭症特殊学校只是建立在省会城市和大城市,而非普遍创办。对于自闭症儿童的教育安置,普通学校仍然是优先选择。

二、课程

对于进入普通学校学习的自闭症儿童而言,他们的学习课程与正常学生一样,对于有些有着较高认知发展水平的自闭症儿童,确立适当的课程目标,并在策略上给予保证,能帮助其适应普通教育的课程。

大多数自闭症儿童进入特殊学校,其课程常常与智力障碍儿童的课程相似。针对自闭症儿童的典型课程目标包括:生活技能(包括适当的行为、社会性发展、人际交流和问题解决)、功能性学业、职业准备。

生活技能课程从自闭症儿童一入学就开始了。它强调适当的行为、社会性发展、人际交流、问题解决、安全和日常生活技能;功能性学业主要关注每日生活中有用的技能(如金钱计算、看时钟等),这种课程贯穿于整个学校学习的过程;职业准备课程教导他们形成学习工作习惯和在集体中的责任感,并学会做不同的工作,进行相应的职业训练。

三、教学策略

针对融合环境下障碍儿童的特殊教育服务应采取以下五种策略,以帮助自闭症儿童和其他发展性障碍儿童获得技能、发展人际关系和融入班集体。

(一)教授沟通与社会能力

运用图片交换交流系统(the Picture Exchange Communication System,简称PECS)可以帮助那些缺乏功能性语言机能的自闭症儿童进行有效交流。利用模仿性机能来提供系统性指导。模仿对于学习和交流很重要。要将模仿训练融入课堂教育中,包括在小组活动、体育活动以及户外游戏中。要为自闭症儿童提供与正常儿童进行直接交流的机会。

(二) 在班级的自然活动进程中运用指导性策略

如将同伴吸引到指导性情境中来。既要利用儿童之间自发的互动,还要运用事件的自然后果;运用不同的线索和提示保证每个孩子得到适当的支持。教师需要给予必要的帮助,以使儿童不会对其产生依赖。

(三) 教育自闭症儿童并提供机会培养其独立性

随时给儿童提供选择的机会;在必要时,教儿童作出选择。图片时间表能帮助自闭症儿童学会遵从日常活动的次序和过程。对于没有语言的自闭症儿童,教师要经常给予他们机会,让他们对教师的提示作出反应。当自闭症儿童获得一些成功时,教师要带领学生及时祝贺。

(四) 建立能融合所有学生的班级团体

运用活动使各种能力的学生一起加入进来,并设计一些开放式结局的游戏,采用适当的材料,对自闭症儿童的反应进行积极支持,发掘他们的能力。同时,让每个学生有机会扮演不同的角色,包括自闭症儿童在内的每个学生,都要轮流负责发材料。这样,自闭症儿童就能与班级里其他同学一样,处于平等的氛围里,并能与同伴交流。

(五) 促进技能的泛化与保持

目标技能在每个儿童的生活中用处都很大。一个自闭症儿童在很多情况下需要的技能很有可能被泛化,因为他们经常练习,并得到行为后果的自然强化。为了使自闭症儿童脱离成人的帮助和指导,要运用指示性和干扰性最少的提示法,从而保证已成功获得的技能得以表现,并在不破坏技能表现的同时尽快隐去提示。自然地进行学习试验,要利用学校日常活动中的教学机会,这样才能增加技能泛化和保持的可能性。

四、技术

与自闭症儿童交流的重要性已被大家广泛认可。在儿童不能以一种常规的方式来发展言语和语言时,很多设施被应用于加强或增加儿童的社交技能[被称为增强和替代性交流(AAC)]。这包括图片交换交流系统(PECS)。

有时候要使用一块沟通板。这样,一些基本的沟通就能在儿童和成人之间建立了。在这里,儿童可以表达他们的基本需求和感受,成年人则给予回应。在这种交流中,帮助性图片的使用大大增加。

计算机也可以与人工语言结合起来帮助其交流。儿童可以输入一个单词的首字母,屏幕上就会出现一系列以此字母开头的常见单词。这样,一些不能读的孩子可以利用鼠标或方向键来选择语言合成器大声读出单词。

五、干预策略

根据循证实践结果,目前自闭症领域的干预方法根据干预效果可以分为以下几类:[1][2]

(一)已经证实有效的干预方法

已经证实的干预方法是指有很多研究表明这些干预方法是有效的,但并不是对所有的自闭症儿童均有效。由于统计方法的不同,美国自闭症国家专业发展中心(National Professional Development Center on Autism Spectrum Disorders,简称 NPDC)和国家自闭症研究中心(National Autism Center,简称 NAC)这两个机构的"循证"结果稍微有一些差别。首先,NAC 将 38 种已证实是有效的干预方法集合在 11 个类别下,其研究的结果以系列进行呈现,它公布的是 11 个已证实是有效的干预方法系列,而 NPDC 注重单独的每一项具体干预方法的研究,NPDC 于 2008 年公布的是 24 项具体的干预方法。另外,有 5 项 NPDC 证明是有效的方法,NAC 将其归类为新出现的干预方法之下(如表 8-2 所示)。

表 8-2　NAC 与 NPDC 公布的已证实有效的干预方法比较[3]

NPDC 证实的有效干预方法	NAC 证实的有效干预方法										
	前因控制系列	行为疗法系列	故事干预系列	榜样法	自然教学策略	同伴训练系列	核心反应治疗	计划表	自我管理	低龄儿童综合行为疗法系列	联合注意力干预
提示	X			X						NPDC 没有检索综合行为干预模式的文献,这种模式的许多具体内容与 NPDC 已经证实的实践是重合的	NPDC 认为,联合注意力是一种表现,而不是一种干预方法,而且联合注意力干预的许多具体内容与 NPDC 已经证实的实践是重合的
以前因控制为基础的干预	X										
延迟法	X										
强化		X									
任务分析		X									
离散单元训练		X									
功能性行为分析		X									
功能性沟通训练		X									
反应中断及转移		X									
差别强化		X									

---

[1] 李芳,孙玉梅,邓猛. 美国自闭症儿童教育中的循证实践及启示[J]. 外国教育研究,2015,42(02):66—78.

[2] Stahmer, A.C., Suhrheinrich, J., Roesch, S., Zeedyk, S.M., Wang, T., Chan, N., & Lee, H.S. Examining relationships between child skills and potential key components of an evidence-based practice in ASD [J]. Research in Developmental Disabilities, 2019,90:101-112.

[3] 李芳,孙玉梅,邓猛. 美国自闭症儿童教育中的循证实践及启示[J]. 外国教育研究,2015,42(02):66—78.

NPDC证实的有效干预方法	NAC证实的有效干预方法										
	前因控制系列	行为疗法系列	故事干预系列	榜样法	自然教学策略	同伴训练系列	核心反应治疗	计划表	自我管理	低龄儿童综合行为疗法系列	联合注意力干预
社会故事			X								
视频示范				X							
自然干预					X						
同伴辅助教学						X					
核心反应训练							X				
视觉支持								X			
结构化工作系统								X			
自我管理									X		
家长实施的干预	NAC认为,家长实施的干预不是循证实践的一个系列										
社交技巧训练	NAC将其列在新出现的干预方法类别下										
语音生成设备	NAC将其列在新出现的干预方法类别下										
计算机辅助指导	NAC将其列在新出现的干预方法类别下										
图片交换交流系统	NAC将其列在新出现的干预方法类别下										
消退	NAC将其列在新出现的干预方法类别下										

（二）正在建立科学实证的干预方法

正在建立科学实证的干预方法是指,如果有一项或多项研究证明某类方法有积极疗效,但是提供这些证明的研究的数量和质量还不足以完全确证这一疗效,那么该干预方法就可以归为该类。NAC公布的此类干预方法有21项,分别是:替代沟通装置、认知行为干预、关系本位的发展性干预、体育锻炼、暴露法、模仿本位的互动、起始训练、语言训练、按摩/触碰治疗、多成分干预系列、音乐疗法、同伴辅助教学、图片交换交流系统、减少策略、脚本法、手语沟通、社交沟通干预、社交技巧训练、结构化教学、计算机辅助指导、心理理论教学。

（三）没有科学实证的干预方法

若研究没有发现某种干预方法有明显的效果,或者该干预方法没有什么研究证据进行支持,那么该干预方法就归为此类。NAC公布的此类干预方法包括:学业干预(用传统的教学方式来改善学生的学业)、听觉整合训练、辅助沟通法(由一位协助者来辅助自闭症孩子的手或手臂使用键盘及其打字装置打出文字、句子或者完整的想法)、无麸质及无酪蛋白的饮食、感觉统合干预。

通过循证实践得出的干预策略具有科学性,但是在证据选择的过程中,呈现出重量化轻质化研究,重视单一被试实验、轻视其他量化研究方法的趋向,甚至存在与人文关怀之间的冲突与矛盾。[①] 当前我们需要科学的、立足于本土的、高质量的原创性实证研究来寻找更为有效的干预方法,同时也不能仅仅局限于循证实践的桎梏,而应重视教育者、外部环境等条件因素与自闭症儿童状况的统筹分析,在真实的情境中不断探索出有中国特色的自闭症儿童干预策略与模式。

> ### 📋 特殊教育个案
>
> ### 自闭症儿童个案
>
> 小华,13 岁,就读于某培智学校。初见小华时,他正在写字,字迹工整,神情专注。同青春期的男孩一样,他已经有了微微突起的喉结,在嘴角周围,隐约可以看见胡须。
>
> 小华出生于贵州一个幸福美满的家庭。父亲、母亲都是本科生。小华出生时,父亲 29 岁,母亲 26 岁,他们都是教师,均无不良嗜好。夫妻关系、婆媳关系都非常不错。母亲当时是贵州某省重点高中高三复习班的教师,带领全班一百多名学生在阶梯教室上课。在这段时间内,她的心情不是很好,觉得很压抑,有时会莫名其妙地感觉不高兴,心里烦躁。在怀孕一个多月的时候,她还曾经被狗咬伤过小腿。
>
> 小华出生以后,全家人都很高兴。小时候的小华,长得非常可爱,白白胖胖的,眼睛很有神,会注视别人。但是,注视时间很短。在十个月的时候,小华便会说"爸爸""妈妈""奶奶"等词。同时,小华开始蹒跚学着走路。一旦肚子饿了,他不用言语表达,也不像一般小孩用手指,而是自己直接去取东西吃。小华很喜欢母亲,每天母亲下班回家,他便会表现出很开心的样子,对别人的呼唤也有反应。见过小华的人,都称赞爸爸、妈妈把小华教得好。
>
> 小华十个月时,父母双双被调到上海工作。由于刚刚到上海,事业还不稳定,父母便没有带小华一同前往,让他同爷爷、奶奶一起生活。其间,母亲耐不住思念,会在暑假的时候回家看小华。但这次回家,却让她觉得不安起来。小华不再对母亲表示亲近,对他人呼唤的反应次数也变少了。一年后,父母便把小华、爷爷和奶奶一起接到了上海生活。然而,小华此时已不再说话,连"爸爸""妈妈"等词也不会说了;对他人没有丝毫反应;不愿意安静,绝对不可能安安静静地坐上五分钟;在清醒的时候,

---

① 邓猛,颜廷睿. 特殊教育领域循证实践的批判性反思——以自闭症教育干预领域为例[J]. 中国特殊教育,2017 (04):3—8+22.

一直处于十分兴奋的状态,一会儿在地上打滚,一会儿又要抓东西。

父母非常着急,开始带着小华四处做检查。最初,父母带他去做的是发音系统和听觉系统的检查,检查结果基本正常,只是对个别声音比较敏感。后来,父母给小华做了脑电波检查,也没有发现异常。随后,父母为了确定是否存在遗传因素的影响,又做了血液抽查。通过检查,医生发现小华体内有弓形虫。按照医嘱,小华服用了两个月的乙胺嘧啶,还服用了半年的脑活素。此时,小华的父母还觉得很欣慰,以为只要没有了弓形虫,孩子自然就跟普通儿童一样了。然而,两个月后,虽然弓形虫检测结果呈阴性,但是小华的情况并没有好转。父母又把小华带到上海某医院精神科特需门诊作诊断。医生要小华做一些事,然后观察他的行为。其中有一个观察操作是:医生首先将一盒回形针倒在桌上,然后把两颗回形针别在一起。小华看到后,很快地照着医生的做法,把桌子上剩余的回形针全部别在一起。通过行为观察,医生怀疑小华是自闭症患者。后来,父母又带小华到上海市精神卫生中心做检查,结果小华被确诊为自闭症。此时,小华已有两岁零两个月了。

小华的父母第一次接触自闭症,对它一无所知。经过多方打听,得知北京某机构是国内较早从事自闭症康复的机构。当年7月,母亲便带着小华到这里接受了为期三个月的康复训练。在这里,孩子主要接受的是行为治疗。训练项目有说话练习、目光注视及坐等内容。如在训练坐时,最初先数数十声,如果孩子可以坐得住,便奖励他。然后渐渐地把时间拉长。开始只有10下,后来,渐渐延长到20下、30下、100下……通过这样的训练,小华在很多方面有了进步。小华终于开口说话了,虽然只是简单地模仿他人说一两个字、词。同时,他还可以保持一段时间的安静。

在陪孩子练习的过程中,小华母亲发现康复机构的训练更多的是训练孩子的行为,而对社会性发展的训练较少。于是,小华母亲便把行为训练和交换意识的训练结合在一起来训练小华。小华喜欢吃糖,母亲便利用这个特点,要求小华坐5分钟,如果可以,则给小华糖吃;如果不行,即使小华哭闹,也不给。然后,母亲逐渐把时间延长到10分钟、20分钟、30分钟。这样的训练,不仅巩固了康复机构训练的结果,还让小华明白:要实现自己的目的,必须达到别人的要求。当小华能够安静下来后,母亲开始教小华识字。小华的口齿不清,母亲便首先教小华做舌操,以训练舌头的灵活性。然后,母亲让小华反复练习发音,学习把音拉长。大约用了半年,小华才学会把音拉长。可喜的是,小华的发音变得清楚了一些。后来,母亲教小华识字、认数字。在这一阶段,母亲主要采用实物教学的方法,如拿两颗糖,然后告诉他是2,以此对应练习,如果答对则给奖励。用了半年多时间,小华能写1到100以内的数,而且能将这些数找出来。与此同时,母亲给小华服用了一些加强营养的药物,但是收效甚微。

很快,小华到了该上幼儿园的年龄。很多幼儿园认为小华不符合他们的招生要求,原来幼儿园要进行入园测试,但小华却不能安静下来。后来听说上海市某区幼儿园有一个特教班,于是,母亲让小华到这里念书。校方很乐意地接受了小华。为了让小华更好地学习,父母为小华请了一位"姐姐"(学习和生活的陪伴者)。从那时开始直到现在,小华一直由"姐姐"陪在身边,包括上课的时候。小华只在特教班学习了一学期,之后,幼儿园看小华的表现不错,就把他转到了普通班级,与其他孩子一起学习和活动。

幼儿园毕业后,母亲为小华选择了特殊学校——辅读学校。在进入辅读学校的最初半年里,小华情绪变得不稳定,乱发脾气。班主任每天让小华练习长跑、拍球,消耗小华的精力,然后才让小华进教室上课。通过这样的练习,半年后,小华的情绪稳定了许多。在此期间,6岁多的小华接受了由刘宏白主持的视听动训练。这次训练持续了四个月,主要是视觉统合训练及运动。通过训练,他学会了拍球、骑车、跳绳。在一起进行训练的自闭症儿童中,小华学得最快。

但是,小华母亲不甘心让小华一直待在特殊学校,想让小华转到普通学校。于是托人四处联系,终于获得了在某小学试读的机会。在这里,小华的行坐、校园礼仪都被训练得很好。这所小学的要求非常严格,他们要求学生"轻声慢语,轻步缓行"。每个学生必须在接近校门五米处就要向老师说:"您好!"只是,一旦上公开课,小华就得应校方要求,不参加上课。每当被拒绝上公开课时,小华就很不开心,发起脾气。入学一个月后,校方和家长都认为小华不适合在这所小学学习。于是,小华换到另一所小学上学,在这所学校度过了愉快的五年。在上一所小学里培养的行为习惯让小华受益匪浅。老师觉得小华很乖,比一般自闭症的孩子守纪律。每节课上,教师几乎都会让小华回答一个简单的问题。小华的回答,老师和同班同学都能够听懂。每当小华回答完后,同学们都鼓掌表示鼓励。小华还举办过两次画展,他的画主要是模仿,而不是自己创作。为了让小华学画画,父母专门请老师到家里来督教。目前,小华的画还挂在学校走廊的墙壁上。

小华的画展极大提高了同学们对小华的评价。虽然小华并不主动交朋友,但在同学们的眼中,小华是个能干的同学,他们都乐于同小华玩。母亲一直鼓励小华多交朋友,她经常带着小华和他的同学一起外出游玩。在这所小学学习期间,小华的语言能力也有了很大的提高。他能够模仿长句子,甚至是很长的自然段。他已认识许多字。这期间,小华的情绪也比较稳定,很少乱发脾气。美中不足的是,同特殊学校的老师比起来,这里的老师对小华的个人关注显得不足。

2007年7月,小华小学毕业。原本小华应该去普通初中上学,但母亲担心小华适应不了中学的学习节奏,决定让小华回到原来的辅读学校学习。

关于未来,小华母亲有许多畅想。她希望小华的情绪能够保持稳定,希望他从辅读学校毕业后,到技校上学,学习美术、手工。考虑到自闭症儿童的模仿能力强,小华母亲打算联合其他自闭症儿童的家长出资兴办一个手工制作坊,让孩子模仿做一些手工作品。她从朋友那儿了解到,在台湾有一个残疾人组织,他们联合起来,制作垃圾篓,而当地政府规定,政府使用的垃圾篓必须由这个组织来提供。她希望未来在上海也有类似的规定,能让小华这样的自闭症儿童有自食其力的一天。

🗨 焦点问题讨论

如何看待应用性行为分析法

应用性行为分析法(Applied Behavior Analysis,简称 ABA)是一种理解和改善人类行为的科学学科。应用性行为分析法关注客观描述和观察到的行为,这些行为对参与者的日常生活很重要。当所应用的程序与行为的改变之间有可靠的联系时,应用性行为分析法就可以改善参与者的行为。从应用性行为分析法的角度来看,自闭症是一种具有生物学基础的行为缺陷与行为过剩的综合征。通过精心设计,与物质和社会环境进行结构化互动,可以改变这种异常行为。ABA 在设计好的系统化的生活环境中,运用诸如正强化的行为原则来教给儿童技能。

到目前为止,应用性行为分析法是自闭症儿童家长的最大希望。虽然不是所有的自闭症儿童都能在应用性行为分析法的干预下被治愈,但是所有的自闭症儿童都会有一定程度的进步。大多数自闭症儿童尽管还存在问题,但语言能力都得到了一定水平的发展。那么,这是否意味着应用性行为分析法是当前唯一对自闭症有效的方法呢?家长们对这样的一种方法该持有怎样的态度?家长是该相信别人的方法,还是理智地判断选取?对于自闭症儿童家长而言,治愈自闭症的征程漫漫,即使是选择深度行为干预的家庭,孩子的自闭症也不可能完全得到治愈。要认清自闭症的病因,找到预防方法、治疗方法甚至治愈方法,还有很长的一段路要走。

❓ 思考题

1. 自闭症的诊断标准有哪些？

2. 自闭症儿童有哪些特征？

3. 简述针对幼小自闭症儿童的干预策略。

第九章
言语语言障碍儿童

　　人与人之间的沟通，是指相互间经由适当的沟通方式交换信息、观点、意见、情感和态度的过程。沟通能力是个体发展中一项非常重要的能力。言语语言障碍(Speech or Language Disorders)儿童由于言语或语言能力发展的不足，在沟通过程中表现出明显的问题，直接影响其正常发展。言语语言障碍儿童的群体构成比较复杂，在构成原因、障碍表现以及教育与训练的需求上也不尽相同。

第一节　言语语言障碍概述

言语语言障碍是一个涉及语言学、生理学、心理学、教育学等诸多学科的名词。什么是言语语言障碍？怎样对言语语言障碍进行鉴定和分类？言语语言障碍的成因是什么？言语语言障碍儿童的表现特征又是如何？对这些问题的探究，有利于对言语语言障碍儿童进行针对性的教育与训练。

一、言语语言障碍的概念

（一）人类沟通最重要的信息系统：语言和言语

语言和言语是人类沟通最重要的手段。人们通过言语和语言表达基本需求、交换信息，达成人际互动。言语或语言障碍会给个体的生活、学习以及适应社会带来显著影响。

1. 语言

语言（Language）是指由词汇（包括形、音、义）按一定的语法所构成的复杂的符号系统，是人类所特有的最重要的沟通工具。语言包括以下几个要素：

（1）语音。

语音是语言的物质材料。有了语音，语言才能成为物质的、现实的、为人们所感受的东西。语言的词和句子都是通过语音来体现的。每种语言都有自己独特的语音系统。语音可分为元音和辅音。发元音时，声门以上的发音器官不形成任何阻碍，呼出的气流可以畅通无阻地通过咽腔、口腔和鼻腔；发辅音时，发音器官的某一部位形成阻碍，气流必须克服这种阻碍才能通过。汉语普通话的语音系统分为声母、韵母和声调三个部分。

● 声母：指处在音节开头的辅音成分。汉语普通话共有声母 23 个，包括 21 个辅音声母和 2 个零声母（y、w）。

● 韵母：位于声母后面的部分。普通话共有韵母 39 个，其中包括 10 个单韵母、13 个复韵母和 16 个鼻韵母。单韵母就是由单个元音构成的韵母；复韵母是由 2 个或 3 个元音连续排列构成的韵母；鼻韵母是由 1 个或 2 个元音后面带上鼻辅音韵尾 n 或 ng 构成的韵母。

● 声调：贯穿于整个音节，具有区别意义作用的音高变化。汉语普通话共有 4 个声调：即阴平（第一声）、阳平（第二声）、上声（第三声）和去声（第四声）。

（2）词汇。

词汇是构成语言的要素之一，是指某种语言全部的词和固定词组的总汇。语言必须有词。词体现着人们对客观世界认识的成果,是体现思想和组成语言的基本单位。

（3）语法。

语法是语言符号的聚合规则和组合规则的总和。语法是词法和句法的汇集,它包括词的构形、构词规则和词组合成句、句组合成句群的规则。语法的组合规则是由语法单位体现出来的,在词的范围以内的语法规则或词的形态变化规则叫词法,组词成句的规则叫句法。

（4）语义。

语言是传递信息的。语言符号由声音和意义两部分构成。语义是语音形式表现出来的各级语言单位所包含的意义以及在使用语言的过程中所产生的意义。

（5）语用。

语用就是语言的实际应用,即用语言进行信息交流和交换。语用含义往往和言语行为的动机、言语行为发生的具体环境、参与言语行为沟通过程的人物（主要有发话方和受话方）以及言语行为的表达方式有关。

2. 言语

言语指个体对特定语言系统的具体运用,是个体运用语言传递信息的过程。言语过程也是最有效地运用语言进行沟通的过程,具有明显的个体特征和个体风格。

言语是人类特有的、极其复杂的高级神经活动。言语表达就是将言语运动命令信号转变为音波并以口语的形式表达。言语表达是通过发音器官的神经-肌肉高度协调一致而实现的,发音器官由呼吸器官,喉头和声带,口腔、鼻腔和咽腔等几个部分组成。如图9-1所示。

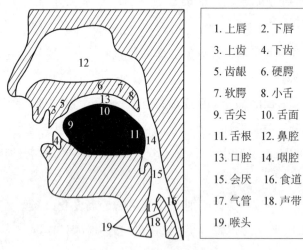

图9-1　发音器官示意图

（1）呼吸器官。

呼吸器官包括肺、呼吸肌肉和气管。其中肺的作用最重要，它好比风琴的风箱，是原动力的供应站。肺部收缩时其中的空气受到压力，经由气管、喉头、咽腔进入口腔或鼻腔，流出体外，这就是呼气的过程。肺部扩张时，空气从外界进入，这就是吸气的过程。这种呼吸的气流是人类发音的原动力，人类大多是利用呼出气流发音。呼吸对于发音有很重要的作用。

（2）喉头和声带。

喉头是发音器官的声源所在，是软骨组成的圆筒状构造，上接咽腔，下接气管。声带是发音器官的颤动体，位于"圆筒"的中间，由两片富有弹性的肌肉组成。发出不同频率的声音时，声带振动的方式有所不同。发低音时，声带放松，大部分声带参与振动；随着声调升高，声带逐渐拉长，参与振动的部分也越来越窄。

（3）口腔、鼻腔和咽腔。

口腔、鼻腔和咽腔是人类发音的共振腔，也称共鸣器。

口腔包括唇、齿、齿龈、硬腭、软腭、小舌和舌。舌是口腔中最重要的也是最灵活的器官，可以分为舌尖、舌面和舌根等几个部分。各器官的配合，使口腔形成了不同形状的声道而发生不同共鸣，进而能发出各种复杂的音色。

鼻腔位于口腔的上方，它是否参与共鸣取决于软腭和小舌的控制。

咽腔位于喉头的上方，有通往鼻腔和口腔的两条通路，由软腭控制气流的流向。当软腭、小舌下垂时，气流向口腔的通路被堵住，形成鼻腔共鸣而发出鼻音；当软腭、小舌伸直抵住咽壁时，鼻腔通道堵塞，气流完全从口腔呼出；当软腭悬在中间时，气流可能同时引起口腔和鼻腔共鸣。

（二）言语语言障碍

言语语言障碍是一个合成词。在我国的残疾分类中，与言语语言障碍相对应的概念为"言语残疾"，根据《残疾人残疾分类和分级》标准，言语残疾是指各种原因导致的不同程度的言语障碍，经治疗一年以上不愈或病程超过两年，而不能或难以进行正常的言语交流活动，以致影响其日常生活和社会参与。言语残疾包括失语、运动性构音障碍、器质性构音障碍、发声障碍、儿童言语发育迟滞、听觉障碍所致的言语障碍、口吃等。[①] 它涵盖了传统分类中的言语障碍和语言障碍。

1. 言语障碍

言语障碍是指说话时的反常现象，包括发声、构音以及语流的异常。这类障碍可在说

___

① 残疾人残疾分类和分级(中华人民共和国国家标准 2011 年第 2 号公告，GB/T 26341—2010)。

话者表达以及使用口语符号系统时被观察得知。

2. 语言障碍

语言障碍是指个体所掌握的语言学知识系统与其年龄不相符,落后于同龄的正常人,属于在语言符号系统的理解和使用上的异常。

从疾病诊断角度,国际疾病分类(International Classification of Diseases,简称 ICD - 11)将儿童言语或语言障碍称为"发育性言语或语言障碍",具体而言,这类障碍出现在发育期,其特点是难以理解或表达言语和语言,或在社交语境中使用语言进行交流存在困难,考虑到其年龄和智力功能水平,个体的言语或语言能力明显低于预期水平。个体的言语和语言问题不能归因于区域、社会或文化/种族的语言差异,也不能完全由解剖学或神经学异常来解释。

(三)语言获得与儿童语言的发展

1. 儿童语言获得的过程

儿童语言的获得与发展是一个循序渐进的过程。对于儿童语言获得的阶段,研究者有着不同的看法。通常认为,儿童语言的获得经历了以下几个主要阶段:

第一阶段:前语言发展阶段(出生—9 个月)。

婴儿出生后不久便能显现出对人类语音的感知能力,同时他们也会表现出对语音信息的兴趣。大约在 4—6 个月时,婴儿开始进入咿呀学语阶段,在这个阶段,婴儿开始发出类似言语的声音。同时,婴儿开始有意识地同外界进行交流,并逐渐理解一些名词。

第二阶段:单词阶段(9—18 个月)。

大约在 9—13 个月时,儿童开始掌握最初的单词。这些单词往往表示与他们关系最密切、最重要的事物,如家庭成员(妈妈、爸爸)、动物(狗、猫)、交通工具(汽车、飞机)、玩具(球、娃娃)、食物(牛奶、苹果)、身体部位(眼睛、鼻子)、衣着(鞋子、帽子)、日常用品(杯子、床)和简单的表示动作的单词(跑、走)等。这个阶段,儿童往往也会掌握一些简单的问候语(再见)以及简单的形容词(好、坏)和方位词(这)。

在这个阶段,儿童所说出的单词往往承载着许多表达功能。比如,当一个幼儿说"饼饼"时,它可以代表"我要吃饼干",也可以代表"这是饼干",还可以代表"饼干在哪里"。从某种角度说,这个阶段儿童所表达的单词充当了单词和句子的双重角色。

第三阶段:双词阶段(18—24 个月)。

一般而言,单词出现之后半年左右,儿童的语言中便可出现词的组合,例如"妈妈抱""去逛逛""大气球"等。有人称这个阶段为"电报句"阶段,因为在这个阶段儿童倾向于省略在交流中不重要的词。

在双词阶段,儿童有自己特定的所要表达的意义。研究者认为,儿童所表达的大多数双词语可以归纳为八种语义关系，①如表9-1所示。

表9-1　儿童双词语表达的八种语义关系

语义关系	例句	语义关系	例句
施事＋动作	爸爸吃	实体＋方位	杯子桌子
动作＋受事	打球	物主＋所有物	姐姐鞋
施事＋受事	妈妈宝宝	属性＋实体	大飞机
动作＋方位	坐凳子	指示＋实体	这个汽车

在这个阶段，儿童常常会表现出一定的创造性，他们并非简单地模仿成人的语言，而是根据需要创造性地表达。

第四阶段：简单句及以后的发展阶段（24个月—以后）。

随着年龄的增长，儿童使用的句子逐渐变长，并开始显现出人类语言所特有的层级语法结构。首先出现的是简单句。这一阶段的儿童能使用简单的短句，如名词加上动词。在说话中，儿童还能使用代词"我、你、他"，介词"上、下"等。到36个月左右，儿童已能用简单句进行表达，并开始步入完整的造句系统。与此同时，儿童能够表达的事物已不再局限于此时此景。

3岁以后，儿童尝试使用较复杂的句子，他们在这个阶段掌握了大部分的语法结构形式，并有能力理解部分词语的抽象关系。有些语言学家认为，儿童这一阶段的表达已接近成人，说话俨然像个"小大人"。

5岁左右，儿童的语言能力更趋成熟。在这个过程中，儿童在不断地扩充自己的词汇，改善自己的表达，完善语言在环境中的使用。这个时期是儿童交流能力明显增长的时期，从这时开始至12岁，儿童使用的句子更加复杂，而且句子的含义和语言的用途开始向高级发展。同时，儿童开始用语言学习阅读和书写。

2. 儿童语言获得的理论

（1）行为主义的观点。

以美国心理学家斯金纳（B. F. Skinner）为代表的行为主义语言获得理论认为，儿童语言的获得是后天的语言环境中一系列"刺激—反应"的结果，是通过强化、塑造、模仿形成的，环境因素即刺激和强化的历程决定着儿童语言的形成和发展。持这种观点的人认为，语言是人对外界一系列环境刺激的反应，语言与人类其他行为一样，是可以观察和测量的，也是可以通过强化、训练、塑造或模仿逐渐形成的。因此，儿童是通过模仿和选择性强化而获得语言的。

---

① Brown, R. A first language: The early stage [M]. Cambridge, MA: Harvard University Press, 1973:53-54.

（2）自然主义的观点。

乔姆斯基(Chomsky)认为,语言是人类的先天特性,是人类特有的特殊认知能力,是以规则为基础的复杂系统。儿童头脑中存在着一个由遗传因素决定的先天的"语言获得机制"(Language Acquisition Device,简称LAD),这一机制为儿童语言的获得提供了必要的前提条件。当儿童出生后,听到各种各样的话语,语言获得机制就会被触动而开始工作。儿童像语言学家那样运用评价系统,从他听到的话语中分析、归纳、概括出各种语言的范畴或规则,并把这些具体的范畴或规则"代入"普遍语法系统中,像给方程式中的未知数赋上具体的数值一样。这样,儿童就获得了一种具体的语言。这一学说的重要依据是:语言是一个极为复杂的系统,但在正常情况下,儿童可以在短短几年的时间里获得它,这种神奇的语言学习能力,是成人所远远比不上的。

（3）认知发展的观点。

认知发展的观点以瑞士儿童心理学家皮亚杰(J. Piaget)为代表人物。持这种观点的人认为,语言的获得不是本能的、自然的过程,而是产生于个体遗传结构与环境输入的相互作用中。他们强调认知发展与语言发展的互动影响。根据这个观点,语言发展与儿童的智力发展有关,而这种智力又是通过直接的、具体的经验而发展的。

（4）相互作用的观点。

这种理论认为,语言发展要受到先天的、后天的多种因素的影响,这些先天的能力和社会的、认知的、语言的因素是相互依赖、相互作用、互为因果的。持这种观点的人认为,儿童及其语言环境是一个动态系统,儿童不是语言训练的被动受益者,而是一个有明确意图和目的、积极主动的语言加工者,语言获得的进程在某种意义上取决于儿童本身。因此,这一观点特别重视儿童与成人交往的实践,并认为儿童和成人语言交际的互动实践活动对儿童的语言发展起决定性作用。该理论较为全面地反映了儿童在语言获得过程中能动地构建语言的事实。

二、言语语言障碍的鉴定与分类

（一）言语语言障碍的鉴定

我国《残疾人残疾分类和分级》对言语残疾分级标准规定如下:[①]

言语残疾一级　脑和/或发音器官的结构、功能极重度损伤,无任何言语功能或语音清晰度小于或等于10%,言语表达能力等级测试未达到一级测试水平,在参与社会生活方面存在极严重障碍。

言语残疾二级　脑和/或发音器官的结构、功能重度损伤,具有一定的发声及言语能

---

① 残疾人残疾分类和分级(中华人民共和国国家标准 2011 年第 2 号公告,GB/T 26341—2010)。

力。语音清晰度在 11％—25％之间,言语表达能力等级测试未达到二级测试水平,在参与社会生活方面存在严重障碍。

言语残疾三级　脑和/或发音器官的结构、功能中度损伤,可以进行部分言语交流。语音清晰度在 26％—45％之间,言语表达能力等级测试未达到三级测试水平,在参与社会生活方面存在中度障碍。

言语残疾四级　脑和/或发音器官的结构、功能轻度损伤,能进行简单会话,但用较长句表达困难。语音清晰度在 46％—65％之间,言语表达能力等级测试未达到四级测试水平,在参与社会生活方面存在轻度障碍。

各种不同类别的言语语言障碍,其鉴定标准各不相同。《中国精神障碍分类与诊断标准(第三版)》(CCMD-3)对几类典型的言语语言障碍的鉴定标准进行了如下规定。

构音障碍的鉴定标准:①发音困难,讲话时发音错误,以致别人很难听懂。患儿说话时的语音省略,歪曲或代替的严重程度,已超过同龄儿童的变异范围;②语言理解和表达能力正常(韦克斯勒儿童智力测验中语言智商、操作智商及总智商均≥70);③不是由于听觉障碍、口腔疾病、神经系统疾病、精神发育迟滞,或广泛发育障碍所致。

语流障碍(口吃)的鉴定标准:①经常出现语音、音节、单词重复、延长,频繁出现停顿,言语不流畅,但言语表达的内容无障碍;②症状至少已有 3 个月;③不是由于神经系统疾病、抽动障碍和精神病性言语零乱所致。

表达性语言障碍的鉴定标准:①言语表达能力明显低于实际年龄应有的水平。2 岁时不会说单词,3 岁时不能讲两个单词的短句,稍大后仍有词汇量少、讲话过短、句法错误等问题,其严重程度超过同龄儿童的变异范围;②语言的理解能力正常;③标准化测验总智商正常(韦克斯勒儿童智力测验中操作智商及总智商均≥70);④不是由于听觉障碍、口腔疾病、神经系统疾病、精神发育迟滞,或广泛发育障碍所致。

接受性语言障碍的鉴定标准:①言语理解能力低于实际年龄应有的水平。1 岁时对熟悉的名称无反应,2 岁时仍不能听从日常简单的口令,以后又出现不能理解语法结构、不了解别人的语调、手势等意义的情况,其严重程度超过同龄儿童的变异范围;②伴有语言表达能力和发音的异常;③非言语性智力测验智商在正常水平(韦克斯勒儿童智力测验中操作智商≥70);④不是由于听觉障碍、口腔疾病、神经系统疾病、精神发育迟滞,或广泛发育障碍所致。

不同类别言语语言障碍的鉴定有着各自相对独立的方法。这里介绍一些较为普遍使用的方法。

1. 筛查

将可能有言语语言问题的儿童筛查出来,是鉴定的第一步。这可以由教师、家长以及专业评估人员来完成。首先,教师、家长可通过对儿童日常表现的观察,将儿童语言发展水平和同龄普通儿童语言发展里程碑进行对比,发现可能存在的问题;其次,可以由家长或教师填写简单的调查问卷,筛查出可能存在言语语言障碍的儿童,同时对儿童可能的障碍类型作出初步判断,为正式评估提供依据。表9-2为家长调查问卷的样例。

表9-2　家长调查问卷

孩子姓名_____　出生日期_____ 您的姓名_____　与孩子的关系_____ 填表日期_____ 以下问题涉及孩子与您的交流情况以及孩子的语言发展状况,请您根据孩子的情况仔细作出回答。谢谢您的配合!		
您的孩子的情况	是	否
1 孩子曾经与您长期分离吗?		
2 孩子经常住院吗?		
3 您和孩子说话时,他有反应吗?		
4 孩子是否经常躲避眼神接触?		
5 孩子是否用手势语进行交流?		
6 孩子对周围的人和事感兴趣吗?		
您的孩子与其同龄的孩子相比:		
7 您在教孩子时,他/她的反应是否有异样?		
8 孩子的智力和理解力有差异吗?		
9 孩子在一岁前的发音是否有异常?		
10 您觉得孩子爱说话吗?		
11 孩子语言发展是否曾出现过停滞或倒退?		
12 您觉得对于他/她的这个年龄而言,语言发展是否正常?		
13 孩子在语言发展过程中是否存在异常?		
14 是否有言语语言障碍的家族史?		
15 孩子开口说出第一个有意义的字(词)的年龄是?		
16 孩子第一次把两个单词合在一起使用的年龄是?		
17 孩子开始出现完整句子的年龄是?		
18 孩子通常是怎样表达自己的需求的?		
19 孩子是否曾因为语言发展问题作过诊断或治疗? 具体情况如何?		

📖 **拓展阅读**

儿童语言发展里程碑

年龄	言语理解	言语表达
6个月	1. 会向声源方向转头。 2. 对不同音调的声音会有反应,如听到严厉的声音会停下正在做的事。	1. 牙牙学语,发不同的声音,如咕咕、吧吧、哒哒等。 2. 用声音回应他人。 3. 会玩声音。
12个月	1. 被叫名会转头。 2. 喜欢熟悉的声音。 3. 对简单指令有反应,如:过来、给我。 4. 能看向对话中提及的熟悉的人或物。	1. 用类似说话的声音吸引他人注意。 2. 模仿简单的语音,如爸爸、妈妈。
2岁	1. 能指认出几个身体部位,如,眼睛、鼻子。 2. 能理解单一指令,如:把杯子拿过来。 3. 能指认图片上的人或物。	1. 能说出至少50个词。 2. 所说的话熟悉的人能听懂。 3. 能用1—2个字词组合的简单句,如:妈妈抱,还要吃。
3岁	1. 能理解两步指令,如:站起来拍拍手。 2. 能理解简单的概念,如大小、上下、里外、正方形、圆形。 3. 能辨识物体细节,如桌子的腿,汽车的方向盘。	1. 能完成常见物体命名。 2. 使用2—3字词组合的完整句,如,我要喝水。 3. 所说的话除家人外,其他人也能听懂。 4. 会使用"我""他""我们"来谈论自己和他人。
4岁	1. 能理解今天、明天、上午、下午等时间概念。 2. 能理解是什么、谁、哪里、为什么等问题。 3. 能理解三至四步指令。	1. 能叙述经历的事件。 2. 能使用问句询问是什么、谁、为什么等问题。 3. 能在句子中使用连接词,如和、因为、但是。
5岁	1. 能理解简短的故事。 2. 能听懂大部分大人说话的内容。	1. 能使用语法正确的完整句子,如:我想要草莓味的冰激凌。 2. 能与他人顺畅沟通。

在全国残疾人抽样调查中,[①]针对3—6岁儿童的筛查为是专科医生向儿童的父母或者监护人提问以下问题:(1)孩子会说话吗?(2)孩子说话比同龄孩子差吗?(3)孩子说的话别人能听懂吗? 如果回答符合"不会说话""说话不清楚""说话能力比同龄孩子差""说的话别人听不懂"中的任何一项,儿童便可列为需要做言语残疾诊断的对象。

针对7岁以上人群的筛查是由专科医生直接询问被调查者,或询问其家庭成员或监

---

① 李胜利,孙喜斌,王荫华,等.第二次全国残疾人抽样调查言语残疾标准研究[J].中国康复理论与实践,2007(09):801—803.

护人。家庭成员是否存在不会说话、说不清楚或言语交流障碍？具体包括：说话过程中听不懂别人说话或自己说的话别人听不懂；说话长期鼻音过重、语调异常、起始字极为困难或极不流畅；脑瘫、脑血管病、脑外伤、智力低下、喉部手术等原因所造成的言语障碍。如果发现阳性者，则列为需要做言语残疾诊断的对象。

2. 诊断

以下为第二次全国残疾人抽样调查所使用的言语残疾诊断方法。[①] 在诊断中使用图片引导语言，包括两个部分的测试。

（1）语音清晰度测试。

语音清晰度测试图片分为两组，每组 25 张。测试时，受试者面对主试者，主试者从两组图片中任意取一组图片，依次出示 25 张图片，让受试者认读，同时录音。

测试采用三级人员测试方法，即依测试人员与被测试者接触密切程度分为三个级别，一级 1 名，二级 1 名，三级 2 名。一级测试人员为直接接触，如测试对象的父母、语训教师；二级测试人员为间接接触，如测试对象的亲属；三级测试人员为无接触人员。要求测试人员的听力正常。测试时受试者面对主试者，主试者从两组图片中任意取一组图片，依次出示（25 张图片），让受试者看图片说出名称或直接读出图片背面的词语。如果受试者不能正确说出图片代表的词语，主试者可贴近其耳朵小声提示（不能让其他测试人员听到），4 名测试人员听受试者说的词语或录音记录，然后与主试者对照正确答案，最后将 4 名测试人员记录的正确数累加，即可算出受试者的语音清晰度。

（2）言语表达能力测试。

言语表达能力测试包括看图说话和情景画描述。测试时，主试者首先从一级测试题库中抽取一张图片向受试者出示，要求受试者说出图片的内容和意思，根据其能否正确理解、表达语意，言语的流畅程度评定能否通过该级测试。如不能正确说出，则另抽取一张图片测试。在每一等级测试中，如有一次通过则认为该级通过，可依次进入下一等级测试，若连续 3 次不能正确理解、表达语意则停止测试，全部测试完成后，按言语残疾分级标准确定等级。当语音清晰度与言语表达能力评价结果处于不同等级时，其最后残疾等级的确定着重考虑言语表达能力：如相差一个等级时，以言语表达能力的等级为准；如相差两个或以上等级，语音清晰度级别可向言语表达能力的级别靠近一个数量级确定其等级。

3. 针对各类言语语言障碍的专项评定

（1）构音障碍。

● 构音器官检查：检查构音器官的构造和运动性，如口、舌、唇、齿等。

---

① 李胜利,孙喜斌,王茵华,等.第二次全国残疾人抽样调查言语残疾标准研究[J].中国康复理论与实践,2007(09)：801—803.

● 构音障碍的评定:利用自然话语或标准化的鉴定工具进行评定。例如,国内较多地使用河北省人民医院张清丽等修订的 Frenchay 法。该测验的内容包括反射、呼吸、唇、颌、舌、软腭、喉、言语等 8 个项目 28 个分项,每个项目均分 5 个等级来说明功能异常的性质和程度:a. 正常,b. 轻度异常,c. 中度异常,d. 明显异常,e. 严重异常。可根据正常结果所占比例(a 项/总项数)简单地评定构音障碍的程度,为诊断和疗效提供客观动态的指标。该测验的具体内容包括:①反射:咳嗽、吞咽、流涎;②呼吸:静止状态和言语时同患者谈话观察呼吸运动模式;③唇:静止状态、唇角外展、闭唇鼓腮、交替动作和言语时唇的运动;④颌:静止状态和说话时颌的位置;⑤软腭:返流及抬高软腭的情况,说话时鼻音和鼻漏气音;⑥喉:发音的时间、音调、音量、清晰度;⑦舌:静止状态,伸舌运动,抬高运动,两侧运动,说话时舌的运动;⑧言语:读书、读句、会话时的情况及速度。

(2)声音障碍。

● 音调的评定:确定评定对象是否存在音调过高或过低的问题。

● 音量的评定:确定评定对象对音量大小、高低的控制能力。

● 音质的评定:确定评定对象的音质是否存在气息声、粗糙声和声音嘶哑等问题。

(3)语流障碍(口吃)。

● 言语不流畅出现的频率:确定儿童在各种情境(自然情境、朗读、对话等)中出现不适当中断或重复的次数及比例。

● 言语不流畅的表现形式:确定儿童是否有重复、无意义的停顿以及伴随动作。

(4)语言发育迟缓。

● 标准化测验:正常儿童的语言发展有一定的规律,依照标准化的测验工具可以较为迅速地确定儿童是否存在语言发育迟缓的问题,如使用皮博迪图片词汇测验(Peabody Picture Vocabulary Test,简称 PPVT)评估儿童的词汇理解能力。

● 非标准化测验:收集儿童自然产生或被引导产生的语言样本进行多方面的分析,以确定儿童现有的语言理解或表达水平与同龄普通儿童相比是否存在显著差距。通常进行的分析包括以下几个方面:

第一,语音分析:分析儿童的语音表现与其实际年龄是否相符,存在怎样的问题。

第二,词汇分析:将同一个案使用的词汇进行归类,从词的数量以及词的变化等多个角度进行分析,例如,可以计算儿童不同词汇的出现率 TTR(Type-Token Radio,简称 TTR),计算公式为:

$$TTR = \frac{50 \text{ 个句子中不同类型词汇的数量}}{50 \text{ 个句子中全部词汇的数量}}$$

第三,语法分析:通常用平均句长 MLU(Mean Length of Utterance,简称 MLU)以

及最长 5 句句长(MLU5)来计算,将计算结果与常模比较。计算公式为:

$$MLU = \frac{\text{语言样本中全部词汇的数量}}{\text{语言样本中全部句子的数量}}$$

$$MLU5 = \frac{\text{最长 5 句中全部词汇的数量}}{5}$$

对语法的分析还可以通过其他语法信息进行,如简单句、复杂句的数量等。

第四,语用分析:分析语言样本中所表现出的儿童的语用能力与其实际年龄的吻合情况。

(5) 失语症。

● 波士顿失语诊断测验(Boston Diagnostic Aphasia Examination,简称 BDAE):该测验是英语国家普遍采用的标准失语症测验,张清丽等人结合汉语和我国文化的特点对其进行了修订。测验包括语言功能和非语言功能的检查。测验内容分为听觉理解、口语表达、书面语言理解、书写四项。

● 汉语失语检查法(Aphasia Battery of Chinese,简称 ABC):由北京高素荣等人结合汉语的特点,参考"西方失语成套测验"(Western Aphasia Battery,简称 WAB)以及"波士顿失语诊断测验"编制而成,测验内容包括口语表达、听理解、阅读、书写、其他神经心理学检查和利手检查六大项。

(二) 言语语言障碍的分类

1. 言语障碍的分类

(1) 构音障碍。

构音系统包括口腔、舌、软腭、唇和下颚。不同元音和辅音的发声,得益于构音系统高度灵活和密切配合的动作。构音是产生语音的过程,即胸腔呼出的气流,经过声带的振动,再经唇、舌、腭、咽等构音器官的摩擦或阻断而发出语音的过程。在构音过程中,如果构音的方法、位置、速度、强度或动作的协调出现问题,会导致语音发生省略或不准确的现象,造成语音的改变,形成构音障碍。

从构音错误的类型上,可以将构音障碍分为五类:①替代,指以错误的读音取代正确的读音,例如"兔(tu)子跑(pao)了"读成"肚(du)子饱(bao)了";②扭曲,也称歪曲,无法发出正确的读音;③省略,只发出部分音,如将"跑(pao)"读成"袄(ao)";④添加,在一个字音内增加原本没有的音,如将"衣(yi)"读成"ji";⑤整体性的语音不清。

从构音障碍的病因上,可以将构音障碍分为三类:①运动性构音障碍:指由于神经肌肉病变导致构音器官的运动障碍,主要表现为不会说话、说话费力、发声和发音不清等。②器质性构音障碍:由发音说话器官的构造异常所致,如腭裂以及舌或颌面部术后,主要表现为不能说话、鼻音过重、发音不清等。③功能性构音障碍:指错误构音呈固定状态,找不到构音障碍的原因。

（2）发声障碍。

发声障碍又称嗓音障碍或声音障碍，是指由于呼吸系统及喉存在器质性病变而导致的失声、发声困难、声音嘶哑等。发声障碍可以根据声音的音调、音量、音质三个方面加以判断，当其中任何一项与正常情况或条件相差悬殊时，即可被认为有声音的病变。从发声障碍的表现形式上，可以分为：①音调异常：音调过高或过低；②音量异常：音量的强弱不当；③音质异常：有气息声、声音嘶哑或气息声与粗糙声混合的声音。

（3）语流障碍。

语流障碍又称流畅性障碍或口吃，是指言语的流畅性发生障碍，常表现为在说话的过程中拖长音、重复、语塞并伴有面部及其他行为变化等。就语流障碍的构音特征来说，可以分为三类：①重复发音：重复语音数次才能继续说下去，重复的内容可以是字、词以及短的词组。②言语阻塞：说话时突然发生阻塞，下面的话不能流畅地顺接上来。言语阻塞有时表现为起音困难，即说话时第一个声音因遇到阻塞而发不出来，而一旦发出声音后，又把整句话说得过快。③语音延长：说话时不正常地延长某个音。

2. 语言障碍的分类

（1）语言发育迟缓。

语言发育迟缓，也称儿童言语发育迟滞，指儿童在生长发育过程中，其言语发育落后于实际年龄的状态，主要表现为不会说话、说话晚、发音不清等。其特征是：①语义异常：词不达意，或无法理解说话者的意图；②语法异常：说话句型结构简单，有颠倒、混淆或省略等不合语法的现象；③语用异常：说话不合共同的情境或用词不当；④语形异常：有字形辨认不清或混淆的现象；⑤词汇异常：词汇少甚至完全没有。

（2）失语症。

失语症是正常获得言语能力后，因大脑言语区域及相关部位损伤所导致的获得性言语功能丧失。失语的人的所有语言形式包括说、听、读、写和手势表达的能力都会减弱。

3. 言语残疾的分类

《残疾人残疾分类和分级》将言语残疾分为七类：[①]

（1）失语。

（2）运动性构音障碍。

（3）器质性构音障碍。

（4）发声障碍。

（5）儿童言语发育迟滞。

---

① 残疾人残疾分类和分级（中华人民共和国国家标准 2011 年第 2 号公告，GB/T 26341—2010）。

(6) 听力障碍所致的语言障碍。

(7) 口吃。

三、言语语言障碍的出现率

由于言语语言障碍的复杂性,不同国家和地区统计的出现率也有一定的差异。

根据第七次全国人口普查我国的总人口数,及第二次全国残疾人抽样调查我国残疾人占全国总人口的比例和各类残疾人占残疾人总人数的比例,推算 2020 年末我国言语残疾(含多重残疾)总人数为 755 万人,占残疾人总人数的 8.44%,其中单纯言语残疾总人数为 137 万人,占残疾人总人数的 1.53%。其中 0—17 岁言语残疾(包括多重残疾)总人数占言语残疾人总数的 21.13%,占残疾人总数的 1.78%。[①]

据美国教育部统计,2019 年,3—5 岁儿童中言语或语言障碍的出现率为 2.7%,6—21 岁人群中言语或语言障碍的出现率为 1.6%。[②]

四、言语语言障碍产生的原因

言语语言障碍的致病原因各不相同。以下介绍的是普遍存在的一些原因。

(一) 生理因素

1. 遗传

言语语言障碍有明显的遗传倾向。研究发现,约 20%—60% 的言语语言障碍儿童的一级亲属存在言语或语言障碍。众多关于双生子及收养的研究也为言语语言障碍的遗传因素提供了证据。[③] 国内的一项调查发现,言语语言障碍儿童中,遗传占 25.71%。[④]

2. 大脑损伤

大脑皮质的语言中枢损伤,会直接导致语言的理解或表达发生障碍,致使语言发育迟缓。大脑的其他部位(如听觉中枢)的损伤或轻微脑功能失调(Minimal Drain Dysfunction,简称 MBD),也可能间接地影响儿童的语言获得与发展,导致言语语言障碍。调查发现,0—14 岁人群的主要致残原因中,脑瘫占 30%,智力低下和其他原因各占 18%。[⑤]

---

① 李胜利,王贞,张庆苏. 中国 0—17 岁儿童言语残疾的数据分析和对策研究[C]//中国康复研究中心,第三届北京国际康复论坛论文集,中国康复研究中心北京博爱医院,2008:12.

② U.S. Department of Education, Office of Special Education and Rehabilitative Services, Office of Special Education Programs, 43rd Annual Report to Congress on the Implementation of the Individuals with Disabilities Education Act, 2021, Washington, D.C., 2022.

③ Shriberg, L.D., Lewis, B.A., Tomblin, J.B., McSweeny, J.L., Karlsson, H.B., & Scheer, A.R. Toward diagnostic and phenotype markers for genetically transmitted speech delay [J]. Journal of Speech, Language & Hearing Research, 2005,48(04):834-852.

④ 殷怀明,黄新文.浙江省 0—14 岁残疾儿童流行病学调查[J].中国儿童保健杂志,2012,20(01):35—37+44.

⑤ 阮航.吉林省言语残疾状况及康复建议[J].中国现代医生,2009,47(14):130—131.

3. 听觉功能

听觉功能在儿童的语言学习中起到重要的作用。听觉器官受损、听力损失、听觉分辨能力差等，将直接影响语言的获得与发展。轻度的听觉障碍对学说话影响不大，中度听觉障碍者可能会由于接收的听觉信息不清晰而导致发音、声调的偏差，重度及极重度听觉障碍者的言语表达更为困难；调查发现，0—14 岁人群主要致残原因中听觉障碍占 10％。[①]

4. 发音系统

说话是一种快速、复杂的动作行为，需要精密的神经与肌肉协调的配合，如，双唇及牙齿的闭合、舌的控制能力等会影响咬字发音；患有兔唇腭裂的儿童，软腭的活动可能会受到影响，导致说话鼻音过重。说话发展与关键的动作技能需要平行发展，一个孩子如果动作技能发展迟缓，则常伴随着说话发展迟缓。

（二）心理因素

儿童只有具备使用符号的心智能力，方能学习口语及其他的认知功能。同时，只有能注意、了解各种语言符号，将之与事物联结、类化并保存在记忆中，方能恰当地使用语言，扩展理解能力，促进语言的发展。儿童在身体与情绪方面的障碍会消耗精力，限制甚至扭曲与他人的关系，妨碍正常的感觉动作的发展与独立成长。进而影响言语语言能力的发展。

（三）环境因素

首先，儿童言语或语言能力的发展与环境密不可分。导致儿童语言发展迟滞的最常见的原因之一是儿童缺乏适当的语言学习环境：他们可能因被过分照顾而减少了学习的机会，缺少适当的模仿说话的对象，在语言学习初期，身处混杂的多种语言环境等，诸如此类的不利环境都可能会限制儿童语言的正常发展。其次，家长的教养能力也直接影响儿童的言语语言能力的发展，家长对儿童的沟通需求能否及时满足，对儿童语言发展中的出现的问题能否及时觉察，以及家长对待儿童的态度是否适当等，都会影响儿童言语语言能力的发展。有的家长由于缺乏相应的知识和技能，在与儿童互动时处理不当，例如对孩子的话不作任何反应；发现孩子表达有问题（比如发错音等）时，强迫孩子立即纠正；不当地中止孩子正在谈论的话题，催促孩子赶快说等。研究显示，屏幕暴露年龄过早、屏幕暴露时间过长、母亲文化程度低以及祖辈或保姆作为主要照养人均为幼儿语言发育迟缓的危险因素。[②][③]

① 阮航.吉林省言语残疾状况及康复建议[J].中国现代医生,2009,47(14):130—131.
② 周瑛,王晨.幼儿语言发育迟缓的家庭环境危险因素[J].中国儿童保健杂志,2021,29(12):1368—1371.
③ 张颖,王俊峰,丁艳华.儿童语言发育迟缓的临床特征和影响因素研究[J].中国儿童保健杂志,2022,30(08):912—915.

五、言语语言障碍儿童的特征

(一) 行为特征

不同类别的言语语言障碍儿童,其行为特征有所不同。如,语流障碍儿童(口吃)可能伴有皱眉、闭眼、张口、握拳、咬紧牙关、耸肩等一系列不经意的动作,问题的严重程度因情况而异,当有沟通压力时可能会更加严重。

(二) 心理特征

1. 心理发展与学业成就

言语语言障碍在一定程度上影响了儿童的学业学习,尤其是与语言相关的学科课程学习。例如,语言障碍儿童在计算和关键数学概念方面的知识都不及普通儿童。研究者认为,语言障碍儿童的词语工作记忆不足,在一定程度上影响了数学学习。研究还发现,患有口吃的5—6岁儿童语音记忆不及匹配的普通儿童。[1]

2. 人际关系与社会适应

言语语言障碍儿童可能会由于言语不清或说话异常而引起同伴的好奇或取笑,因此,这类儿童在人际交往与社会适应中会遇到一定的困难。

(1) 退缩与回避。

言语语言障碍儿童可能会有意减少在他人面前的言语行为。他们在公共场合或团体交往情境中往往选择回避的方式,以掩饰自己的不足。这种回避与退缩容易产生恶性循环,导致儿童自我隔离,影响其融入社会。

(2) 焦虑。

由于言语语言方式或水平的不同,言语语言障碍儿童会感受到来自外部环境的压力,包括来自家长、老师、同伴的压力等。因此,他们在面临需要沟通的情境时,可能会表现出明显的焦虑,对自己的沟通能力和沟通效果有不确定感。

(3) 攻击。

当意识到自己或自己的言语行为受到他人贬低时,部分言语语言障碍儿童为了维护自己的自尊,会采取攻击的方式,进而导致其与同伴之间的疏离。

需要说明的是,年幼的言语语言障碍儿童可能对自己的障碍并不自知,也无所谓挫折感和焦虑。但是,随着年龄的增长,他们会从外界反馈的信息中评价自己的能力,也正是在这个过程中,他们逐渐产生了压力感和焦虑感。

---

[1] Fyfe, E.R., Matz, L.E., Hunt, K.M., & Alibali, M.W. Mathematical thinking in children with developmental language disorder: The roles of pattern skills and verbal working memory [J]. Journal of Communication Disorders, 2019, 77:17 - 30.

第二节　言语语言障碍儿童的教育

言语语言障碍儿童是有特殊教育需要的儿童。他们通常在普通学校接受教育,需要普通教师、特殊教育教师以及相关专业人员提供适当的教育训练。由于言语语言障碍儿童所表现的障碍类型不同,其教育和训练的需求也有所不同。

一、学习环境

言语语言障碍儿童主要的教育安置方式是普通班级。大多情况下,言语语言障碍儿童正常参与普通班级的学习与活动,普通教师在日常教育教学活动中提供支持。对于障碍程度较重、特殊需求较高的学生,资源教师或言语治疗师也可进入普通班级为学生提供直接支持,包括学业支持,提醒学生注意口头表达的方式,鼓励他们提问和参加讨论等。

(一)学习环境的创设

对就读于普通班级的言语语言障碍儿童,教师应创设适宜的学习环境,以促进儿童的学习与适应。

1. 教室

普通班级的教室中可能存在各种来源的背景噪声,例如来自教室内部设备(如电风扇、空调、电视等)的噪声,来自教室外部的环境噪声等。为了减少内、外环境刺激的干扰,教师可通过多种方式减少背景噪声,为儿童提供适宜的学习环境。常用的方法有:关闭背景声音,如电视机等;选用低噪声的设备;安装隔音功能好的门窗;在教室内铺设地毯等。

2. 教师

(1)营造丰富的语言刺激环境。

丰富的语言刺激环境对学生的语言学习至关重要,有助于学生接触不同的词汇、句子结构等,帮助他们获得正确的语言。教师在日常教学活动中,要充分考虑言语语言障碍学生的特殊需求,营造丰富的语言刺激环境,例如:面对有语言表达障碍的学生,教师应尽量使用丰富的语言来描述身边的人或事,为学生提供良好的示范;针对语言发展迟滞的学生,教师的教学语言应简明、清晰,必要时应重复重要的信息,以确保学生对信息的准确接收。

(2)激发学生的语言学习兴趣。

创设轻松愉快的语言环境,激发学生多听多讲。教师应耐心聆听学生的发言、注意跟随学生感兴趣的话题发展对话,鼓励他们尝试表达意见、给他们提供表达的机会,多鼓励多赞赏。充分利用各种教学活动,如小组讨论、口头报告、角色扮演、演讲、辩论、访问等,使学生更能投入活动。

（3）提供适当的引导和支持。

当学生的某种言语或语言能力尚未纯熟的时候，教师可以运用不同的技巧提供适当的引导和辅助。例如，尽可能多地和言语语言障碍学生说话，说话时靠近学生，目光平视；与学生交谈时语调自然；必要时，通过辅助视觉信息（如图片、实物等）促进学生对言语信息的理解；关注学生表现出的交流意图，并及时予以满足；确认学生对重要教学信息的接收和理解；为学生提供有效的言语示范，鼓励学生模仿；对学生尝试的语言活动给予积极的反馈；与学生互动，通过游戏的方式进行语言学习。

（二）服务方式

1. 咨询服务

由言语治疗专家向普通教师、特殊教育教师、学校管理者以及学生家长等相关人员提供咨询和服务，包括提供训练用的专门材料、介绍训练方法等；通过专业咨询、培训、示范等活动帮助相关人员更全面地了解言语或语言障碍学生的发展特点与教育需求，掌握必要的教育训练知识与技能。

2. 巡回服务

巡回服务是指由巡回指导教师、言语治疗师或其他相关专业人员提供的跨校服务。巡回服务人员为有需求的言语或语言障碍学生提供直接服务。通常的做法是，巡回教师或治疗师到达学校后，在资源教室或其他专用教室对学生实施一对一的训练或小组训练。

3. 周期性的强化服务

这种服务模式是指学生在某个阶段（通常是4—6周）接受较为密集的服务，通常可以达到每周4—5次。这种方式常常和巡回服务一起使用。

二、课程

在普通班级就读的言语语言障碍儿童，其课程的设置与普通学生相同。接受个别或小组训练的儿童，特殊教育教师、言语治疗师或相关专业人员会依据其需求设计特殊课程，提供专门的训练，如构音训练、言语训练等。

三、教学策略

针对言语语言障碍儿童，教学策略的选择重在依情境施教。

（一）游戏教学

游戏教学是借用游戏的形式将语言训练的目标融于其中，让儿童在愉快的游戏情境中接受训练。游戏形式的选择要依学生的年龄特点而定，以下介绍几种语言训练中常见的游戏形式。

1. 配对猜牌

选择名称与所训练的目标音相一致的图片组成一组游戏牌,每种图片均有 2 张。游戏时,每次发牌 10—20 张(张数依儿童能力水平可有所改变,对于能力较强的儿童,每次发牌的张数可适当增加),发牌时,背面朝上。游戏规则是:训练者和儿童轮流配对翻牌,如果有人同一次翻出 2 张图片相同的牌,则可将翻出的 2 张牌收入,同时获得继续翻牌的机会。翻错者(先后翻出的 2 张牌不同),则失去一次翻牌机会,由对手继续翻牌。最后,统计双方得到的牌数,以数量多者为胜。游戏过程中,要求翻牌者翻出任意一张牌时必须大声读出牌中图片的名称。由于选用的所有图片名称中含有预设的目标音,因此,儿童在游戏过程中有反复练习发音的机会。训练者读出图片名称时,儿童也有机会进行聆听和模仿。

2. 故事接龙

训练者为故事开个头,与儿童以接龙的形式将故事讲下去。在讲述的过程中,训练者要注意创设故事情节,一方面要保持故事的生动、有趣,以吸引儿童的注意;另一方面,应为儿童提供丰富的语言表达样板,借以激发儿童的想象力及言语表达能力。故事接龙还可采用其他的方式进行,如与儿童共同看无字的图画书,以图片内容为情节线索,轮流叙述故事。

3. 角色扮演

采用角色扮演的方式,演绎儿童所熟知的故事,也可通过情节的创编进行角色扮演。

(二) 结构性教学

各类言语语言障碍的教育训练和矫治有其独特的规律,不能一概而论。因此,在教学过程中,要根据障碍情境有针对性地分阶段教学。例如,构音训练与口吃矫正可以分为以下三个阶段。

第一阶段:学习阶段,即新能力的获得。在这个阶段,训练者示范新的发音或说话的方式,儿童通过模仿逐渐习得该能力,能够自发地发出目标音或以新的说话方式说话。

第二阶段:迁移阶段,儿童尝试在不同情境下运用新获得的发音和说话的能力。迁移的目标可有计划地逐渐改变,例如,改变沟通对象、沟通场所,或同时改变沟通对象与场所等。

第三阶段:保持阶段,通过反复操练,儿童对自己的发音或说话方式建立信心。之后的训练频率逐渐减少,训练者逐渐退出,儿童的能力得以保持。

(三) 言语语言矫治

针对不同障碍类型的言语语言障碍儿童(如构音障碍、声音障碍、流畅性障碍、语言发育迟缓等),教育者应选择不同的言语语言矫治方法。矫治方案的选择要依据儿童的需要。

1. 构音障碍

(1) 帮助儿童提高分辨语音的能力,了解自己存在的构音问题。

(2) 提供正确的构音示范。

(3) 利用相关的材料和教具(如镜子、图片等)进行构音训练,鼓励儿童尝试通过改变构音运动方式(如改变舌、唇等构音器官的姿势),诱发新的语音或矫正错误的语音。

(4) 通过单音节—字词—句的逐层递进练习,使新获得的语音得以稳定。

(5) 鼓励儿童在真实、自然的情境中使用新的构音技能。

(6) 监控儿童的学习过程,当儿童使用不正确的表达时,及时予以提示或矫正。

2. 声音障碍

(1) 教导儿童一般发声的原理,指导儿童声音保健的方法,具体如下:

音量适当:避免大声说话、过度兴奋的叫喊或急促的尖叫。

音调适当:避免音调过高或过低,不要以耳语的方式说话。

注意休息:保持充足的睡眠,避免过长时间的说话活动。

适当饮食:少吃或不吃刺激性食物,多喝水。

(2) 了解自己存在的声音问题以及改进方向。

(3) 在专业人员的帮助下,借助各种方法,改善儿童的声音问题,如:通过呼吸训练,扩大儿童的呼气流量;通过发音训练,直接矫正儿童的音调、音量,消除硬起声等障碍状况。

(4) 提供及时反馈,例如,将儿童说话的声音进行录音,让儿童通过对自己声音的音调、音量和音质的评价,进行自我反馈和适时调整,以矫正自己的发音。

(5) 鼓励儿童用悦耳的声音说话。

3. 流畅性障碍

(1) 教师要充分认识口吃儿童的特征,减少儿童的心理压力,对待口吃儿童要像对待班级其他儿童一样。尝试使用以下方法提高儿童的自尊心:认可儿童所要表达的内容,而不是其表达的方式;不给儿童贴标签;接受儿童口吃的表现。

(2) 观察儿童口吃的表现:是否在某些特定的人面前、某些特定的场合、某些特殊的环境下,以及是否在某个话题下或说某些字词时,容易出现口吃情况。

(3) 观察儿童的情绪反应,引导他说出内心的感受,与儿童一起分析问题产生的原因,找出解决问题的方法。

(4) 儿童说话时,教师要多聆听、保持适当的眼神接触、注意他的身体语言、多给予笑容及回馈,让他感觉到教师的关怀与鼓励。

(5)为儿童提供压力小的环境,如在合唱、共同朗读等环境中练习说话,逐渐过渡到能单独在不同情境中流利地说话。

(6)鼓励同伴积极接纳口吃儿童。

(7)创设情境,为儿童提供机会,使他们体验说话所带来的乐趣。

(8)鼓励口吃儿童发展其他方面的特长,建立信心。

4. 语言发育迟缓

(1)促进语言理解的策略。

● 使儿童专注于教师讲授的内容,要求儿童集中注意力,通过各种方式保证儿童专心听讲。

● 讲授新的概念或知识点时,使用儿童熟悉的词汇进行解释。

● 变换讲授方式(如辅以演示等)以帮助儿童理解。

● 强调重点的、关键的知识。

● 与儿童沟通时,说话内容简明直接。

● 说话速度适中,避免同一时间内提供过多数据。

● 有需要时,询问儿童是否理解你说话的内容,并对较复杂的概念加以解释。

(2)促进语言表达的策略。

● 对儿童语言表达作出及时的反应,提高儿童语言表达的积极性。

● 利用各种自然情境进行表达技能的训练,提高儿童在不同情境下语言表达的能力。

● 在儿童说话发生错误(语音、词汇或语法等)时,不要生硬地打断。如果教师不能理解儿童要说什么,就询问儿童。如果教师能够理解儿童想要表达的意思,可以给予适当的示范和扩充。例如,儿童说:"跳绳。"老师说:"是的,小朋友在跳绳";儿童说:"wa wa(儿童表达疼痛时的拟声词)",老师则扩充:"小狗摔倒了,头磕破了。"这种顺应儿童交流内容的反应,对儿童的语言表达有积极的促进作用。

● 创设表达机会,让他们参与日常沟通,表达自己的意见,建立沟通的习惯。

● 耐心聆听,让儿童有足够的时间组织及表达。

● 训练儿童的叙事能力。教师可以通过听故事、讲故事、创作故事训练儿童的叙事能力,同时,可以让儿童多叙述日常发生的事情、学校的学习与生活、社会事件、新闻内容等,利用引导性的问题,如事件发生的时间、地点、人物、事件的起因、发生的先后顺序、结果等引导儿童完整地描述事件,以提升语言表达能力。

此外,应充分认识到家长在言语语言障碍儿童教育中的重要作用。教师可能会发现,有的家长在与障碍儿童的沟通方式上存在一定的问题,或者不愿意和孩子说话,或者家长的话过多。有的家长对儿童言语语言能力发展的进程非常焦虑,甚至丧失信心。许多家长需要相关专家和教师的帮助,例如,如何选择儿童感兴趣的话题、如何与儿童互动、如何在交流过程中使用相关的技巧促进儿童的语言学习等。同时,教师应当让家长理解儿童学习语言的最佳场所是自然情境,家长应充分利用日常生活中的各种时机(吃饭时、玩耍时、外出时)与儿童沟通,鼓励儿童自然地谈论自己的计划、正在进行的活动、各种感受等;在实际的沟通需求中进行沟通活动,努力增加儿童的表达机会。一般而言,随着儿童说话机会的增多,表达的清晰度、词汇及句法水平会逐渐提高,儿童的言语语言能力自然会得到发展。

📋 **特殊教育个案**

语言发育迟缓儿童个案

乐乐是个 32 个月的男孩,活泼、好动,2 岁后才开口说话,现在只能说非常简单的 1 个字,偶尔说 2 个字,但吐字不清,只有熟悉他的人(妈妈、奶奶)能够理解。乐乐能听懂简单的指令,言语理解能力相对较好。乐乐的脾气不好,经常吵闹。乐乐妈妈只有初中文化水平,全职在家带乐乐,她对乐乐很宠溺,几乎有求必应。每当乐乐发脾气,她就设法用手机游戏来哄乐乐。

对乐乐的训练从简单的需求表达开始。

场景 1:喝水

阶段 1:乐乐渴了,递给训练者一个杯子,表示要喝水。

生成的训练内容:说"要""喝水"。

训练过程:

训练者:乐乐,你要喝水是吗? /乐乐要喝水,对不对? 请你说"要"/乐乐说"喝水"。

儿童:复述"要""喝水"。

训练者:乐乐真棒,我给你倒水好不好? 乐乐说"好"。

儿童:好。

阶段 2:训练者给乐乐倒了一小口水,将杯子递给乐乐。

生成的训练内容:说"谢谢""谢谢你"。

训练过程:

训练者:乐乐,请你喝水,然后说"谢谢""谢谢你"。

儿童没说"谢谢",用右手用力拍打自己的额头。

训练者:(用手拉住乐乐的右手),乐乐不要打自己,说"谢谢"/"谢谢你"。

儿童没说话,用左手用力拍打自己的额头。

乐乐妈妈在旁解释:他不会说谢谢,拍打额头是乐乐表示飞吻的意思,就是在表示"谢谢"。

训练者:(拉住乐乐的双手)乐乐,请你不要拍额头,用嘴直接说"谢谢"就可以啦,来,乐乐说"谢谢"。

儿童:(用不太清晰的发音说出)"谢"。

训练者:哇,乐乐你太棒了,说得真好,再来一遍,说"谢谢"。

这个过程重复多次,每当乐乐成功说出"谢谢",就给他倒一小口水。这个过程乐乐非常开心,待乐乐能够稳定说出"谢谢"后,训练者引导其说出"谢谢你"。

场景2:看汽车。乐乐很喜欢看马路上来来往往的车,训练者陪同乐乐一起看。

生成的训练内容:说"汽车""大汽车""小汽车"。

训练过程:

训练者:乐乐,你看,来了一辆大汽车,乐乐说"汽车"。

儿童:汽车。

训练者:乐乐快看,又来了一辆小汽车。乐乐说"汽车"。

儿童:汽车。

这个过程重复多次,待乐乐能够稳定说出"汽车"后,训练者引导其说出"大汽车""小汽车"。

训练者:乐乐,你看,来了一辆大汽车,乐乐说"大汽车"。

儿童:大车。

训练者:乐乐快看,来了一辆小汽车。乐乐说"小汽车"。

儿童:小车。

这个过程重复多次,乐乐能说出"汽车""大车""小车"。训练者计划下次继续训练"大汽车""小汽车"。

乐乐妈妈观摩了整个训练过程。

训练过程中,训练者注意观察儿童的情绪反应,确保儿童愉快地完成训练过程,如果某个环节中儿童表现出抗拒、不耐烦,应及时调整,可跳过部分内容,用其他内容替代,也可改换活动,待儿童情绪稳定时再实施训练。

💬 **焦点问题讨论**

儿童口吃是如何发生的

一直以来,学者关于口吃的病因有很多争议,并形成了一些理论。比较有代表性的理论有以下几种:

一是误诊理论,也称误解理论,由温德尔·约翰逊(Wendell Johnson)在20世纪中叶提出。该理论认为,当一个智力正常但说话不流利的儿童被误诊为口吃时,这个儿童很可能会发展为真正的口吃。其致病的机理是:如果家长对孩子正常发育阶段说话不流利过度关心和纠正,儿童便会试图避免产生这样的挫折。而事实上,孩子越想避免口吃,就越会紧张,说话就越不流利,这一结果往往导致家长更多地关注和儿童更多的不流利言语。于是,就进入了恶性循环,口吃则在这个过程中逐渐形成并发展起来。由此,约翰逊认为,口吃不是始于儿童的嘴巴,而是始于父母的耳朵。其中一个非常关键的问题是家长无法分辨正常儿童的说话不流利与真正的口吃。这一理论的现实意义在于,它提醒我们注意到心理社会因素在口吃发生、发展中的重要性。

二是遗传理论。关于口吃源自遗传的证据有很多,比如,研究发现,口吃有家族聚集倾向,口吃者一级亲属口吃的发生率是一般人群的3倍以上;同卵双生子发生口吃的一致性非常高;儿童口吃与亲生父母口吃有较高的相关性。尽管我们知道遗传因素在口吃的形成中起着某些重要作用,但口吃的遗传方式尚不得而知。是否存在一个或多个"口吃基因"? 它们的确切位点在哪里? 这些都还是未知数。

三是要求能力模式。这是近年来受到广泛关注的理论,该理论认为,儿童口吃的形成是因为其所处环境的要求超过了儿童流利说话的各种能力。这些能力包括运动的、认知的和使说话可能变得容易的语言技能。儿童口吃是否会发展下去,取决于上述能力的发展能否跟得上环境的要求。当然,这一理论还没有被实践所充分检验。有些问题还无法解答,如什么程度的要求才会超过儿童的能力而使其出现口吃? 这种情况要持续多久才会形成口吃? 为什么会引起儿童口吃而不是其他问题? 尽管如此,这个理论还是有意义的,我们可以根据这个理论在儿童开始口吃时构建一个干预构架,进而寻找途径去降低环境的要求或增强儿童的能力。

❓ **思考题**

1. 构音障碍有哪些特征?
2. 环境因素对儿童言语语言能力的发展有怎样的影响?
3. 语言发育迟缓儿童的教育策略有哪些?

第十章

情绪与行为障碍儿童

所谓情绪与行为问题,是指有别于正常的情绪和行为。但如何界定情绪与行为的正常与否非常困难。不同的研究者或专业人员由于研究目的和使用测量工具的不同,其判定的标准不尽相同。情绪与行为障碍(Emotional and Behavioral Disorder,简称 EBD)在特殊教育领域中是争议较多的一个领域。情绪与行为障碍儿童的障碍表现比较复杂,需要教育训练、医学治疗以及心理治疗等多方面的配合。

第一节　情绪与行为障碍概述

情绪与行为障碍，也称情绪或行为障碍（Emotional or Behavioral Disorder）、情感和行为障碍、情绪障碍（Emotional Disturbance）或行为障碍（Behavioral Disorder）。什么是情绪与行为障碍？情绪与行为障碍如何鉴定评估？情绪与行为障碍的出现率怎样？情绪与行为障碍的成因是什么？情绪与行为障碍儿童的发展特征如何？本节将深入探讨这些问题。

一、情绪与行为障碍的概念

任何一个社会都会选择对自身有价值的行为规范来制约社会成员的行为。一般而言，适应社会行为规范者被视为正常，不适应行为规范者则被视为异常。不同社会的社会文化标准有所不同。较复杂的社会还存在亚文化的问题，在亚文化群中属于正常和适度的行为可能被主文化群认为是异常或不适当的。同一文化群体中不同的社会阶层也可能有各自的标准与期望。因此，要鉴定评估一个儿童的情绪与行为是否正常，取决于用什么标准。很可能在一个社会中被认为是正常的儿童，在另一个社会看来是有偏差行为。当然，社会文化标准对评估标准的制定有直接的影响。正因如此，在一个社会中适用的情绪与行为障碍的标准测验，在用于另一社会时需要对测验的内容、测验标准进行本土化的修订后才能有效。

此外，情绪与行为障碍儿童可能还伴有其他障碍，例如，智力障碍、学习障碍等。这种并存的状况给情绪与行为障碍的界定带来了困难。

（一）我国的定义

情绪和行为障碍儿童是指他们的行为在没有智力障碍和精神失常的情况下与其所处的社会情境及社会评价相违背，在行为上显著地异于常态，且妨碍个人对正常社会生活的适应。具体地说，有以下几个含义：第一，在没有智力障碍、感觉障碍和健康问题下的学习困难；第二，不能与伙伴和教师建立并保持一种融洽的人际关系；第三，在正常条件下表现出不恰当的行为或情感；第四，持续的不高兴或抑郁情绪；第五，与个人或学校问题有关的身体疾病、疼痛或恐惧。[①]

（二）美国的定义

1. IDEA 的定义

美国《残疾人教育法修正案》（IDEA）对情绪障碍的定义如下：

---

① 朴永馨. 特殊教育学［M］. 福州：福建教育出版社，2019.

情绪障碍是指在很长一段时间内明显表现出下述一种或多种特征,并对儿童的学习产生不利影响:

- 无法用智力、感觉或健康因素来解释的学习能力失调。
- 不能与同伴和教师建立或保持良好的人际关系。
- 在正常情境下表现出不当的情绪或行为。
- 经常表现出苦闷、沮丧的情绪。
- 有衍生出与个人或学校问题有关的生理病症或恐怖反应的倾向。

该定义包括精神分裂,但不包括社会适应不良儿童,除非已确诊他们有某种情绪上的困扰。

2. NMHSEC 的定义

美国心理健康与特殊教育联合会(National Mental Health and Special Education Coalition,简称 NMHSEC)对情绪与行为障碍的定义如下:

情绪与行为障碍是指在学校的情绪或行为表现与其年龄、文化或种族的规范不符,对教育成就产生不利影响。教育成就包括学业、社会、职业及人际技能。这种障碍表现为:

- 对环境中的压力事件产生更持久的反应。
- 在两种不同情境中有相同的行为问题,其中至少有一个情境与学校有关。
- 仅采用一般的教育干预难以奏效。

情绪与行为障碍常与其他障碍共存。

情绪与行为障碍包括儿童或青少年精神分裂症、情感性精神障碍、焦虑症或其他对教育成就产生不利影响的持续行为紊乱。

二、情绪与行为障碍的鉴定与分类

由于分类研究的目的和方法有差异,人们所采用的鉴定手段和标准也不尽相同。

(一) 情绪与行为障碍的鉴定

不同的国家和地区对情绪与行为障碍的鉴定有不同的标准。一般情况下,几项主要的标准是:其一,行为或情绪显著异于其他同龄伙伴;其二,除学校外,至少在其他一个情境中显现出适应困难;其三,在学业、社会、人际、生活等方面的适应有显著困难,且经评估后确定一般教育所提供的辅导无显著成效。情绪与行为障碍儿童的鉴别一般包括以下几个步骤:

1. 儿童个人信息的收集

通过对教师或家长的访谈、问卷调查等方法收集儿童的基本信息,如儿童的成长史、家族史、就医诊断以及治疗情况等。

2. 筛查测验

通过筛查量表发现可能有问题的儿童。表 10-1 和表 10-2 是两个筛查测验的样例。

表 10-1　儿童行为问题筛选问卷

儿童姓名：_____　　调查对象：_____　　调查人：_____　　日期：_____

你提供的信息将有助于对儿童所存在的问题进行鉴别，所以请如实回答。

① 请说出该儿童的问题行为，或者需要减少的行为。(例如:你可以写"没有经过老师的允许就离开座位"，但不要写"上课时行为不好"；你可以写"午饭前后经常打同学"，但不要写"午饭前后和同学打架"。)

② 你认为什么样的环境或事件会引发这些问题行为?

③ 当儿童出现这些问题行为时，你是怎样处理的?

④ 当儿童出现这些问题行为时，其他人是怎样做的?

⑤ 估计这些行为发生的频率或持续的时间。

⑥ 写出你认为可以帮助理解儿童问题行为的其他相关信息。

表 10-2　ADHD 筛查量表

请圈出儿童在过去 6 个月中行为表现所符合的数字(1 代表从不,2 代表很少,3 代表有时,4 代表比较多,5 代表非常多)，并将儿童的行为与班级另一个你所熟悉的儿童(相同性别)进行比较。统计所圈出的 4 和 5 的数量。

注意力表现		1	2	3	4	5
1	不能注意细节或在作业中会因粗心引起错误					
2	很难将注意力集中在任务或有趣的活动上					
3	不听从直接的指令					
4	不跟随指示,没有完成工作					
5	组织任务或活动有困难					
6	回避、不喜欢或不愿参加需要保持注意的任务					
7	丢失上课或活动中需要的东西					
8	容易被干扰					
9	忘记日常活动安排					
冲动行为						
10	手脚不停或坐立不安					
11	在教室里或其他环境中离开指定的座位					
12	动作停不下来					
13	很难安静地参加休闲活动或做有趣的事情					
14	看上去是"动个不停"或"像是有个发动机在驱动"					
15	话多					

续表

冲动行为		1	2	3	4	5
16	在问题还没有陈述完时就抢着回答					
17	很难等候					
18	干扰别人					

《学生风险行为筛查量表》(the Student Risk Screening Scale,简称 SRSS)也是普遍使用的筛查工具,教师对班级中每个学生的七个方面行为表现进行评价,包括:(1)偷窃;(2)撒谎、欺骗和偷偷摸摸;(3)行为问题;(4)同伴拒绝;(5)学习成绩差;(6)消极态度;(7)攻击性行为。采用李克特量表完成评分:0＝从不,1＝偶尔,2＝有时,3＝经常,评价为 0—3 分的学生为低风险,4—8 分的学生为中风险,9 分及以上为高风险。[①]

3. 心理与教育测验

指通过正式的心理与教育测验,评估儿童的智力水平以及个性特征。

(1) 智力测验。

依照儿童的年龄以及相关情况,选择适当的智力测验工具进行测验;结合儿童的学业表现,排除由智力因素引起障碍的可能性。

(2) 个性测验。

个性测验也称人格测验,它使用心理测验的方法对人的个性进行测量,即测量一个人在一定情境下经常表现出来的典型行为与情感反应。个性测验的工具繁多,涉及的内容也很广泛,包括需要、动机、兴趣、爱好、情感、性格、气质、人际关系,以及价值观念等与社会行为有关的各种心理特征。个性测验的方法主要分为问卷测验和投射测验两大类。

问卷测验的使用较为广泛,如"卡特尔 16PF 问卷"便是一种常用的测验工具。该测验适用于有一定阅读能力的对象,由 187 个测题组成,采用陈述句的形式,每题有三种答案可供选择,即 A(是的)、B(介于 A 和 C 之间)、C(不是的)。该测验可以个别施测,也可以团体施测,是测量个性因素的常用工具。

投射测验是一种间接的测量方法,主要用于测量人的隐蔽行为或潜意识、深层的态度、冲动与动机。其基本假设是:个体不是被动地接受外界的刺激,而是主动地、有选择地给外界刺激赋予某种意义,然后表现出适当的反应。因此,投射测验是在测验对象未察觉到测验目的的情况下,通过测验对象的反应推知其潜意识中的欲望、需求、态度以及心理冲突。常用的投射测验有罗夏墨迹测验、主题统觉测验、语句完成测验等。以罗夏墨迹测

---

① Kilgus, S. P., Eklund, K., Maggin, D. M., Taylor, C. N., & Allen, A. N. The student risk screening scale: A reliability and validity generalization meta-analysis [J]. Journal of Emotional and Behavioral Disorders, 2018, 26 (03):143-155.

验为例,该测验材料由 10 张墨迹图组成,施测过程分为自由联想和询问两个部分。在自由联想阶段,实验者让测验对象看每一幅图,将所有由墨迹引发的联想统统表达出来。在询问阶段,测验对象根据联想阶段的回答,指出为何如此联想,图中的什么部位或什么信息决定了这种关联。投射测验在个性测验中占有重要的地位,但由于此类测验涉及的变量复杂,对测验结果的解释有一定的难度,因此,在实际应用过程中大多被视为参照手段。

（3）其他相关测验。

根据儿童的情绪与行为表现,可补充其他相关测验。

4. 行为的直接观察和测量

通过直接观察,可以了解到在常规情境下儿童的行为表现。表 10-3 和表 10-4 是行为观察表的样例。

表 10-3　行为观察表样例 1

儿童姓名：_____　靶行为：_____　资料收集日期：_____　填表人：_____				
	频率 （发生的次数）	持续时间 （分钟数）	行为强度 （1＝弱,10＝强）	缘由 （事件前）	结果 （事件后）
星期一					
星期二					
星期三					
星期四					
星期五					
星期六					
星期日					

说明:
　　靶行为:指需要观察的儿童异常情绪或行为表现,如攻击行为、乱发脾气、哭闹等;
　　频率:单位时间内靶行为发生的次数,比如一节课(35 分钟)内,儿童某一异常行为出现的次数;
　　持续时间:每次靶行为出现时持续的时间,例如某儿童上午 9:00 开始哭闹,到 9:03 结束哭闹,持续时间为 3 分钟;
　　行为强度:观察者根据儿童所表现出的靶行为偏离正常行为的强度作出评判,1 分为最弱,10 分为最强;
　　缘由:描述靶行为出现前儿童所处的环境,主要是与儿童直接相关的人或事件;
　　结果:靶行为发生过程中或发生后的环境变化,比如周围人(教师、家长、同伴)的行为表现。

表 10-4　行为观察表样例 2

儿童姓名：_____　靶行为：_____　填表人：_____　观察日期：_____				
序号	活动内容(例如:听课、课堂作业)	观察时间段	靶行为发生的次数	总次数

5. 排除其他可能因素

排除感官或健康等因素所造成的情绪或行为问题。

(二)情绪与行为障碍的分类

1.《中国精神障碍分类与诊断标准(第三版)》(CCMD-3)的分类

(1)儿童情绪障碍:包括儿童焦虑症和其他儿童情绪障碍。

(2)多动综合征:发生于儿童时期(多在3岁左右),与同龄儿童相比,表现为同时有明显的注意集中困难、注意维持时间短暂及活动过度或冲动的一组综合征。症状发生在各种场合(如家里、学校和诊室),男童明显多于女童。

(3)品行障碍:指明显违反与其年龄相应的社会规范或道德准则,损害别人或公共的利益的行为。

(4)特殊功能发育障碍:指言语、学校学习技能、运动技能等方面的发育延迟,可能与遗传因素关系较大,并无明显的智力障碍、感觉器官缺陷及情绪障碍。

(5)其他行为障碍:主要包括排泄障碍、口吃等。

2. 行为分类法

行为分类法主要是通过评定工具(包括调查表、等级量表等)大量收集有关儿童的行为资料,然后根据不同儿童组的反应对儿童进行分类,并利用统计方法将行为模式相互关联的行为进行归类。举例如下:

(1)奎伊(Quay)的分类。

美国学者奎伊将情绪与行为障碍分为以下四类:

● 行为失调型:主要特征是打架、攻击他人、乱发脾气、不服从、蔑视权威、毁坏财物、鲁莽、无礼、对他人存有戒心、不合作、不体谅他人、干扰他人、消极、拒绝接受指导、烦躁不安、易激惹、希望引起他人注意、喜欢炫耀、喜欢支配他人、注意力不集中、多动、说谎、妒忌、好骂人、缺乏责任感、偷窃、自私等。

● 焦虑退缩型:主要特征是焦虑、紧张、恐惧、羞怯、孤僻、寡言、没有朋友、压抑、自卑、伤感、过于敏感、缺乏自信等。

● 社会性攻击型:主要特征是结交坏朋友、参加青少年犯罪集团活动、结伙偷窃、离家出走、经常逃学等。

● 不成熟型:主要特征是爱做白日梦、注意力分散、懒散、昏昏欲睡、被动、缺乏兴趣、宁愿结交比自己小的伙伴、在社交发展方面明显落后于同龄儿童等。

(2)谢夫(Schiff)和米尔迈(Millman)的分类。

美国学者谢夫和米尔迈将情绪与行为障碍分为六类:

● 不成熟行为:好动、冲动、注意力差、小丑行为、做白日梦、脏乱邋遢、不善利用时间、自私、过度依赖等。

● 缺乏安全感行为：焦虑、害怕、自卑、忧虑、过度敏感、过于追求完美等。

● 不良习惯：吮吸手指、咬指甲、尿床、大便失禁、有睡眠困扰、有进食问题、口吃、抽搐等。

● 与伙伴有关的问题：攻击、手足相嫉、结交坏朋友、残酷、社交孤立等。

● 反社会行为：不服从、脾气火暴、不诚实（偷窃、说谎、欺骗）、说脏话、玩火、破坏性行为、离家出走、逃学等。

● 其他问题：药物滥用、烟、酒、大麻、吸入性药物、偏差性行为、过度自慰、性游戏、性别角色偏差、未婚怀孕、缺乏学习动机、学习习惯不良等。

（3）史密斯（Smith）的分类。[①]

美国学者史密斯将情绪与行为障碍分为以下三类：

● 外化行为：通常表现为侵犯、多动、冲动、攻击等严重的挑战性行为。

● 内化行为：通常表现为孤僻，抑郁，焦虑、厌食或暴食。

● 低发生率障碍：如精神分裂症，其发病率较低，但后果非常严重。

三、情绪与行为障碍的出现率

关于情绪与行为障碍的出现率，因评估标准及抽样人群不一，检出率不完全一致。顾东英等采用康纳斯父母症状问卷（Parent Symptom Questionnaire，简称 PSQ）对兰州市 3—6 岁 1292 名学龄前儿童进行调查，心理行为问题总检出率为 15.63%，男童和女童心理行为问题检出率分别为 21.71% 和 8.94%，男童与女童检出率之比为 2.43∶1。[②] 王燕等用同样的工具调查了合肥市 2407 名学龄前儿童，心理行为问题检出率为 19.40%，其中学习问题和心身问题检出率最高，分别为 10.51% 和 9.31%，品行异常检出率为 3.49%，多动异常检出率为 2.83%。[③] 调查发现，我国小学生问题行为的检出率为 12.5%。[④] 抑郁、焦虑、攻击行为、退缩和违纪行为检出率分别为 14.6%、12.3%、4.1%、3.8% 和 3.7%，[⑤]我国初中生焦虑、抑郁和自我伤害问题的检出率分别为 27%、24% 和 22%。[⑥] 美国 2016 年全国儿童健康调查报告数据显示，3—17 岁儿童中焦虑问题检出率

① Smith, D.D. Introduction to special education: Making a difference, (6th ed.) [M]. NJ: Prentice Hall, 2007: 236-242.

② 顾东英,买合皮热提·买买提,王红梅,等. 兰州市学龄前儿童心理行为问题现状调查[J]. 中国妇幼保健,2016,31 (07):1516—1519.

③ 王燕,殷刚柱,郭锋,等. 合肥市学龄前儿童心理行为问题现况[J]中国学校卫生,2018,39(04):543—545.

④ 董会芹. 影响小学生问题行为的家庭因素研究[J]. 教育研究,2016,37(03):99—109.

⑤ 黄潇潇,张亚利,俞国良. 2010—2020 中国内地小学生心理健康问题检出率的元分析[J]. 心理科学进展,2022,30 (05):953—964.

⑥ 张亚利,靳娟娟,俞国良. 2010—2020 中国内地初中生心理健康问题检出率的元分析[J]. 心理科学进展,2022,30 (05):965—977.

为 7.1％,行为问题检出率为 7.4％,抑郁检出率为 3.2％。[1]

四、情绪与行为障碍产生的原因

对于情绪与行为障碍的研究已有很长历史。有关其形成原因的探索,一直是令人关注的课题。但与一般疾病不同,人们很难确切地找出其病源。事实上,每一种情绪与行为问题都不是由单一的因素所造成的,而是多种因素交互作用的结果。综合多方面的研究成果,现将有关情绪与行为障碍形成的原因介绍如下。

(一) 基因遗传

许多研究证实,基因遗传同情绪与行为障碍之间有一定的关系。曾有人做过关于患病父母所生子女出现精神障碍可能性的研究,结果发现,父或母一方患有精神分裂症,其子女患病的风险率高达 40％—68％,而一般人低于 10％。一些情绪与行为特质已被证实受到遗传基因的影响,特别是染色体异常。

(二) 脑损伤

从胎儿期至青少年期,各种物理的、化学的、生物的有害因素均可不同程度地造成脑损伤,因此带来情绪与行为障碍。常见的可导致脑损伤的因素主要有:

1. 感染性疾病

母亲在孕期,尤其是怀孕早期感染风疹,甚至是流感、弓形虫、梅毒螺旋体等病毒,都可通过胎盘影响胎儿,导致脑损伤;婴幼儿至青少年发育期间,患各种脑炎、脑膜炎及其他原因所致的中毒性脑病都可引起脑组织损伤,年龄越小,这类感染的损伤愈大。

2. 化学性毒物

母亲孕期服用大量抗精神病药物、镇静药物、激素等可能会造成胎儿脑组织损伤。孕期接触或吸入大量有毒物质,如苯、铅、一氧化碳等,也有可能造成胎儿脑损伤。儿童出生后通过玩具、废气等吸入过量的铅,可造成铅中毒脑病。青少年吸食各种毒品,滥用酒精含量高的饮料,也会造成情绪与行为障碍。

3. 物理损伤

母亲孕期腹部受到过度的挤压或打击、过量的 X 射线照射,出生过程因各种原因引起的胎儿或新生儿窒息,出生后因意外事故造成颅脑外伤等,也可能会导致情绪与行为障碍等问题。

① Ghandour, R. M., Sherman, L. J., Vladutiu, C. J., Ali, M. M., Lynch, S. E., Bitsko, R. H., & Blumberg, S. J. Prevalence and treatment of depression, anxiety, and conduct problems in US children [J]. The Journal of Pediatrics, 2019:206,256.

4. 营养问题

母亲妊娠期间由于各种原因（躯体疾病、妊娠反应、贫困、习俗等）摄食过少，会使胎儿大脑缺乏发育所必需的蛋白质、维生素、微量元素等，影响脑发育；同时，超期妊娠、胎盘从母体吸收的营养不足以满足其发育的需要，也会造成脑损伤。儿童出生后，由于喂养不当或是其他问题造成的营养不良同样会影响脑组织的正常发育，如硫胺素缺乏或烟酸缺乏可导致情绪障碍等。

研究发现，营养不良会减少儿童对刺激的反应能力，具体表现为冷漠，同时还会导致其社会退缩或学习失败，害怕上学。[1] 在营养方面，常见的维生素缺乏或糖分过多，可引起包括多动、压抑、自闭症和青少年犯罪等情绪与行为问题。

（三）生化失衡

生化失衡指由于人体内出现有毒物质，以及维生素或矿物质不足或过量而导致的儿童情绪反应异常。比如，有些生化因素来自食物，即食品加工及其他一些生化处理不当所致，因此，只要减少某些矿物质的摄取量，并增加某些维生素的供给，便可减少情绪与行为障碍的症状。此外，儿童本身免疫系统的问题、酒精中毒等，也有可能产生情绪与行为障碍现象。

（四）内分泌障碍或其他严重生理疾病

先天或后天的甲状腺功能低下或亢进，甲状腺皮质激素功能低下或亢进，免疫系统疾病如系统性红斑狼疮、硬皮症等，都可引起多种情绪与行为障碍。严重的心、肺、肝、肾等脏器功能不全，脑炎、低血糖等，也会导致情绪与行为异常反应。另有一些由心理因素造成的心因性疾病，如哮喘、糖尿病、头痛、腹痛等，同样会引起情绪与行为障碍的表现，如呼吸异常、排泄异常、动作异常、嗜睡等。

（五）母亲妊娠期严重的精神创伤

研究发现，母亲在妊娠期间，如遇到过强的精神刺激，或长期处于精神紧张、焦虑、抑郁的压力之下，会引起胎儿出生后情绪与行为方面的问题。情绪严重焦虑的孕妇，容易发生早产、流产、产程延长或难产，其胎儿出生后可能出现不安宁，易激惹等症状。一般而言，对孕妇精神状况有最直接影响的是个人生活事件，主要包括夫妻关系（分居、离婚、夫妻争端等）、姻亲关系（婆媳关系、姑嫂关系等）、家庭成员健康、家庭经济状况、工作及社会交往等方面的问题。

（六）儿童的气质类型

每个人的气质从出生时起便各有不同。气质是构成一个人个性的重要生物学因素。

---

[1] 薛姝朗. 营养、行为和学习[J]. 食品与健康，1994(04)：9.

某些特殊的气质常常容易导致某些特殊的情绪与行为问题的倾向产生。许多学者从各自不同的角度对婴幼儿的气质,如情绪的特性与强度、社交反应、自律反应的模式、个体的生化特点等进行了研究。结果表明,许多特点是与生俱来的,并对婴幼儿以后的发展有一定的影响。一般认为,从出生时起,婴儿就可分为3种不同的气质类型:易相处的、兴奋缓慢的及困难的。不同类型的孩子在成长中会有不同的表现:相对而言,易相处的孩子接受训练(如大小便训练)时,容易适应新的环境;而兴奋缓慢及困难的孩子则不然,他们往往在接受训练时表现出困扰,对新的环境表现出恐惧、焦虑、退缩等强烈的情绪反应,他们的耐受力较差,易出现情绪与行为障碍。[①] 当然,这期间环境起着相当重要的作用,不良的环境可能会增加各种障碍出现的可能性。总而言之,气质对于人们的情绪与行为反应始终起着非常重要的作用。

(七) 家庭因素

家庭是儿童社会化的重要场所,家庭教育环境对儿童、青少年行为规范的习得以及行为模式的形成有直接影响。其中较具影响作用的有以下几个方面。

1. 家庭的自然结构

家庭的自然结构是否完整,与儿童的情绪与行为有很大的关系。一般认为,不完整的家庭对儿童的情绪与行为发展非常不利。对儿童的正常发展而言,父母的角色缺一不可。研究表明,生活在完整家庭中的小学生,其问题行为少于再婚家庭和离异单亲家庭中的小学生。[②]

2. 家庭的人际关系

家庭的人际关系主要包括夫妻关系和亲子关系。

(1) 夫妻关系。

夫妻关系和谐与否同儿童的情绪与行为发展有重要的联系。夫妻关系紧张会使孩子感受到心理上的压力,导致情绪上紧张。在不和谐的家庭中,孩子接触到的往往是烦恼、暴躁和不安,甚至是粗暴的行为表现,他们会对双亲或其中之一产生厌恶、反感,渐渐地表现出各种不良的行为。研究者曾就夫妻离婚对儿童的不良影响作过分析:夫妻离婚往往从争吵开始,有的父母甚至将自己的烦恼发泄在孩子身上,这本身对孩子就是一种污染,也是多种类型的神经官能症和精神变态疾病滋生蔓延的最重要因素之一。[③] 同时,父母离婚之前可能会经历较长一段时间的家庭冲突,在这一过程中,父母往往过多考虑自己的利益,而减少了对孩子的关心,形成教育上的"盲点"。孩子会感到焦虑、悲伤,产生极为消极的情绪体验,还可能不自觉地学会父母的攻击行为、不良的沟通方式,可能因此与同学

① Infant Temperament.
② 董会芹.影响小学生问题行为的家庭因素研究[J].教育研究,2016,37(03):99—109.
③ 陈家麟.学校心理卫生学[M].北京:教育科学出版社,1991:62.

疏远,也可能增加外向性交往活动,从而被其他有品行问题的孩子带坏,由此容易出现攻击、违纪、社交等问题行为。

（2）亲子关系。

亲子关系对儿童的成长有非常深刻的影响。心理分析学派甚至认为,儿童身上存在的严重问题几乎全部产生于早期亲子之间消极的相互作用,尤其是母亲与儿童之间的消极关系。缺乏情感温暖和支持性的亲子关系,儿童容易与父母疏离。

3. 父母的教育方式与态度

有的父母教育方式简单粗暴,对孩子过分控制,并固执己见,给孩子造成相当大的焦虑。据研究,父母的严厉管教会间接导致儿童问题行为的增多,[①]父母对儿童过于顺从,则容易助长儿童控制他人、藐视社会的欲望,可能导致其行为失控、跋扈、反社会等倾向。还有一些父母不切实际地对孩子提出过高的希望与要求,无端增加儿童的心理负担,使他们经常处于紧张、焦虑的情绪之中。此外,父母双方的教育方式及态度不一致,也会使儿童感到无所适从,甚至引发孩子说谎、欺骗、离家出走等行为反应。

（八）学校因素

学校的经历对儿童来说无疑是非常重要的。学校对儿童的情绪与行为发展产生影响主要有以下两个方面。

1. 学校参与

学校参与是指儿童对学校教育教学活动的参与情况,包括参与活动的机会、参与的频率以及参与活动的感受等。一般认为,参与学校活动有助于儿童形成积极健康的心理品质,减少情绪和行为问题。有研究显示,学校参与度低的学生出现行为问题的风险较高。[②]

2. 学校的人际关系

这主要包括师生关系与同伴关系。教师在学生尤其是低年级学生心目中是神圣的、公正的象征,儿童常常以教师作为模仿的榜样。班集体、同伴关系的融洽对儿童的发展也同样重要。如果遭到排斥、冷落、不平等的对待,容易使儿童产生消极、自卑的情绪,有的甚至因此结交上坏朋友,产生严重的行为问题。

（九）社会因素

一定的社会文化背景、社区环境、习俗习惯等都会对儿童的行为发展产生很大的影

---

① 张秀慧,王美芳,刘莉. 父母严厉管教与儿童问题行为的关系:儿童自我控制的中介作用[J]. 心理发展与教育,2020,36(06):725—733.

② Olivier, E., Morin, A. J. S., Langlois, J., Tardif-Grenier, K., & Archambault, I. Internalizing and externalizing behavior problems and student engagement in elementary and secondary school students [J]. Journal of Youth & Adolescence, 2020,49(11):2327 – 2346.

响。尤其是在现代社会中,影视、报刊、网络等为儿童、青少年提供了越来越多接触社会的通道。许多信息未经任何"过滤"便直接为他们所接受,其影响力甚至超过家庭与学校的教育。有些儿童、青少年由于好奇、模仿而渐渐染上恶习,出现暴力、赌博、酗酒、吸毒、性问题等不良行为。有些儿童和青少年沉迷于网络、游戏,以至于荒废学业。

五、情绪与行为障碍儿童的特征

情绪与行为障碍的类型不同,特征也有所不同,以下仅作概括性介绍。

(一)智能特征

有关情绪与行为障碍儿童智能方面的特征,是一个有争议的话题。情绪与行为障碍儿童的平均智商约为 90。尽管重度及以上的情绪与行为障碍者儿童常常无法接受测验,但凡能接受测验的,智商都在智障范围之内(平均 IQ 为 50 左右)。美国学者考夫曼(Kaufman)在总结有关研究的基础上,提出了这类儿童的智力分布,但后来,考夫曼对此提出质疑,认为通过研究儿童的智商分布来评价其智能特征可能会产生偏差。因为智力测验的工具不尽完善,加上测验实施的困难,智力测验的结果即智商并不一定能完全反映出被测者的智能。情绪与行为障碍儿童常常受情绪的困扰,无法在智力测验中表现出其实际智能水平。许多专家认为,"从他们所能做"的事情来观察判断,情绪与行为障碍儿童的智力应是接近甚至超过正常范围的。

(二)学业表现

在学业表现上,有少部分情绪与行为障碍学生可以达到甚至超过同年级普通学生的水平,然而,大多数情绪与行为障碍学生的学业表现达不到预期水平。这类儿童中,很难有学习优异者。重度情绪与行为障碍儿童在基本的阅读和数学方面成绩往往特别差。究其原因,一方面是情绪或行为障碍使他们无法专注于学习任务,而将大部分时间用在与学业无关的事情上;另一方面,伴随着学业的失败,情绪与行为障碍会进一步加重,形成恶性循环。与此同时,情绪与行为障碍学生的问题可能容易使教师将关注的重心放在学习之外的其他表现方面,而忽略对其学业的关注。

(三)情绪行为表现

情绪或行为表现异常是情绪行为障碍学生的主要特征,他们的情绪与行为表现与普通同龄学生有显著差异。他们可能会在一般情况下出现不当的情绪行为反应,如攻击、自伤、不成熟、严重退缩、冲动、多动、注意力短暂、无法与人沟通或维持正常互动关系等,或者有过度焦虑、恐惧、忧郁等情绪,导致无法建立或维持正常的人际关系,有时会出现无生理病因的生理症状。

（四）重度情绪与行为障碍儿童的特征

重度及重度以上情绪与行为障碍儿童常常伴有其他障碍，在症状表现上有别于轻、中度患者。具体如下：

1. 缺乏日常生活技能

这类儿童在 5 岁或 5 岁以上时仍然不具有穿衣、吃饭、大小便等基本自理能力，他们无法料理自己的生活。

2. 感觉异常

这类儿童看上去对周围刺激极不敏感，对一般儿童所能感受到的刺激似乎没有什么反应，有时会被误认为是有听觉障碍或视觉障碍。

3. 认知缺陷

这类儿童存在明显的智力障碍，很难用一般的智力测验测得其真实智力。虽然个别儿童智力尚可，甚至某些方面的能力优于正常儿童，但难以正常发挥。

4. 语言发展滞后

这类儿童在语言学习上有困难，特别表现在理解与表达上，时常语无伦次、说话不合语法结构。有的只能鹦鹉学舌般地进行模仿，在语言交流上难以应对，常常答非所问。

5. 行为刻板

这类儿童经常表现出刻板的、重复的行为，比如，让口中的唾液"沙沙"作响、凝视灯光、抚摸某些玩具等。他们可以在很长一段时间内不间断地重复这一行为，他人很难介入。

6. 自伤与攻击

这类儿童会表现出各种自残行为，或用咬、抓、踢等方式来攻击他人。

六、几种典型的情绪与行为障碍

攻击、焦虑、多动、品行障碍是几种较为常见的情绪与行为障碍，在此做一专门介绍。

（一）攻击

攻击是指对他人施加暴力的行为，如踢打、抓咬、推拉、抢夺、破坏、扔东西等，会造成他人身体伤害或财物毁损。个体在成长发育过程中，会不断有各种攻击行为出现；但正常儿童到八九岁时，已具备相当的自控能力，能够在很大程度上控制自己的情绪与行为表现。如果儿童在这个年龄后仍表现出攻击行为，则需引起注意。攻击行为主要包括三种：一是自卫性攻击，即针对他人的攻击行为所表现出的自我防卫；二是非自卫性攻击，即为了达到支配、控制或骚扰他人的目的而表现出的攻击行为；三是强迫性攻击，即无法控制自我情绪的攻击行为。

1. 行为特征

(1) 偏向外向性格。

有学者曾对攻击行为儿童进行了人格特质的调查与实证分析。结果发现,这类儿童在人格特征上倾向于外向。

(2) 自我中心与攻击特性。

这是此类儿童行为表现中最突出的一点。他们冲动易怒,以自我为中心,难以接受别人的批评。这类儿童一遇到问题或挫折就会乱发脾气,对他人不够友好,爱争辩,喜欢嘲讽别人,经常因打架、斗殴而成为纷争的焦点。

(3) 显现精神病症。

观察发现,这类儿童在攻击行为出现时,往往难以控制自己的情绪,尤其是进行暴力犯罪的青少年,容易表现出精神病症状。

2. 病因解释

(1) 生物本能论。

生物本能论认为,所有动物的同类间侵犯是生物界的一种自然现象。攻击行为出自人类的天性。该理论的代表人物是弗洛伊德。他认为人类有两个本能:一个是维护个体生命及繁衍种族生命的求生本能,一个是追求回归极乐世界的死亡本能。生死本能相互抵制。如果个人的死亡本能转而以毁灭他人为目标,则攻击行为由此产生,所以说攻击本能与生俱来。

(2) 生理机能论。

该理论提出致病的四种可能:一是染色体异常。正常人的染色体为46XY。带有异常染色体(如染色体为47XYY、47XXY)的男女,由于比正常人多一个X或Y染色体,其自主神经系统反应少、恢复慢,发生攻击行为的比率比一般人要高得多,其智商往往也低于一般正常人。不过需要指出,由于有关此项的研究样本多来自监狱或一般犯罪者,因此其因果推论受到一定的限制。因为攻击行为也可能源于低智商、不良的环境与教育等。因此,一般认为,少数重度的攻击行为可能与染色体异常有关。

二是脑功能异常。医学研究证明,人类大脑的各个部位具有不同的功能,若脑的某部位有问题,如脑损伤、脑病、脑电流混乱以及颞叶、额叶功能失常等,可能引起不同程度的攻击行为。实证研究也表明,轻微脑伤导致犯罪的青少年人数比率显著高于一般正常青少年。

三是内分泌失调。有研究发现,人体内分泌机能与人类行为间有一定的关系,比如荷尔蒙与攻击行为之间存在显著的联系。因此,内分泌失调可能引起攻击行为。

四是精神病态。精神病因素与攻击行为也有一定的关系。

（3）挫折—攻击理论。

该理论认为，攻击行为是对挫折的反应。其代表人物是美国的约翰·杜拉德（John Dollard）等人。他们认为，攻击行为是一种精神宣泄。当人类有目的的活动受到阻碍时，便会发生攻击行为。这种理论看重环境的作用，即攻击行为是否产生，必须同时考虑个体内部的准备（对挫折的耐受性）和外部环境（攻击行为指向的对象）。攻击行为的形成是环境与个体之间互动的结果。

（4）社会学习论。

该理论认为，攻击行为是习得的，是经学习历程而改变的一种行为。具体途径主要有强化与模仿。强化有正负强化。儿童的某种攻击行为如果得到正强化，如言语赞赏、实物奖励、默许、放任等，会导致反应增加，成为习惯性的攻击行为。另外，也有儿童在接受非常严厉的惩罚、责备之后产生痛苦，构成挫折，进而产生攻击行为。因此，过于严厉，或过度溺爱、护短，都可能导致儿童攻击行为的产生。

儿童有许多机会观察攻击行为的榜样。习惯于体罚的父母教育出的孩子，可能会采用攻击行为来控制他人。调查显示，许多攻击行为严重的儿童，其父母和同胞兄妹也有攻击行为。曾有人对被标记为攻击行为儿童的父母进行观察，发现当伴随有攻击行为的儿童动怒、反抗其父母时，父母常常表现出毫不示弱的态度，对子女施以威吓、拳打脚踢等行为。所以，父母的行为方式会不自觉地被儿童所模仿。

此外，各种传播媒介，尤其是网络游戏、电视中的暴力行为模式，对于正在成长的儿童、青少年影响很大。近年来，国内外不断有关于儿童、青少年暴力案件的报道，分析其原因，与传媒影响不无关系。

（二）焦虑

焦虑原本是人类适应环境的一种很重要的防卫机制，是人类正常且必要的情绪反应。适度的焦虑有其积极的一面，可以促进学习；但过度的焦虑，则对人有严重的困扰作用。作为一种情绪反应，焦虑是指心理预料可能会遇到问题或危险时而产生的悲伤、忧虑、紧张、不安等感受交织而成的复杂情绪状态。焦虑情绪并非由实际威胁或危险所引起，其紧张不安与恐慌程度常与现实处境很不相称。1894年，弗洛伊德将焦虑作为一种特殊的病症从神经衰弱中分离出来。目前，临床上通常将之分为广泛性焦虑障碍和惊恐障碍两种类型。

1. 症状表现

（1）生理状态异常。

焦虑产生时，交感神经与副交感神经都会有所反应。其症状可涉及许多系统。在消化系统方面有口干，吞咽困难，上腹部不适，消化不良及因咽入过多空气而引起的腹胀；在呼吸系统方面有:胸闷,吸气困难,过度提气;心血管方面有:心悸,呼吸收缩,血压升高等;在泌尿、生殖系统方面有:尿频,尿急,月经紊乱,痛经等;在神经系统方面有:耳鸣,视力模糊,有刺痛感,浑身不适,头晕等。此外,还有出汗、四肢冰冷、发抖、肌肉颤动、睡眠障碍(包括入睡困难、睡眠浅、多梦等)等。

(2) 运动性不安。

其症状表现为搓手顿足,来回走动。也有人会咬指甲或用手拨弄一件东西。因为容易出汗,也常有人以擦汗的动作来消除紧张。

(3) 紧张与过分警惕。

其症状表现为经常为未来可能发生的、难以预料的某种危险或不幸事件而担心,容易紧张不安,易激动,易惊吓,随时处于备战状态,终日惶惶然,一副大祸将临的样子,一点点小的刺激也会使他们烦躁不安、不知所措,有时感到脑子一片空白,失去正常的判断力。

(4) 异常的人格特质与不良的社会适应。

容易焦虑紧张的人在性格上比较内向、敏感,易起疑心,固执己见。这类人往往不受同伴的欢迎,其创造力和适应力也较差,处理问题不够果断,经常需要依赖他人,无冒险性,社会适应不良。

2. 病因解释

焦虑的病因不明,不同的学派有不同的解释。主要有以下一些方面。

(1) 遗传因素。

大量的研究证实,焦虑倾向作为一种情绪特点,遗传起到了一定的作用。具有焦虑倾向的人在不良的环境影响下较易产生焦虑情绪。早期的家系调查发现,患焦虑症的血缘亲属中,同病率为 15%,远高于一般人群的患病率 5%;双生子研究也发现,同卵双生子的同病率为 50%,异卵双生子的同病率只有 2.5%。因此,有人认为,焦虑一半受遗传影响,一半受环境影响。

(2) 生化因素。

焦虑的发生与某些生化因素有关。研究发现,焦虑发作可能与血中乳酸盐含量的升高有关。肾上腺素功能系统,特别是蓝斑核可引起对危险的警惕和期待心情,对焦虑的产生具有重要的影响。同时,还有人发现,哺乳动物脑中存在苯二氮䓬类受体,儿童焦虑患者很可能产生了某种物质干扰了该受体的功能,从而导致广泛性焦虑症状的产生。

(3) 心理因素。

精神分析理论认为,焦虑是过度的内心冲突对自我(Ego)威胁的结果。有关学者特别强调,童年期的心理体验被压抑在潜意识中,一旦遇到特殊的情境或压力的激发,便成为有意识的焦虑。马斯洛则认为,焦虑源自需要的不满足。他强调几乎所有的儿童都有被满足的需要,包括安全感的需要、自尊的需要、爱的需要等。当儿童认为这些需要未被满足时,便会产生焦虑。埃里克森认为,焦虑是儿童在社会活动中心理发展受到挫折和失败的结果。一个儿童在成长中如果遭受忽视,甚至敌视、抛弃,必然会造成内心冲突,引起焦虑反应。此外,儿童的罪恶感也可能会引起焦虑。由于儿童的想象力丰富,有时无法分清幻想与现实之间的差异,一旦认为自己做了错事,焦虑便随即而生。

（4）家庭因素。

儿童及青少年的行为受父母师长的约束,若父母间或父母与教师间的管教不一致,他们就容易感到不知所措。尤其是敏感脆弱的儿童及青少年,更容易引起焦虑反应。有些父母对子女期望过高,当子女无法达到或担心不能达到期望时,焦虑便可能会产生。

（5）学校因素。

导致压力的学校因素主要来自学业负担和考试压力两个方面。儿童及青少年在学业方面的成败与其生活适应、情绪困扰有密切的关系。研究发现,儿童在适度的压力之下,学习效果显著增进;但如果压力过大,则会造成其紧张不安,产生焦虑反应。考试压力是困扰学生情绪的另一根源。在竞争激烈的社会中,教师和家长常以考试成绩的高低来评价学生,学生们则经常表现出考试焦虑现象,伴随诸如腹痛、肠胃不适、尿频、头晕等症状。

（6）社会因素。

学习理论认为,焦虑是一种习得的行为。焦虑型的父母容易带出焦虑型的孩子。儿童容易模仿周围熟悉的人,如果被模仿的对象时常表现出焦虑、紧张,儿童自然就学会了焦虑、紧张。同时,许多焦虑反应源自条件刺激的泛化。对动物的实验研究发现,一旦引起焦虑的条件刺激产生泛化,即使新出现的刺激不会构成危险,但如果它与原来的条件刺激相似,动物也会产生焦虑反应。这说明,焦虑是通过学习获得的对可怕情境的条件反应。对儿童而言,情况是一样的。

此外,焦虑还可能源于不良的人际关系。在个人与他人相处时,如果感到被排斥、屈辱、恐惧等,焦虑情绪就会油然而生。

（三）多动

多动是指儿童智能正常或接近正常,但表现出与年龄不相称的注意力分散、注意广度小、不分场合的过度活动、情绪冲动,并伴有认知障碍和学习困难的一组综合征。与其同义的术语还有轻微脑功能失调、注意缺陷伴多动障碍（Attention Deficit Hyperactivity Disorder,简称 ADHD）、多动综合征等。多动症发病率的统计差异很大,我国各地的调查结果也不一致,从 1.5%—12% 不等,其主要原因是判断标准的不一致。统计显示,我国儿童 ADHD 总发病率为 5.6%,其中男童发病率为 7.7%,女童发病率为 3.4%。[①]

1. 症状表现

多动症儿童由于病因、年龄、性别、个性、环境及教育等各种因素影响,病情轻重不一,症状各异。常见的症状如下。

(1)注意集中困难。

容易分心或注意力短暂,很难集中注意,是多动症儿童的常见特征。这类儿童比一般同龄儿童缺乏专注及贯彻到底的能力,易受环境的影响而分心。轻者,对感兴趣的故事或电视等尚能集中注意力听讲或观看;重者,不能对任何事物引起注意,不能自始至终地做完任何一件事。即使是做游戏,也显得不专心。上课时不能专心听讲,老师布置的作业听不清,以至于做作业时常出现遗漏和解释错误。由于注意集中短暂和注意力易分散是多动儿童经常出现的症状,因此 DSM-IV 将其称为"注意缺陷伴多动障碍"。

(2)活动过度。

多动症儿童似乎有一股用不完的精力,会不断地活动。活动过度通常始于幼儿早期,有的甚至从婴儿期就开始出现症状。他们表现得格外活泼,开始学步时,时常以跑代走,有时翻箱倒柜,一刻不得安宁;上学后在课堂上显得烦躁不安,爱插嘴,总是不断地站起来,喜欢招惹别人,常与同伴发生纠纷,违反校纪等。

(3)自控力差。

多动症儿童缺乏自控能力,常对一些不愉快的刺激作出过分反应。他们的情绪不稳定,冲动任性,个性倔强,想要什么就非得到不可;他们喜欢与比自己年幼的儿童玩耍,表现幼稚,缺乏荣誉感,不辨是非,做事不考虑后果,只要不合心意,就会表现出捣乱的行为。大多数多动症儿童不愿遵从规则,显得极端独立,经常毫无理由地攻击他人,有较多的人际问题,有社会适应不良的表现。

(4)学习困难。

多动症儿童的智力水平大多正常或接近正常,但普遍表现出学习困难。具体表现为:学习成绩低下,常常不及格;或是智力较高,但成绩忽上忽下,波动很大。这主要是不能安心学习或不能静心应付考试的结果。此外,多动症儿童常常表现为发展不平衡,在学习上有的方面优异,有的方面落后。

(5)动作协调困难。

几乎半数的多动症儿童在动作协调方面有问题。有的是平衡方面的问题,如不易学

① 李世明,冯为,方芳,等.中国儿童注意缺陷多动障碍患病率 Meta 分析[J].中华流行病学杂志,2018,39(07):993—998.

会骑自行车，体操动作不准确、不协调，走路不成直线等；有的是手眼协调差，如投球命中率低、无法精确使用剪刀等。

2. 病因解释

（1）遗传因素。

许多研究者发现，儿童多动症与遗传有密切关系。研究发现，注意缺陷伴多动障碍（ADHD）的遗传率约为 40%，[①]同卵双生子的同病率远高于异卵双生子。多动症儿童的父母中较多人有同病史；多动症儿童同胞患病率高于对照组的 3 倍；多动症儿童被寄养出去的同胞患病率达 50%，而同父异母或同母异父所生的"半同胞"多动症患病率为 14%。以上两种人的患病率都高于一般人群（5%）。这些说明，遗传因素对多动症的发病起着重要的作用。

（2）轻微脑功能失调。

自 20 世纪 40 年代起，就有人认为，儿童多动症是由于脑损伤所致，故称其为"脑损伤综合征"。造成脑损伤的原因有很多，产前、产中、产后的窒息或脑外伤等都有可能造成脑损伤。一般认为，如果脑损伤比较严重，可能出现精神发育迟滞、脑瘫、发育不良等后遗症；如损伤轻微，则可能出现多动等症状。但临床发现，许多多动症儿童并无脑损伤病史，也无神经系统异常，因此有人称其为"轻微脑功能失调"。

（3）神经递质改变。

国内外许多学者对多动症儿童的血、尿及脑脊髓液中的多巴胺、去甲肾上腺素等进行了多方面研究，试图发现某种神经递质的改变与多动症的病因关系。依动物实验推论，多动症儿童可能有多巴胺代谢障碍。有人用药物给新生鼠进行注射，选择性地破坏了多巴胺通路。结果这些老鼠表现出明显的多动行为和学习困难，随着鼠的年龄增大，活动有所减少，但学习缺陷依然存在。在多动症儿童中，也可观察到类似的现象。但是，这些研究的结果常常不稳定或不一致，因此目前还不能下结论。

（4）铅中毒和食物添加剂。

有人认为，铅中毒是引起儿童多动的原因之一。现代社会中，随着工业的发展，空气污染加剧，儿童吸铅中毒的机会增加，如吸入汽车废气，接触大量的油漆、塑料玩具及其他化学物品等。调查表明，儿童血铅含量增多，会有多动的表现。许多儿童课堂上的不良行为（注意分散、多动等）都与此有关。

食物添加剂是被怀疑与多动症有关的又一因素。随着加工食品的不断增加，食物添加剂如色素、香料、防腐剂等不断增多。有人认为，食物添加剂有可能导致多动。这一推论有待进一步的研究论证。

[①] 郑杰，陈燕惠. 注意缺陷多动障碍发病机制研究进展[J]. 中国当代儿科杂志，2018，20(09)：775—780.

（5）环境因素。

父母关系不良、父母情绪不稳及教育方式不当（如消极、挑剔和严厉）等也可成为多动的诱因。

（四）品行障碍

这是一组发生于儿童和青少年时期的行为障碍，其特征是反复而持久的反社会性、攻击性或对立性品行。当发展到极端时，这种行为可严重违反相应年龄的社会规范，较之儿童普通的调皮捣蛋或少年的逆反行为更严重。如过分好斗或霸道、残忍地对待动物或他人、严重破坏财物、纵火、偷窃、反复说谎、逃学或离家出走、过分频繁地大发雷霆、出现对抗性挑衅行为、长期的严重违拗等。

1. 症状表现

根据《中国精神障碍分类与诊断标准（第三版）》（CCMD－3），品行障碍可以分为三类，分别为反社会性品行障碍、对立违抗性障碍以及其他或待分类的品行障碍。根据诊断标准，品行障碍有以下症状表现。

（1）明显的不服从、违抗，或挑衅行为。

这具体表现为：经常说谎；经常暴怒，好发脾气；常怨恨他人，怀恨在心，或心存报复；常拒绝或不理睬成人的要求或规定，长期严重的不服从；常因自己的过失或不当行为而责怪他人；常与成人争吵，常与父母或老师对抗；经常故意干扰别人；等等。

（2）社会性紊乱。

这具体表现为：经常逃学；擅自离家出走或逃跑；不顾父母的禁令，常在外过夜（开始于13岁前）；参与社会上的不良团伙，一起胡作非为；故意损坏他人财产，或公共财物；常常虐待动物；常挑起或参与斗殴（不包括兄弟姐妹打架）；反复欺负他人（包括采用打骂、折磨、骚扰及长期威胁等手段）；等等。

（3）严重的违法行为。

这具体表现为：多次在家或在外偷窃贵重物品或大量钱财；勒索或抢劫他人钱财，或入室抢劫；强迫与他人发生性关系，或有猥亵行为；对他人进行躯体虐待（如捆绑、刀割、针刺、烧烫等）；持凶器（如刀、棍棒、砖、碎瓶子等）故意伤害他人；故意纵火；等等。

2. 病因解释

品行障碍的表现形式多样，同时又常与多动症等其他行为同时存在，其病因较为复杂。具体说来，有以下几个方面的因素。

（1）遗传因素。

众多的关于双生子以及家族史的研究表明，品行障碍和遗传相关，有家族史的儿童更易患品行障碍。有研究认为，染色体异常的人更具攻击性、更具暴力倾向和性犯罪倾向。

（2）家庭因素。

家庭因素与品行障碍有极为密切的关系。一是父母的养育方式：家长是儿童品行行为形成的最直接榜样。研究发现，许多品行障碍的儿童成长于具有暴力倾向或有不良嗜好的家庭中。家长经常采取强制、攻击的方式对待儿童，或消极对待儿童的行为反应。在不良的亲子互动过程中，儿童往往养成通过违抗、攻击等行为方式来回应家长的习惯。二是家庭环境：家庭结构的不稳定，如单亲、离异、再婚等，也是造成品行障碍的原因之一。此外，家庭的社会经济状况、家庭的重要事件以及家长的认知偏见等均可成为儿童品行障碍的危险因素。

（3）社会文化因素。

社会文化因素较为复杂，主要包括：其一，学校因素。儿童在学校中的学业状况与其行为表现之间有一定的关联。研究发现，学业失败的儿童更容易出现反社会行为，成为所谓的"双差生"。此外，学校环境也有一定的影响作用，同伴关系、师生关系、班风、校风等都可能成为儿童品行障碍形成中的重要因素。其二，社会因素。高风险的社区环境（如贫穷、暴力、高犯罪率等）、长期接触不良的信息（如网络游戏等），也是品行障碍的重要成因。

（五）特发于童年的情绪障碍

这是一组起病于儿童时期的焦虑、恐惧、强迫、胆怯等情绪异常，与儿童的发育和境遇有一定关系；与成人期神经症无连续性。主要包括儿童分离焦虑障碍、儿童恐惧症、儿童社交恐惧症、儿童广泛焦虑症等。

1. 儿童分离焦虑障碍

儿童分离焦虑障碍主要表现为儿童与其依恋对象分离时产生过度焦虑情绪。例如，过分担心依恋对象可能会遇到伤害，或害怕依恋对象一去不复返；过分担心自己会走失、被绑架、被杀害，或住院，以致难以与依恋对象离别；因不愿意离开依恋对象而不想上学或拒绝上学；非常害怕一人独处，或没有依恋对象陪同绝不外出，宁愿待在家里；没有依恋对象在身边时不愿意或拒绝上床就寝；反复做噩梦，内容与离别有关，以致夜间多次惊醒；与依恋对象分离前过分担心，分离时或分别后出现过度情绪反应，如烦躁不安、哭喊、发脾气、痛苦、淡漠，或社会性退缩；与依恋对象分离时反复出现头痛、恶心、呕吐等躯体症状，但无相应躯体疾病。儿童分离焦虑障碍起病于 6 岁前，其日常生活和社会功能受损。

2. 儿童恐惧症

儿童恐惧症是指儿童不同发育阶段的特定恐惧情绪。其表现为对日常生活中的一般客观事物和情境产生过分的恐惧情绪，出现回避、退缩行为。导致日常生活和社会功能受损。

3. 儿童社交恐惧症

儿童社交恐惧症,又称儿童社交性焦虑障碍,是指儿童对新环境或陌生人产生恐惧、焦虑情绪和问题行为。表现为与陌生人(包括同龄人)交往时,存在持久的焦虑,有社交回避行为;与陌生人交往时,患儿对其行为有自我意识,表现出尴尬或过分关注;对新环境感到痛苦、不适、哭闹、不语或退出;与家人或熟悉的人在一起时,社交关系良好。儿童的障碍显著影响社交(包括与同龄人社交)功能,导致交往受限。

4. 儿童广泛焦虑症

儿童广泛焦虑症,又称儿童广泛性焦虑障碍,主要表现为:烦躁不安,整日紧张、无法放松,例如,易激惹,常发脾气,好哭闹;注意力难以集中,自觉脑子里一片空白;担心学业失败或交友受到拒绝;感到易疲倦、心力交瘁、精疲力竭;肌肉紧张感;食欲不振,恶心或其他躯体不适;睡眠紊乱(失眠、易醒、思睡却又睡不深等);等等。这种焦虑与担心出现在两种以上的场合、活动、境遇或环境中,儿童往往明知焦虑不好,但无法自控。

(六)儿童社会功能障碍

这是一组起始于发育过程中的社会功能异常。主要包括选择性缄默症和儿童反应性依恋障碍。

选择性缄默症是指起始于童年早期,在特定场合如学校或陌生人面前,沉默不语,而在其他环境中说话正常或接近正常,其言语理解和表达能力正常。缄默时,常伴有焦虑、退缩、违抗等情绪。

儿童反应性依恋障碍是一种以长期的社交关系障碍为特征的儿童精神障碍,患儿长期表现为一种不恰当的应对方式,如过度抑制、过分警惕,或明显的矛盾反应,如,对养育者的安抚同时出现亲近、冷淡、回避和违抗,或缺乏情感反应、退缩、情绪紊乱,对自己或他人的痛苦表现出攻击反应,或恐惧性过度警觉。

儿童社会功能障碍多与生活环境异常有关,如严重的教养方式不良,心理或躯体的虐待或忽视等。

(七)抽动障碍

抽动是一种不随意的突发、快速、重复、非节律性、刻板的单一或多部位肌肉抽动或发声。运动和发声抽动都可分为简单和复杂两类,但界限不清。如眨眼、斜颈、耸肩、扮鬼脸等属于简单的运动性抽动;蹦、跳、打自己等属于复杂的运动性抽动。清喉声、吼叫、吸鼻动作属于简单的发声抽动,重复言语、秽语属于复杂的发声抽动。各种形式的抽动均可在短时间内受意志控制,在应急下加重,在睡眠时减轻或消失,多发于儿童时期,少数可持续至成年。根据发病年龄、临床表现、病程长短和是否伴有发声抽动,抽动障碍分为:(1)短暂性抽动障碍;(2)慢性运动或发声抽动障碍;(3)瑞特综合征。

短暂性抽动障碍又称抽动症,是抽动障碍最常见的亚型,特点为急性的单纯性抽动,常限于某一部位一组肌肉或两组肌肉群发生运动或发声抽动,通常表现为眨眼、扮鬼脸或头部抽动等简单抽动。起病于学龄早期,4—7 岁的儿童最常见,男孩多见。

慢性运动或发声抽动障碍是以限于一组肌肉或两组肌肉群发生运动或发声抽动(但两者不并存)为特征的一种抽动障碍,抽动可以是单一的也可是多种的(通常是多种的),持续 1 年以上。

瑞特综合征(发声与多种运动联合抽动障碍)是以进行性发展的多部位运动和发声抽动为特征的抽动障碍,部分患儿伴有模仿言语、模仿动作,或强迫、攻击、情绪障碍,及注意缺陷等行为障碍,起病于童年。

第二节　情绪与行为障碍儿童的教育

情绪与行为障碍儿童是有特殊教育需要的儿童,他们的问题具有多面性和个别性。如何针对他们的个别需求选择适当的教育安置方式并实施教育干预,直接关系到教育成效。

一、学习环境

情绪与行为障碍儿童因其障碍程度以及障碍性质的不同,有多种安置形式。最常见的有融合的普通班级、特教班以及专门学校。

(一)普通班级

绝大多数的轻度障碍学生在普通学校普通班级就读。普通学校应尽可能利用班内和校内的各种资源,为学生提供有效的支持。在这种形式的安置中,普通班级教师承担着主要的教育责任。他们的态度与处理相关问题的技能对障碍学生至关重要。

(二)特教班

特教班主要的安置对象是那些不适宜在普通班级就读的情绪与行为障碍儿童。应通过借助校内资源和校外资源(如心理学家、行为问题专家等),向学生提供更为密集的教育辅导。

(三)专门学校

1. 安置对象

专门学校主要招收已满 12—17 周岁,有严重不良行为的未成年人。

对有严重不良行为的未成年人,未成年人的父母或者其他监护人、所在学校无力管教或者管教无效的,可以向教育行政部门提出申请,经专门教育指导委员会评估同意后,由教育行政部门决定是否将其送入专门学校接受专门教育。对于不适宜进入专门学校的有严重不良行为的未成年人,以及有不良行为的未成年人,不满12周岁的未成年人,专门学校可根据其父母或其他监护人,或者所在学校提出的申请或委托,选派师资力量到校开展针对性的教育,也可将其接入专门学校进行独立分班的体验式学习。①

📖 **拓展阅读**

不良行为与严重不良行为

不良行为,是指未成年人实施的不利于其健康成长的下列行为:

(1)吸烟、饮酒;

(2)多次旷课、逃学;

(3)无故夜不归宿、离家出走;

(4)沉迷网络;

(5)与社会上具有不良习性的人交往,组织或者参加实施不良行为的团伙;

(6)进入法律法规规定未成年人不宜进入的场所;

(7)参与赌博、变相赌博,或者参加封建迷信、邪教等活动;

(8)阅览、观看或者收听宣扬淫秽、色情、暴力、恐怖、极端等内容的读物、音像制品或者网络信息等;

(9)其他不利于未成年人身心健康成长的不良行为。

严重不良行为,是指未成年人实施的有刑法规定、因不满法定刑事责任年龄不予刑事处罚的行为,以及严重危害社会的下列行为:

(1)结伙斗殴,追逐、拦截他人,强拿硬要或者任意损毁、占用公私财物等寻衅滋事行为;

(2)非法携带枪支、弹药或者弩、匕首等国家规定的管制器具;

(3)殴打、辱骂、恐吓,或者故意伤害他人身体;

(4)盗窃、哄抢、抢夺或者故意损毁公私财物;

(5)传播淫秽的读物、音像制品或者信息等;

(6)卖淫、嫖娼,或者进行淫秽表演;

---

① 中华人民共和国预防未成年人犯罪法(1999年6月28日第九届全国人民代表大会常务委员会第十次会议通过　根据2012年10月26日第十一届全国人民代表大会常务委员会第二十九次会议《关于修改〈中华人民共和国预防未成年人犯罪法〉的决定》修正　2020年12月26日第十三届全国人民代表大会常务委员会第二十四次会议修订)。

（7）吸食、注射毒品，或者向他人提供毒品；

（8）参与赌博赌资较大；

（9）其他严重危害社会的行为。

　　——《中华人民共和国预防未成年人犯罪法》（2020 年）第 28 条，第 38 条（节选）

2. 学习期限及管理

专门学校学生在校学习时间一般为 3 个月以上，不超过 3 年。单独分班的体验式学习时长一般不超过 3 个月。延长或缩短学习期限，需由专门学校向专门教育指导委员会提出申请，经教育行政部门批准后执行。

专门学校每学期适时提请专门教育指导委员会对接受专门教育的未成年学生的情况进行评估。对经评估适合转回普通学校就读的，由专门教育指导委员会向原决定机关提出书面建议，由原决定机关决定是否将未成年学生转回普通学校就读。原决定机关决定将未成年学生转回普通学校的，其原所在学校不得拒绝接收；因特殊情况，不适宜转回原所在学校的，由教育行政部门安排转学。

专门学校的未成年学生的学籍保留在原学校，符合毕业条件的，由原学校颁发毕业证书。

2022 年，全国专门学校共 119 所，在校学生 8109 人。[①]

二、课程

对于情绪与行为障碍学生的教育，其课程设置与要求和普通学生基本一致。在融合的普通班级或资源教室以及特教班的学生，应与同年级普通学生学习相同的学科课程。

专门学校对没有完成义务教育的学生，应保证其继续接受义务教育。学校应根据义务教育课程设置要求安排教学计划和教学活动，也可根据学生实际，适当调整教学内容和教学时间。注重因材施教，切实提高教学质量，确保学生逐步达到义务教育相应的教学要求。非义务教育阶段专门学校可根据实际开设普通高中或职业高中相关课程。学校应有针对性地开展思想道德教育、法治教育、心理健康教育和职业教育。

思想道德教育：注重学生道德观念的培养和行为习惯的养成，培养学生知晓做人做事的道德要求，努力使学生做到明理向善、以德立身。

法治教育：通过法治教育，引导学生增强规则意识和法治观念，明确基本的法律底线和行为边界。形成学法、知法、懂法、守法的自觉意识。

---

① 各级各类教育在校生情况-中华人民共和国教育部政府门户网站。

　　心理健康教育:重点聚焦如何提高学生自我约束以及自我管理的能力,引导学生正确处理愤怒、焦虑、沮丧、恐惧、挫折等负面情绪,培养良好的心理素质。开设生命教育课程,让学生学会珍惜生命、懂得感恩,培养自尊自信、理性平和、积极向上的心态。

　　职业教育:学校可根据学生的兴趣爱好和发展需要,开展各类职业教育,培养学生的劳动习惯、掌握职业技能。

　　与普通学校一样,专门学校还可以开设各种拓展类课程,以充分发挥学生的兴趣特长、开阔视野,为学生的全面发展作准备。

三、干预策略

　　情绪与行为障碍儿童的干预需要关注两个方面的问题:其一是情绪与行为本身所构成的直接危害,例如,攻击行为会直接导致人际关系冲突,这种问题必须快速果断地加以解决;其二是情绪与行为问题产生的深层原因,只有梳理出问题产生的真正原因,才有可能提供有针对性的干预。

(一)学校教育

　　情绪与行为障碍学生往往面临较为复杂的学校适应问题,他们在学校中可能容易出现易激惹、易冲动、不遵守规则、与同学发生冲突、缺少学习热情等表现,学校应创设良好的教育环境,最大限度减低情绪与行为障碍发生的可能性,对于已经出现的障碍学生,给予积极的辅导与支持。

1. 建立包容环境

　　积极创设安全和关爱的学校环境,让每个学生都能感受到尊重和价值感,获得更强的成就动机。建立融洽的师生关系和同伴关系,引导学生认识差异,学会如何与特殊同伴相处。

2. 合理安排座位

　　情绪行为障碍学生在课堂学习中容易出现各种状况,教师可依据学生的特殊需求合理安排座位。例如,容易分心的学生尽量避免安排靠近窗户的座位,班级中如有多个特殊学生,其座位不要安排在一起;座位安排在方便教师提醒的位置等。

3. 倡导积极行为

　　明确学校纪律和班级规范,教导学生了解良好行为的规则要求、提升情绪管理和人际互动的能力,学会采用适当的方法解决问题,进而逐步增加正性的情绪与行为,减少负性的情绪与行为。教师对学生表现出的良好行为及时给予肯定,对不良的行为及时给予反馈。同时,教师要善于观察学生,及时发现问题并迅速处理问题,防止问题的扩大。

4. 选择教育策略

适合各类情绪与行为障碍学生的干预理念与具体策略不尽相同。一方面，可以通过形式多样的课堂教学活动与练习，促进学生习得积极有效的思维认知方式、提高情绪管理和处理复杂现实情境问题的能力，减少冲动和攻击行为，构建积极的社会互动模式和良好的人际关系；另一方面，也可以根据学生的需求，有针对性地采用某种干预策略，如研究显示，写作治疗、社会故事法等对情绪与行为障碍儿童均有积极的干预成效。[①]

（二）药物治疗

部分情绪和行为障碍可以通过药物进行有效的控制，为心理治疗与教育干预打下良好的基础。例如，对于患有严重焦虑、抑郁、恐怖或者强迫症状的儿童，可使用适当的药物进行治疗。药物治疗必须由专业医生施行。

有关情绪障碍的药物是精神药物发展最快的一个分支，目前许多新型抗焦虑和抗抑郁药物开始用于儿童情绪障碍的治疗。[②]

（三）心理治疗

心理治疗就是用心理学的方法使人的情绪、行为发生改变。心理治疗分为几大类，在其基础上衍化的心理治疗方法已有数百种。

1. 精神分析

精神分析是由弗洛伊德创立的一种心理治疗法，其目的是人格再建和解决童年期的情绪问题以消除症状。精神分析的主要手段是自由联想、梦的分析、释义和移情。

2. 行为治疗

行为治疗也称行为矫正，是依据条件反射理论和社会学习理论改变不良行为的一种技术。目前已有的行为治疗方法有许多种，这里介绍在儿童情绪与行为障碍矫正中常用的几种方法。

（1）正强化法。

每当儿童出现所期望的目标行为，或者符合要求的良好行为时，采取奖励办法，立刻强化，以增强此种行为出现的频率。

（2）负强化法。

通过消除厌恶刺激来抑制不良的行为，从而建立良好的行为。它主要用于治疗敌对行为、不服从行为、少年违法、暴怒发作等一些不良行为。

---

① Zimmerman, K. N., Ledford, J. R., Gagnon, K. L., & Martin, J. L. Social stories and visual supports interventions for students at risk for emotional and behavioral disorders [J]. Behavioral Disorders, 2020, 45(04), 207 - 223.

② 静进. 儿童青少年情绪障碍及其对策[J]. 中国学校卫生, 2010, 31(11): 1281—1283.

（3）惩罚法。

当儿童出现某个不适当的行为时,附加一个令他嫌恶的刺激或减弱、消除其正在享用的增强物,从而减少该行为的发生频率。此种方法适用于多种行为障碍和情绪障碍,如攻击性行为、违纪、脾气暴发、伤人自伤等。

（4）消退法。

消退法是通过削弱或撤除某不良行为的强化因素来减少该项不良行为的发生率。一般常用漠视、不理睬等方式,达到减少和消除不良行为的目的。

（5）代币法。

代币法也称标记奖励法。这是在儿童出现目标行为时,立刻给予一种"标记"或代币加以强化(如筹码、卡片、红星、小红旗等),然后再用"标记"或代币兑换各种强化物的一种行为矫正方法。

（6）系统脱敏法。

系统脱敏法是一种逐步去除不良条件性情绪反应的技术。该技术常用于焦虑和恐惧的治疗。

（7）行为契约法。

行为契约法是指治疗者与治疗对象签定行为契约,约定根据目标行为出现与否而将执行相关强化。在这种方法中,要求对所约定的目标行为作操作性的描述,包括对期望行为的增加,对不期望行为的减少,或者两者兼具;约定如何对目标行为进行测量;约定目标行为出现的时间范围;约定强化或惩罚的措施以及施行者。

3. 人本主义–存在主义心理治疗

以存在主义哲学和人本主义心理学为指导思想的心理疗法。主要包括:

（1）患者中心心理治疗。

患者中心心理治疗认为,治疗的基本前提是每个人都有自主权和发展自身人格的能力。治疗者应以平等的身份、理解和同情的态度深入了解障碍的表现和原因,进而提供咨询意见。

（2）存在主义心理治疗。

存在主义心理治疗认为,个人的情绪与行为障碍是个人的内心冲突未获解决所致,通过与治疗对象进行交流,可促使其了解和接受自身存在的价值与义务,鼓励其选择正确的生活道路。

（3）完型治疗。

完型治疗强调将治疗对象当作一个整体来对待,重视其当前的体验,利用角色扮演等技术,使其对自己有充分的认识,发挥潜力。

4. 认知疗法

认知疗法强调认知过程在决定行为中的重要作用,认为个体的情绪和行为大多来自个人对情境的评价,而评价受到信念、假设、现象等诸多因素的影响。

(1) 认知疗法的前提。

认知疗法的前提是:情绪和行为是通过认知过程发展起来的;在学习理论基础上建立的治疗程序,能有效地影响认知过程;治疗者同时担负诊断和教育的责任,发现不良的认知过程,并组织安排学习来改变它们。

(2) 现代认知疗法的主要内容。

现代认知疗法的主要内容如下:一是认知的重建,即帮助治疗对象重新建立信念和假设;二是适应技能,即教给治疗对象适当的适应技能,通过正确的认知方式,摆脱不良的情绪和行为;三是问题解决,即认为不恰当的问题解决技能与某些不良的情绪反应有密切的关联,如焦虑、抑郁、挫折等。构建解决问题的模型,能够使治疗对象有效地减少不良的情绪。

 **特殊教育个案**

情绪与行为障碍儿童个案

"熊孩子"的蜕变[①]

2019 年 2 月,某市某区检察院受理了一起未成年人涉嫌抢劫案。15 岁的男孩王天(化名)因父母离婚,无心学习,初二就辍学在家,后结识了社会闲散人员刘某。在刘某的怂恿下,一天晚上,二人将网友李某约到某小区二楼平台,刘某用木棍击打,王天用脚踢、踹,迫使李某交出现金和金手链,后李某逃脱。案发次日,王天被公安机关抓获,如实供述了犯罪事实。

案发后,王天非常懊悔自己的罪行,王天父母也对自己放任孩子辍学在家致使孩子走上歧途的行为十分后悔,希望孩子能重返学校。从王天自身情况来看,其犯罪情节轻微,认罪悔罪,无前科劣迹,但自制力较差,家庭监管能力弱,如果作附条件不起诉,一定要有来自学校的有力监管。然而,当案件承办检察官 A 来到区教育局和王天就读的中学商谈复学事宜时,却遇到了一个现实难题——根据学籍管理规定,不允许除因病休学以外的学生留级,这意味着初二刚开学就辍学的王天不得不就读毕业班,并在两个月后就面临毕业和中考。这样的回校读书显然失去了意义,也

---

① 案例来源:管莹."熊孩子"在这里经历了怎样的蜕变[N].检察日报,2020 - 10 - 09(004).

不利于其考察期内帮教的有效开展。

在市教育局和市检察院的协调下,王天转入了专门学校——B中学初二年级就读,学籍仍然保留在原中学。同年5月9日,区检察院对王天作出附条件不起诉决定,考察期一年。在B中学,除了校领导和班主任,没有人知道王天的"特殊"身份。

B中学实行准军事化、小班化和寄宿制管理。王天所在的班级有22名学生,全是男生,配备了包括班主任在内的3名教师和1名教官组成的管理团队。在校时,每天24小时都有老师全程参与管理,关注每个孩子的情况。在校期间,每天早上6:30起床、晨练、早读;每晚7:00统一收看新闻联播并记录10条新闻、撰写日记;每晚9:30熄灯。叠被子、洗衣服这些事情王天不会,班主任就手把手地教他。王天就这样开始了规律的学校生活。

B中学在课程设置上形成了自己的特色。学校针对学生的情况,对课程进行了"瘦身",低难度、小坡度、慢进度,让学生们都听得懂、学得进。王天虽然辍学一年多,但底子并不差,入校后很快跟上了教学进度。学校开展了丰富的思想道德、法治、心理健康、劳动和生命教育,还开设了丰富的特色课程:从创客、机器人、无人机、无线电测向到篆刻、陶艺、烘焙、足球、篮球、农艺,其中对王天影响最大的是足球。到B中学不久他就加入了校足球队,成为了一名阳光的"足球小子"。

一年考察期并非一帆风顺。2019年暑假的一次回访,检察官A发现,王天竟然又和刘某等社会闲散人员见面。区检察院当即对王天进行了训诫,他也意识到了自己的错误。

根据帮教方案,检察官A和同事每月都要到B中学和王天家中回访,也时常通过微信或电话从班主任和家长那里了解王天的情况,感受着他的点滴进步——宿舍卫生被扣分后,王天主动去别的宿舍借地刷,把宿舍卫生间打扫得干干净净;他还在烘焙课上做了一个小蛋糕,专门送给父亲,还说了很多感恩的话。由于表现优秀,王天获得了B中学2019年度的"四星学子"表彰。

2020年5月7日,王天顺利通过附条件不起诉考察期。在B中学一间小会议室里,检察官A向其宣读了不起诉决定。当宣读完毕时,王天深深地向检察官鞠了一躬。

2020年8月,中考成绩揭晓。王天在B中学100多名考生中位列前30,考上了该校的电子商务中专班。

💬 **焦点问题讨论**

如何看待 ADHD 儿童的治疗与干预？

ADHD 儿童确诊之后，需要治疗与干预吗？孩子大了会不会自然就好了？怎样的治疗与干预手段对孩子最有利？

首先，可以非常肯定的是，对大多数 ADHD 儿童来说，适当干预会带来积极的影响。通过对比接受干预和未接受干预的 ADHD 儿童，接受干预的 ADHD 儿童各方面发展均明显优于未接受干预的 ADHD 儿童。

其次，大量研究证据显示，大部分 ADHD 儿童的治疗效果显著。药物对 ADHD 儿童学习、沟通、减少意外等多个方面有积极的作用。其一，药物对 ADHD 儿童的学业有一定的促进作用，药效期间，ADHD 儿童能够较好集中注意力，减少可能因粗心导致的错误，能更好地计划、组织并完成日常学习任务，思考和做事的能力相应提高，学业水平也相应提高。其二，减少因冲动而引起的意外，追踪研究显示，药物治疗期间，ADHD 儿童的头部创伤风险降低了 34%，意外伤害风险减低了 43%。其三，增进了情感发展。通过药物治疗，ADHD 儿童减少了冲动，增进了与同伴、教师以及家人的沟通，有助于改善同伴关系、师生关系以及家庭关系，促进情感的正向发展。当然，药物治疗的副作用也值得注意，有的儿童用药后会感到口渴、出汗、眼睛干涩，有的儿童会表现出食欲不振、睡眠时间延迟、胃痛、头痛或头晕等。药力下降时，儿童可能感到疲倦、情绪较敏感或容易发脾气等症状。因此，药物治疗需要专业医生的评估，对是否需要使用药物、药物的种类、剂量、使用时长等作出判断，并监测药物使用过程、副作用及成效，根据需要作出及时调整。

最后，ADHD 儿童的治疗与干预模式有多种，例如，行为干预、药物治疗等，当前，并没有充分的证据说明哪种治疗或干预模式最为有效。一般认为，应采取多模式干预手段，即综合考虑生物、心理、社会的多元视角，形成合力，整体提升治疗与干预成效。

❓ **思考题**

1. 如何鉴别一名儿童是否有情绪与行为障碍？
2. 儿童情绪与行为障碍产生的主要原因是什么？
3. 情绪与行为障碍儿童的教育干预策略有哪些？

第十一章
学习障碍儿童

　　学习障碍(Learning Disability,简称 LD)是特殊儿童中占比最高的群体。人们常常可以看到,学校中总有一些智力正常、身体发育良好的儿童,虽无任何明显可辨的生理上的障碍,却难以适应正常的教育环境,表现出学习困难、学业成绩不良。学习障碍儿童是一个异质的群体,除了学业不良外,他们在情绪行为、社会适应等方面也有独特的表现。对这一特殊群体的教育,需要在教学策略上有所选择。

第一节　学习障碍概述

学习障碍是一个涉及医学、生理学、心理学、教育学、语言学等诸多学科的术语。正因如此，出现了许多与之相近的概念，如特殊学习障碍、学习困难、学业不良、学习无能等。什么是学习障碍？怎样对学习障碍进行鉴定和分类？学习障碍的成因是什么？学习障碍儿童的表现特征是什么？对这些问题进行深入探讨，有利于对学习障碍儿童实施科学的教育与训练。

一、学习障碍的概念

1963 年，美国心理学家和教育家柯克（Samuel Alexander Kirk）在一次家长团体举行的年会上首次使用了"学习障碍"这一术语。他指出，学习障碍是指那些"能看、能听，没有显著的智力缺陷，但在行为和心理上表现出相当的偏差，以至于无法良好地适应家庭生活，在学校中依靠通常的教学方法无法有效学习的儿童"。学习障碍作为一类普遍存在的障碍，一经提出便广受关注，但关于学习障碍的概念，有多种解释。以下是几个有代表性的定义。

（一）ICD‑11 的定义

ICD‑11 中与学习障碍对应的术语是"发展性学习障碍"（Developmental Learning Disorder），其定义为：发展性学习障碍特点是学习技能（可能包括阅读、书作或数学）存在显著且持续的困难。个体受影响的学习技能明显低于实际年龄和一般智力功能水平的预期，并导致个体的学业或职业功能严重受损。发展性学习障碍在学龄初期便有所表现。发展性学习障碍不是由于智力障碍、感官障碍（视或听）、神经或运动障碍、缺乏教育、语言或学习指导不充分或社会心理逆境所致。

（二）DSM‑Ⅴ 的定义

美国《精神疾病诊断与统计手册（第五版）》（DSM‑Ⅴ）中与学习障碍对应的术语是"特异性学习障碍"（Specific Learning Disorder），具体定义如下：学龄阶段在阅读、书写、计算或数学推理技能上持续出现困难，其症状可能包括阅读不准确、速度慢、费力，书面表达不佳，对数字内容记忆差，数学推理不准确。当前的学业技能远低于其文化和语言要求的阅读、书写或数学的平均水平，个体的困难不是源于发育、神经、感官（视或听），或运动障碍，并对学业成就、职业能力或日常生活产生显著影响。

(三) 全美学习障碍联合委员会(National Joint Committee on Learning Disabilities,简称 NJCLD)的定义

学习障碍是一个概括性的术语,指听、说、读、写、推理或数学能力的习得和运用方面有明显困难的异质性群体。学习障碍源于个体内部,可能是中枢神经系统功能失调所致。它可能发生在人一生的各个阶段。自我调节、社会认知、社会交往方面的问题常常伴随学习障碍存在,但是这些问题本身并不会导致学习障碍。尽管学习障碍可能与其他障碍(如感觉损伤、智力障碍、严重的情绪障碍)同时存在,或同时受到其他外在因素的影响(如文化差异、教育的不充分或不适当),但学习障碍并非这些障碍或因素直接作用的结果。

(四) 国内有关学习障碍的定义

国内有关学习障碍的定义较为复杂,所指的对象通常是以学业成绩低下为主要表现,因此,学习障碍学生也被称为"差生"或"低成就学生"。他们的共同特点是:智力正常,但由于各自不同的原因,不能适应普通学校教育中的学习,最终导致学业不良,这种不良在一定的补救和教育条件下可以转化。这一概念较有代表性的定义如下:

学习障碍儿童指的是除残疾儿童外,由于生理、心理、行为、环境、教育等原因,致使在正常教育情形下学习成绩明显达不到义务教育的教学大纲水平,而需要采取特殊教育方式的学龄儿童和个体心理发展水平严重落后于儿童年龄特征水平的学龄前儿童。其特征为:

在同等条件下,学习障碍儿童的学习成绩落后,明显达不到教学大纲要求水平。

学习障碍儿童可能有生理或心理发展障碍,但仍属正常范围。

经过特殊教育,学习障碍儿童的学习成绩一定会有明显改善。[①]

二、学习障碍的鉴定与分类

(一) 学习障碍的鉴定

鉴定学习障碍的目的是将学习障碍儿童和其他障碍儿童区别开来,为教育训练的计划提供依据。一般的鉴定标准是:智力正常;个人内在能力有显著差异;注意、记忆、听觉理解、口语表达、基本阅读技巧、阅读理解、书写、数学运算、推理或知觉动作协调等任一能力表现有显著困难,且经评估后确定一般教育所提供的学习辅导无显著成效者。

DSM－V 提出的学习障碍鉴定标准包括四条:

(1) 学习和使用学业技能困难,不管是否接受过干预训练,至少连续 6 个月表现出以

---

① 朴永馨.特殊教育学[M].福州:福建教育出版社,2019.

下一种症状:①字词阅读错误、速度慢、费力;②理解阅读内容有困难;③拼写有困难;④书面表达有困难;⑤掌握数感,数字事实,或者计算有困难;⑥数学推理有困难。

(2)受影响的学业技能显著低于根据个体的生理年龄所预期的水平,显著影响学业或职业表现,或日常生活活动,并经过个别施测的标准化成就测验和综合评估确认。年龄大于或等于17岁的个体,学习障碍的档案记录可以代替标准化评估。

(3)学习困难开始于学龄期,但是可能直到某项任务所需要的受影响的学业技能超过了个体有限的能力时才完全表现出来。

(4)学习困难主要不是由于智力障碍、视听障碍、其他心理或神经障碍、心理社会困境、教学语言的熟练度不够或教育不足引起的。①

1. 一般的鉴定过程

学习障碍的鉴定通常经由对个体的发育、医学、教育、家族史、测验报告、教师观察以及学业干预成效等多方面的信息收集与评估。

(1)儿童个人信息。

通过观察、访谈、问卷等方法收集儿童的基本信息,主要包括:

● 儿童的出生史:儿童出生前后的异常表现可视为学习障碍的线索之一。例如,出生前母亲的状况(是否感染疾病、服用药物等)、出生时的情况(早产、低体重、出生过程的异常)等。

● 儿童的成长过程:这可以从儿童的运动、语言、人际交往、情绪行为、特异疾病(如痉挛、抽搐)等方面的发展状况加以了解。

● 儿童的教育过程:这包括幼儿园、学校、家庭教育在内的受教育历程以及适应状况,教师和家长的评价、特别的指导与训练等。

● 儿童的行为表现:通过观察、访谈等途径了解儿童的行为表现。

(2)心理与教育测验。

● 智力测验:通过标准化智力测验了解儿童的智力水平,排除智力障碍的可能。

● 学业成就测验:测量儿童各主要学科学业表现,看其是否达到所在年级要求。

● 行为与人格测验:通过相关的行为与人格诊断量表对儿童可能的行为或人格问题加以鉴别,如冲动、低自尊、自信心差、社会不成熟等。

(3)医学检查。

通过医学检查,明确儿童可能存在的生理疾病与学习障碍的关系,如是否有潜在的癫痫类脑波异常、感觉障碍等。

2. 干预-反应模式

干预-反应模式(Response to Intervention,简称 RTI)是一个可逆的多层级(Multiple-

---

① 张树东,高潇怡. 美国学习障碍概念的新发展及其启示[J]. 比较教育研究,2015,37(09):91—96.

tiered)模式,该模式根据学生的不同需要逐层开展教学和干预。RTI 模式一般有三个层级:

第一层级,面向全体学生进行常规教学和筛查。教师在常规教育条件下为全体学生提供高质量的教学和行为支持。采用课程本位评估(Curriculum-based Assessment,简称CBA)的方式实施学业能力筛查,依据筛查结果找到落后学生。同时,教师还可基于 CBA所得的数据及时调整教学,判断当前的教学是否能够满足全体学生的需要。为尽早发现学习障碍学生,通常情况下,在四年级前每学年进行一次全面筛查,没有通过筛查的学生接受第二层级干预。大约 25％的一、二年级学生不能通过阅读筛查测验。

第二层级,重点帮助在第一层级中对教学反应不佳的学生。通过 CBA 的数据,教师可以发现学业不达标的学生。这些学生可能表现出学习进步不及其他同学或在班级学习中明显滞后等问题。教师可采用小组的形式为这些学生提供额外的教学,聚焦学生的问题,实施有针对性的、专门化的干预,记录并监控学生的进步情况。

第三层级,为仍未表现足够进步的学生提供更高强度、密集的、个别化的、系统的干预训练。在该层级内,教师为学生提供特别设计的训练。接受第三层级干预的学生人数较少,教师通常采用个别辅导的方式实施教学,并适当延长教学时间。如果这些学生仍未对干预作出有效的反应、提高学习成绩,则可能被鉴定为学习障碍。

在实践中,针对全面筛查可能产生的疏漏以及误判,学校可适当增加筛查次数,对处于“临界值”(Cut Score)边缘或之下的学生进行进一步测试,包括短期的过程性监控。对于在第一层级筛查及干预中已经显露出极其困难的学生,也可直接转入第三层级的高强度、个别化干预中。

(二) 学习障碍的分类

学习障碍本身的复杂性,给分类带来了许多困难。以下是几种常见的分类:

1. DSM－Ⅴ和 ICD－11 的分类

DSM－Ⅴ和 ICD－11 关于学习障碍的称谓不同,但分类基本一致,都包括阅读障碍、书面表达障碍和数学障碍。

(1) 阅读障碍。这类障碍主要表现为阅读技能的障碍,如字词阅读的准确性、阅读速度或流畅性、阅读理解等问题。

需要特别说明的是,诵读困难(Dyslexia)作为一个替代术语,特指在文字识别的准确性与流畅性方面有问题、解码能力差,以及拼写能力差等障碍。

(2) 书面表达障碍。这类障碍主要表现为书面表达技能的障碍,如拼写准确性、语法和标点符号的准确性、写作中观点的组织和凝聚。

(3) 数学障碍。这类障碍主要表现为数感、数字事实记忆、准确或流利的计算、准确的数学推理等数学技能方面的障碍。

（4）其他特异性学习障碍。这类障碍是指有特异的学习技能障碍，但并未表现出以上几种特征。

2. 国内学者的分类

国内学者对于学习障碍也有不同的分类方法。徐芬将学习障碍分为三类。[①]

（1）发展性学业不良。

发展性学业不良是指儿童在成长过程中，某些心理与语言功能的发展出现与正常发展过程相偏离的现象。发展性学业不良又可分为两种：一种是原始性缺陷，主要表现为注意力、记忆力、感知能力、知觉-运动协调上的缺陷；另一种是衍生性缺陷，即由于上述原始性缺陷造成的某些较高级能力上的问题，主要表现为思考能力和语言能力上的缺陷。

（2）学业性学业不良。

学业性学业不良是指儿童存在学科学习或学习技能（听、说、阅读、拼写、算术等）上的困难。学业不良是通过学科学习上的困难表现出来的，而学习技能上的困难又可直接影响或妨碍学科的学习。

（3）行为-情绪性学业不良。

行为-情绪性学业不良是指儿童由行为或情绪问题导致的学业不良。这些儿童的行为-情绪问题主要表现在三个方面：其一是品行问题，如公开的攻击性，对同伴或成人常常具有敌意、挑衅行为和破坏性等；其二是不适应或不成熟行为，如漫不经心、懒散、缺乏兴趣、厌学等；其三是个性问题，如过于敏感、自我意识缺乏、自卑感强等。

三、学习障碍的出现率

由于定义和鉴定标准的不一致，关于学习障碍出现率的报道有很大的差异。

胡真等以北京市 6365 名初一、初二年级学生为对象的调研结果显示，学习障碍检出率为 7.0%；阅读障碍学生检出率为 5.0%，书写障碍检出率为 2.7%，数学障碍检出率为 4.6%。[②] 静进报告的学习障碍儿童出现率为 6.6%，男女比例为 4.3∶1。[③]

据美国教育部统计，2019 年，6—21 岁人群中学习障碍的出现率为 3.6%。[④]

四、学习障碍产生的原因

学习障碍的成因非常复杂。通常包括以下几个方面。

---

① 徐芬.学业不良儿童的教育与矫治[M].杭州:浙江教育出版社,1997.

② 胡真,余小鸣,李榴柏,等.北京市初中生学习困难现况[J].中国学校卫生,2022,43(01):92—95.

③ 静进.对儿童学习障碍的理解及其诊疗[J].中国儿童保健杂志,2011,19(03):195—198.

④ U.S. Department of Education, Office of Special Education and Rehabilitative Services, Office of Special Education Programs, 43rd Annual Report to Congress on the Implementation of the Individuals with Disabilities Education Act, 2021, Washington, D.C., 2022.

（一）生理因素

生理因素是目前最受重视的因素之一。据估计,大约有 15％的学习障碍儿童具有某种程度的中枢神经系统功能失调问题。

1. 脑损伤

在儿童出生前、出生时和出生后这几个不同的阶段,都可能因各种原因造成脑伤或脑功能受损。

（1）出生前常见的原因。常见的因素包括两个方面。一方面是遗传因素造成的先天性异常或染色体变异;另一方面,母体子宫的不良环境也会对胎儿脑部发育产生不良的影响。如母亲的营养不良、疾病、服用药物不当或 Rh 血型不相容等,都可能成为出生前导致学习障碍的因素。

（2）出生时常见的原因。脑出血或缺氧是出生时脑损伤的主要原因。感染风疹、产程过长引起的脑出血、产钳助娩引起的脑损伤,以及脐带绕颈引起的窒息等,都会损伤新生儿的大脑。研究发现,只要缺氧超过 5 分钟,大脑皮质的神经细胞就会出现无法复原的伤害,中枢神经系统缺氧时间的长短和脑部受损的程度有直接的关系。此外,早产或体重不足的新生儿也常出现大脑神经细胞受损的问题。

（3）出生后常见的原因。出生后造成脑损伤的主要原因是个体疾病,如感染性脑病变(脑膜炎)、脑血管疾病、脑肿瘤、癫痫等。此外,外伤也会造成脑损伤或脑功能失调。例如,脑震荡的溢血症状会阻碍脑细胞的营养供给。

儿童遭遇脑损伤后,可能会出现机体性的损伤,也可能会产生神经动作系统的问题。例如,他们会出现步态迟缓、笨拙、精细动作技能较差等现象,还有可能出现易激惹、注意障碍、多动等现象。

值得注意的是,脑损伤对儿童学习和行为的影响存在非常大的差异,它取决于许多因素,比如损伤的原因、损伤的部位、损伤的程度、损伤发生的时间(儿童的年龄)以及损伤后的康复情况等。由于儿童大脑细胞的可塑性较强,脑损伤后,尽管受损的细胞无法再生,但未受损的脑细胞之间可能会因此建立新的联结,对受损脑细胞起到补偿和替代的作用。因此,如果脑损伤的范围较小,损伤不严重,在外部适当的刺激之下,脑功能可以部分或全部恢复,这种情况在儿童早期发育时尤其显著。

2. 脑结构异常

个体在胎儿期可能会受到来自母体的饮食、药物、毒物、传染病、心理压力等因素的影响而导致脑结构异常。这表现在个体左右脑半球大小的差异或神经细胞的错位上。研究发现,有些学习障碍者大脑左半球发展不充分,右半球过度发展。这种对脑功能产生影响的脑结构差异还可能会遗传给后代。

3. 大脑功能偏侧化

人的大脑功能是有分工的，一般而言，大脑的左半球主导语言和复杂的自主性动作，右半球主导空间视觉和非语言的听觉分析。有人提出，部分阅读障碍者就是因为左半球失势而造成知觉形象颠倒。例如，将"p"与"q""NO"与"ON"弄混淆，这种现象被称为"镜影现象"。

研究者发现，部分学习障碍儿童的大脑优势半球不明显。他们的左右半球的主导功能未能很好地建立起来，在加工信息的过程中，往往过度依赖某一侧半球而不能很好地激活另一侧半球。假如过度依赖右半球，就会在完成与语言分析有关的任务时发生困难，如阅读、拼写、集中注意、记忆、数学应用题、写文章等；如果过分依赖左半球，则表现为空间知觉方面的障碍，如出现推理、想象困难，无法有条理地记笔记等。

4. 脑神经障碍

脑神经障碍包括脑神经功能障碍、脑神经通路障碍以及脑神经系统代谢障碍。

（1）脑神经功能障碍。

人的大脑共有 12 对脑神经，个体通过他们去感知外部刺激。任何一对脑神经功能出现障碍，都会对学习活动的有效进行产生阻碍。比如听神经障碍会影响听觉与前庭器官的平衡作用，视神经系统的损坏将影响视觉的感知过程。

（2）脑神经通路障碍。

据推测，脑神经通路障碍也是学习障碍的病理因素之一，其中包括末梢神经系统与中枢神经系统的联结障碍以及大脑左右半球神经束（胼胝体）的联结障碍。例如，若胼胝体发生障碍，大脑左右半球的信息就无法交换，大脑就无法实现其统合的功能。

（3）脑神经系统代谢障碍。

研究者发现，有些表现为注意力缺陷的学习障碍，是脑细胞多巴胺新陈代谢功能失常的结果。脑神经系统负责调节脑部对刺激的敏感度以及注意力活动的程度。如果该系统新陈代谢功能失常，会使个体无法适当地控制其注意力，表现为注意力分散、冲动等。

5. 大脑皮质病变

神经心理学的研究显示，脑部特定区域的功能与个体的心理和行为有关。比如：额叶病变会引起视觉搜索障碍、性格与社会行为的改变、顺序记忆衰退等；颞叶病变会引起听觉辨认障碍、选择性注意缺陷、语言障碍、记忆衰退等；顶叶病变会导致左右失向、空间阅读困难、空间性计算障碍等。

6. 其他生理因素

慢性营养不良：这可能源自儿童自身的体质，也可能是由不当的家庭养育方式所致。

这类儿童常有明显的偏食现象,或过于瘦弱或过于肥胖,他们往往难以坚持较长时间的学习,容易感到疲劳。

(1)身体羸弱。因遗传或先天不足,身体羸弱,动辄感到疲乏。

(2)慢性疾病。儿童中常见的慢性病有支气管哮喘、慢性胃炎、慢性副鼻窦炎、扁桃体肥大等。患有慢性疾病的儿童常常因就诊、休养等而缺课过多,难以跟上正常的学习进度,进而产生学习障碍。

(3)轻度视、听障碍。轻度视、听障碍的学生往往受到教师和家长的忽视,他们常常因看不清或听不清而不能充分理解教学内容,导致学习障碍。

(4)身心疾病。所谓身心疾病,从症状上看是生理问题,但常常源自心理问题。这种疾病常见于少年期(13—15岁),其典型的症状是偏头痛、十二指肠溃疡、抽搐、支气管哮喘等。患有身心疾病的学生常常感到身体不适,不能集中精力学习,进而导致学习障碍。

(二)生化因素

体内生化系统的不平衡,也会导致学习障碍。与学习障碍有关的生化因素如下:

1. 神经化学物质传递异常

大脑中生化不平衡可以从尿、血液或脑脊髓液中神经代谢物数量的减少而被检测出来,某些药物可以改善不平衡的状况而减轻学习障碍。

2. 维生素缺乏

有研究者认为,学习障碍儿童中有部分人是由于无法正常吸收维生素而导致的,因此建议,对于这些儿童可以采用强化维生素治疗的方法。

3. 内分泌腺功能失调

某些激素分泌失调也可能引起儿童早期大脑损伤或身体状态的改变,由此导致学习障碍。例如由于甲状腺功能失调,患者的甲状腺皮质激素分泌过多或过少,造成生化系统的不平衡,降低儿童学习的有效性。有证据表明,甲状腺皮质激素分泌过多是引起注意力障碍的原因之一,而甲状腺皮质激素分泌过少则会造成儿童精神低落,影响学习动机。

4. 低血糖

脑的代谢需要一定量的葡萄糖供给。如果吃得过少,体内的血糖量远低于正常水平,大脑便不能保持正常的警觉和清醒。处在这种状况下的儿童容易感到疲倦、精力不足,难以完成正常的学习任务。

尽管到目前为止,使用药物或饮食来改善学习障碍的效果并未得到充分的体现,但可以肯定的是,生化因素与学习障碍儿童某些不当的行为反应之间存在着某种关联。

(三)遗传因素

许多研究指出,遗传是导致学习障碍的可能因素之一。科罗拉多学习障碍研究中心的研究证实,阅读障碍、书写障碍以及数学学习障碍均与遗传显著相关,且各类学习障碍的共病率较高。[①] 此外,研究发现学习障碍还可能与性染色体异常有关。例如,第23对性染色体异常模式为(X,O)的儿童会出现视觉动作的协调问题,在智力测验中操作部分的得分偏低;第23对性染色体异常模式为(XXX)的儿童往往在多项认知能力上有普遍低下的现象;第23对性染色体异常模式为(XYY)的儿童在智力测验中语言部分的得分较低,阅读能力发展迟缓。

(四) 心理因素

在学习障碍儿童中,有相当一部分是由心理因素造成的。

1. 动机

所谓动机,是指激起行为的原动力。它是直接推动一个人进行活动的内部动因或动力。学习动机不足,是许多儿童学习障碍的原因之一。完全依靠自然学习是不可能取得成功的。

2. 情感

学习障碍儿童往往表现出如下情感问题。

(1) 焦虑。

学习障碍儿童的焦虑程度较高,在日常生活中容易忧虑,产生情绪波动。这种焦虑一旦产生,会造成儿童注意力不集中,干扰学习能力的发挥,造成恶性循环。

(2) 回避与对抗。

儿童由于连续的失败,缺乏成功的体验,失去对某门课程学习的信心,继而采取回避的态度,学习障碍由此产生。

3. 个性与意志

注意力散漫、意志薄弱、情绪不稳定等不良的学习习惯,会造成儿童学校学习适应不良,引起学习障碍。

(五) 环境因素

学习障碍的环境因素主要来自家庭、学校与社会三个方面。

1. 家庭因素

家庭因素主要包括早期经验剥夺、家庭心理环境差与父母教育方式不当以及文化经济不利。

---

① Willcutt, E. G., McGrath, L. M., Pennington, B. F., Keenan, J. M., DeFries, J. C., Olson, R. K., & Wadsworth, S. J. Understanding comorbidity between specific learning disabilities [J]. New Directions for Child and Adolescent Development, 2019,165:91-109.

（1）早期经验剥夺。

早期经验剥夺是指在婴幼儿期被不当地限制活动。例如,父母的过度保护或家庭环境的限制。限制婴幼儿应有的感官探索和动作发展,可能会导致儿童产生感觉统合失调。婴幼儿长期患病,缺少与成人互动的机会等,可能会剥夺其正常发展应有的经验,造成学习障碍。

（2）家庭心理环境差与父母教养方式不当。

家庭是儿童发展的最重要的基地,家庭心理环境、父母的教养方式对儿童的成长有至关重要的影响。有的家长非但不能帮助子女学习,反而对其起到干扰的作用。例如,有的家长侵占子女的学习时间、空间,向子女传输不良的观念;有的家长因种种原因(工作繁忙、无暇顾及等)忽视子女的学习;有的家长对子女过于苛求,要求子女达到不切实际的目标,稍有不满,便对子女施以精神或肉体上的伤害;还有的家长彼此意见不统一或时松时紧,让子女钻了空子。

（3）文化经济不利。

家庭文化经济不利的儿童产生学习障碍的概率也比较大。有的人因家庭频繁搬迁而不适应学习生活,有的人因家庭贫困而导致受教育质量低下,这些情况都可能会引起学习障碍。

2. 学校因素

学校的教学品质、教育活动、师生关系、同伴关系等都是和学习障碍相关的因素。学校是学生学习的主要场所,学校的一切对学生来说都很重要。学习障碍儿童在学业上频繁遭遇失败,容易引起教师忽视、放弃,甚至歧视的态度,也容易引起同伴的孤立。这种环境可能会损伤学习障碍学生的自尊心,使他们产生自卑心理,对学习逐渐失去兴趣,进而陷入自暴自弃乃至恶性循环的被动局面。

3. 社会因素

社会因素包括政治、经济、文化、教育等各个方面,和学生的学习关系也很大。许多年来,社会上的人才选拔机制、招生制度等已在无形中成为教育的指挥棒,它直接关系到学生价值观的选择以及学习动机的形成。

五、学习障碍儿童的特征

学习障碍儿童是一个高异质性的群体,每一个体的特征都是独特的,常见的特殊如下。

（一）认知特征

人是通过各种感觉器官来接受外界环境的刺激,并以某种方式处理信息的。但同样的信息刺激经过不同个体的认知处理后会变得不同,有些学习障碍者正是由于脑功能的问题,在信息加工过程中出现了偏差,产生了障碍。

1. 知觉特征

(1)视知觉障碍。

视知觉有障碍的儿童难以对视觉刺激进行知觉整合,常常没法把所看见的东西视为一个整体或单一体,而将知觉对象弄得支离破碎,具体表现为区分视觉形象困难、知觉形象背景困难、寻找隐蔽的图形困难、空间判断困难、方向感差、视觉想象力差等。这类儿童会将有方向特征的数字、拼音或字母等混淆,产生镜像书写,如"b→d";他们对符号与字的辨认困难,可能表现出书写或辨认的问题,如混淆"今"与"令";在阅读或做算术题时,容易将不同的文字混在一起,或出现漏读、漏做等现象,给人以粗心马虎的印象。

(2)听知觉障碍。

听知觉有障碍的儿童一般在模仿发音上没有什么问题,但对声音的分析能力较差,例如,他们难以区分音调的差异或主音与伴奏音的不同,因此在语言学习等任务中有明显的障碍。这类儿童在听觉记忆中往往采用逐一记忆的方式,难以将声音组合成有意义的单元,所以记忆的速度较慢,记忆的量也较少。同时,他们对声音的知觉速度也比一般儿童慢。正因如此,听知觉被认为是预测学生阅读成绩的重要变量。

2. 智力特征

尽管学习障碍儿童的智力属于正常范围,但该群体的智商低于平均水平。一项针对1830名学习障碍儿童的智商测验结果显示,该群体的平均言语理解指数(92.8)、知觉推理指数(96.8)、工作记忆指数(89.6)、加工速度指数(92.9)和总智商(91.6)均低于均值。[①]

3. 注意特征

注意问题是学习障碍儿童普遍存在的问题,注意障碍与学习障碍有一定的重叠。学习障碍儿童通常表现为:(1)注意不良。儿童在学习或其他活动中不能仔细注意到细节;保持注意困难;心不在焉,似听非听;难以完成作业或活动;逃避需要持续努力的作业或任务;经常遗失作业或活动所需物品;分心;健忘。(2)多动。坐立不安,手或脚动个不停;擅自离开座位;很难安静地游戏或活动;动个不停,似乎有个机器在驱动;过度运动;说个不停。(3)冲动。经常在他人(老师)问题尚未问完时便急于回答;很难按次序等候;打断他人的活动或喜欢插嘴。

学习障碍儿童中也有部分儿童属于单纯的注意缺陷,这类儿童能够安静地坐下来,在抑制行为上也没有什么问题,但表现出明显的心不在焉,在注意力集中方面有很大的困

① Watkins, M. W., & Canivez, G. L.. Are there cognitive profiles unique to students with learning disabilities? A latent profile analysis of wechsler intelligence scale for children-fourth edition scores [J]. School Psychology Review, 2022, 51:5, 634 - 646.

难。他们可能会表现出害羞,常有社会退缩行为。

📖 **拓展阅读**

学习障碍、ADHD及情绪与行为障碍

学习障碍、ADHD以及情绪与行为障碍之间有较为复杂的关系。研究估计约16%—31%的学习障碍儿童同时伴有ADHD,约25%—52%的情绪行为障碍儿童同时伴有ADHD。[①]

ADHD儿童往往难以整合多种认知操作,如计划、组织、维持注意等;他们的听觉理解和工作记忆往往有一定困难,他们看上去很活跃,但动作控制能力并不强;他们在沟通中可能会经常转换话题或答非所问,由此导致沟通困难。研究者认为,大多数伴有ADHD的学习障碍的儿童实际上是同时具有两种不同的障碍,而不是由ADHD导致了学习障碍,或者相反。[②]当儿童同时患有ADHD和学习障碍时,相比于单纯的ADHD或学习障碍,其记忆问题更突出,产生的学习问题更严重,也更容易产生行为问题。研究发现,ADHD的存在对学习障碍学生的学业、社交和行为结果有长期的有害影响。与单纯的学习障碍儿童相比,伴有ADHD的学习障碍儿童群体中男生的比例更高,他们的阅读能力较差,社交能力较差,行为问题较多。[③]

研究发现,大约60%的ADHD儿童表现出对立违抗性障碍,20%左右的ADHD儿童有品行障碍。[④]与单纯的ADHD儿童相比,同时伴有情绪与行为障碍的ADHD儿童在学习问题和行为问题方面的程度更严重,包括犯罪和攻击行为等外化行为问题以及焦虑和抑郁等内化行为问题的发生率都有所增高。[⑤]且随着时间的推移,ADHD对学业、社交和行为持续产生负面影响。

---

4. 记忆特征

一般来说,学习障碍儿童在记忆的广度、精确性、短时记忆、机械记忆和意义记忆方面

---

① Wei, X., Yu, J. W., & Shaver, D. Longitudinal effects of ADHD in children with learning disabilities or emotional disturbances [J]. Exceptional Children, 2014, 80(02): 205 – 219.

② Pisecco, S., Baker, D.B., Silva, P.A., & Brooke, M. Behavioral distinctions in children with reading disabilities and/or ADHD [J]. Journal of the American Academy of Child & Adolescent Psychiatry, 1996, 35(11): 1477 – 1484.

③ Jackson, D.A., & King, A.R. Gender differences in the effects of oppositional behavior on teacher ratings of ADHD symptoms [J]. Journal of Abnormal Child Psychology, 2004, 32(02): 215 – 224.

④ Biederman, J. Attention deficit/hyperactivity disorder: A selective overview [J]. Biological Psychiatry, 2005, 57: 1215 – 1220.

⑤ Kim, H-W., Cho, S-C., Kim, B-N., Kim, J-W., Shin, M-S., & Yeo, J-Y. Does oppositional defiant disorder have temperament and psychopathological profiles independent of attention deficit/hyperactivity disorder? [J]. Comprehensive Psychiatry, 2010, 51(04): 412 – 418.

都不及普通儿童。他们缺乏自主的复述与背诵,难以将短时记忆转化为长时记忆。同时,他们缺乏对记忆材料的组织能力,在记忆策略的使用上比一般儿童差,通常因视觉和听觉记忆不理想而影响学习进程。

5. 语言与思维

许多学习障碍儿童在幼儿阶段就表现出语言发展迟缓的问题。他们普遍存在语言及思维能力相对较低,思维的发展水平和速度都低于同龄儿童,思维的独立性差,在进行思维判断时往往仅凭直觉,冲动性居多。研究发现,阅读障碍儿童往往在语言理解方面有一定的困难,包括对语言的知觉、话语的理解等。他们在语言的运用方面也不及一般儿童,这种差异到中学阶段更加明显。

6. 元认知特征

所谓元认知,就是关于认知的认知,是个体对自身认识活动的自我意识和自我监控。研究表明,学习障碍学生在元认知整体水平上显著低于普通学生。随着学生年级的增长、学习科目的增多,要求学生根据学习的具体情况有效选择和利用一些学习策略。而学习障碍学生的元认知发展有明显的不足,主要体现在:(1)元认知知识的不足,不能很好地对外界信息进行分析,并根据外界情境主动选择和使用有效的学习策略。例如,研究者发现,学习障碍儿童在回答阅读理解问题时,不能像普通儿童一样有效地使用推理策略;有些学习障碍学生已经掌握了某些解题技能,但在实际解题过程中却不能自觉地使用。(2)元认知调节能力的不足,使学习障碍学生不能积极、准确地监控其问题解决活动。例如,在学习过程中往往机械地重复学习的内容,难以对信息进行深入的加工。

(二) 运动协调

学习障碍儿童的另一特征是其运动协调能力低于同龄儿童的平均水平,它表现在涉及整个躯体动作的粗大运动协调,以及涉及身体或四肢小肌肉群参与的精细运动的协调方面的问题。有些学习障碍儿童获得扔、拿、跳、跑等能力的时间较晚,表现为笨拙、蹒跚或经常摔跤,打破或弄翻东西,走路姿势不正确等;他们常常不能正确估计空间位置,平衡能力差,缺乏移动中的节奏感。同时,在书写和其他精细运动技能上也常表现出困难,比如写字时无法成一直线,字与字之间太密或太宽,画图能力不佳,扣纽扣或系鞋带等能力发展缓慢等。

(三) 社会情绪和行为

社会情绪和行为问题是学习障碍儿童表现突出的问题之一,其主要表现如下:

1. 自我概念与成就归因

与正常儿童相比,学习障碍儿童的自我概念有明显的差异,他们对自我、学业等方面的评价比较消极。许多学习障碍儿童存在不良的归因方式,他们倾向于将自己的失败归因于稳定的、内部的、不可控的因素,认为学业失败是由于自己的能力低,而不是由于努力的程度不够;他们倾向于将成功归因于不稳定的、外部的因素,如运气和命运,因此,在他们看来,成功具有一定的偶然性。

2. 社会认知与同伴关系

学习障碍儿童在理解非语言交往和解决社会问题方面的能力较弱,他们难以对社会线索或情绪作出适当的理解,对建立并维持适当的人际关系、解决人际冲突等缺乏适当的技巧。因此,学习障碍儿童常常表现出不合群、孤僻、受同伴的接纳度低等现象,有些学习障碍儿童从幼儿阶段便受到同伴的排斥,而这种不当的人际关系会随着年龄的增长而愈发显著。

研究发现,部分学习障碍儿童存在低自尊、情绪障碍、抑郁、攻击性等社会行为问题,缺乏社会技能,缺少合作性和领导能力;比一般儿童有更多的违纪行为;焦虑水平高,有严重的抑郁问题。

第二节　学习障碍儿童的教育

学习障碍儿童是有特殊教育需要的儿童,他们在普通学校接受教育。如何能够在融合的安置环境下提供有针对性的支持和帮助,是普通教育教师和特殊教育教师共同面临的课题。

一、学习环境

为学习障碍学生选择合适的学习环境,是一项重要的任务。它直接关系到学生的学习态度、学业成就以及社会化发展的成效。当前,学习障碍学生的教育安置方式主要有两种:普通学校普通班级以及特教班。

(一)普通学校普通班级

绝大多数学习障碍学生在普通学校的普通班级接受教育,这也是融合运动的趋向。普通班级中的学习障碍儿童可以取得与特殊教育班级学习障碍学生相同的学习成绩,而普通班级更利于他们社交能力的发展。

(二)特教班

一些专业团体并不支持所有学习障碍儿童的全面融合。他们认为,许多学习障碍儿童能够从普通教育班级中获益,但还有部分学习障碍儿童可能需要替代性的教育环境和教学策略,这些是普通班级难以提供的。在普通班级中,大部分学习障碍儿童的学业成绩并未取得进步;普通班级的教师要面向全班学生教学,学习障碍儿童很难从这种集体教学中学到多少东西。因此,普通班级的教学环境对他们来说不切实际。相对而言,特教班更适合于他们。

以上两种安置建议都有相应的支持证据和反对意见。也有研究认为,安置环境对学习障碍儿童的学习成绩几乎没有多大影响,最重要的是在所处环境中的教育过程。

二、课程

不论是在普通班级还是特教班,学习障碍学生学习的课程与普通学生学习的课程都是一样的。教师的任务是针对学习障碍学生的特点,有效地组织教学。学习障碍学生可能缺乏学习所需要的基本技能,学生的年级越高,这种障碍对学习带来的困扰就越大。因此,除普通课程外,还可为学习障碍学生增设专门的课程,例如思维训练、注意力训练、阅读训练等。这类课程可在资源教室或特教班中实施。

三、教学策略

针对学习障碍儿童的情况,可将教学策略分成两大类:适用于一般内容和领域的教学策略,以及适用于特殊领域的教学策略。

(一) 一般教学策略

1. 调整学习材料

基于通用学习设计的理念,教师可根据学生的需求调整学习材料的呈现方式,例如:向阅读障碍学生提供音频资料补充或代替文本阅读;在阅读材料上标注出关键词、定义以及重要的信息;编写学习提纲或学习指南等。

2. 调整教学过程

调整教学过程包括:教会学生预习教材,使他们熟悉教材结构和学习内容;采用多水平、多材料的方法,例如帮助学习障碍学生准备提纲;明确学习要求,准确地解释重要信息,引导学生学会概括;在课堂教学过程中,注意观察学生的反应,通过提问、课堂练习等方式获得反馈;把学生安排在异质的合作学习小组里,使之更方便地掌握教学内容;为学生提供足够多的时间,保持耐心;及时肯定学生的进步。

3. 关注学生支持需求

学习障碍学生因具体障碍类别不同,教育支持需求及对应的策略也有所不同,例如,研究显示,重复阅读、自我监控等策略对阅读障碍学生有显著成效;[①]基于图示的教学和

---

① Cook, S.C., & Rao, K. Systematically applying UDL to effective practices for students with learning disabilities [J]. Learning Disability Quarterly, 2018, 41(03):179-191.

计算机辅助教学等策略对数学障碍学生有显著成效,[①]认知策略指导则普遍用于各类学习障碍学生的干预训练中。

4. 提高学生的自尊与自信

提高学生的自尊与自信包括:关心学生学业之外的各方面活动;为学生提供成功的机会等。

(二)直接教学法

对于学习障碍学生的教学,特别是小组环境下的教学来说,直接教学法是一种有效的教学策略。教师采取明确的小步策略,在教学过程中充分掌握学生的每一步发展情况,并依据情况调整教学进程,最后逐步撤销直接的帮助行为,使学生能独立学习,习得知识。直接教学法的步骤如下。

1. 复习已学过的知识

在直接教学中,学生需要清楚他们是被期望主动学习的,他们将严格依照步骤来学习。老师应明确学生已精熟的先备知识和技能,并将他们已经有的知识技能和即将呈现的教学内容联结起来。

2. 阐述教学目标

教师简单明了地告诉学生本节课的教学目标,以及应该达到的预期结果。

3. 呈现新知识

教师应合理组织新授知识,使其结构清晰;讲授过程中突出重点和难点,必要时可以复述;在介绍新概念时,可通过适当的例子帮助说明。教师也可以通过示范的方式组织教学,适时为学生提供实践的机会。教师在教学过程中要注意维持学生的注意力。

4. 探测与反馈

教师应要求学生针对教学内容作出简短回应,以便了解教学目标的达成情况,并根据反馈的情况调整下一教学步骤。通常采用的方法有练习、提问和反馈。练习包括教师指导和学生独立完成两方面内容。教师可将新授内容分成若干小部分进行教学,每个部分的教学过程有充分的练习机会。在指导练习时,教师应注意监控学生的情况。提问也是一种课堂练习的形式,教师从学生的反应中了解学生对该部分内容的掌握程度。教师应根据练习和提问的结果,向学生提供适当的反馈,便于学生及时修正错误。

5. 提供独立练习的机会

教师在确定学生能够独立练习时,适量地布置练习任务,并在独立练习期间适时给予纠正,以保证学生将所学知识进行有机的整合。

[①] 柳笛,毛祎雯.数学学习困难学生数学技能干预效果的元分析[J].中国特殊教育,2021(01):66—74.

6. 提供分散练习和复习的机会

通过布置课后作业,学生有机会进一步练习所学知识,教师也可引导学生复习已学的知识点以达到巩固的目的。

（三）元认知策略

元认知(metacognition)是主体掌握的关于自己心理状态、能力、任务、目标、认知策略等方面的知识,以及认知主体对自身各种认知活动的计划、监控和调节。常见的元认知策略包括计划、自我监控、评价等。计划包括计划学习时间、设置适当的学习目标、浏览学习材料以及分析完成学习任务的策略等。自我监控包括监控学习过程、自我提问等。评价包括分析监控的结果,作出适当的评价,并据此调节自己的学习行为。

（四）合作学习

合作学习是一种促使不同能力水平的学生在一起合作解决问题的教学策略,旨在促进学生在异质小组中互助合作,达成共同的学习目标,并以小组的总体成绩作为奖励依据。必要时,学生可向老师寻求帮助。恰当运用合作学习,会有积极的结果。那些掌握了解决问题所需技能的学生,可以帮助有困难的学生;在此过程中,也加强了他们自己对问题的理解。

合作学习的形式是伙伴教学。一个有能力的学生与一个需要帮助的学生合作完成特定的任务。伙伴教学依靠的是辅导者和被辅导者之间的交互作用,是一种辅导教学。合作成功与否会决定学习障碍儿童进一步的社交取向,成功的合作学习有助于促进融洽的同伴关系的建立,反之则可能导致相互间的隔阂。

（五）归因训练

归因训练旨在帮助学习障碍学生建立积极、合理的归因方式,增强学习动机。常用的训练方法有以下两种。

1. 直接训练法

直接训练法指训练者向学生呈现积极的归因评语,要求学生在完成任务时大声向自己复述,并反复练习以达到自觉的程度,直至能够自发使用积极的自我评语进行归因。

2. 间接训练法

间接训练法指训练者根据学生学习任务的完成情况,向学生提供归因评语和信息反馈。比如,当学生取得成功时,训练者及时给予积极的归因评语:"你考得很好,这是你努力的结果。"当学生失败时,训练者同样及时给予归因反馈:"你这次虽然没有考好,但只要你继续努力,一定会有进步的。"通过这种训练,学生可从训练者的评语中逐渐学会对自己的成败作出积极的归因。

（六）策略整合

策略整合起源于堪萨斯大学学习研究中心的策略整合模型(Strategies Integration Model,简称 SIM),该模型被广泛应用于学习障碍儿童的教学中。首先由教师根据学生的学习任务选择适当的策略,再通过一系列的教学过程完成策略的整合。

策略整合的步骤是:确定教学的基线,激发学生学习新策略的动机;说明策略的基本原理和使用范围,明确策略学习的目标和记忆策略的方式;示范策略使用的具体方法;提供在不同情境下的练习机会,提高学生使用策略的信心和熟练程度;提供反馈,帮助学生学习如何有效地使用策略;鼓励学生将所学策略应用到新情境中,达到知识迁移的目的。

📋 **特殊教育个案**

学习障碍儿童个案

小海是个 15 岁的男孩。他是早产儿。母亲在怀孕期间曾经服用药物,有严重呕吐的现象。出生后,小海说话、走路都与其他孩子无异。现今,他生长发育良好,智力正常。

小海的父母是外来务工人员,一家三口租住在棚户区内。小海上小学时,初中文化程度的父亲还有能力辅导他的学习。小海进入初中后,父亲对其学业的辅导开始力不从心,于是逐渐放手,顺其自然。

上小学前,小海一直和爷爷奶奶住在老家,在那里上了幼儿园。满 7 周岁时,他来到上海,进入租住地附近的一所普通小学就读。小学一、二年级时,小海的成绩中等,后来成绩渐渐下降。

小海性格内向。由于长期成绩不好,他有很深的自卑感。上课时他从不举手发言,平时也不爱搭理他人,与之交流很困难。

小海的语文、数学和英语成绩都很差。进入中学后,三科的总分常常不到 100分。在学习上,小海对自己没有任何要求,回家从来不做作业;上课时注意力不集中,经常打瞌睡;课堂作业能躲就躲,实在没有办法,就抄同学的作业交差。

老师对小海的评价是:小海的记忆能力尚可,但思维能力有所欠缺;小海的特长科目是体育,各个项目都能显露一手,多次为班级在体育比赛中出过力;小海的社会交往尚可,能和伙伴一起下棋、游戏,但偶尔会耍性子。

小海的父母自身文化水平不高,又缺乏很好的教育策略,加之工作忙,久而久之,对小海的学习也失去了期望。小海在家中处于无人管的状态,每天晚上看电视看到很晚,不做作业。成绩就这样一路滑坡到底。有一次,小海的母亲对老师说,她不想让小海参加期中考试了。老师询问原因，小海的母亲说："为了小海的成绩，我们天天都睡不着觉，狠狠地打过、骂过他，都无济于事，孩子看到我们，像老鼠见到猫一样害怕。"

为了对小海实施有效的教育，学校为他制定了个别化教育计划，教育措施主要包括：

一是座位安排。将小海的座位安排在前排方便教师提醒和辅导的位置，同时安排一名成绩较好的学生做他的同桌，以形成良好的学习氛围。

二是学业辅导。教师在了解他原有实际水平的基础上提出恰当的要求，设置合适的短期目标，每达到一个短期目标就给予鼓励，使他时常感受到成功的喜悦和进步的快乐，从而逐渐改变其原来的自我评价，提高学习动机水平。在课堂提问中，通常安排较容易的问题让他回答，在练习中降低难度，要求其作答基本正确即可。

以语文学科为例，小海的语文学习基础很差，在识字、阅读理解以及写作等方面都存在明显的不足。在一次考试中，小海写了这样一篇作文：

作文要求：在你的生活中，一定沐浴过爱的阳光，可能来自父母，可能来自师长，也可能来自同伴，这种关爱有时是甜美的，有时是辛辣的；有的是马上就能体会的，有的是很久以后才领悟的……它曾深深地留在你的记忆中，给你以鼓励，使你认识了生活，对你的成长起着作用。请以"爱的故事"为题，写一篇500字左右的文章。

《一个老奶奶》

五月的一天，我从××小学放学。我走在××小区的路突然知道已点钟了？我看见一个保安我说几点了4点我曼曼的走在××小区的路上我冷又饿身上没有一分钱突然有一个老奶奶问我你不回家吗我走回家。老奶奶叫我到她的家里坐一下我去了一近门就看到毛主席的照片。她叫我看会电视又给我喝糖水是冰的！我很开心。后来我喝了十几杯冰糖水看电视看了几个小时后来我问老奶奶现在几钟了他说4点半了我曼曼的把书包放好的走了。第两天去才知道原来她老公是老红军给马家军打死了。

分析小海的作文，不难看出，小海在遣词造句、布局谋篇上都存在很大的困难。老师决定从造句写话入手对小海进行训练，待小海能够完整地写话后，再进行写段的训练。在写段训练中，主要采用的策略是：

● 计划：帮助小海学会根据写作的主题确定写作计划，比如：

我要写的人是谁？（老奶奶）

我为什么要写这个人?(因为奶奶很善良)

有哪些事情可以说明?(奶奶请我去她家,让我看电视,给我喝冰糖水)

我如何组织自己的观点?(文章分几个部分,先写什么? 后写什么?)

● 写草稿:按照计划好的框架将草稿写出来。

● 修改:仔细阅读已经写好的文章,看看是否有错别字、句子是否通顺、标点符号是否正确、文章的结构是否和计划的一致等,并作必要的修改。

● 誊写:将修改后的作文认真地誊写在作文本上。

三是进行积极的归因训练。

四是家校沟通,取得家长的理解和配合。让家长了解小海的心理特点,能根据其已有的基础提出相应的要求,不操之过急,也不放任自流。教师经常与家长沟通,交流小海在学校和家中的学习情况,探讨教育的方法。并针对小海的情况,建立特殊的家访制度。

五是活动参与。班主任鼓励小海积极参与学校各项活动,发现其身上的闪光点,帮助他树立信心。小海非常喜欢体育运动,班主任就推荐他担任班级体育委员的助手。学校组织运动会,让他代表班级参加比赛,发挥其优势,让他感受到老师对他的信任和尊重。

💬 **焦点问题讨论**

每个学习障碍儿童的教育需求是相同的吗

在教育实践中,有时会看到这样的现象,面对不同的学习障碍,个体所采用的教育训练方法是相同的。这种做法的前提是:所有学习障碍儿童的教育需求是一致的。事实果真如此吗?

学习障碍儿童是一个异质的群体,由于致障的原因各异,表现不同,各自的特殊教育需求也不尽相同。如何区分学习障碍儿童不同的特殊教育需求,直接关系到教育策略选择的针对性和有效性。学习障碍是一种隐性障碍,需要就学习障碍儿童在学业技能上的表现进行细致地观察和判断。

● 阅读障碍

☐现有的阅读能力明显低于同龄儿童的水平。

☐混淆字形相近的字母、数字或字词。

☐记忆字词困难。

□字母命名困难。

□回避阅读任务。

□单词拼写顺序颠倒。

□阅读速度慢。

□阅读过程中出现错读或漏读。

□理解文章的中心思想或主题困难。

● 书面表达障碍

□现有的书面表达能力明显低于同龄儿童的水平。

□不喜欢写字。

□字形和数字记忆困难。

□经常弄错字母、数字和符号的顺序。

□书写凌乱、不完整,多处涂改。

□字母及字词的间距不一,很难写在书写线的上方。

□抄写错误(例如,混淆字形相近的字母、数字或单词)。

□字写得难看,而且不一致(例如,相同的字在同一篇作业中多次出现,写得完全不同)。

□自行订正作业有困难。

□能独立构思但写出的作文不完整或过于简单。

● 数学障碍(计算以及解决问题)

□现有的数学能力明显低于同龄儿童的水平。

□数数或进行数字与物体的配对有困难。

□学习计算规则困难。

□进行数量估计困难。

□进行比较困难。

□理解时间概念困难。

□速算困难。

□理解图表困难。

学习障碍儿童在学业技能上的表现不同,其特殊教育需求必然有所不同。教育训练者只有在观察、判断之后,才可能施行有效的教学。

思考题

1. 干预-反应模式应用于鉴别学习障碍学生的好处以及可能带来的问题分别是什

么? 实践中怎样可以减少可能的问题?

2. 学习障碍学生的主要特征是什么?

3. 分析一名学习障碍学生的表现及教育需求,说明拟采用的教育策略。

第十二章
其他类障碍儿童

特殊儿童的类别有许多,每个国家的特殊教育对象范围也不相同。本章将就我国特殊教育界常见的障碍类别和障碍儿童,如肢体障碍儿童、病弱儿童等障碍类别的概念内涵、出现率、分类、成因、表现特点及其教育与训练进行探讨。

第一节　肢体障碍儿童

对于肢体障碍(Physical Impairment)的定级和分类,我国在 2006 年全国残疾人抽样调查中就已作了明确的规定。肢体障碍类别是多种多样的,在下面的内容中,我们只介绍常见的类别或病例,以便在日常的教学中更加关注这些儿童,并给予必要的帮助。

一、肢体障碍概述

(一)肢体障碍的概念与分级

1. 肢体障碍的概念

肢体障碍,又称肢体残疾。2006 年《第二次全国残疾人抽样调查残疾标准》中规定:肢体残疾,是指人体运动系统的结构、功能损伤造成的四肢残缺或四肢、躯干麻痹(瘫痪)、畸形等,导致人体运动功能不同程度的丧失,以及活动或参与的局限。肢体残疾包括:(1)上肢或下肢因伤、病或发育异常所致的缺失、畸形或功能障碍;(2)脊柱因伤、病或发育异常所致的畸形或功能障碍;(3)中枢、周围神经因伤、病或发育异常造成躯干或四肢的功能障碍。

2. 肢体障碍的分级

2006 年《第二次全国残疾人抽样调查残疾标准》把肢体残疾分为以下四级:

肢体残疾一级:不能独立实现日常生活活动。(1)四肢瘫:四肢运动功能重度丧失;(2)截瘫:双下肢运动功能完全丧失;(3)偏瘫:一侧肢体运动功能完全丧失;(4)单全上肢和双小腿缺失;(5)单全下肢和双前臂缺失;(6)双上臂和单大腿(或单小腿)缺失;(7)双全上肢或双全下肢缺失;(8)四肢在不同部位缺失;(9)双上肢功能极重度障碍或三肢功能重度障碍。

肢体残疾二级:基本上不能独立实现日常生活活动。(1)偏瘫或截瘫,残肢保留少许功能(不能独立行走);(2)双上臂或双前臂缺失;(3)双大腿缺失;(4)单全上肢和单大腿缺失;(5)单全下肢和单上臂缺失;(6)三肢在不同部位缺失(一级中的情况除外);(7)二肢功能重度障碍或三肢功能中度障碍。

肢体残疾三级:能部分独立实现日常生活活动。(1)双小腿缺失;(2)单前臂及其以上缺失;(3)单大腿及其以上缺失;(4)双手拇指或双手拇指以外其他手指全缺失;(5)二肢在不同部位缺失(二级中的情况除外);(6)一肢功能重度障碍或二肢功能中度障碍。

肢体残疾四级:基本上能独立实现日常生活活动。(1)单小腿缺失;(2)双下肢不等长,差距在 5 厘米以上(含 5 厘米);(3)脊柱强(僵)直;(4)脊柱畸形,驼背畸形大于 70 度或侧凸大于 45 度;(5)单手拇指以外其他四指全缺失;(6)单侧拇指全缺失;(7)单足跗跖关节以上缺失;(8)双足趾完全缺失或失去功能;(9)侏儒症(身高不超过 130 厘米的成年人);(10)一肢功能中度障碍,两肢功能轻度障碍;(11)类似上述的其他肢体功能障碍。

(二)肢体障碍的出现率

根据 2006 年第二次全国残疾人抽样调查的资料推算,我国 8296 万残疾人中,肢体残疾为 2412 万人,占残疾人总数的 29.07%。2010 年,中国根据第六次全国人口普查我国总人口数和第二次全国残疾人抽样调查我国残疾人占全国总人口的比例,推算我国肢体残疾人数达到 2472 万。

(三)肢体障碍的类型与成因

肢体障碍有多种类型,这里介绍常见的几种类型。

1. 脑瘫

脑性瘫痪简称脑瘫,是指自受孕开始至婴儿期非进行性脑损伤和发育缺陷所导致的综合征,主要表现为运动障碍和姿势异常。脑瘫是我国儿童主要致残性疾病之一,常合并智力低下、听觉和视觉障碍、行为异常及癫痫等。[①] 约有 1/3 的脑瘫儿童的智力在正常范围之内或超出正常范围,另有 1/3 存在轻度认知缺陷,还有 1/3 存在中度到重度智力障碍。

根据所累及的四肢范围,一般把脑瘫分为:单瘫,即一肢受累;偏瘫,即同侧的上肢和下肢受累;截瘫,即下肢受累;双侧瘫,主要是下肢受累,上肢受累较轻;三肢瘫,通常是一侧上肢和两侧下肢受累;四肢瘫,即四肢受累,躯干和面部的动作也可能受到损伤;双重偏瘫,主要是上肢受累,下肢受到的影响比上肢小。最常见的脑瘫有痉挛型、手足徐动型和共济失调型三种。

痉挛型(或称肌肉张力过强型)脑瘫,是包括一组或多组肌肉群的紧绷或肌肉张力过强,从而产生对运动的限制。其特征是肌肉紧张、收缩(张力亢进)。他们的动作可能是震颤的、夸张的,并且协调性很差。

手足徐动型(或称低张力型)脑瘫,就是指患者的头部、颈部、脸部、四肢特别是上肢有突然的无意识动作。此外,肌张力也在不断地改变。他们的动作是夸大的、异常的和扭曲的,这些动作不受他们自己的控制。当他们休息或睡觉时,很少或不会出现异常动作。试图拿起一支铅笔的动作都可能导致这些儿童的手臂乱舞、面部扭曲、舌头外伸,甚至可能无法控制他们嘴唇、舌和咽喉的肌肉,口水外流。痉挛型脑瘫的人在发起动作时有困难,而手足徐动型的患者在控制运动和保持姿势方面会感到困难。

患有共济失调性脑瘫的儿童缺乏协调平衡能力,手的动作不良,站立和行走会有不同

---

① 李西野,李梦晓,黄彬洋,等.脑瘫儿童流行病学及康复现状的调查分析[J].中国当代医药,2021,28(33):176—179.

程度的困难。在行走时，他们可能会出现晕眩，而且没有人扶着就容易摔倒。痉挛性或手足徐动型的脑瘫经常伴有共济失调。

由于多数脑瘫儿童存在弥散性脑损伤，单纯类型的脑瘫非常少见。大多数脑瘫儿童可能存在混合性脑瘫，即由上述类型的一种以上所构成的脑瘫。当儿童的损伤严重时，更表现出混合性脑瘫。

全世界范围内脑瘫的患病率为2.1‰；国内最新的流行病学调查显示，脑瘫发病率为2.48‰。[1] 脑瘫产生的原因是多种多样的。脑瘫常被归因于出生前母亲重度感染、出生前脑部畸形、围产期缺氧、出生时传染病、出生后脑部损伤、出生后脑膜炎等因素。脑瘫者面临的最大问题是语言表达的障碍，以及由于嘴部、喉部肌肉运动的不协调而产生的发音问题。

2. 脊柱裂

脊柱是由被称为脊椎骨节的独立的骨头组成的，一般是包围和保护脊髓的。脊柱裂是指脊柱的分开或分裂，是没有将脊髓闭合在其中的一种脊椎骨畸形情况。一个患有脊柱裂的人，其脊椎柱并不是完全闭合和包围脊髓的，这通常导致脊髓或其覆盖物上有突出物，或是两者上面都有。一个囊状的突起物可能出现在从颈椎到尾椎中的任何部分。脊椎障碍的部位越高，功能丧失的情况就越严重。典型的脊柱裂一般发生在较低的区域，导致下肢的全部或部分的瘫痪以及皮肤感觉功能的丧失。脊柱裂是一种不可自愈的疾病，最常见的有隐性脊柱裂、脊膜膨出和脊骨连脊膜膨出。

隐性脊柱裂是脊柱裂中最轻和最常见的一种。在这种情况下，只有少数脊椎骨是畸形的，通常是靠下位置的脊椎骨。这种缺陷通常不是可以见诸外表的。隐性脊柱裂通常在例行的X射线检查中被发现。

脊膜膨出是脊柱裂中较为严重的一种，是指脊髓的覆盖物（但不是脊髓本身）会通过脊柱缺陷的空隙中膨出。覆盖的皮肤可以通过外科手术被摘除。这种情况通常不会使儿童损失任何能力。[2]

脊骨连脊膜膨出是最严重的脊柱裂类型。出现这种情况时，患者的脊髓内衬、脊髓和神经根全部突出。一般来说，损伤在脊椎骨的位置越靠上，身体和功能受到的影响就越大。这种较严重的脊柱裂会导致不同程度的肢体障碍。

至今，引起脊柱裂的确切原因还不清楚，但可以知道它发生在怀孕的早期。父母并不携带任何引起脊柱裂的遗传基因，但是他们的基因可能与环境因素相互作用（如营养问

---

① 孙琴.脑瘫患儿主要照顾者疾病不确定感与社会支持及心理弹性的相关性研究[J].中国临床护理,2021,13(02): 67—70.

② Gaintza, Z., Ozerinjauregi, N., & Aróstegui, I. Educational inclusion of students with rare diseases: Schooling students with spina bifida [J]. British Journal of Learning Disabilities, 2018,46(04):250 - 257.

题、药物作用或暴露在高温下)而引发胚胎生长期的畸形。

3. 肌肉营养障碍

肌肉营养障碍(或肌肉萎缩症)是指一组以身体肌肉的进行性萎缩(退化)为标志的遗传性疾病。最常见的是一种被称为达彻尼氏症的肌肉营养障碍,在新生男婴中每3500人中就有1人受其影响。存在肌肉营养障碍的儿童在躺下或在地上玩耍后,经常很难站立起来。他们很容易摔倒。到10—14岁时,这些儿童就失去了行走的能力,手掌和手指的小肌肉通常在最后受到影响。

肌肉营养障碍是一种常染色体的隐性基因疾病,即父母双方必须都携带此种基因。如果父母被确认携带这种疾病基因,他们要冒的风险是:孩子有这种疾病的可能性是1/4,而携带这种病的可能性是1/2。[①] 虽然一些神经肌肉疾病(如达彻尼氏症肌肉营养障碍)只对男孩起作用,但男性和女性都可能发生肌肉萎缩。

目前还没有肌肉营养障碍治愈的先例,而且在多数个案中,这种进行性的疾病在青春期或成年初期是致命的。死因通常是由胸腔肌肉萎缩导致的心脏衰竭或呼吸衰竭。治疗的核心是尽可能久地维持还未萎缩的肌肉的功能,帮助儿童行走,帮助儿童和家庭应对他们所面对的由这种疾病引起的限制,并为儿童和家庭提供情感支持和咨询。

4. 脊椎神经损伤

脊椎神经损伤(或称脊髓损伤)通常是由穿透性刺伤(如枪伤)、脊柱拉伤(如车祸事故)、脊椎骨骨折或脊髓受压(如跳水事故)而导致的骨髓所受的伤害。车祸、运动损伤和暴力是导致儿童脊柱神经损伤最常见的原因。各种脊髓神经损伤、下肢麻痹或四肢麻痹患者有排尿、呼吸、褥疮性溃疡等问题,有赖于长期的康复,但不能恢复正常功能。

(四)肢体障碍儿童的特征

肢体障碍儿童与普通儿童在感知觉发展、认知、思维、语言发展等方面没有显著差异。但由于生理上的缺陷,行动不便,他们可能会产生不同程度的心理障碍。肢体障碍儿童的性格大多自卑、敏感,在自我认知上存在偏差。很多肢体障碍儿童认为自己是不幸的、无能的、毫无优点的,过分地否定自己,看不到自身的优势所在。由于肢体障碍儿童自身认知的偏差,在产生自卑、敏感等消极心理的同时,情绪波动也会随之变大,遇到稍不顺心的事情时,会出现情绪的外露、易变、易冲动,情绪控制能力相对较弱。另外,肢体障碍儿童长久地选择逃避社会,不与他人接触,导致沟通能力低下。[②]

---

① Charleston, J.S., Schnell, F.J., Dworzak, J., Donoghue, C., Lewis, S., Chen, L., Young, G.D., Milici, A. J., Voss, J., DeAlwis, U., Wentworth, B., Rodino-Klapac, L.R., Sahenk, Z., Frank, D., & Mendell, J.R. Eteplirsen treatment for duchenne muscular dystrophy exon skipping and dystrophin production [J]. Neurology, 2018,90(24):e2146 - e2154.
② 陈泽慧. 优势视角下肢体残疾儿童社会交往能力提升的个案干预研究[D]. 吉安:井冈山大学,2021.

但需要注意的是,肢体障碍儿童的具体特征取决于其障碍状况、障碍的严重程度和个人因素。两个同样肢体障碍的儿童在能力方面可能会有很大的不同,也有很多肢体障碍儿童具有自信、坚毅、顽强不屈的品格。此外,肢体障碍与认知能力没有必然关系,即使是有严重肢体障碍的学生(即使是不能说话、走路或自己吃饭的人)也可能有正常或有超常的智力。

二、肢体障碍儿童的教育

(一)学习环境

1. 教育安置

肢体障碍儿童接受教育的形式大致有四种:一是随班就读,轻度的肢体障碍儿童可以与普通班级学生一起上课,学校可以设置相应的机能训练室,定时派专人给予必要的机能训练或特别指导;二是特教班,这种形式多设置在普通学校内,也有附设在医院或特殊学校的情况,安置对象以障碍程度较重或正在接受治疗的儿童为主;三是特殊学校,安置对象为肢体障碍程度严重者或者有多重障碍的儿童,学校除了教学的教室外,还设有医疗室、机能训练室、物理治疗室、语言治疗室、作业治疗室等;四是在家学习,主要适用于不能接受班级教学的严重肢体障碍儿童,通过教师或其他专业人员送教上门的形式,使这类儿童得到适当的发展。

2. 学校环境

学校的环境设施要为肢体障碍学生创设无障碍环境,如学校大楼应该可供所有人方便出入。一些老建筑则需要翻修,其中最小的整改包括在进口处设置必需的坡道。其他的修复工作包括为二层楼以上的建筑安装电梯,在洗手间门口修建坡道等。

📖 **拓展阅读**

国际通用的无障碍设计标准

● 在一切公共建筑的入口处设置取代台阶的坡道,其坡度应不大于1/12,如条件允许,最好设无障碍入口;

● 在盲人经常出入处设置盲道,在十字路口设置利于盲人辨向的音响设施;

● 门的净空廊宽度要在0.8米以上,采用旋转门的需另设残疾人入口;

● 所有建筑物走廊的净空宽度应在1.3米以上;

● 公共卫生间应设有带扶手的座式便器,门隔断应做成外开式或推拉式,以保证内部空间便于轮椅进入;

● 电梯的入口净宽均应在0.8米以上。

（二）课程

肢体障碍儿童除了正常的文化课程学习之外，还需要在运动技巧和灵活性、自理技能、社交情绪调整能力三个方面有所发展。

1. 运动技巧和灵活性

运动技巧和灵活性对于肢体障碍儿童的技能发展是十分必要的。这些技能对保持正确的姿势（坐、站、立），完成一些动作（抓、握），以及在特定环境中行动等都是非常有用的。关于运动技巧的训练，应该包括在学校或班级内一些常规动作、姿势的培训。具体如下：在学校里进行头部和躯干控制的训练，以便保持正确的姿势（听，写，使用电脑或其他通信工具，就餐）；培养学生的四肢运动能力和精细运动能力（握笔书写能力，手握书本，翻页，使用键盘，旋转电脑和通信工具的开关）；培养站立和通过一些辅助工具（如拐杖）进行平衡的能力；学会在教室和学校环境中使用轮椅（用手臂推动前进，学会使用操纵杆和其他控制系统来推动电动轮椅，学会转弯和进出大门，爬坡，过马路）。

物理和职业治疗师对于这些儿童的运动技能和灵活性的发展发挥着重要的作用。他们必须与教师、其他专家、家长们共同协作。为了更好地完成任务，教师们必须熟悉这些辅助工具（如轮椅、拐杖、步行辅助器）的基本工作原理，并向儿童的治疗师及时提供工具的修复调整建议；治疗师应该向老师和其他工作人员提供儿童生理情况、受限情况和能力水平的信息。

班主任老师和相关工作人员需要接受如何帮助儿童在校期间使用运动辅助用具的培训。安置、抓握、高举和一些迁移技能等，都是老师们应该掌握并帮助儿童在运动技能培训中完成的。

对于患有脑瘫的儿童来说，长时间依靠轮椅的生活会让他们很难学会操作电脑键盘和控制鼠标。在物理治疗师和专业治疗师的帮助下，老师可以帮助他们保持端正的坐姿。通过有一定倾斜度的板子将键盘移动到儿童面前，然后尽量帮助儿童放松手臂，让他们可以将手放在键盘上。

在物理治疗师的帮助下，脑瘫儿童的运动技能有望得到有效的发展。游泳、舞蹈、武术、骑马和其他生活体验避免了肌肉萎缩和肌肉损伤的发生。最新数据显示有 67％的脑瘫成人患者可以独立生活，这个比率较早前提高了许多。[①]

2. 自理能力

对于肢体障碍儿童来说，自理能力是非常重要的。自理能力包括饮食、如厕、穿衣、洗

---

① Kirk, S., Gallagher, J.J., Anastasion, N.J., & Coleman, M.R. Educating exceptonal children(11th ed.) [M]. Boston: Hougton Mifflin Company, 2006:186.

澡和整理等。一些患有严重障碍的儿童只有在别人的帮助下才可以进食，有的甚至需要喂食。一些儿童需要相应的辅助设施才能完成日常生活的任务，例如，大手柄或组合器具、专用的盘子和杯子，或用来稳定盘子的防滑垫。

3. 社交情绪调整能力

患有肢体障碍的儿童，有时候会感到自己无能为力。除了病魔带来的困扰，他们还感到孤独。尽管退隐和冲动的表现都是可以理解的，但这些儿童都需要调整他们的状态。

肢体障碍儿童与正常儿童相比，在自我价值、焦虑控制和自我综合能力判断方面的能力都很低。然而，在某些情况下，他们可以有积极向上的自我意识。研究表明，当环境积极健康时，这些儿童更能接受自己肢体障碍的现实，特别是当他们可以在现有障碍的基础上拥有控制力，或可以接受新挑战的时候。[①] 对此，教师可以通过教育孩子加深对周围环境的理解、强调生活质量和增强自我控制能力等方法来加强他们的社交能力，进行情绪上的调整。

（三）教学策略

1. 了解障碍儿童情况

肢体障碍儿童的老师必须对儿童的情况十分了解，包括儿童的病因、治疗情况、预后情况和教育方案等。然后，在家长的帮助下，老师应该让该生和其他同学了解相关的情况。当教师向学生传授有关残疾病症的信息时，应该让他们知道肢体障碍只是一种个体差异，并不可怕。

2. 鼓励障碍儿童自我调节

老师可以告诉肢体障碍儿童：他们的缺陷只是生活和自身缺点中微小的一部分，帮助儿童进行自我调节。在普通班级里，教师可让儿童列出他们对周围每一个同学心存的喜爱。这样的联系常常会收到意想不到的效果。尽管肢体障碍儿童会不可避免地谈到自身的缺陷，但也要让他们了解自己的长处，包括他们帮助他人的能力，从而让他们学会将注意力放在生活中积极乐观的方面。

3. 引导障碍儿童学会求助

让肢体障碍儿童列出他们在生活中无法控制的事情十分重要。这样，他们就知道自己无助，需要帮助；但寻求帮助的时候应该注意情绪的控制，要通过一种温和的方式来获取帮助。教育者应当帮助其找到一种正确合理的表达方式。

（四）技术

对于那些在语言表达或书写能力上存在障碍的儿童，应该为他们提供扩音器或其他

---

① Condie, G. A. Exploring the personal and social aspects of individuals with physical disabilities' leisure experiences: Experiencing leisure but as an individual person [J]. Leisure Studies, 2021, 40(03):363-377.

替代性的沟通系统。一些脑瘫儿童的发音器官存在严重障碍,且因精细运动能力较差而存在书写障碍。肌肉营养功能失调或关节炎会使得儿童体质虚弱,导致他们在书写时容易感到疲倦。教师和校长应该积极配合言语治疗师的工作,帮助治疗师为障碍儿童选择、设计和使用扩音设备及替代性沟通工具。

1. 语言方面——沟通板和电子装置

最常见的扩音和语言交流装置是沟通板和带有综合性言语输出能力的相关电子设备。多数儿童使用的沟通板或电子设备,是通过用手指或拳头点击相关单词或符号完成的;对于那些无法准确点击的儿童,可以使用手控指示器,头戴式指示棒或口含式指示棒;对于手部活动受限的学生则可以通过眼睛来操作,如将视线定格在目标单词或字母上。

一个简单的指示棒就可以帮助那些活动受限或无法使用双手的孩子们。这种指示棒是基于孩子的活动能力设计的。它可以配合仪器使用,清晰地按行按列进行选择。当选中目标后,学生再次点击,正确的句子、词组、单词或字母就可以被朗读出来了。尽管这种方法比使用键盘要慢一些,但是它可以帮助那些患有严重障碍的学生们。许多电子设备还可以同电脑连接起来进行单词加工或计算机辅助说明。

在某些学科,教师还需要电子设备的补充说明板和覆盖图。例如,一个带有数字、数学符号和课堂教学说明词汇的数学教学板。其他反映教学内容和专业词汇信息的教学板也是如此(科学、社会学、历史等)。这些教学板还要根据课程内容的改革而及时更新。

为儿童提供扩音设备和其他相关的言语交流辅助设备是十分必要的。许多儿童常常因为语言上的缺陷而受到教学环境的限制(资源教室或普通教室)。专家们应该和言语治疗师、家长以及其他人一起为儿童选择一个合适的辅助设备,教会儿童如何使用,并教会其他儿童如何与障碍儿童进行交流。

2. 书写方面——援助措施和相关辅助系统

许多在书写方面的辅助措施和设备已经面世。由于肢体障碍而导致的肌肉无力、不自主运动和手指配合不协调等问题,使得障碍儿童不得不依靠一些书写辅助系统来完成学校和家里的书写任务。在书写方面的调整,可选用多种辅助设备:由手动夹板来帮助抓握蜡笔或铅笔;有特制的握笔器、支撑前臂的斜板;有用来在书写时固定纸张的笔记板,或遮蔽胶带、宽条纹纸等。

电脑也是一种书写工具,可以通过文字加工软件来完成书写任务。许多类型的电脑键盘都有不同的替代品。对于由于精细运动能力较差而无法使用标准键盘的儿童,可以使用较大规格的键盘。而患有肌肉营养失调的儿童则可以使用迷你型的小键盘,因为他们无法在标准键盘上大范围地活动手指。这些替代性的键盘,可以放在儿童的腿上、书桌上或其他容易接触到的地方。有些肢体障碍严重的儿童可以用两个手指控制电脑鼠标。有了鼠标,他可以控制整个电脑屏幕并与电脑里的程序进行互动,就能很好地获得知识,并参与一些游戏项目。

第二节　病弱儿童

社会的飞速发展带来了环境的破坏与污染。生活在现今的社会中,人们的身体健康自然会受到一些损害。近年来,病弱(Health Impairments)儿童逐渐增多。这类儿童的教育正在受到关注。教育者们应该了解常见的病弱儿童,以便更好地帮助他们。

一、病弱概述

（一）病弱的概念

病弱是指患慢性疾病或体质虚弱的状态,患者由于慢性或急性的健康问题而出现力量、活力或机敏度的限制。这些健康问题,如心脏病、肺结核、风湿热、肾炎、哮喘、血友病、癫痫、白血病或糖尿病等,对儿童的学习有负面影响。一个儿童的健康状况出现问题,必然会使他的体力、活力或警觉性都受到一定程度的限制,从而对他的教育进步产生不利的影响。他们需要在医教结合的环境中接受特殊的指导和帮助。因此,病弱儿童也是特殊教育的对象。

（二）病弱儿童的出现率

美国教育部 2021 年的报告中没有对此类障碍进行明确的统计数据,他们把这类儿童都归入其他健康障碍类。在 2019 年,美国 6—21 岁年龄段其他健康障碍的出现率为 1.6％,其中有一部分是病弱,有一部分是肢体障碍,还有一些是有其他健康障碍问题的儿童。我国对病弱儿童没有做过抽样调查或详细的统计,因此,目前我国病弱儿童的发生率尚不清楚。但从现实情况看,我国病弱儿童有逐年增加的趋势。

（三）病弱儿童的类型及成因

目前大约有两百多种病弱状况存在,其中大多数是罕见的。这里介绍较为典型的病弱类型。

1. 病弱儿童的类型

（1）癫痫。

癫痫发作是由脑中异常放电导致的活动、感觉、行为和意识混乱的临床症状。癫痫发作的特殊症状表现为:由于大脑不正常的放电,引发了短暂的神经反常,很像电流风暴。若一个人仅发作过一次或暂时性的发作,可能是由于发高烧或脑损伤引起,不能称之为癫痛患者。当这种情况长期反复出现时,被称为抽搐或癫痫。[①] 癫痫发作主要有三种类型:全身性强直阵挛发作(也称为癫痫大发作)、失神性发作(也称为癫痫小发作)、局部复杂性发作(也称为精神运动性发作)。

全身性强直阵挛发作是最明显也是最严重的癫痫发作类型。出现这种类型癫痫发作的儿童,在发作前很少或根本没有预兆。发作时,儿童的肌肉变得僵硬,他们会失去意识,倒在地上。之后,儿童的整个身体剧烈震颤,同时肌肉交替收缩和放松。同时,流口水,手脚抽筋,大小便失禁,呼吸非常困难,有时完全停止,身上发青或肤色苍白。在多数情况下,肌肉收缩的频率会在 2—3 分钟内减少,随后儿童疲惫不堪,或者入睡,或者在混乱或昏昏欲睡的情况下恢复意识。全身性强直阵挛大发作可能在一天中频繁发生数次,也可能在一年中很少发生。这种发作在白天比夜间更容易出现。

全身性强直阵挛大发作会让从来没有见过这种状况的人感到不安和惊慌失措。当一名儿童在课堂上出现全身性强直阵挛大发作时,教师应该遵循以下步骤:

第一,保持镇静,安慰其他学生,使他们相信发作的儿童很快会恢复正常。

第二,慢慢将儿童移到地板上,并且将其周围区域整理干净,避免出现任何可以伤害到儿童的东西。

第三,在儿童的头下放一些平坦和柔软的东西,这样他的身体在抽搐时,头不会直接碰在地上。

第四,教师无法停止儿童癫痫发作,应让它自行终止,不要试图让儿童恢复意识,也不要妨碍他的动作。

第五,轻轻地将儿童翻至侧卧状,这样可以保持他的气管通畅,并可以让口水流出。

第六,不要强行掰开儿童的嘴,不要抓住儿童的舌头,不要在儿童的嘴里放任何东西。

第七,当儿童的抽搐动作停止时,让他休息直至恢复意识。

第八,在癫痫发作过程中,儿童的呼吸可能是衰弱的,甚至可能出现呼吸暂停。出现这种情况时,教师要检查儿童的气管是否阻塞,并实施人工呼吸。

有些学生在这种类型的癫痫发作之后恢复得很快,有些学生则需要很长的时间才能恢复。通常建议教师让学生进行短时间的休息。如果学生在发作后可以继续留在课堂上,那么应该鼓励他这样做。如果这种类型的癫痫发作持续时间超过 5 分钟,应寻求急救。

(2)哮喘。

哮喘是一种慢性肺病,其特征是间歇式的一阵一阵喘息、咳嗽和呼吸困难。哮喘发作通常由过敏原(如花粉、特定的食物、宠物)、刺激物(如烟雾)或情绪压力所引发,这些因素

---

① 谷鸿秋,杨昕,王春娟,等.蛛网膜下腔出血继发症状性癫痫的发生率、危险因素及院内结局:来自中国卒中联盟登记数据库的分析[J].中国卒中杂志,2020,15(06):620—625.

会导致肺部的气道变窄。这种反应增加了对气流进出肺部的阻碍,使患者变得呼吸困难。

哮喘的症状和严重性因人而异,个体间差异相当大。通常的分类包括轻微间歇的(每星期两次以下)、轻微持续的(超过2次但不是每天都有)、中度持续的(每天都有)、重度持续不停的(持续不断的,严重地干扰了身体的活动)这四类哮喘。尽管哮喘的发作可能会要求紧急医疗救护,但导致死亡的情况还是极少数的。

(3)糖尿病。

糖尿病是一种常见的儿童期疾病,是由于胰腺停止产生或产生过少的胰岛素而导致的。这是一种慢性新陈代谢失调。当糖尿病发作时,细胞无法吸收葡萄糖,无法吸收的糖分便会堵塞在血液里,肾脏试图把这些多余的糖分过滤出去。糖尿病控制不住时,通常会表现出以下迹象:急剧的口渴,尿频,体重减轻。葡萄糖含量增加并持续一段时间后,会对眼睛、肾脏、神经系统和心脏产生一定的损害。

患有1型糖尿病(或青少年糖尿病)的儿童胰岛素分泌不足。这种病在10—16岁之间的青少年身上出现得最为普遍。患这一类型糖尿病的青少年在诊断之前表现出的症状类似于重感冒,但发作非常迅速。如果不尽快注射胰岛素,他们会昏迷或死亡。2型糖尿病是一种非胰岛素依赖性糖尿病,是由于人体无法产生也无法正常地使用胰岛素而产生的。这类糖尿病通常和肥胖症及遗传因素有关。现在有不少儿童和青少年被诊断出患有此病。患者大多数都超重。

(4)人类免疫缺陷病毒(HIV)。

人类免疫缺陷病毒是一种逐渐影响并最终摧毁人体免疫细胞的病原体。随着病原体的发展,人体的免疫系统会变得脆弱不堪。一个感染人类免疫缺陷病毒的人,属于易感染者,增加了感染其他疾病的机会,如癌症、循环菌感染、肺炎等。人们发现,人类免疫缺陷病毒存在于一定的体液中,而且可以通过血液、精液、阴道液体、乳汁以及其他一些液体传输。人类免疫缺陷病毒会通过性接触和血液感染从一个人传染给另一个人,包括共用针头和注射器具。

人类免疫缺陷病毒的发展经历了几个不同的阶段,各个阶段都由疾病的不同水平和症状的严重性作为标记。人类免疫缺陷病毒的早期患者处于无症状期或者潜伏期。他们的血液里有病毒存在,但是没有任何外部的疾病症状。当人类免疫缺陷病毒发展到中期,即症状期,病毒更加活跃地繁殖,免疫系统开始失效,一些轻微的症状开始出现。中期的症状包括疲劳、持续发烧、盗汗、长期习惯性的腹泻、复发性阴道酵母菌感染以及腺体肿胀。当人类免疫缺陷病毒发展到后期,即被称作获得性免疫力缺陷综合征,此时感染的机会更加频繁并且程度更加严重。症状通常包括突然中风、心脏病发作、失忆、视力受损、失明等。在儿童患者身上还会出现认知能力丧失,甚至发生进食困难。机体从食物中吸取营养的能力也会受到影响。

2. 病弱儿童的成因

病弱的成因是多种多样的。大多数是由于感染、遗传因素和环境影响。很多疾病是由于不同类型的微生物感染引起的。有些感染会造成长期的影响,甚至导致死亡。若一个儿童出生时携带使健康受损的不正常基因,将会遗传诸如胆囊纤维症、血友病或月牙状细胞贫血症。伴随着这些明显的遗传状况,遗传成分会存在于一些健康受损器官的发育过程中而导致疾病,如糖尿病、哮喘、癫痫等。在这些条件下,异常的基因导致了个体产生这些状况的预先倾向。[1] 另外,出生前和围产期因素的影响也很重要。一个母亲如果在怀孕期间酗酒、吸毒或吸食尼古丁,会影响未出生的孩子。那些致畸物质会阻止胎儿的正常发育。导致畸形的物质包括母亲受到的感染、外伤、X 射线或其他放射性物质的辐射,当然还包括酗酒、吸烟、吸毒。最后,产后因素对病弱也有影响。婴儿出生后,环境因素也会造成健康损伤。铅中毒是儿童时期最常见的一种环境病毒。饮食因素也可能会导致健康损伤。食物过敏可能会引发个别人的哮喘。

(四) 病弱儿童的特征

大部分病弱儿童在智力发展上是正常的,但是,疾病或体质虚弱影响了他们的生活和学习,降低了学习的效果。他们的注意力不易集中,持久性差,情绪不够稳定。在人格方面,他们的交往受到一定程度的影响,多有孤僻感、退缩感。

二、病弱儿童的教育

(一) 教育安置

病弱儿童的教育安置形式主要有四种:一是养护学校,这是以医疗养护为主的学校,有的附设在儿童医院、儿童疗养所。安排在养护学校就读的儿童一般都是有半年以上医疗史和生活限制比较严重的病弱儿童。他们可在接受治疗和疗养的同时,进行一些力所能及的学习活动。这类学校所收学生十分有限,在经济发达的国家也只有较大的城市才设立。二是特教班,这是为较为严重的病弱儿童开设的特殊教育班级,有时设在普通学校内,有时附设在儿童医院或儿童疗养所。三是普通班级,就是把一些尚可坚持正常学习的、病弱程度较轻的儿童安排在普通学校的普通班级中学习。四是家庭学习小组,这是一种以家庭为学习养护基地的学习小组。由巡回教师和医护工作者对病弱儿童进行定期的教学和指导,家长可参与养护和教育活动。

---

[1] Bagnall, R. D., Crompton, D. E., Petrovski, S., Lam, L., Cutmore, C., Garry, S. I., Sadleir, L. G., Dibbens, L. M., Cairns, A., Kivity, S., Afawi, Z., Regan, B. M., Duflou, J., Berkovic, S. F., Scheffer, I. E., & Semsarian, C. Exome-based analysis of cardiac arrhythmia, respiratory control, and epilepsy genes in sudden unexpected death in epilepsy [J]. Annals of Neurology, 2016,79(04):522 − 534.

（二）医教结合

病弱儿童教育的每一个环节都要与医生、护理人员、儿童家长密切结合。不仅要为他们创造一个良好的将医疗养护和教育教学融为一体的教养环境，而且要根据儿童的身体情况和智力水平制定个别教学计划，提高他们对生活和学习的适应性。

对于那些需要常规治疗（糖尿病注射剂）或定期药物治疗（哮喘吸入剂）的学生，必须尽早教会他们进行自我药物治疗。教师和专职护理人员必须全程跟随整个培训活动，在进行培训前，应得到学生家长、监护人或医生的许可和专业指导。

（三）课程与教学调整

由于身体健康的问题，病弱儿童通常需要教师进行课程和教学的调整。教师的调整策略包括提供学习大纲、额外的重复，增加学习反馈，或增加额外的时间让儿童完成作业等。有言语或语言障碍的病弱儿童如果在阅读方面落后，可能也需要调整。例如，提供他们能够理解的阅读大纲，或者使用更容易理解的替代教材。

第三节　多重障碍儿童

一、多重障碍概述

（一）多重障碍的定义与分类

我国 2006 年《第二次全国残疾人抽样调查残疾标准》中对多重残疾的定义是：存在两种或两种以上残疾为多重残疾。多重残疾应指出其残疾的类别。多重残疾分级按所属残疾中最重类别残疾分级标准进行分级。

美国《残疾人教育法修正案》（IDEA）中对多重残疾的定义为：相伴而生的障碍（比如：智力落后-盲，智力落后-畸形等），这些伴随产生的残疾导致了严重的教育问题，以至于不能依照一种单独的残疾类别对儿童实施特殊教育计划。多重残疾不包括盲聋。需要注意的是，多重障碍并不是多种障碍的简单相加，而是多种障碍相互作用产生的乘法效应。

（二）多重障碍的出现率

据美国教育部数据统计，2019 年美国 6—21 岁年龄段多重障碍的出现率为 0.2%。2010 年，中国残联根据第六次全国人口普查我国总人口数及第二次全国残疾人抽样调查我国残疾人占全国总人口的比例，推算我国多重残疾达 1386 万人。[①]

---

① U. S. Department of Education，Office of Special Education and Rehabilitative Services Office of Special Education Programs 43rd Annual Report to Congress on the Implementation of the Individuals with Disabilities Education Act 2021 Washington D. C. , 2022.

（三）多重障碍的成因

不同类型的障碍有其独特的原因,同一类型障碍的不同个体之间成因也不尽相同,儿童出生缺陷原因和机理相当复杂,各学科在这方面的研究还比较笼统。一般可将导致障碍发生的原因归结为遗传因素、环境因素以及遗传因素和环境因素交互作用三大类。

遗传因素一般可分为基因突变和染色体异常,前者又可分为单基因突变和多基因突变,后者又可分为染色体数目异常和染色体结构畸变。导致障碍发生的遗传因素的研究相对比较深入,也比较清楚。如研究发现基因突变中以多基因突变导致障碍发生的情况占绝大多数,染色体数目异常大多是非整体倍体异常等,如 21 -三体、13 -三体和 18 -三体等。

环境因素一般可分为自然环境因素(如物理因素、化学因素和微生物因素等)和人为因素,如妊娠者机体的生理代谢调节和应激反应能力、生活习惯(如是否吸烟或酗酒)、疾病以及临产期和产程的监护与辅助技术等。

一般而言,单纯由遗传因素引起的出生缺陷比例比较小,但大多数情况下难以预防;大多数的出生缺陷是由环境因素或环境因素和遗传因素相互作用的结果,但这两种情况的研究难度非常大,变量太多,特别是后者,可供借鉴的成果非常少。

多重障碍成因如其症状,相当复杂,大多不是由于单一因素引起的,而是上述三类因素的多个变量交互作用的结果。

（四）多重障碍儿童的特征

多数多重障碍儿童在智力方面有严重的缺陷。由于大运动障碍、交流、视觉和听觉的障碍以及可能发作的疾病等医疗方面的问题,很多学生都需要特殊的服务和支持。多重障碍儿童的一个关键特征是他们常常在多种生活技能和各方面发展领域中表现出显著的缺陷。以下这些行为和技能缺陷在多重障碍儿童中比较常见。

（1）学习新技能的速度缓慢。和其他残障儿童相比,多重障碍儿童学习的速度更慢,在学习某种技能时需要进行更多有指导的尝试,能够学习的技能总量更少,而且在学习抽象的技能和关系时有困难。

（2）保持和迁移技能的能力差。迁移是指在不同于其最初学习技能的情境中应用所学技能。保持是指在教育结束后继续运用某种新技能。对许多多重障碍儿童而言,如果没有非常详细的巩固方案,迁移和保持往往不能成功。

（3）有限的交流技能。几乎所有的多重障碍儿童在理解他人和表达自我的能力上是有缺陷的。有些儿童无法使用有意义的手势和语言,而且可能在别人尝试与之沟通时完全没有反应,有的儿童连最简单的指令也无法执行。

（4）身体和运动发展的障碍。许多多重障碍儿童只有有限的身体运动能力。有的不能行走,有的不能独立地站立或坐起来。他们只能缓慢地完成如翻滚、握东西或者支撑头部等基本的任务。如果没有持续的身体治疗,这些普遍存在的身体缺陷也许还会趋于恶化。

(5)缺乏自理能力。一些多重障碍儿童不能独立地满足自己的基本需求,比如穿衣、吃饭、如厕以及保持个人卫生。他们常常需要特殊技能训练,借助辅助设备和(或)调整技能顺序,才能学会这些基本技能。

(6)极少出现有意义的行为和沟通。正常儿童和残障程度较轻的儿童一般会和别的孩子一起玩,与大人交流,并且会在周围的环境中寻找感兴趣的信息。但一些多重障碍儿童却不会这么做。他们表现得好像现实世界对他们没有任何触动,甚至于没有正常人应有的情绪反应。

(7)典型性和有挑战性的行为。一些多重障碍儿童常常伴有刻板行为(如前后摇动、在面前摇手指、扭动身体)、自我刺激(如磨牙齿、拍打身体)、自伤(如撞头、揪头发、戳眼睛、打或抓或咬自己),或攻击性行为(如打或咬别人)。这些儿童出现行为问题的频率很高,严重地影响了他们学习更多的实用技能以及在融合环境中参与活动。

二、多重障碍儿童的教育

(一)学习环境

我国多重障碍儿童在学龄前的教育安置形式主要是康复机构和在家教育。进入学龄阶段的多重障碍儿童主要在特殊学校就学,还有部分多重障碍儿童被安置在福利院及相关的医疗机构中。

随着特殊教育对象的不断扩大,特别是进入 21 世纪以来,多重障碍学生不断增多。有关多重障碍学生的教育问题已逐步引起国家相关部门的重视,相关政策也逐步关注到多重障碍学生的教育问题,目前集中反映在《第二期特殊教育提升计划(2017—2020 年)》中,主要体现在以下方面:

第一,将不在教育机构的多重障碍学生纳入教育部门学籍管理。儿童福利机构特教班就读和接受送教上门服务的残疾学生纳入中小学生学籍管理。强调落实"一人一案",做好教育安置。①

第二,采取送教上门服务。对不能到校就读、需要专人护理的适龄残疾儿童少年,采取送教进入社区、儿童福利机构、家庭的方式实施教育。具体以区县为单位完善送教上门制度,为残疾学生提供规范、有效的送教服务。

第三,提出"研制多重残疾、孤独症等学生的课程指南"。针对多重障碍学生身心特点

---

① 盛永进,周佳欣.我国多重障碍学生教育现状述评[J].昆明学院学报,2020,42(05):46—53.

的复杂性和多样性及其教育需要的特殊性,要求专门研制出台有关教育课程的指导性文件。

(二)课程

对于多重障碍儿童的教育,在学校和非学校环境中需要用到的实用性技能对儿童来说是最有用的,这些技能能够帮助儿童较少依赖他人,而且使他们能适应更少受限制的环境。多重障碍儿童需要的使用性技能包括诸如自己穿衣、准备快餐、乘坐公交车、从投币式自动售货机中买东西以及辨识社区环境中的一些提示语。在可能的情况下,应该进行一些训练辨别真假物品的活动。

有效的交流非常重要。早期对多重障碍儿童的交流进行的研究和训练注重的是对特定的信息交流方式进行补救训练,比如发出声音、单词和某些描述性的词组。许多多重障碍儿童能够学习口语,对于这部分儿童来说,口语当然是最迫切的目标。但是,由于感觉、运动、认识或行为的限制,有些多重障碍儿童可能在接受大量的指导后仍然不能说出明白易懂的语言。实践证明,许多增强性和替代性沟通系统是有用的,包括手势、各种手语体系、图示交际板、符号系统以及电子交流助手等。

许多孩子都会做游戏,进而学会在闲暇时间里以有益的娱乐充实自己。但是,除非经过特别指导,多重障碍儿童很可能无法学到适宜的、令人满意的休闲技能。教给多重障碍儿童恰当的休闲技能可以促使他们更加社会化,有助于他们掌握身体运动能力以及更好地参与社区活动。许多多重障碍儿童不能正确地运用他们的休闲时间。他们不能参加令人开心的娱乐,而可能把多余的时间花在静坐、闲逛和看电视上。培养多重障碍儿童的休闲技能应该是这类儿童课程的重要组成部分。

> 📖 **拓展阅读**
>
> ### 英国特殊需要学生 P‑Scales 学业表现目标[①]
>
> P-Scales 是英国教育部为那些达不到国家课程学业标准的 5—16 岁特殊需要学生制定的具体表现性学业标准。P-Scales 对国家课程的英语、数学、科学等 13 门科目做了系统的规定和说明。它按照学业表现的水平层次分为八个等级,其中 P1、P2 和 P3 又分为两个次等级,加上 P4、P5、P6、P7 和 P8 共 11 个层级水平。P4—P8 与重度残疾学生能力水平相对应,其"学习水平代表着可识别的以新技能获得为主的一种学习",内容标准采取表现性的描述,主要为达到国家课程相关学科 1 级水平作准备。

---

① 盛永进.英国多重残疾学生国家课程的校本化——基于斯蒂芬·霍金学校的个案评析[J].中国特殊教育,2018
　(11):3—8.

与之相比,P1 到 P3 属于极重度残疾学生能力水平,其学习水平可理解为"技能习得前产生的行为反应",旨在为学生提供较小的学习步骤,其内容标准也是采取表现性的描述,但主要聚焦在行为的反应,而非具体的学科内容上。

(三) 教学策略

对于多重障碍儿童而言,除了爱、照顾和支持性教室环境之外,他们还需要别人帮助他们更有效地学习。因此,在为多重障碍儿童制定教育计划时要考虑以下几个问题:必须细致评估儿童目前的成就水平;一项技能教师可能需要分成更小的步骤来教;教师必须对学生发出清晰的信号或指示;学生需得到反馈和强化;教师必须直接、频繁地评估学生的成就等。

多年来,多数学者都坚信"一对一"的教学是教育多重障碍儿童的唯一有效的方式。其原理是"一对一"的教学可以最大限度地减少干扰,而且学生将对教师作出回应。尽管"一对一"的教育形式由于其密集性和系统性而被认为是多重障碍儿童教育的有效形式,但小组教学也具有潜在的优势。

在对多重障碍儿童进行的教育中,教师可以运用"积极行为支持"来应对多重障碍儿童的挑战性的、过度的以及不适当的行为。积极行为支持包含四个要素:理解学生行为的意义;教给学生一个适当的替代性行为;利用环境的改善减少不良行为;使用在融合学校和社区环境中适宜使用的策略。积极行为支持从对问题行为的功能性评估开始。功能性评估参考了很多方法来控制一些变量,这些变量会影响挑战性行为保持及发生的情境。尽管如此,积极行为支持通常由以下三个步骤组成:第一,与教师、家庭成员和其他较为了解孩子的人进行建设性的谈话,找出孩子行为发生或不发生的典型情景以及孩子的行为通常引起他人的何种反应。第二,对孩子进行系统的观察,从而了解与问题行为相伴随的环境因素和事件;问题行为的频率、持续时间和形式;问题行为之后通常发生的事情,学生可能正是为了得到这样的效果(例如,教师的注意、取消某项任务要求)才表现出问题行为。第三,分析在步骤一和步骤二中确认的变量(如实验控制)的功能,客观地陈述它们在引发或保持问题行为方面的作用。

? 思考题

1. 试述肢体障碍儿童的教学策略。
2. 癫痫发作时该如何处理?
3. 病弱儿童的特征是什么?
4. 简述多重障碍儿童的主要特征。

第十三章

超常儿童

在特殊教育的对象中,除了障碍儿童,还包括超常儿童(Gifted and Talented Child),他们也需要人们的特别关注。虽然有些国家已经把超常儿童的教育列入法律条文,但接受特殊教育的超常儿童仅仅是他们其中的一小部分,大多数超常儿童的需要被人们忽视了。如何为超常儿童提供符合其特点的教育,是许多国家关注的一个问题。

第一节　超常概述

什么样的儿童才能被称为超常儿童？超常的类型、出现率、成因及其特点是怎样的？超常儿童在发展过程中会产生各种各样的问题，需要人们深入研究。

一、超常的概念

超常儿童在各国的称谓不同，在英语文献中被称为"天才儿童"（Gifted Child）或"天才和特殊才能儿童"；在日本，被称为"英才儿童"；在我国，被称为"超常儿童"或"天赋优异儿童"。

已有的研究成果展示了学者们从不同的角度对于"超常"的理解。首先，从智力的角度来看"超常"。20 世纪初，美国心理学家特曼（Terman）首先用智力测验来鉴定天才儿童，把智商达到或高于 140 的孩子定位为天才儿童。其后，美国人吉尔福德（Guilford）从涵盖的特殊能力的观点分析智力，并以此提出了著名的"智力结构模式"。其次，从创造力的角度来看"超常"。学者们对于创造力的界定观点不一，通常创造力被界定为对一种情境产生新的、不同的和不可预期的反应。而人们的创造力可以展现在不同的情境中。再次，从特殊才能的角度来看"超常"。美国人加涅（Gagné）在他的才能导向的超常教育理念中，对"天才"和"特殊才能"进行了说明。他认为，"天才"是具有至少一种或一种以上人类与生俱来而未经训练的自然能力，并且位于同龄同伴的前 15％ 的人。他认为，"特殊才能"是指在人类任何领域的系统性发展能力和知识方面有杰出表现。"特殊才能"是个体与生俱来的"天才"，以及一系列有系统的学习、训练和练习，再加上个体自身的动机、人格特征、外在环境和机会等因素交互影响所致，所以"特殊才能"必须以优秀的天赋能力为基础。一个人如果没有与生俱来的"天才"，就不可能成为一个特殊才能者，反之则不一定如此。最后，从多元的角度来看"超常"。在众多的定义中，美国教育总署的定义和任朱利（J. S. Renzulli）的"三环天才儿童"概念具有广泛的影响。美国教育总署的定义［又称马兰德（Marland）定义］认为，能取得重大成就的儿童包括在如下任一领域中有显著成就和潜能的人：（1）一般智力能力；（2）特殊学术能力倾向；（3）创造思维能力；（4）领导能力；（5）视觉和表演能力；（6）心理运动能力（1978 年被删除）。美国教育总署的定义是 20 世纪 70 年代以来人们普遍接受的关于超常儿童的定义，自马兰德定义之后，超常儿童教育领域在这一概念基础上已经设法纳入多种类型的超常儿童，而不只是高智商的或具有非凡认知能力的超常儿童。美国任朱利提出了"三环天才儿童"的概念，认为天才儿童是由中上等以上的智力、较高的创造力和强烈的动机与责任感相互促进而构成的统一体。美国斯滕伯格（Sternberg）等人提出了"五角内隐理论"，认为天才的必要标准有五个，即杰出、优异、实用、表现和价值,并对这五个标准进行了界定,提出了测定的方法。哈佛大学心理学家加德纳(Gardner)认为人类具有多元的智力,因此天才的智力应是不同领域内多方面的智力,而不是单方面的。他认为,在不同的文化和社会中存在八种甚至更多特定的智力,这八种潜在的天资包括音乐智力、身体-运动智力、语言智力、逻辑-数学智力、空间智力、人际智力、内省智力和自然智力。同时,脑部研究也显示可能存在发展这些不同智力的区域。加德纳认为,天才是指那些在某一特定任务或领域内表现出不同寻常潜能的人。

我国超常教育学者对于如何鉴别超常儿童提出了自己的观点。20世纪70年代,中国科学院心理研究所刘范首先提出"超常儿童"(Supernormal Children)的概念,得到了大陆地区学者的认同。刘范认为,超常是相对于常态而言的,尽管两者在智慧才能发展上有明显差异,但仍具有共性,体现了儿童能力发展的连续性。同时,超常智能不单纯指先天遗传的禀赋优异,也包括在教育和环境影响下发展起来的人的聪明才智。因此,超常智能既有稳定性也有发展变化性,随着儿童年龄的增长会出现不同的变化趋势。总体而言,超常儿童的心理结构不局限于高智力和才能,还包括创造力和非智力特征。查子秀认为,超常儿童是与同龄儿童相比,一般智力、创造力明显超常出众,并/或有某方面特殊才能的儿童,具体包含以下四个层面的内涵:超常儿童是智慧才能比常态儿童更优异的一部分儿童;超常智能受到遗传和环境的综合影响;超常智能兼具稳定性与发展变化性;除一般智能和特殊智能以外,超常儿童的心理成分还包括个性倾向和品质。[①] 施建农等人曾采用测量学的方法,用五大标准界定天才:学业成绩大于平均水平两个标准差;表现优于比自己大两岁的人的群体水平;智商在130以上;表现超越95%的同龄人;有非常特殊的才能。[②]

本教材采用《特殊教育辞典(第三版)》中超常儿童的定义,即超常儿童为智慧和能力超过同龄儿童发展水平的儿童。其主要心理特征是:注意力集中,有坚持性;有自信心,积极进取;兴趣广泛,好学强记;有洞察力,善于想象;思维敏捷,有较高创造性。[③] 可见,从最初的超常概念提出至今,在理论和实践的发展中,我国对超常儿童的认识倾向于强调高智能水平。

二、超常儿童的鉴定与分类

(一)超常儿童的鉴定

对于超常儿童的鉴定,学者们认为,多因素评估的方法是更准确、更公平的。该方法

---

① 查子秀. 中国超常儿童心理和教育研究史实(1978—2008)[M]. 上海:华东师范大学出版社,2019:5.
② 付瑶,张兴利,施建农. 智力超常儿童的工作记忆特点——基于工作记忆精确度与广度的实验研究[J]. 中国特殊教育,2022(02):52—58.
③ 朴永馨. 特殊教育辞典(第三版)[M]. 北京:华夏出版社,2015:485.

利用取自各种资料的信息进行评估,包括智力测验、成就评估、创造力评估、非学术领域表现的评估以及人格或非智力因素的评估。

1. 智力测验

智力测验方面的工具可以选用韦氏智力量表、瑞文标准推理测验、认知能力测验(Cognitive Abilities Test)、纳格利尔里非语言能力测验、托尼非文字智力测验等。我国参照上述量表进行了本土化修订,如中国-韦氏幼儿智力量表、中国少年智力量表、中国比内测验、托尼非语文智力测试修订版。[①] 相对于其他工具而言,智力测试或认知能力测试较为成熟、完善,是鉴别超常儿童最常用的工具。

2. 成就评估

成就评估包括一些与学业成就和学术潜能有关的测量。一般进行团体施测,所得结果通常以年级或百分等级表示。除了正式的、标准化的成就测验外(如统一考试测试、学科测试等),还包括教师自行编制的用来评估学生学业成就的综合测验。

3. 创造力评估

创造力是一种独特的创新和解决问题的能力。创造力评估衡量的是一个人的发散性思维。有关评估创造力的测验有"托伦斯创造性思维测验",目前已修订出上海地区的标准常模。该工具可以用来测量超常儿童多个特定的领域。

4. 非学术领域表现的评估

对于非学术领域表现如在音乐、绘画、表演艺术、运动技巧等方面的评估,除了一些标准化的测验评估外,最主要的是靠直接观察评估。这是一个有效的方法。此外,学生的作品,如画作、文章、音乐表现和体操技巧等,也可由专家组成的委员会作客观的评估。

5. 人格或非智力因素的评估

近几十年的研究表明,超常儿童不仅有非凡的智力和能力,而且在非智力因素方面的表现也相当突出。因此,对于超常儿童的评估不可回避人格特征及其他非智力因素。在这方面,国内已修订或编制的有"卡特尔16PF问卷""中国青少年非智力个性心理特征问卷"和"小学生非智力个性特征问卷"等。

另外,我国学者吸收国外的经验,编制了"超常儿童心理特点核查表"。如果其中有几条在某儿童身上表现突出,就可以对其作进一步的观察或推荐其去作进一步的鉴定。

(二)超常儿童的分类

随着人们对超常儿童概念的多元化理解,学者们基本上都放弃了单一的智力型和学术型等狭隘的超常儿童概念,一致认为可以根据儿童的潜能、成就与行为特征将超常儿童

① 王寅枚,刁雅欣,张兴利. 超常儿童鉴别的实践与展望[J]. 中国特殊教育,2022(01):91—96.

划分为一般智力优异、学术性向优异、艺术才能优异、创造能力优异、领导能力优异、其他特殊能力优异等六种不同的类型。[①]

我国台湾地区教育主管部门根据超常儿童能力的表现,将其分为六类:①一般智力优异,指在记忆、理解、分析、综合、推理、评价等方面比同龄者更具有卓越潜能或杰出表现者;②学术性向优异,指在语文、数学、社会科学或自然科学等学术领域比同龄者更具有卓越潜能或杰出表现者;③艺术才能优异,指在视觉或表演艺术方面具有卓越潜能或杰出表现者;④创造能力优异,指运用心智能力产生创新及建设性的作品、发明或问题解决者;⑤领导能力优异,指具有优异的计划、组织、沟通、协调、预测、决策、评价等能力,而且在处理团队事务上有杰出表现者;⑥其他特殊能力优异,指在肢体动作、工具运用、电脑、棋艺、牌艺等能力上具有卓越潜能或杰出表现者。

美国学者根据超常儿童在对待外界强加给他们的价值观时所采用策略的不同,把超常儿童分为四种个性类型:一是屈从封闭性超常儿童,指为了能得到别人的接受,往往按照别人的希望来改变自己成就水平的儿童;二是竞争中的退缩者,指能接受外界的标准,但自认为不能达到的儿童,他们常在可能遭到失败和反对之前就从竞争中退却了;三是反对型超常儿童,指对任何外界的期望一概采取对抗的态度的超常儿童;四是独立型超常儿童,他们不接受群体期望的影响,为独立的价值观念工作,以促进自我实现。

在超常儿童的教育中,不应忽视有障碍的超常儿童。[②] 这类儿童既具有超常儿童的典型特质,又表现出诸如注意缺陷伴多动障碍(ADHD)、特殊学习障碍(Specific Learning Disorder,简称 SLD)、自闭症谱系障碍(ASD)等特征。SLD 超常儿童通常在语言理解、推理等方面能力卓越,在非语言能力方面(例如听觉工作记忆等)则更为薄弱。对于 ADHD 超常儿童,这类群体的识别难度更大,误诊概率较高,任务难度、个体天赋能力等都会增加识别难度,而早期诊断结果是否准确对他们的发展具有重要的引导或干扰作用。[③] 他们在创造力方面表现突出,但同时也伴随着工作记忆等方面的能力缺陷。ASD 超常儿童通常表现为特定领域展现高智商、能力异步发展、无法正常进行社交以及僵化刻板。这类群体在工作记忆、视觉扫描技能、精细运动灵活性和认知加工等方面存在缺陷,且具备较为严重的心理社会症状。[④]

---

① 邓猛,颜廷睿. 特殊教育原理[M]. 北京:高等教育出版社,2022:121.

② 李玉玲,孔燕. 2000—2020 年超常儿童研究主题及趋势——基于三大国际超常儿童研究期刊文献的计量分析[J]. 中国特殊教育,2021(04):34—37.

③ Gomez, R., Stavropoulos, V., Vance, A., & Griffiths, M. D. Gifted children with ADHD: How are they different from non-gifted children with ADHD? [J]. International Journal of Mental Health and Addiction, 2020,18 (06):1467-1481.

④ Burger-Veltmeijer, A. E. J., Minnaert, Alexander E. M. G., & Van den Bosch, Els J. Intellectually gifted students with possible characteristics of ASD: A multiple case study of psycho-educational assessment practices [J]. European Journal of Special Needs Education, 2016,31(01):76-95.

三、超常儿童的出现率

对于超常儿童出现率的统计,由于各方面对超常的评价和界定不统一而出现了不一致的结果。美国天才儿童协会((National Association for Gifted Children)指出:很难估计美国和全世界超常儿童的绝对数量,因为计算取决于被测量的领域以及用于鉴别超常儿童的方法。[1] 如果用智商测试的分数来等同天才,那么有 2%—3% 的人被认为是天才或超常儿童,他们在标准化智力测验中的得分高出平均值两个标准差。如果超常儿童包括那些有特殊才能的儿童,也就是说,包括那些智商在 115 以上的有特殊才能的儿童,估计超常儿童人数将高达 10%—15%。美国天才儿童协会与州天才儿童项目总监理事会(2015 年)估计,大约有 300 万名天才儿童,这一群体约占美国学龄人口的 6%。[2] 我国目前缺乏对超常儿童系统的调查数据,如果按照 3% 的比例估算,我国约有六百万超常儿童。

四、超常儿童产生的原因

虽然人们尚未能够预测或说明超常儿童产生的原因,但从已有的研究文献中可以发现:遗传、出生前后的照顾以及幼年时的环境等因素与超常儿童的产生和发展有关。

关于智力的遗传,英国学者高尔顿(Galton)以研究著名人物的家谱为依据得出结论:非凡的能力起源于遗传。高尔顿以后,许多研究者对不同亲属关系的个体进行标准智力测验,然后计算它们的相关,得出的结论是:遗传关系愈接近,则智力愈相似;但同时,即使遗传接近,若其生长环境不同,智力的相似性还是会降低。[3] 近几年的研究表明,天才儿童的脑部形状和功能与智力处于正常发展水平的儿童不同。还有研究发现,人群中个体的智商差异大约有一半是由基因差异引起的,言语能力和空间能力更有可能是遗传的。国外研究报道的智力遗传度估计值在 0.4—0.8 之间。值得注意的是,国外的许多双生子纵向研究都发现,遗传和环境因素对智力的影响并非固定不变,而是随着年龄的增长,遗传因素对智力的影响也有日益增加的趋势。[4] 国内的研究也发现,智力的遗传度在中到高之间。[5]

---

[1] National Association for Gifted Children.

[2] National Association for Gifted Children & Council of State Directors of Programs for the Gifted. 2014 – 2015 state of the states in gifted education [M]. Washington, DC: Author, 2015.

[3] 查子秀. 超常儿童心理学(第二版)[M]. 北京:人民教育出版社,2006:84—85.

[4] Franić, S., Dolan, C. V., Broxholme, J., Hu, H., Zemojtel, T., Davies, G. E., Nelson, K. A., Ehli, E. A., Pool, R., Hottenga, J., Ropers, H.-., Boomsma, D. I., & Childhood Intelligence Consortium. Mendelian and polygenic inheritance of intelligence: A common set of causal genes? using next-generation sequencing to examine the effects of 168 intellectual disability genes on normal-range intelligence [J]. Intelligence (Norwood), 2015, 49: 10 – 22.

[5] 王芳. 智力障碍遗传机理研究——探讨不明原因智障基因拷贝数变异[D]. 重庆:第三军医大学,2012.

同时,出生前后的照顾以及家庭环境和超常儿童有着密切的关系。要使儿童有良好的发展,出生后头两年的环境刺激是特别重要的,遗传和环境的交互作用是发展和培育超常儿童的关键。神经科学家对于人脑的长期研究显示,儿童与生俱来具有惊人的学习潜能,但必须及早给予适当的经验刺激,才会有良好的发展。

📖 拓展阅读

高尔顿的天才遗传论

智力的遗传决定论由英国心理学家高尔顿提出。1869 年,他发表了《遗传的天才》一书,书中说:"一个人的能力,乃由遗传得来的,其受遗传决定的程度,如同一切有机体的形态及躯体组织之受遗传的决定一样。"高尔顿曾对英国历史上的法官、政治家、军事家、文学家、科学家、诗人、画家、牧师等人物的家族进行了系统的考察,力图证明智力是遗传的。例如,他考察了 1660—1868 年间 286 名英国法官和他们的亲族情况,发现其中共有属于 85 个不同家族的 109 人有亲属被列入 1865 年版的《名人辞典》。通过量化统计,高尔顿得出两个推论:第一,平均每 100 个英国法官的亲属中就有 8.4 个"名人父亲"、7.6 个"名人兄弟"、11.7 个"名人儿子"等,共计 38.3 个"名人亲属";第二,名人出现的比率按亲疏程度大致呈 1/4 的规律递减。由此高尔顿证明天才是遗传的。

五、超常儿童的特征

中国超常儿童追踪研究协作组对不同年龄阶段的超常儿童进行研究,发现了超常儿童的许多特点和心理发展规律。

(一)认知特征

国内外关于超常儿童研究的学者经过长期的研究发现,认知能力高是超常儿童突出的特点之一。但是,超常儿童与普通儿童之间,并不是所有的认知方面都有显著的差异的,他们只是在类比推理、创造性思维能力等难度较大的测验项目上有明显的差异。施建农率领的超常研究小组曾分别以反应时和检测时为信息加工速度的指标,对 7—12 岁智力超常和普通儿童的基本信息加工能力发展作了一系列的研究。研究中分别考察了在简单选择反应、图形匹配、心理旋转和抽象匹配任务方面,超常儿童与普通儿童在反应速度上的差异。结果发现:超常儿童与普通儿童对不同任务的反应时变化趋势基本一致;超常儿童的信息加工能力显著优于普通儿童,具体表现是反应时更短或正确率更高;超常儿童与普通儿童信息加工的差异与任务难度有关,在选择反应和图形匹配任务中,超常儿童的反应时显著短于普通儿童,而且在图形匹配任务中,任务难度越大,差异越显著;在心理旋转和抽象匹配任务中,超常儿童的正确率显著高于普通儿童,而且在心理旋转任务中,任务难度越大,差异越显著。这一信息加工速度的智力差异具有跨年龄的一致性,而且这种差异在涉及的几个年龄组中具有相对的稳定性。因此,超常儿童感知敏锐,视觉和听觉的辨别能力发展突出,观察力强。

1. 注意力

在注意力方面,超常儿童一般表现出注意广度大、阅读速度快且注意稳定、具有高度紧张性的特点。注意稳定性是注意在时间上的特征,是指一个人的注意能够在较长的时间内集中于同一客体或同一活动上。注意紧张性是指心理活动对某些事物的高度集中而同时离开其余的一切事物。在注意状态下,一个人会沉浸于他所专注的对象或活动,而对周围的其他事物"视而不见,听而不闻"。

2. 记忆力

在记忆力方面,超常儿童一般都表现出记忆力强的特点。主要表现是记忆敏捷。记忆敏捷是记忆的速度和效率的特征,它是以在规定的时间内能记住或回忆多少事物为指标的。超常儿童与普通儿童相比,表现出记忆速度快、效果好的特点。施建农曾有一项超常儿童与普通儿童记忆的比较研究,结果发现,超常儿童无论是数字记忆速度还是图形记忆速度,都比普通儿童快;超常儿童每单位时间记忆数字 8.09 项,记忆图形 3.46 项,而普通儿童每单位时间记忆数字 3.23 项,记忆图形 1.41 项。还有研究发现,与智力普通儿童相比,智力超常儿童在工作记忆的精确度与广度上均具有优越性,且在精确度上体现的优越性更为突出、稳定。[①] 并且超常儿童在视觉记忆广度和言语记忆广度中的表现均显著优于普通儿童。

3. 语言

在语言方面,超常儿童的口头言语发展得比较早。发展心理学研究发现,1 岁末的儿童能够模仿发音,并能听懂 20 个左右的词,但一般不会说话,虽然有时能模仿说出几个词,但发音不清晰、不完整;而这个时期的超常儿童不少已会说话,而且语言清晰,语句完整。另外,儿童 3 岁左右为口头言语发展迅速时期,超常儿童的书面语言发展迅速,有的书面语言可以达到小学生的水平。

4. 思维

超常儿童在思维方面的特点有:其一,思维敏捷,思维速度快,能对问题作出正确而迅速的反应;其二,思维深刻,能透过事物的现象而深入到问题的本质,揭露事物内部的联系

① 付瑶,张兴利,施建农.智力超常儿童的工作记忆特点——基于工作记忆精确度与广度的实验研究[J].中国特殊教育,2022(02):52—58.

和规律性,并能预见事物的发展趋势、进程和结果;其三,思维广阔,具有独创性。他们在思考问题时,能从各种角度、多个侧面揭露事物的联系。他们思维的信息量大,流畅性高;灵活性高,变通性好;并善于独立地、创造性地思考问题。张博等人采用推箱子任务,结合横断比较和纵向比较追踪数据,从认知能力、元认知能力和认知效率三个维度来考察超常儿童与普通儿童问题解决能力的发展差异,结果发现超常儿童在问题解决能力的三个维度上均优于普通儿童。[①]

(二) 个性特征

从个性特点看,总体而言,超常儿童的社会适应性比较好,情绪比较稳定,意志坚强,喜欢并善于开展智力活动,动机效能高。在国内,自1978年中国超常儿童追踪研究协作组成立之初起,我国的心理学家们就认识到非智力个性心理品质在超常儿童心理发展和教育中的重要作用,并着手编制问卷。他们对超常儿童和普通儿童的抱负、独立性、好胜心、坚持性、求知欲和自我意识作了比较研究,结果发现,超常儿童在非智力个性心理特征方面都明显地优于普通儿童。张嘉玮等人曾采用16PF测量工具,对华中、华北、华东、东北四个地区八个城市的445名中学超常班和大学少年班学生进行人格因素测量,研究结果是:中学超常班学生比大学少年班学生热情外向且冒险敢为,大学少年班学生比中学超常班学生独立自强;大学少年班学生比中学超常班学生焦虑水平高,但他们办事果断;中学超常班学生较大学少年班学生在学业上易取得成就,心理健康水平也略高些,但大学少年班学生比中学超常班学生的创造力水平高些。李颖等人采用自我概念量表、状态-特质焦虑问卷、成就动机量表等工具考察了超常儿童与同龄普通儿童在三项非智力因素上的差异。结果发现:年龄较小组超常儿童在自我概念维度及成就动机上与同龄普通儿童无明显差异,而状态焦虑和特质焦虑的得分明显低于普通组;年龄较大组超常儿童在身体自我、同伴自我、班级自我、自信自我和非学业自我等方面的得分明显低于同龄普通组,而状态焦虑、特质焦虑以及避免失败取向上的得分均高于同龄普通组。[②] 一些研究结果表明,城市超常儿童的非学业自我概念要显著高于流动超常儿童,家庭教养方式中的情感温暖理解、过分保护和拒绝否认对超常儿童的自我概念有较好的预测作用,其中情感温暖理解对其自我概念的形成和发展起到非常重要的作用。[③] 这些结果提醒人们,在对智力超常儿童进行教育培养时,应该特别关注其自我概念的发展。

从身体形态和机能或生长发育的特点看,超常儿童经过多次测查都未见有不如同龄儿童的情况,许多项目的均值甚至还超过同龄人。因此,总体上看,在生理方面,超常儿童

① 张博,黎坚,徐楚,等.11—14岁超常儿童与普通儿童问题解决能力的发展比较[J].心理学报,2014,46(12):1823—1834.
② 叶玲.超常儿童适应问题、自我效能感与心理健康的关系研究[D].长沙:湖南师范大学,2011.
③ 宫慧娜,雷江华.我国超常儿童心理研究的进展与启示[J].现代特殊教育,2015(08):23—29.

好于同龄儿童。但是,超常儿童身心发展不同步。有些学者认为,造成不同步的原因是超常儿童的特殊性和没有提供适合他们身心特点的教育和环境。

第二节　超常儿童的教育

超常儿童在儿童人口中占少数,但是绝对数字并不小。如果让超常儿童得到适当的教育,他们能达到的成就和对社会的贡献是巨大的。为此,我国有专门的研究小组研究超常儿童的教育,不断开拓超常教育工作。

一、学习环境

(一)教育安置

对于超常儿童的教育安置可以是多种形式的。在我国,超常儿童根据实际情况和当地的教育环境,既可在普通学校随班就读,也可在特教班中学习,如北京八中少儿班、沈阳东北育才学校超常教育实验班等,还可在特殊学校学习,如天津实验学校、上海市实验学校等。

国际上超常儿童的教育形式多种多样,一般说来有两种形式:一种是正规教育形式,即学校教育;另一种是非正规教育形式,即校外教育。正规教育形式又分三种:一是速成法,即通过提前入学、跳级、单科升级、无学年制、按能力分组、学科竞赛等方法,允许学生跳级和免修某些课程,从而使他们比别的学生早毕业;二是充实法,即运用横向拓宽充实法和纵向加深充实法,在班内班外给学生各种机会去探索众多更深、更广的问题;三是特殊培养法,即专门为超常儿童成立特殊教育学校或特殊教育班级,对学生施以特别教育,以促进他们快速发展。非正规教育形式则是通过暑期学校、特殊学习中心、独立研究、社会实践以及家教等方式发展超常儿童的智能,使他们得到和谐的教育。

(二)教学环境

教师可以通过多种途径来改善教学环境,但是大多数的方式是把超常儿童单独编班培养,其目的有三:一是为超常儿童创造一个与同年龄段、同智力水平的孩子们互相交流沟通、互相学习、互相激励的机会;二是在相关维度(如先前的成绩)的指导下,尽量缩小能力与知识的传播范围,以便教师更好地安排教材内容;三是便于为这些学生安排在针对特殊儿童的教学方面或在相关领域内有特殊专长的教师。

因为学习环境的改变可以影响到整个教学系统,对于超常儿童来说,他们在学校所受到的关注程度已经远远超过了技能和教学内容的改革本身,所以学习环境的问题是教学中的首要议题。其实,针对超常儿童教学环境的改变,往往是基于满足其特殊技能和使其在不同领域内发展的教学需要。

二、课程

　　针对超常儿童设定的教学项目或服务应达到的总体教学目标是:在多个领域里,他们能力所及范围内的重要概念性知识;强化技能技巧,使他们更具有独立意识和独创精神;教会他们善于在学习过程中寻求乐趣和兴奋点,使其更好地完成必要的常规学习任务。因此,除常规的教学内容外,还可以设置这样一些课程:一是特定课程,作为提高性课程的一种,即除常规教学内容外,在一些论点和问题上作深入的探讨,旨在帮助学生将知识水平提高到一个新的层面;二是高级定位课程,包括大学水平的课程及一些高中类的科目考试,这些课程通常由经过专业培训的教师来教授;三是国际化学位课程,旨在给学生提供一个提高自身能力的机会,通常是由为期两年的高中教学组成,以教授国际上关注的学科内容和外语为主。此外,还可选拔一些超常学生参加特殊学校的全日制课程学习,学科的设置和学业要求基于学生的才能、兴趣和成绩表现。

📖 **拓展阅读**

苏格兰"卓越课程"改革中的超常教育①

　　2010—2011年,在法律和政策的支持下,苏格兰进行了名为"卓越课程"(Curriculum for Excellence,简称CfE)的教育改革。"卓越课程"容许地方和学校制定自己的教学计划和教学课程。就超常教育来说,卓越课程给予了学校足够大的灵活性,弥补了超常儿童教育方面的缺失。卓越课程涵盖表达艺术、健康与幸福、语言、数学、宗教与道德、自然科学、社会科学、技术八大领域,这八大领域无主次先后之分。对超常教育来说,丰富的课程内容为不同类型的超常儿童提供了发展机会,给予了学生多样化的选择权,同等重要的课程领域也意味着智能领域超常的学生并不具有特别的优越性。在实施上,卓越课程展现出鲜活的灵动性,给予了教师自主研发与设计课程、选择教学资源和教学方式的自由。此外,卓越课程强调跨学科和整合式的教学,注重各领域之间的交叉与渗透,提倡跨学科教师之间的合作。这种灵活的课程和教学为密切结合所有学生的实际生活和发展需求提供了可能。与课程改革相结合,苏格兰对学生的大学入学考试也进行了相应改革。所有学生都要参加当地统一的大学入学考试,考虑到超常学生的某些领域才能可能会在统一的考

---

① 程黎,马晓晨,张凯,等.拔尖创新人才培养背景下对我国超常教育的再思考:苏格兰的经验及启示[J].中国特殊教育,2019(06):85—90.

试中被埋没,所以皇家督学、地方教育部门以及高中的评估都是学生是否能进入大学深造的重要参考依据。在苏格兰,融入教育体系中的超常教育已经变得自然无痕。

三、教学策略

(一)调整教学进度

通过调整教学进度,可以让学生根据自己的需要掌握知识,有时甚至可以让他们接受超出其年龄限制的学校教育。如果一个超常儿童在学校里表现出其他同龄人少有的聪明才智,学校就有必要为其提供跳级或加深教学难度的条件,特别要培养超常儿童良好的社会适应能力和个性发展。

(二)分组教学

按照学生的表现和智力水平将其进行分组,可以帮助教师缩小教学差异。将成绩好的学生分到同一组,能够让教师更加灵活深入地指导教学工作。但是,关于分组教育的优缺点,目前仍然备受争议,而争议的种种结果导致许多教育学者陷入两难的境地。

(三)加速式教学

教师还可以通过改变传统的年级式教学制度,对现今的教学项目进行调整,因为有越来越多的知识和技能需要这些超常学生去掌握。在年幼时期,超常学生往往具有一定的依赖性,而这种加速式的教学模式可以让他们更快地完成学业,是一种清晰可靠的教学模式。

美国学者斯坦利(Stanley)在1989年指出了关于此类教学的六种途径:(1)早期入学,即允许智力和社会适应能力发展成熟的孩子比同龄人更早进入幼儿园接受教育;(2)跳级,即学生可以跳过一个学期或者一个学年而接受更高水平的教育,这种策略的首要缺点就是学生适应性的调整问题;(3)压缩课程,即将学生的教学进度提高,如三年的中学课程在两年内完成;(4)提高性课程安置,即让学生在高中阶段接受大学课程并获得学分,缩短大学教育进度;(5)高中和大学双轨录取,即学生同时接受高中和大学的教育;(6)提早大学录取,即成绩突出的学生可以在十三四岁或15岁就进入大学就读。

1989年,斯坦利发现对学生进行加速式教学,特别是高中和大学的双轨录取模式和提早被大学录取的模式,对有数学特长的学生特别有效。在数学及其他一些课程内容具有连续性的学科领域,可以大力提倡加快授课进度的教学模式。

斯坦利的研究表明,对学生采取加速式教学的模式可以帮助他们有更好的学业表现,但有一些家长和教师对此持反对态度,一些教育管理者也排斥这种教学模式。其根源在于这种模式使超常学生与同龄儿童在社会和情感上的联系渐渐脱离,影响他们的社会适应能力。

(四) 全校范围内丰富模式

任朱利基于"三环天才概念"提出了全校范围内丰富模式(the Schoolwide Enrichment Model)。该模式以丰富三环模型为核心,关注超常儿童多样能力的表现,旨在发现和鉴别不同类型的超常儿童、增加常规教学的挑战性、在融合教育环境中提供丰富的活动与支持,促进超常儿童教育的发展。[①]

全校范围内丰富模式主要由学校结构、服务内容和资源体系三个维度构成。学校结构明确了该模式的主要课程和活动类别,包括常规课程、丰富活动和特别服务。其中常规课程指依据国家和地方标准开设的一般课程;丰富活动是学校根据学生的兴趣和能力开设的一系列丰富多样的活动课程;特别服务是指在学校内/外为有更高层次需要的超常学生提供长期支持。[②] 服务内容为学校结构中的课程和活动的实施提供了方法和素材,包括总体才能文件包、课程调整技术和丰富三元模型。资源体系为课程和活动的实施提供资源和技术支持。它包括线上线下两种形式,提倡教师、家长和学校等多方资源的优化配置。

四、技术

现代教育技术的发展使得电脑在学校中渐渐普及,从而帮助儿童获得大量的知识,由此而促使超常儿童大量增加。对于教师来说,面临的挑战是确保学生充分利用好现有的电子资源。

在教学过程中,如果教师自身没有完全领会某一概念和理论,就无法教会学生。但是,这种情况其实可以避免。如果教师知道如何查阅参考资料和信息,就可以为儿童打开获得知识的天窗,也可以让儿童自己去探索(超常儿童经常不满足于教师的讲解,会自己去获取新知识)。

教师的角色将渐渐从一个知识的灌输者变成知识学习的引导者。教师还应该帮助儿童评估所获知识和信息的价值,教会儿童如何对信息去粗取精。

对于身处郊区或偏远地区的超常儿童来说,远程教学是一项很有意义的突破,可以让他们通过互动的屏幕来学习新的知识。

① 程黎,张嘉桐,陈啸宇.新时代融合教育环境中超常儿童教学模式的探索——基于全校范围内丰富模式的分析[J].中国特殊教育,2020(10):51—57.
② Reis, S. M. , & Peters, P. M. In Sak U. (Ed.), Research on the schoolwide enrichment model: Four decades of insights, innovation, and evolution [M]. London: SAGE Publications, Inc. 2021.

特殊教育个案

超常儿童个案

"嗯,希望周围的人认为我是个聪明的好人!"眼前的这个大男孩儿思索了一下,认真地回答道。他就是这个故事的主人公——琅琅。

琅琅虽然只有25岁,却已从名校毕业,并获得博士学位,在某高校担任教学工作2年多了,在博士后流动站工作了1年,又获得了国家留学基金青年教师资助,即将到国外做访问学者。琅琅15岁就通过高校基地班语、数、外的考试(相当于自主招生考试)考入大学。他在大学一年级时通过了国家英语四、六级考试,3年完成了大学的学业,三年级时直升研究生。他在硕士二年级时,以突出的科研能力成功地申请到了硕博连读。

目前,他已有10余篇科研论文在学术核心期刊上发表。琅琅不仅学业优秀,而且性格开朗,积极参加社团活动。他曾做过班长、院学习部长,还是校辩论队队员。

琅琅于1982年出生于书香之家。他和父亲、母亲、外公生活在一起。父亲大学毕业(双学士学位),是大学教师,教授物理;母亲高中毕业,做财会工作。爷爷、奶奶、叔叔、姑姑都是大学毕业,且都在高校工作。琅琅是足月顺产,说话、走路比同龄人早,9个月时就会喊"爸爸、妈妈",1岁说话时三四个字地往外蹦,词句比同龄孩子长。10个月时,家人把他放在地上,他可以站稳不动。他走路走得很稳当,不摔跤。琅琅小时候不依恋妈妈。妈妈上班、出去办事,他不哭、不吵、不闹,一点儿都不焦虑。16个月时,父母的朋友用韦克斯勒智力量表给他做测验,按规定只有24个月大的孩子才可以做,可琅琅都做了下来,得了160分,这说明他的智商达到极优秀的水平。

琅琅的父母从小为他营造了宽松的家庭氛围,从不严厉地批评指责他。那时他们一家人住在老式弄堂(后为其上学搬家两次),4户人家的小朋友经常在一起玩耍,楼上楼下地爬,邻里关系很好。上托儿所时,父亲会抱着他边走边给他讲摩擦力(什么东西摩擦力大,什么东西摩擦力小)、加速度、万有引力等。2岁半时,琅琅不扳手指就能进行简单的数字计算,算法很特别,比如问:"5+3=?"他会这样回答:"5+3=6、7、8,等于8。"3岁不到,他就能回答今天是星期几、几月几日等。在小学学过两位数加减法后,他自己就会三、四位数的加减法了。上托儿所时,显微镜、罗盘仪、小的计算器都是琅琅喜欢的玩具。没上幼儿园时,琅琅就能用"深入浅出"的语言说明"四维空间"的概念。他说:在电影院里,楼上楼下是空间,场次是时间,持电影票入场就座的人随场次是不一样的。后来,父亲在大学课堂引用了儿子举的这个例子,学生们都觉得很好理解,比教科书上列举的例子直观多了。

琅琅的父母对其识字十分重视,常有意识地给他灌输这方面的内容。琅琅两岁会背儿歌,4句的唐诗也会背很多。半年后的一天,他竟然自己解释了诗的意思(父母只是教他念诗,从来没给他解释过):"欲穷千里目,更上一层楼。是不是爬得高,就看得远了?"琅琅还会改唐诗,4岁时,母亲带他从黄浦江乘船出远门,父亲去送行。琅琅见此情景,出口道:"琅琅乘舟将欲行,忽闻岸上踏歌声。黄浦江水深千尺,不及爸爸送我情。"可见,那时琅琅已经理解了诗的意境。说起琅琅识字,有一件趣事:父母在睡前照书给他念故事,后来他也会"认字"了。一次,邻居发现他的书拿倒了,原来是父母几天前念的,他居然一字不漏地背下来了。凭着惊人的记忆力,琅琅背下了父母给他讲过的《小西游记》,以后父母在读该页时,他就在旁边看着相应的页码,连着顺下来,学会了识字。在他3岁时,父母为他报过一个班,让他与小学五六年级的学生坐在一起,学了一学期的英语。那时琅琅还得站在椅子上考试呢,最后他得了70多分。琅琅对分数没有概念,念着玩玩。父母对成绩也没有要求,全让他凭兴趣去学。

在5周岁时,琅琅进入一所实验学校,在这所学校一待就是十年。学校当时只有两栋楼,所以师生的人际关系近,没有什么地位分层。琅琅小学一年级时成绩很好,是班级前三名。在二年级到六七年级这段时间,他不愿做作业,喜欢看课外书。但是他上课很认真,考试中即使出现以前没有练习过的题目,他照样能答出来。初中有一段时间,琅琅不想在家做数学作业,每天早早来学校"抄"作业。不过,琅琅很会"抄",他不会把每个细节都抄下来,而是只抄那些重点步骤和得分点。琅琅所在学校的教育理念超前,教学进度特别快,一年级学习英语,五年级开计算机课,学 pascal 语言。琅琅的语文成绩一向不错,这得益于他博览群书打下的良好基础。

在琅琅的成长过程中,除了父母,老师对他的影响也很大。高中班主任教语文,很欣赏他,从高一起就让他当班长。琅琅不喜欢死板、只管纪律的老师,而佩服教学好的老师。高中的政治老师是特级教师,有一套特别的教学方法,所以很受琅琅喜欢。

前面提到琅琅在本科、研究生期间骄人夺目的成绩,让人认为他一直是学业优异的学生,其实不然。琅琅觉得自己在小学时是浑浑噩噩走过来的,初中一般,高中阶段才开始很好地把握自己。琅琅自称从高二起对英语开窍,觉得看看语法、单词就没问题了。唯一遗憾的是,琅琅的体育不很理想,各种活动参加得比较少。他自嘲地说:"也许上天在向你打开一扇窗的时候,关上了另一扇窗。"

💬 **焦点问题讨论**

怎样的教育安置对超常儿童的发展有利

评价一种教育方式是否合适,需要从多方面考虑。超常儿童的教育方式有两种,一是"抽离计划",即大部分时间在普通班级就读,每周一天或几天参加某种拓展阅读班;二是"加速计划",包括提早入学、跳级或缩短学制。在我国,主要对超常儿童进行缩短学制的教育。虽然超常班教授的也是国家的标准课程,但所教授的速度是加快的,所教内容的深度是扩展的。应该说,普通班级和超常班的安置方式对超常儿童的发展有各自的利弊。

施建农等人对超常儿童在普通班级与超常班的学习进行了分析,并提出了各自的优缺点。

在普通班级就读的优点是:能凸显出超常儿童卓越的认知与学业能力,使他们的学业自我概念提高。鉴于学业自我概念与学业成绩之间的交互作用,学业自我概念的提高更易促进较高的成绩水平。其缺点是:第一,他们所学的知识缺乏挑战性,因为普通班级中与超常儿童能力相当的儿童很少,致使超常儿童没有与相近能力的儿童相互学习的机会。第二,教师没有受过如何教育超常儿童的专业的训练,常常只能照顾到班上的大多数学生而无法顾及少数超常学生。一些教师顾及不到的学生在课堂上往往因为"吃不饱"而生事,继而因为生事而受批评,因为受批评而成为差生,因为成为差生而被忽视。

在超常班就读的优点是:教师能基于超常儿童卓越的认知能力,对其所学的知识进行纵深扩展,缩短在校就读的时间,使之尽早成才,而且其学习有专职教师提供指导。其缺点是:由于每一个超常儿童都非常优秀,他们的压力过大,导致自我概念降低,从而导致学业成绩的下降,降低学习热情和成就动机。在普通班级中,超常儿童的能力是超乎寻常的;而在超常班中,超常是一种常见的能力,因为大家都有此能力。社会比较理论表明,这种转变会导致自我概念降低。

就目前的超常教育而言,进入超常班的学生只有一小部分,大部分分布在各个普通班级中。如何安置超常儿童?如何对超常儿童进行适当的教育?已成为超常教育必须解决的问题。

❓ **思考题**

1. 怎样的儿童可以称为超常儿童?他们有什么特征?
2. 应该从哪些领域评估超常儿童?
3. 超常儿童教育的教学策略有哪些?

参考文献

1. 卜凡帅,徐胜.自闭症谱系障碍诊断标准:演变、影响与展望[J].中国特殊教育,2015 (02):40-45.

2. 曹婧媛,袁阳,程静,等.一个常染色体显性遗传性聋家系致病基因鉴定[J].听力学及言语疾病杂志,2021,29(01):19-24.

3. 陈家麟.学校心理卫生学[M].北京:教育科学出版社,1991.

4. 程黎,马晓晨,张凯,等.拔尖创新人才培养背景下对我国超常教育的再思考:苏格兰的经验及启示[J].中国特殊教育,2019(06):85-90.

5. 程黎,张嘉桐,陈啸宇.新时代融合教育环境中超常儿童教学模式的探索——基于全校范围内丰富模式的分析[J].中国特殊教育,2020(10):50-57.

6. 程益基.聋校义务教育课程标准的特点与实施[J].现代特殊教育,2017(01):6-7.

7. 邓猛.特殊教育管理者眼中的全纳教育:中国随班就读政策的执行研究[J].教育研究与实验,2004(04):41-47.

8. 邓猛.视觉障碍儿童的发展与教育[M].北京:北京大学出版社,2011.

9. 邓猛.融合教育理论指南[M].北京:北京大学出版社,2017.

10. 邓猛,颜廷睿.特殊教育原理[M].北京:高等教育出版社,2022.

11. 邓猛,颜廷睿.特殊教育领域循证实践的批判性反思——以自闭症教育干预领域为例[J].中国特殊教育,2017(04):3-8+22.

12. 董会芹.影响小学生问题行为的家庭因素研究[J].教育研究,2016,37(03):99-109.

13. 付瑶,张兴利,施建农.智力超常儿童的工作记忆特点——基于工作记忆精确度与广度的实验研究[J].中国特殊教育,2022(02):52-58.

14. 高嘉敏,何平,陈靖,等.中国伤害致听力残疾的现患率及影响因素[J].郑州大学学报(医学版),2017,52(04):487-491.

15. 宫慧娜,雷江华.我国超常儿童心理研究的进展与启示[J].现代特殊教育,2015(08):23-29.

16. 顾定倩,朴永馨,刘艳虹.中国特殊教育史资料选[M].北京:北京师范大学出版社,2010.

17. 顾东英,买合皮热提·买买提,王红梅,等.兰州市学龄前儿童心理行为问题现状调查

［J］.中国妇幼保健,2016,31(07):1516-1519.

18. 顾学范,王治国.中国580万新生儿苯丙酮尿症和先天性甲状腺功能减低症的筛查［J］.中华预防医学杂志,2004(02):27-30.

19. 谷鸿秋,杨昕,王春娟,等.蛛网膜下腔出血继发症状性癫痫的发生率、危险因素及院内结局:来自中国卒中联盟登记数据库的分析［J］.中国卒中杂志,2020,15(06):620-625.

20. 韩文娟,邓猛.融合教育课程调整的内涵及实施研究［J］.残疾人研究,2019(02):70-76.

21. 胡真,余小鸣,李榴柏,等.北京市初中生学习困难现况［J］.中国学校卫生,2022,43(01):92-95.

22. 黄潇潇,张亚利,俞国良.2010—2020中国内地小学生心理健康问题检出率的元分析［J］.心理科学进展,2022,30(05):953-964.

23. 黄志成,等.全纳教育——关注所有学生的学习和参与［M］.上海:上海教育出版社,2004.

24. 静进.儿童青少年情绪障碍及其对策［J］.中国学校卫生,2010,31(11):1281-1283.

25. 静进.对儿童学习障碍的理解及其诊疗［J］.中国儿童保健杂志,2011,19(03):195-198.

26. 雷雳,王雁.慈善还是责任:对残疾人事业本质的探讨［J］.中国特殊教育,2015(02):10-14.

27. 李芳,孙玉梅,邓猛.美国自闭症儿童教育中的循证实践及启示［J］.外国教育研究,2015,42(02):66-78.

28. 李胜利,孙喜斌,王荫华,等.第二次全国残疾人抽样调查言语残疾标准研究［J］.中国康复理论与实践,2007(09):801-803.

29. 李胜利,王贞,张庆苏.中国0—17岁儿童言语残疾的数据分析和对策研究［C］//中国康复研究中心.第三届北京国际康复论坛论文集.中国康复研究中心北京博爱医院,2008:12.

30. 李福轮,谢晴牧,赵乾龙,等.中国儿童注意缺陷多动障碍患病率的Meta分析［J］.临床荟萃,2017,32(12):1079-1083.

31. 李世明,冯为,方芳等.中国儿童注意缺陷多动障碍患病率Meta分析［J］.中华流行病学杂志,2018,39(07):993-998.

32. 李西野,李梦晓,黄彬洋,等.脑瘫儿童流行病学及康复现状的调查分析［J］.中国当代医药,2021,28(33):176-179.

33. 李玉玲,孔燕.2000—2020年超常儿童研究主题及趋势——基于三大国际超常儿童研究期刊文献的计量分析［J］.中国特殊教育,2021(04):34-41.

34. 刘春玲,马红英. 智力障碍儿童的发展与教育(第二版)[M]. 北京:北京大学出版社,2019.

35. 柳笛,毛祎雯. 数学学习困难学生数学技能干预效果的元分析[J]. 中国特殊教育,2021(01):66-74.

36. 朴永馨. 融合与随班就读[J]. 教育研究与实验,2004(04):37-40.

37. 朴永馨. 特殊教育辞典(第三版)[M]. 北京:华夏出版社,2015.

38. 朴永馨. 特殊教育学[M]. 福州:福建教育出版社,2019.

39. 钱志亮. 盲校义务教育课程标准的特点[J]. 现代特殊教育,2017(01):10-11.

40. 阮航. 吉林省言语残疾状况及康复建议[J]. 中国现代医生,2009,47(14):130-131.

41. 盛永进. 英国多重残疾学生国家课程的校本化——基于斯蒂芬·霍金学校的个案评析[J]. 中国特殊教育,2018(11):3-8.

42. 盛永进,周佳欣. 我国多重障碍学生教育现状述评[J]. 昆明学院学报,2020,42(05):46-53.

43. 孙桂华,刘秋芳. 中国第一所聋校——烟台启喑[M]. 济南:山东电子音像出版社,2007.

44. 孙琴. 脑瘫患儿主要照顾者疾病不确定感与社会支持及心理弹性的相关性研究[J]. 中国临床护理,2021,13(02):67-70.

45. 特雷弗·帕门特,李敬. 智力与发展性障碍领域的研究进展概述[J]. 残疾人研究,2017(02):3-6.

46. 王翠艳,杨广学. 听障者与健听者视觉能力的比较研究述评[J]. 中国特殊教育,2016(06):26-31.

47. 王燕,殷刚柱,郭锋,等. 合肥市学龄前儿童心理行为问题现况[J]. 中国学校卫生,2018,39(04):543-545.

48. 王寅枚,刁雅欣,张兴利. 超常儿童鉴别的实践与展望[J]. 中国特殊教育,2022(01):91-96.

49. 肖非. 中国的随班就读:历史·现状·展望[J]. 中国特殊教育,2005(03):3-7.

50. 徐芬. 学业不良儿童的教育与矫治[M]. 杭州:浙江教育出版社,1997.

51. 薛姝朗. 营养、行为和学习[J]. 食品与健康,1994(04):9.

52. 颜廷睿,邓猛. 全纳课堂中的学习通用设计及其反思[J]. 中国特殊教育,2014(01):17-23.

53. 颜廷睿,关文军,邓猛. 融合课堂中差异教学与学习通用设计的比较分析[J]. 中国特殊教育,2015(02):3-9.

54. 杨军,陈建勇. 听障婴幼儿全面听力学诊断评估[J]. 中国听力语言康复科学杂志,2021,19(05):321-326.

55. 殷怀明,黄新文.浙江省 0—14 岁残疾儿童流行病学调查[J].中国儿童保健杂志, 2012,20(01):35 - 37＋44.

56. 查子秀.超常儿童心理学(第二版)[M].北京:人民教育出版社,2006.

57. 查子秀.中国超常儿童心理和教育研究史实(1978—2008)[M].上海:华东师范大学 出版社,2019.

58. 张博,黎坚,徐楚,等.11—14 岁超常儿童与普通儿童问题解决能力的发展比较[J].心 理学报,2014,46(12):1823 - 1834.

59. 张兰馨.张謇和他创办的狼山盲哑学校[A].中国地方教育史志研究会、《教育史研究》 编辑部.纪念《教育史研究》创刊二十周年论文集(2)——中国教育思想史与人物研究 [C].2009.

60. 张树东,高潇怡.美国学习障碍概念的新发展及其启示[J].比较教育研究,2015,37 (09):91 - 96.

61. 张秀慧,王美芳,刘莉.父母严厉管教与儿童问题行为的关系:儿童自我控制的中介作 用[J].心理发展与教育,2020,36(06):725 - 733.

62. 张亚利,靳娟娟,俞国良.2010—2020 中国内地初中生心理健康问题检出率的元分析 [J].心理科学进展,2022,30(05):965 - 977.

63. 张颖,王俊峰,丁艳华.儿童语言发育迟缓的临床特征和影响因素研究[J].中国儿童 保健杂志,2022,30(08):912 - 915.

64. 赵国良.智能化设备对儿童青少年视力健康的危害[J].中国眼镜科技杂志,2021 (07):117 - 119.

65. 赵升奎.沟通学思想引论[M].上海:上海三联书店,2005.

66. 郑杰,陈燕惠.注意缺陷多动障碍发病机制研究进展[J].中国当代儿科杂志,2018,20 (09):775 - 780.

67. 周瑛,王晨.幼儿语言发育迟缓的家庭环境危险因素[J].中国儿童保健杂志,2021,29 (12):1368 - 1371.

68. 周晓雯.近十年国外自闭症谱系障碍共同注意力研究的热点与趋势——基于 WOS 数 据库的 CiteSpace 分析[J].海南师范大学学报(社会科学版),2020,33(01):104 - 109.

69. 钟经华.视力残疾儿童的心理与教育[M].天津:天津教育出版社,2007.

70. Ahn, S. Combined effects of virtual reality and computer game-based cognitive therapy on the development of visual-motor integration in children with intellectual disabilities: A pilot study[J]. Occupational Therapy International, 2021:1 - 8.

71. American Psychiatric Association. Diagnostic and statistical manual of mental disorder(DSM-5). (5th ed.) [M]. Washington, D. C.: American Psychiatric

Publishing, 2013.

72. Bagnall, R. D., Crompton, D. E., Petrovski, S., Lam, L., Cutmore, C., Garry, S. I., Sadleir, L. G., Dibbens, L. M., Cairns, A., Kivity, S., Afawi, Z., Regan, B. M., Duflou, J., Berkovic, S. F., Scheffer, I. E., & Semsarian, C. Exome-based analysis of cardiac arrhythmia, respiratory control, and epilepsy genes in sudden unexpected death in epilepsy[J]. Annals of Neurology, 2016, 79 (04): 522 - 534.

73. Baglieri, S., Valle, J. W., Connor, D. J., & Gallagher, D. J. Disability studies in education: The need for a plurality of perspectives on disability[J]. Remedial and Special Education, 2010, 31(04): 267 - 278.

74. Bai, D., Yip, B. H. K., Windham, G. C., Sourander, A., et al. Association of genetic and environmental factors with autism in a 5-country cohort [J]. JAMA Psychiatry (Chicago, Ill.), 2019, 76(10): 1035 - 1043.

75. Bailey, &., Diana, du, & Plessis. D. An investigation of school principals' attitudes toward inclusion [J]. Australasian Journal of Special Education, 1998, 22 (01): 12 - 29.

76. Barr, F., & Mavropoulou, S. Curriculum accommodations in mathematics instruction for adolescents with mild intellectual disability educated in inclusive classrooms[J]. International Journal of Disability, Development, and Education, 2021, 68(02): 270 - 286.

77. Biederman, J. Attention deficit/hyperactivity disorder: A selective overview[J]. Biological Psychiatry, 2005, 57: 1215 - 1220.

78. Booth, T., & Ainscow, Mel. Index for Inclusion: a guide to school development led by inclusive values (4th ed.) [M]. Cambridge: Index for Inclusion Network (IfIN), 2016.

79. Brown, R. A First Language: The early stage[M]. Cambridge, MA: Harvard University Press, 1973.

80. Burger-Veltmeijer, Agens E.J Minnaert, Alexander E. M. G., & Van den Bosch, Els J. Intellectually gifted students with possible characteristics of ASD: A multiple case study of psycho-educational assessment practices [J]. European Journal of Special Needs Education, 2016, 31(01): 76 - 95.

81. Charleston, J. S., Schnell, F. J., Dworzak, J., Donoghue, C., Lewis, S., Chen, L., Young, G. D., Milici, A. J., Voss, J., DeAlwis, U., Wentworth, B., Rodino-Klapac, L. R., Sahenk, Z., Frank, D., & Mendell, J. R. Eteplirsen

treatment for duchenne muscular dystrophy: Exon skipping and dystrophin production[J]. Neurology, 2018, 90(24): e2146 - e2154.

82. Condie G A . Exploring the personal and social aspects of individuals with physical disabilities' leisure experiences: Experiencing leisure but as an individual person[J]. Leisure Studies, 2021, 40(03): 363 - 377.

83. Cook, S. C., & Rao, K. Systematically applying UDL to effective practices for students with learning disabilities[J]. Learning Disability Quarterly, 2018, 41(03): 179 - 191.

84. Costilla, R., Kemper, K. E., Byrne, E. M., Porto-Neto, L. R., Carvalheiro, R., Purfield, D. C., Doyle, J. L., Berry, D. P., Moore, S. S., Wray, N. R., & Hayes, B. J. Genetic control of temperament traits across species: Association of autism spectrum disorder risk genes with cattle temperament[J]. Genetics Selection Evolution (Paris), 2020, 52: 1 - 14.

85. Delbruck, E., Yang, M., Yassine, A., & Grossman, E. D. Functional connectivity in ASD: Atypical pathways in brain networks supporting action observation and joint attention[J]. Brain Research, 2019, 1706: 157 - 165.

86. Franić, S., Dolan, C. V., Broxholme, J., Hu, H., Zemojtel, T., Davies, G. E., Nelson, K. A., Ehli, E. A., Pool, R., Hottenga, J., Ropers, H. -., Boomsma, D. I., & Childhood Intelligence Consortium. Mendelian and polygenic inheritance of intelligence: A common set of causal genes? using next-generation sequencing to examine the effects of 168 intellectual disability genes on normal-range intelligence[J]. Intelligence (Norwood), 2015, 49: 10 - 22.

87. Friend, M., & Bursuck, W. D. Including students with special needs: A practical guide for classroom teachers[M]. Boston: Pearson, 2012.

88. Fyfe, E. R., Matz, L. E., Hunt, K. M., & Alibali, M. W. Mathematical thinking in children with developmental language disorder: The roles of pattern skills and verbal working memory[J]. Journal of Communication Disorders, 2019, 77: 17 - 30.

89. Gaintza, Z., Ozerinjauregi, N., & Aróstegui, I. Educational inclusion of students with rare diseases: Schooling students with spina bifida [J]. British Journal of Learning Disabilities, 2018, 46(04): 250 - 257.

90. Gargiulo, R. M. Special Education in Contemporary Society(7th ed.) [M]. Lodon: SAGE Publications, Inc. 2021

91. Ghandour, R. M., Sherman, L. J., Vladutiu, C. J., Ali, M. M., Lynch, S.

E., Bitsko, R. H., & Blumberg, S. J. Prevalence and treatment of depression, anxiety, and conduct problems in US children[J]. The Journal of Pediatrics, 2019: 206, 256.

92. Gomez, R., Stavropoulos, V., Vance, A., & Griffiths, M. D. Gifted children with ADHD: How are they different from non-gifted children with ADHD? [J]. International Journal of Mental Health and Addiction, 2020,18(06): 1467 - 1481.

93. Herrero, M. J., Velmeshev, D., Hernandez-Pineda, D., Sethi, S., Sorrells, S., Banerjee, P., Sullivan, C., Gupta, A. R., Kriegstein, A. R., & Corbin, J. G. Identification of amygdala-expressed genes associated with autism spectrum disorder[J]. Molecular Autism, 2020,11(01).

94. Jackson, D. A., & King, A. R. Gender differences in the effects of oppositional behavior on teacher ratings of ADHD symptoms[J]. Journal of Abnormal Child Psychology, 2004,32(02): 215 - 224.

95. Kilgus, S. P., Eklund, K., Maggin, D. M., Taylor, C. N., & Allen, A. N.. The student risk screening scale: A reliability and validity generalization meta-analysis[J]. Journal of Emotional and Behavioral Disorders, 2018, 26(03): 143 - 155.

96. Kim, H-W., Cho, S-C., Kim, B-N., Kim, J-W., Shin, M-S., & Yeo, J-Y. Does oppositional defiant disorder have temperament and psychopathological profiles independent of attention deficit/hyperactivity disorder? [J]. Comprehensive Psychiatry, 2010,51(04): 412 - 418.

97. Kirk, S. A., Gallagher, J. J., Nicholas, J. A., & Mary, R. C. Education exceptional children (10th ed.)[M]. Boston: Houghton Mifflin Company, 1986.

98. Kraft, I. Edouard Seguin and 19th century moral treatment of idiots[J]. Bulletin of the History of Medicine, 1961, 35: 393 - 418.

99. Marley W. Watkins, & Gary L. Canivez. Are there cognitive profiles unique to students with learning disabilities? A latent profile analysis of Wechsler intelligence scale for children - fourth edition scores [J]. School Psychology Review, 2022,51(05): 634 - 646.

100. Mash, E., & Wolfe, D. Abnormal child psychology (7th ed.) [M]. Boston, MA: Cengage Learning, 2018.

101. McDonnell, C. G., Speidel, R., Lawson, M., & Valentino, K. Reminiscing and autobiographical memory in ASD: Mother - child conversations about emotional events and how preschool-aged children recall the past[J]. Journal of Autism and

Developmental Disorders, 2021,51(09): 3085 - 3097.

102. Nejati, V., Moradkhani, L., Suggate, S., & Jansen, P. The impact of visual-spatial abilities on theory of mind in children and adolescents with autism spectrum disorder[J]. Research in Developmental Disabilities, 2021,114, 103960 - 103960.

103. Olivier, E., Morin, A. J. S., Langlois, J., Tardif-Grenier, K., & Archambault, I. Internalizing and externalizing behavior problems and student engagement in elementary and secondary school students[J]. Journal of Youth & Adolescence, 2020,49(11): 2327 - 2346.

104. Pisecco, S., Baker, D. B., Silva, P. A., & Brooke, M. Behavioral distinctions in children with reading disabilities and/or ADHD[J]. Journal of the American Academy of Child & Adolescent Psychiatry, 1996,35(11): 1477 - 1484.

105. Posserud, M., Skretting Solberg, B., Engeland, A., Haavik, J., & Klungsøyr, K. Male to female ratios in autism spectrum disorders by age, intellectual disability and attention-deficit/hyperactivity disorder [J]. Acta Psychiatrica Scandinavica, 2021,144(06): 635 - 646.

106. Rowitz, L. Multiprofessional perspectives on prevention[J]. Mental Retardation, 1986,24(01): 1 - 3.

107. Shriberg, L. D., Lewis, B. A., Tomblin, J. B., McSweeny, J. L., Karlsson, H. B., & Scheer, A. R. Toward diagnostic and phenotype markers for genetically transmitted speech delay[J]. Journal of Speech, Language & Hearing Research, 2005,48(04): 834 - 852.

108. Smith D. D. Introduction to special education: Making a difference, (6th ed.) [M]. NJ:Prentice Hall, 2007.

109. Smith, T.C.Polloway, E.A.Patton, J. R., & Dowdy, C.A. Teaching students with special needs in inclusive settings (3rd ed.) [M]. Boston: Allyn and Bacon, 2001.

110. Stahmer, A. C., Suhrheinrich, J., Roesch, S., Zeedyk, S. M., Wang, T., Chan, N., & Lee, H. S. Examining relationships between child skills and potential key components of an evidence-based practice in ASD[J]. Research in Developmental Disabilities, 2019,90: 101 - 112.

111. Stainback, W., & Stainback, S. A rationale for the merger of special and regular education[J]. Exceptional Children, 1984, 51(02): 102 - 111.

112. Stancin, K., Hoic-Božic, N., & Skocic-Mihic, S. Using digital game-based learning for students with intellectual disabilities — A systematic literature review

[J]. Informatics in Education, 2020,19(02): 323 - 341.

113. Strøm, M., Granström, C., Lyall, K., Ascherio, A., & Olsen, S. F. Research letter: Folic acid supplementation and intake of folate in pregnancy in relation to offspring risk of autism spectrum disorder[J]. Psychological Medicine, 2017, 48 (06): 1048 - 1054.

114. Tiernan, B. Inclusion versus full inclusion: Implications for progressing inclusive education[J]. European Journal of Special Needs Education, 2022, 37(05): 882 - 890.

115. Wei, X., Yu, J. W., & Shaver, D. Longitudinal effects of ADHD in children with learning disabilities or emotional disturbances [J]. Exceptional Children, 2014, 80(02): 205 - 219.

116. Wood, D., & Middleton, D. A study of assisted problem-solving [J]. British Journal of Psychology, 1975, 66(02): 181.

117. Xie, F., Peltier, M., & Getahun, D. Is the risk of autism in younger siblings of affected children moderated by sex, race/ethnicity, or gestational age? [J]. Journal of Developmental and Behavioral Pediatrics, 2016, 37(08): 603 - 609.

118. Zimmerman, K. N., Ledford, J. R., Gagnon, K. L., & Martin, J. L. Social stories and visual supports interventions for students at risk for emotional and behavioral disorders[J]. Behavioral Disorders, 2020, 45(04): 207 - 223.

119. U. S. Department of Education, Office of Special Education and Rehabilitative Services, Office of Special Education Programs, 43rd Annual Report to Congress on the Implementation of the Individuals with Disabilities Education Act, 2021, Washington, D.C., 2022.

后 记

《特殊教育概论》出版于 2008 年，2015 年出版第二版，先后入选普通高等教育"十一五"和"十二五"本科国家级规划教材，2021 年入选上海市首批高等教育精品教材。

本次教材的修订力图充分体现国际国内特殊教育改革与发展的状况，反映特殊教育的前沿研究成果，以适应提升师范生和普通教师融合教育素养的需求。修订内容主要包括：一是更新相关文献，包括特殊教育发展数据、法规政策及研究文献；二是调整教材结构，将"自闭症儿童"作为独立的一章；三是增设"拓展阅读"板块；四是修改完善教材内容，如修改部分章节名称、完善内容表述、更新特殊儿童案例等。

本次教材的修订工作由刘春玲和颜廷睿承担，具体撰稿分工如下：刘春玲（第一章、第三章、第四章、第五章、第九章、第十章、第十一章），颜廷睿（第二章、第六章、第七章、第八章、第十二章、第十三章）。

本次教材的修订得到华东师范大学精品教材建设专项基金的资助，校教务处组织专家为教材修订提供专业指导与支持；修订工作也得到华东师范大学出版社给予的大力支持，在此一并表示感谢！

限于时间与编者的水平，教材中难免会有疏漏和不当之处，恳请专家和读者批评指正。

编者

2024 年 6 月 12 日